从哈德良到君士坦丁的罗马世界

帝国的胜利

[美] 迈克尔·库利科夫斯基 著

王晨 译

九 州 出 版 社

JIUZHOUPRESS

献给艾伦和大卫

目　录

比例尺
0   1000   2000 千米

黑海
拉兹卡
梯弗里斯
高加索山脉
咸海
花剌子模
巴尔喀什湖
锡尔河
天山山脉
阿姆河
亚美尼亚
埃德萨
尼西比斯
卡莱
安条克
哈特拉
帕尔米拉
杜拉-欧罗波斯
波斯特拉
塞琉西亚
泰西封
美索不达米亚
地中海
亚历山大里亚
佩特拉
尼萨
布哈拉
马拉坎达
塔什干
喀什
塔克拉
和田
粟特
木鹿 巴尔赫
兴都库什山
巴克特里亚
白沙瓦
（犍陀罗）
喀布尔
塔克西拉
犍陀罗
贵霜王国
赫拉特
伊斯塔赫尔
毕沙普尔
波斯波利斯
锡斯坦
信德
印度河
埃及
菲莱
贝勒尼刻
红海
阿拉伯
希米亚尔
阿克苏姆
阿拉伯海
青尼罗河
白尼罗河
穆奇利斯（？）
印度

地图 1　欧亚大陆的世界（书中插附地图系原书插附地图）

北

贝加尔湖

阿尔泰山

•乌鲁木齐
•吐鲁番

鄂尔多斯

•敦煌　河西走廊　黄河

黄海

长安　洛阳

中国

青藏高原

东海

长江

喜雅　山

孟加拉湾

南海

洋

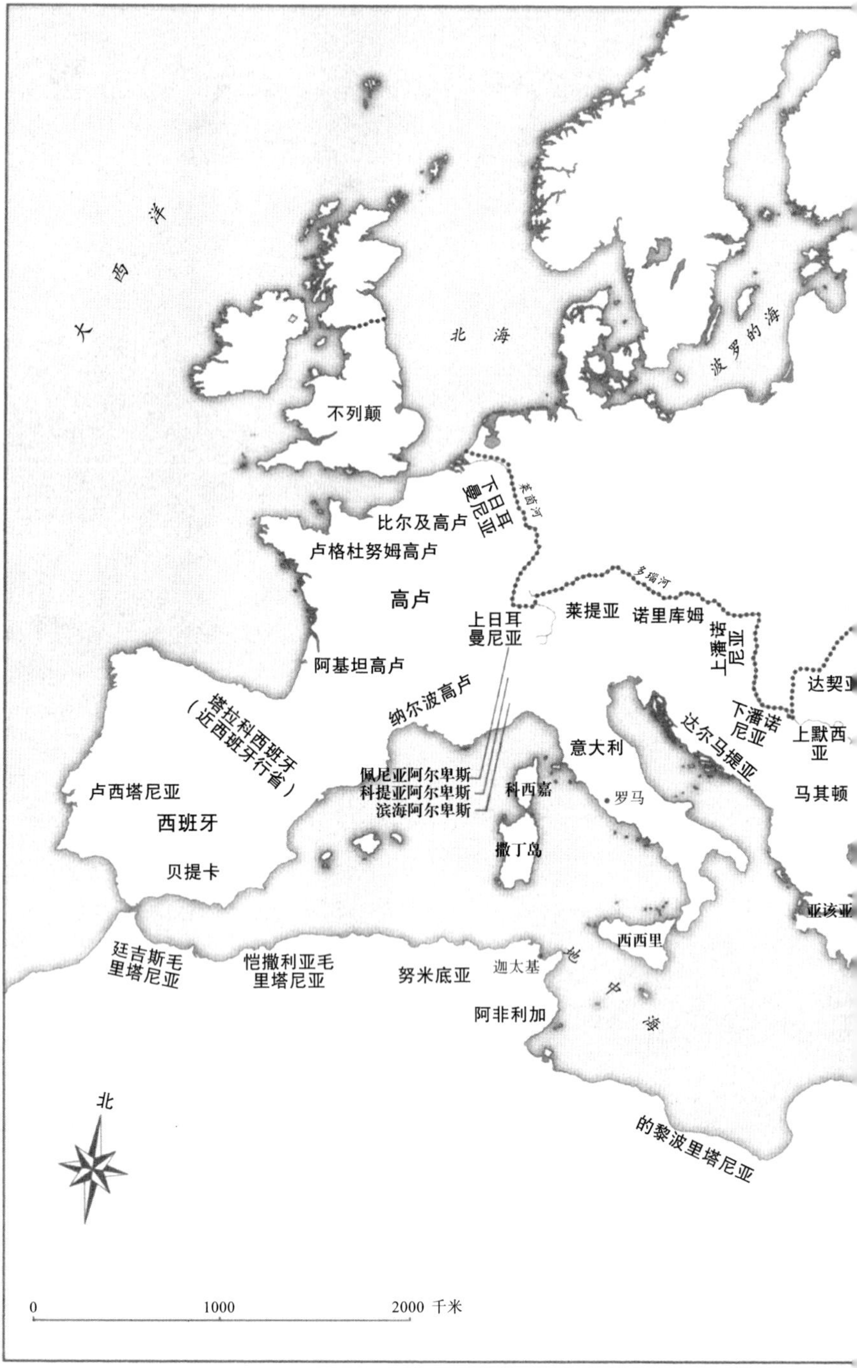

大 西 洋

北 海

波 罗 的 海

不列颠

下日耳曼尼亚

莱茵河

比尔及高卢

卢格杜努姆高卢

高卢

上日耳曼尼亚

莱提亚　诺里库姆

多瑙河

上潘诺尼亚

达契亚

阿基坦高卢

下潘诺尼亚

达尔马提亚

上默西亚

纳尔波高卢

意大利

马其顿

佩尼亚阿尔卑斯
科提亚阿尔卑斯
滨海阿尔卑斯

科西嘉

罗马

塔拉科西班牙
（近西班牙行省）

卢西塔尼亚

西班牙

撒丁岛

贝提卡

亚该亚

廷吉斯毛
里塔尼亚

恺撒利亚毛
里塔尼亚

努米底亚

迦太基

西西里

地 中 海

阿非利加

北

的黎波里塔尼亚

0　　　　　　1000　　　　　　2000 千米

地图 2　哈德良统治时期的罗马

昔兰尼

下默
西亚

色雷斯
拜占庭

黑　海

比提尼亚
与本都

加拉提亚

亚细亚

吕基亚和
潘菲利亚

卡帕多奇亚

亚美尼亚

亚述

帕提亚

奇里乞亚

克里特

塞浦路斯

叙利亚

犹地亚

阿拉伯

美索不达米亚

幼发拉底河

底格里斯河

亚历山大里亚

埃及

尼罗河

红海

里海

咸海

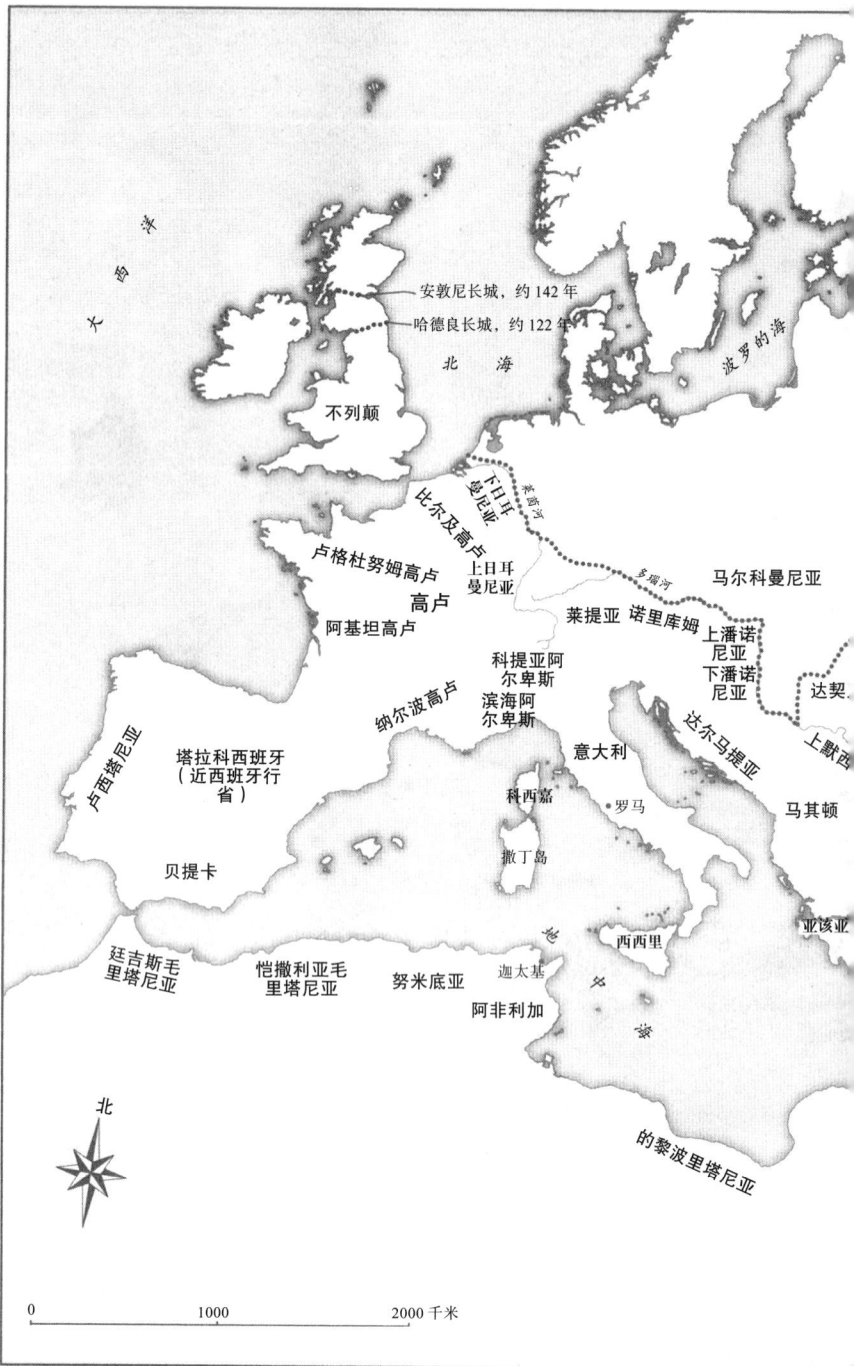

大西洋

安敦尼长城, 约 142 年

哈德良长城, 约 122 年

北 海

波罗的海

不列颠

下日耳曼尼亚

比尔及高卢

莱茵河

多瑙河

马尔科曼尼亚

卢格杜努姆高卢

上日耳曼尼亚

高卢

莱提亚

诺里库姆

上潘诺尼亚

阿基坦高卢

下潘诺尼亚

达契

纳尔波高卢

科提亚阿尔卑斯

滨海阿尔卑斯

达尔马提亚

上默西

卢西塔尼亚

塔拉科西班牙
(近西班牙行省)

意大利

科西嘉

罗马

马其顿

贝提卡

撒丁岛

亚该亚

廷吉斯毛里塔尼亚

恺撒利亚毛里塔尼亚

努米底亚

迦太基

西西里

地中海

阿非利加

的黎波里塔尼亚

北

0   1000   2000 千米

地图 3   安敦尼王朝时期的罗马帝国

咸海

里
海

黑海

下默西亚

色雷斯

拜占庭

比提尼亚　　本都

亚美尼亚

帕提亚

加拉提亚

亚细亚　吕基亚　　卡帕多奇亚

奇里乞亚

底格里斯河

潘菲利亚

塞浦路斯

叙利亚

幼发拉底河

克里特

叙利亚巴
勒斯坦

犹地亚

亚历山大里亚

阿拉伯

埃及

尼罗河

红海

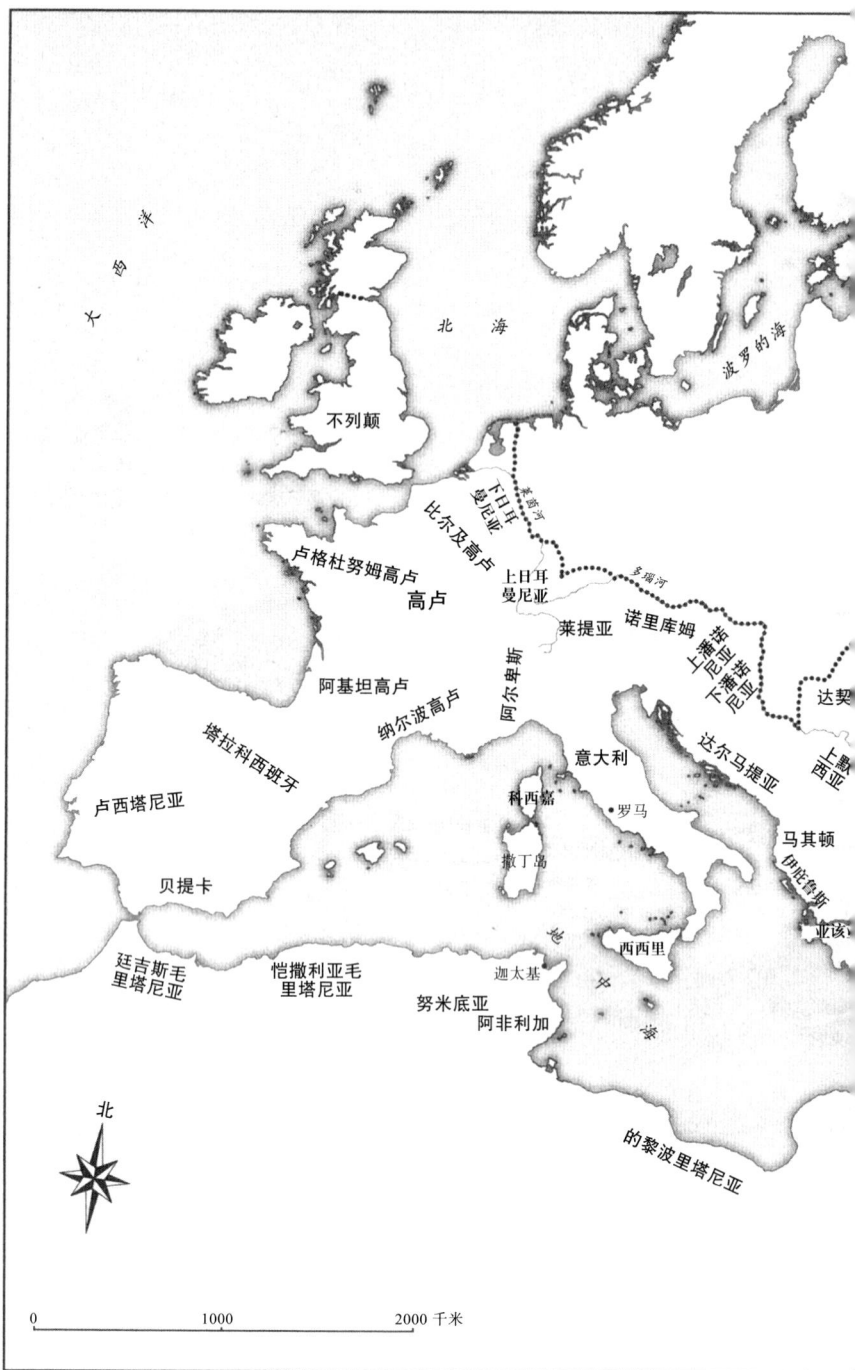

大西洋

北 海

波罗的海

不列颠

下日耳曼尼亚

莱茵河

比尔及高卢

卢格杜努姆高卢

高卢

上日耳曼尼亚

多瑙河

莱提亚

诺里库姆

上潘诺尼亚

下潘诺尼亚

达契

阿基坦高卢

纳尔波高卢

阿尔卑斯

上摩西亚

塔拉科西班牙

意大利

达尔马提亚

卢西塔尼亚

科西嘉

罗马

马其顿

伊庇鲁斯

贝提卡

撒丁岛

亚该

廷吉斯毛里塔尼亚

恺撒利亚毛里塔尼亚

迦太基

努米底亚

阿非利加

西西里

地中海

北

的黎波里塔尼亚

0   1000   2000 千米

地图 4 塞维鲁王朝时期的帝国

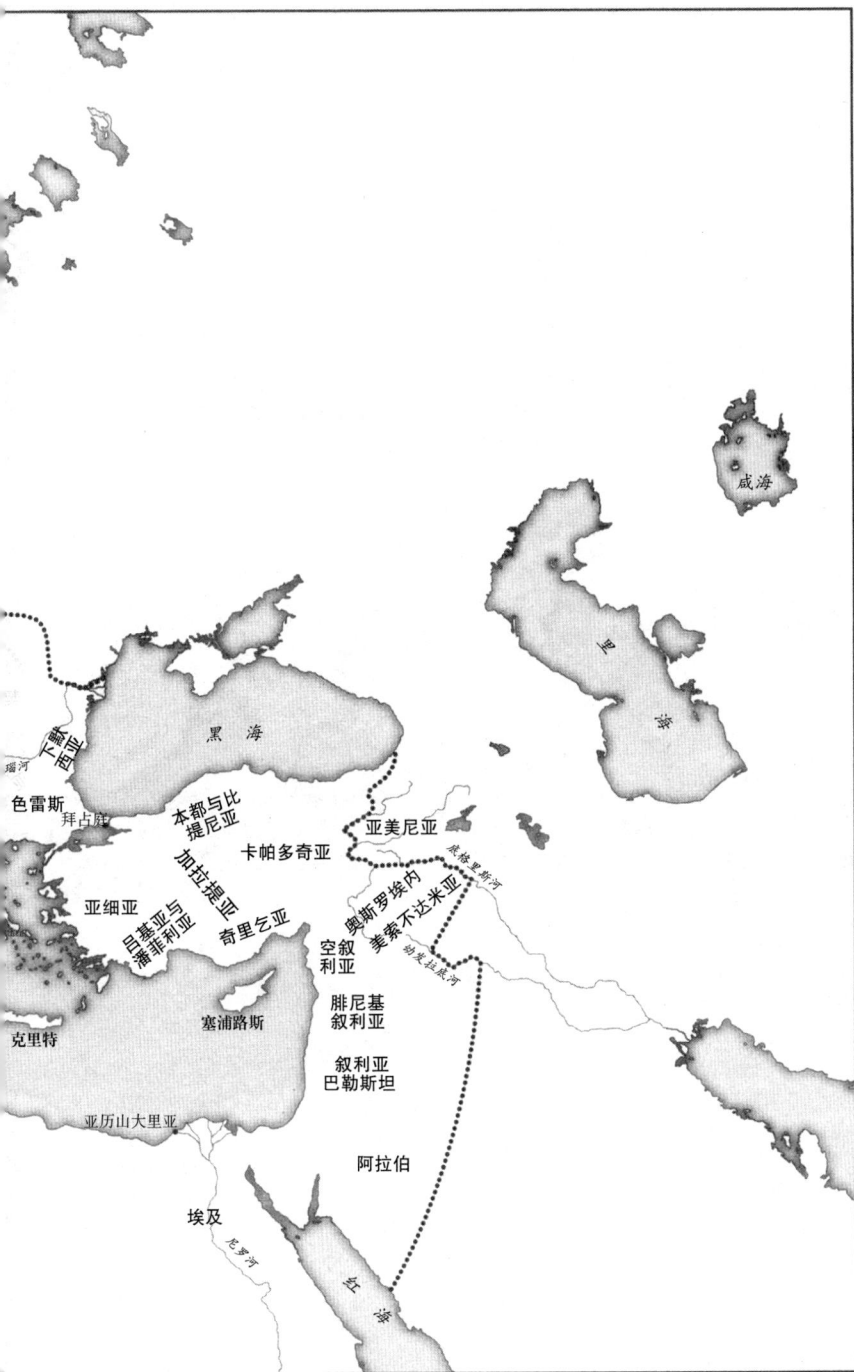

咸海

亚

海

下默
西亚

色雷斯

瑞河

拜占庭

黑海

本都与比
提尼亚

亚美尼亚

卡帕多奇亚

底格里斯河

加拉提亚

亚细亚

亚美尼亚

吕基亚与
潘菲利亚

奇里乞亚

奥斯罗埃内

美索不达米亚

空叙
利亚

幼发拉底河

克里特

塞浦路斯

腓尼基
叙利亚

叙利亚
巴勒斯坦

亚历山大里亚

阿拉伯

埃及

尼罗河

红海

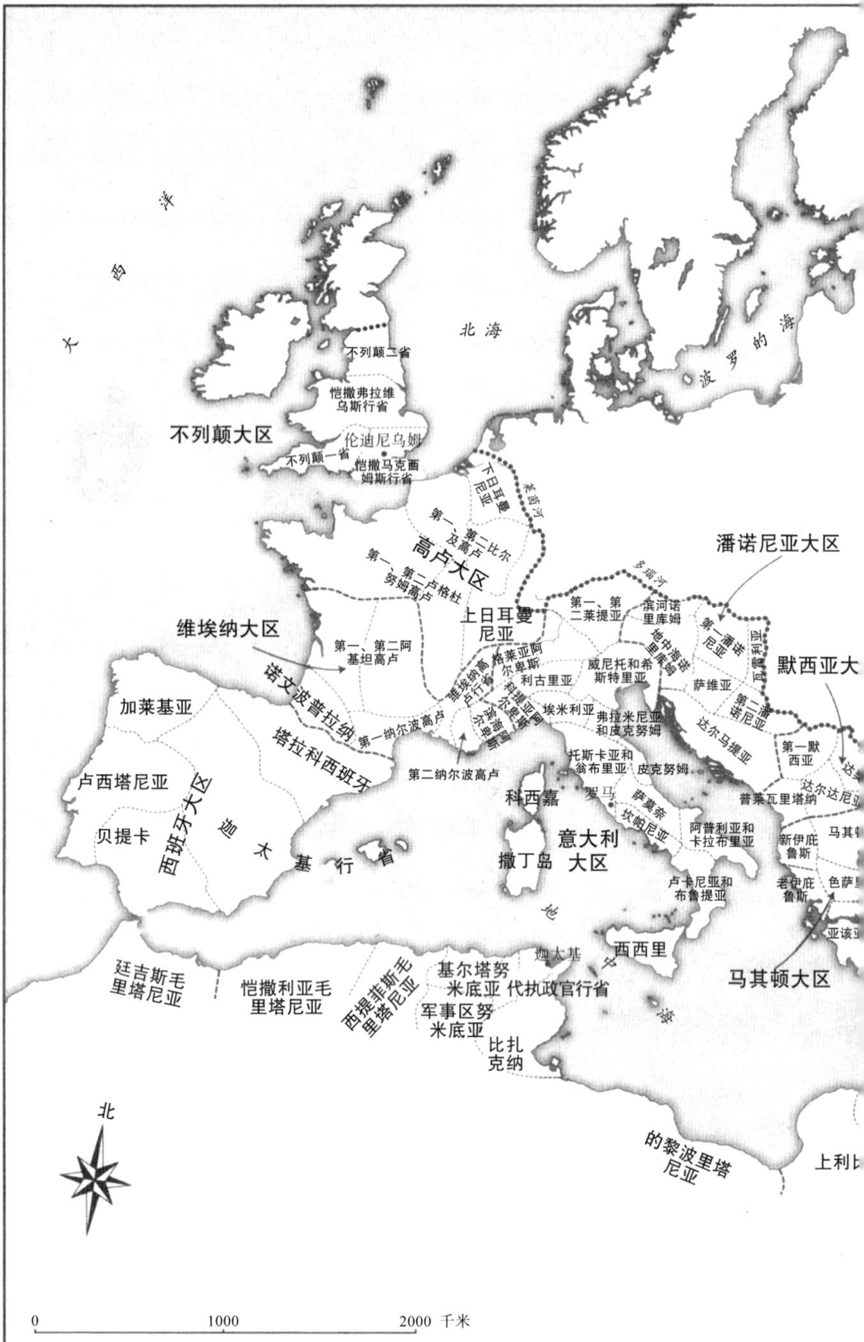

北冰洋

北海

波罗的海

不列颠二省

恺撒弗拉维乌斯行省

伦迪尼乌姆

不列颠一省

恺撒马克西姆斯行省

不列颠大区

下日耳曼尼亚

第一、及高卢比尔

第一、第二卢格杜努姆高卢

高卢大区

上日耳曼尼亚

潘诺尼亚大区

第一、第二莱提亚

滨河诺里库姆

地中海诺里库姆

第一、第二潘诺尼亚

萨维亚

维埃纳大区

第一、第二阿基坦高卢

第一纳尔波高卢

诺文波普拉纳

第二纳尔波高卢

默西亚大区

威尼托和希斯特里亚

利古里亚

埃米利亚弗拉米尼亚和皮克努姆

达尔马提亚

第一、第二默西亚

加莱基亚

塔拉科西班牙

科西嘉

托斯卡纳和翁布里亚

第一默西亚

罗马

萨莫奈

坎帕尼亚

普鲁瓦里塔纳

达尔达尼亚

卢西塔尼亚

西班牙大区

贝提卡

巴利阿行省

意大利大区

撒丁岛

阿普利亚和卡拉布里亚

新伊庇鲁斯

马其

老伊庇鲁斯

色萨利

卢卡尼亚和布鲁提亚

廷吉斯毛里塔尼亚

恺撒利亚毛里塔尼亚

西提菲斯毛里塔尼亚

基尔塔努米底亚

代执政官行省

西西里

马其顿大区

军事区努米底亚

比扎克纳

地中海

迦太基

的黎波里塔尼亚

上利比

北

0   1000   2000 千米

地图 5　戴克里先的新帝国

色雷斯大区

黑 海

咸海

里
海

本都与比提尼亚
波莱莫尼
库弗斯本都
狄俄斯本都
小亚美
尼亚
亚美尼亚

本都大区

哈埃米蒙图斯
拜占庭
罗多普
赫勒斯滂
加拉提亚
卡帕多奇亚
戴格里斯河

弗里吉亚
吕底亚
第二弗
里吉亚
美索不达米亚

幼发拉底行省

皮西迪亚
亚细亚
卡利亚
吕基亚与
潘菲利亚
索菲亚
奥斯罗埃内

幼发拉底河

空叙
利亚

亚细亚
大区

克里特

塞浦路斯

腓尼基·黎巴嫩阿拉伯

第二阿拉伯

东方大区

亚历山大里亚
下利比亚
约维亚
埃及
赫库里亚
尼罗河

第一阿拉伯

红
海

底比斯

黑海

本都

卡帕多奇亚　亚美尼亚

吉兰

埃德萨

戈尔杜埃内

阿特洛帕特斯米底

泽乌格玛　奥斯罗埃内　尼西比斯　阿迪亚贝内

塞利努斯

卡莱　提格兰诺塞塔　哈特拉　阿尔贝拉

安条克

美索不达米亚

米底

地中海

帕尔米拉

阿尔忒密塔　埃克巴塔纳

叙利亚

杜拉-欧罗波斯

塞琉西亚　贝希斯敦

泰西封　埃贝

波斯特拉

巴比伦尼亚　苏西亚纳　苏萨

梅塞内

佩特拉

阿拉伯

斯帕西努　卡拉克斯

埃及

北

尼罗河

红海

地图 6　帕提亚帝国

花剌子模

粟特

乌浒水

尼萨
木鹿
马尔吉亚纳
巴尔赫

帕提亚

巴克特里亚

犍陀罗

尹

赫卡托姆普洛斯

喀布尔
白沙瓦
（犍陀罗）
塔克西拉

帕提耶内
（帕塔瓦）

赫拉特

印度河

德兰吉亚那

阿拉霍西亚

波斯波利斯

信德

毕沙普尔
波西斯

印度河

印度

盖德罗西亚

| 0 | 400 | 800 | 1200 | 千米 |

咸海

黑海

拉兹卡

伊比利亚

里海

亚美尼亚

特拉佩佐斯

阿特罗塔特内

恺撒利亚马扎卡

卡帕多奇亚

阿米达

君士坦丁纳

达拉

吉兰

许尔卡尼亚
（戈尔甘）

奇里乞亚山口

埃德萨

塔尔索斯

泽乌格玛

卡莱

雷塞纳尼西比斯

尼尼微

安条克

辛加拉

阿尔贝拉

地中海

卡利尼库姆

哈特拉

底格里斯河

帕伊库里

埃科巴塔纳

帕尔米拉

基尔刻西乌姆

杜拉-欧罗波斯

亚述斯坦

米底

幼发拉底河

泰西封

北

希拉

苏萨

苏西亚纳

埃吕麦斯

纳科谢鲁斯塔姆

帕萨尔加代

波斯波利斯

伊斯塔赫尔

毕沙普尔

波西斯

0   500   1000 千米

地图 7　萨珊帝国

伊塞克湖

费尔干纳

拉斯米亚
（刺子模）

粟特

撒马尔罕 ●

塔里
木盆地

马尔吉亚纳

● 木鹿

巴克特拉 ●

和田 ●

贵霜王国

巴克特里亚

喀布尔 ●

犍陀罗

● 赫拉特

白沙瓦 ●
（犍陀罗）

● 塔克西拉

印度河

德兰吉亚那

锡斯坦

图兰

印度

阿拉伯海

致　谢

对于如此规模的考察，要感谢的人自然为数众多，而且常常难以言表：几乎所有对你有所指教的人都应该榜上有名，这样的名单无穷无尽。因此我首先要感谢委托我撰写此书的 John Davey，Profile 出版公司的 Penny Daniel，以及该出版公司和哈佛大学出版社的了不起的团队，是他们让本书得以问世。宾州大学的 Erin Eckley 让我在做好自己的工作之外仍能有时间写作。我要感谢我从所有大学得到的研究帮助，以及从高等研究院历史研究基金得到的支持，我作为历史研究学院的成员在那里度过了愉快的一年，本书的终稿也是在那里完成的。

在宽泛得多的意义上，我要感谢那些教会我所知的大部分东西的人，尽管我常常直到多年后才意识到我学到了什么——即便他们中有些人会说我什么都没学到，特别是从他们那里：Tim Barnes、Palmira Brummett、Jack Cargill、Angelos Chaniotis、Todd Diacon、Martin Dimnik、Jim Fitzgerald、Patrick Geary、Walter Goffart、Maurice Lee、Lester Little、John Magee、Ralph Mathisen、Sandy Murray、Walter Pohl、Roger Reynolds、Danuta Shanzer、Alan Stern、David Tandy 和 Susan Welch。还有我的家人呢，特别是我的祖母和外祖母，以及 Oliver 和 Melvin。

还要感谢以形形色色、无法一一细数的方式带给我启发的朋友和同事们，除了这一点，他们几乎没有共同之处：David Atwill、Bob Bast、Mia Bay、Joe Boone、Kim Bowes、Sebastian Brather、Tom Burman、Craig Davis、Deborah Deliyannis、Bonnie Effros、Hugh Elton、Catherine Higgs、Gavin Kelly、Maura Lafferty、Chris Lawrence、Hartmut Leppin、Mischa Meier、Eric Ramírez-Weaver、Josh Rosenblum、Kathy Salzer、Sebastian Schmidt-Hofner、Tina Shepardson、Denise Solomon、Roland Steinacher、Paul Stephenson、Ellen Stroud、Carol Symes、Philipp von Rummel、Ed Watts、Clay Webster、David Wiljer 和 Christian Witschel。我要特别感谢 Nicola Di Cosmo 和 Michael Maas 邀请我参加 2013 年他们在普林斯顿高等研究院举办的"运动中的世界"（Worlds in Motion）研讨会［将以《古代晚期的欧亚帝国》（*Eurasian Empires in Late Antiquity*）为题出版］；它让我看到了一个丰富得无法想象的新的历史世界。对于我在宾州大学历史系（我在撰写本书期间担任系主任）的同事们，我不胜感激，无论是宽容我定期的疏忽，还是在大大小小的方面不断提醒我，任何治理体系都要受到结构和社会的制约。不过，除了前面提到的所有人，我还想要特别指出 3 位历史学家同行，他们如此深刻地影响了我的想法——关于历史，关于我们的专业，关于我们作为学者的社会责任——我很少意识到他们已经这样做了，直到我意外地受到提醒，对此我更为感激。Richard Burgess、Guy Halsale 和 Noel Lenski：谢谢。

最后是本书的题献对象，他们是超出了我预期的好朋友。

导　言

在我们的故事开始前大约 1000 年，罗马最初是意大利中部台伯河畔的一个非常普通的村子。多个世纪以来，它与邻居们基本上没有区别，但到了公元前 4 世纪，它开始咄咄逼人地向半岛的其他地方扩张。它的领导者是每年由公民群体选出的行政长官，投票经过了加权，以确保有钱有势者在投票结果中拥有决定性的话语权。这种制度在某些方面真正代表了公民群体的愿望，几乎每一年，公民军队都会在两位当选执政官的率领下出征，与敌人交战。征服活动在公元前 3 世纪加速，100 年后，罗马已经成了地中海世界毋庸置疑的超级大国。不过，与此同时，共和政制开始崩溃，因为相互敌对的将领们试图让自己和亲信们垄断权力。几十年的内战摧毁了共和国，到了公元前 1 世纪末，共和政制这台运转不灵的机器被奥古斯都的一人统治所取代，他是罗马的第一位皇帝。

奥古斯都——他从公元前 27 年开始叫这个名字——原名屋大维，是第一个试图独自统治罗马的共和时代军阀尤利乌斯·恺撒的甥孙和养子。恺撒因为这种企图而被刺杀，但共和国没能恢复，公元前 44 年他遇刺后的战争甚至比之前的更加血腥。等到公元前 31 年战争结束时，罗马世界已经精疲力竭，它相距遥远的各个行省在三代人的时间里一直是战场。独裁因为替代了更多内乱而受到欢迎，难以驾驭、摇摇欲坠但具有代议性的共和政制永远消失了。奥古斯都比他自己那代人和大部分年轻一代都活得更长；当他去世时，很少有活着的人还记得他统治之前的世界。他把自己标榜为元首，是罗马国家的"第一人"，而不是"国王"或"皇帝"。这种礼貌的谎言安抚了元老们的感情，这些前行政长官群体长久以来都习惯于主宰这个国家。但奥古斯都对实权的完全掌握和他异乎寻常的长寿使其可以改变罗马的统治。

我们将奥古斯都的统治作为罗马共和国和罗马帝国的分界线，统治罗马的一边是选出的行政长官，另一边是个人独裁者，但共和国在欧洲和地中海地区已经拥有了一个庞大的帝国。这个共和时代的罗马帝国由罗马人统治，维护意大利的利益，那是绝大部分罗马公民生活的地方；它也维护罗马城的利益，那是世界上到那时为止最大的都市圈。奥古斯都的革命逐渐改变了这点。共和时期对行省的统治（特别是在罗马征服后不久）经常反复无常，而且总是贪得无厌，但是它之后带来了新的基础设施和经济机会。在皇帝的统治下，行省生活变得稳定得多。统治着帝国的土著人口的酋长、市民和贵族可以保留他们在当地的权威，只有两个简单的条件：要保持和平，让罗马公民可以不受侵扰地行事；以及国库必须保持充盈。地方精英，从西欧的酋长到希腊市议会和东部行省的当地王朝，都热情地接受了这笔交易。这些人和他们的臣民学会了取悦罗马总督，许多人还学会了像罗马人一样生活。地方精英对罗马统治和由之而来的和平的热情是对罗马帝国成功的最重要解释。

奥古斯都和他的继承者们不仅对合作给予奖赏，他们还把许多行省人吸纳进了罗马公民的行列。这一点非常重要。没有其他哪个古代国家像帝国时期的罗马这样慷慨地把自己的公民权授予别人。皇帝们没有把公民权局限于帝国的核心，而是将其广泛地授予他人：有时是他们认识的某些大人物；有时是他们垂青的城市；有时是帝国的整个地区。这意味着从帝国的一端到另一端，都有人拥有着只有罗马公民才享有的法律权利。在帝国内部，无论前往何方，他们在法律面前都是平等的。在他们生活或置身之处，无论当地的司法制度如何，他们都享有财产和人身的权利。读者也许会想起使徒保罗的故事，在面临敌视他的犹太当局的审判威胁时，他亮出了自己的罗马公民身份，于是他的案子被转交给了罗马。罗马公民权的这种"国际性"也许是它最大的价值。

公元 1 世纪，帝国从由罗马和意大利开发的一系列臣属领地转变成拥有形形色色的文化的行省拼图，它们都服从于罗马皇帝，现在有越来越多的行省罗马公民生活在那里。伊比利亚人和高卢人、摩尔人和叙利亚人、色雷斯人和希腊人——他们和其他许多民族可以越来越多地认为自己是罗马人，无论他们还可能是其他什么人。这种自我认同，对自己身为罗马人的意识，在本书涵盖的各个世纪里将变得更加深刻和强烈：行省的罗马人将逐渐在帝国的政治史上成为主角。罗马城中的罗马人也将保持他们的重要性，特别是被称为平民的那部分城市人群。当奥古斯都实行独裁时，平民放弃了他们形式上参与政治和选择领导人的权利，用以交换和平、繁荣和盛大表演：讽刺诗人尤维纳利斯将其讥讽为用来让人民保持安静的"面包和竞技"。这是平民可以接受的买卖，但对皇帝来说价格不低。教养城市人群不仅意味着金钱，还需要"面对面"。元首要是不兑现对平民的施舍或亲自表达关爱就很可能要面对街头骚乱。

为了让我们的叙述有意义，我们要关注的不仅是帝国元老院、城市平民或行省的罗马公民，还有把所有这些人，以及皇帝和军队纳入帝国统治体制的方式，即它的未成文宪法。这方面被有意安排得含混不清，因为奥古斯都极其不愿意暴露自己统治的真相。元老院的成员曾经统治着共和国及其行省，他们接受了新元首的独裁，不仅因为这种独裁带来了和平，也因为他营造出了尊敬旧有共和原则的得体的表象。元老可以继续担任有着共和时代头衔的职务——财务官、营造官和执政官——尽管无法再通过自由竞争来获得它们，而且他们对帝国的行政仍然至关重要。随着那些经历过共和时代最后几十年的人全部去世，对共和国真实的记忆也随之消逝，精英公民能够接受掩盖一人统治现实的政治表演。他们也能接受世袭继承，这更加令人意外。

共和国的奠基神话是，据说在公元前6世纪，最后一个国王"高傲者"塔克文被推翻，元老院的统治建立了起来，两名当选的行政长官每次只任职一年。在共和时代的政治中，"国王"（rex）一词始终是巨大的侮辱；恺撒遇刺的主要原因之一是人们相信，他事实上可能称王。不过，虽然奥古斯都在形容他的权力时用词非常谨慎，但他或他的臣民都不避讳世袭继承的现实，仿佛皇帝就是君主。奥古斯都把国家交给了他的养子提比略（公元14—37年在位），从而建立了我们所谓的尤利乌斯-克劳狄乌斯王朝，得名于他们出身的两个共和时期的氏族。后来这一家族又有3名成员成为提比略的继任者。当尤利乌斯-克劳狄乌斯家族的男性在公元68年绝嗣后，帝国出现了短期的内战，直到胜利者弗拉维乌斯·韦斯巴芗（69—79年在位）建立了新的王朝，我们称之为弗拉维乌斯王朝。他的做法证明了帝国可以在没有其创始家族的情况下延续，皇帝也可以在罗马城之外由军队在行省拥立。身为元老的历史学家塔西佗把这一发现称为"帝国的秘密"（arcanum imperii）。这意味着其他家族能够把尤利乌斯-克劳狄乌斯王朝的独裁延续下去，只要他们能在战场上赢得统治权。

　　向新王朝的转化使得皇帝权力的真正基础变得更加透明。韦斯巴芗首先在一场东方行省军团的政变中被拥立为皇帝，然后又得到了元老院与罗马人民的拥戴，让他的登基变得合法。更重要的是，元老院投票授予了韦斯巴芗一揽子曾经由尤利乌斯-克劳狄乌斯王朝行使的具体专权。这些权力让元首与国家中的任何其他人都不一样，他以此为基础宣称自己有权行事。这些权力基于共和时代选出的行政长官们在任期内的职权，当它们集于一个人身上时，就使得皇帝拥有了其支配力。其中两种权力最为重要。第一种是代执政官的治权（imperium）。在共和时代，前执政官们会作为代执政官（"代表罗马的行政官行事"）统治行省。代执政官能够执行外交政策、对公民行使法律和司法权、要求公民和非公民服从，但只能在罗马城之外这样做，同样的权力在城内由任期一年的行政官行使。让奥古斯都及其继承者的代执政官治权与众不同的是它的范围：元首的代执政官治权要高于任何行省总督的，这让他的任何决定在任何他选择采取行动的地方都有了约束力。皇帝的第二种关键权力同样植根于共和国历史。元首拥有永久的保民官权力（tribunicia potestas），这本是共和时代的保民官在罗马城中否决立法和在神圣城界内指挥公民的权力。与执政官的权威一样，共和时代的保民官权力由任期一年的在任保民官行使。然而，在皇帝的统治下，元首之外的任何人均不得拥有保民官权力，而元首是永久拥有的。

当元老院投票授予韦斯巴芗保民官权力时，它肯定了元首拥有某些东西是凭借他的地位，而非他本人，以及奥古斯都的权力可以由某个并非其家族成员的人所持有。但这并不是确定了一个人该如何真正成为皇帝的规则，而只是意味着无论谁成功被认可为皇帝（通过世袭、政变或军事胜利），他都必然能够行使这些权力。然而，模糊之处仍然存在，因为在奥古斯都恢复共和的表象下，人们不可能准确地界定是什么给了罗马皇帝统治权。多个世纪以来，军队、元老院和人民加起来才能让某个人成为皇帝，但它们之间的平衡从来不清晰，从不服从透明或正式的规则。王朝继承成了基准惯例，但从来不是原则：帝国是经常世袭继承的独裁政体，但从来不是世袭的君主制。

我们之前只是顺带提到的军队在皇帝废立中的角色也和元老院或罗马人民同样关键。帝制罗马的军队由长期服役的职业军人组成，享有不同于公民和行省非公民人群的特权。士兵的忠心需要不断维护，因为归根到底，皇帝独裁统治能否成功就取决于这份忠心：在各种挑战面前保护元首的是军队的忠诚，特别是不列颠、日耳曼、巴尔干、安纳托利亚和叙利亚的行省大军。近卫军的忠诚甚至更为重要，他们是驻扎在罗马的皇帝私人军队，当统治者触怒他们时，他们总是致命的。不过，士兵的需要通常是可预计的，罗马平民的需要也同样如此。

精英——特别是元老——给皇帝造成的麻烦要大得多，因为必须逐一应付他们，而不是将其作为整体来打发。为了治理帝国，皇帝需要依靠元老和骑士组成的寡头集团，前者不仅富有，而且出身高贵，后者则仅仅是些非常富有的人。这个寡头集团中元老的部分能够自我巩固：掌握某些行政长官职务就能获得元老身份，这种身份能为家族的三代人所享有，即便某一代人没能通过担任公职来维持它。一个元老需要至少 100 万塞斯特斯的财产才能保有元老地位（一个普通市民每年靠大约 1000 塞斯特斯就能过得很好），而许多元老每年的收入事实上都要超过这个数字。鉴于这种排他性，元老家族天然倾向于组成一个不同于社会其他成员的阶层，即元老等级（ordo senatorius），但它从来不是封闭的，特别是因为它与金钱的关系。

拥有合格净资产的人可以选择寻求担任行政长官，他们会从财务官做起，让他们真正成为元老院的参与成员。这些人属于更大的罗马寡头集团中的第二个群体，也就是骑士等级（ordo equester），它的名字可以追溯到罗马最早期的历史，表示有足够的钱在骑兵服役的人。与需要担任具体的行政长官职务来确认自己地位的元老不同，骑士身份是达到某个最低财产要求（40 万塞斯特斯）后自动获得的。人们是身为骑士，而非通过行动成为骑士的，无论他们是否寻求担任公职，都将保持骑士身份。等到下一章中我们的故事开始时，即在哈德良皇帝统治时期，元老和骑士阶层形成了一个国际统治精英集团，每当新的行省人群被授予了罗马公民权时，就会有新的血液注入这个集团中：富有的非公民突然变成了罗马骑士，如果愿意，他们有资格寻求在元老院占据一席之地。渐渐地，寡头集团中骑士的部分获得了主导地位，占据了越来越多的公职，并通过它们管理帝国。但关键在于，统治精英集团吸收新成员的灵活性造就了一个基本上稳定的寡头政体，如果没有它，皇帝将完全无法统治。

这就是在下文中为什么我们不能仅限于讨论皇帝或皇帝家族，为什么我们不会回避介绍大量罗马人，以及他们冗长和经常无法记住的名字：这些将军和官僚、财政家和演说家缔造了帝国真实的样子，即便他们可能形象模糊，我们对他们的了解仅仅是一长串他们担任的职务和掌握的指挥权。他们的动机常常完全不得而知，更别提他们的性格了。不过，像通俗史学家有时做的那样把他们排除出我们的故事，则会把问题简单化，以至欺骗读者和遮蔽过去的真相：如果不提这些寡头，以及他们复杂的名字和职业生涯，帝国历史就会变成一个只有皇帝及其家族才重要的幻想世界。当然，他们的确重要，但寡头集团也同样重要：独裁政治只有通过寡头和在他们首肯的情况下才能运作。

这是一种相互加强的关系，但我们只了解部分时期的情况，因为我们手上罗马帝国不同时期的史料在数量和质量上差异很大。读者们会很快意识到，我们对某些时期的叙述要远比对另一些时期详细：比如，公元 2 世纪中期和 3 世纪末几乎是一片空白；而 2 世纪末和 3 世纪初期则记录翔实。除了证据分布不均，还有另一个史料问题：我们现有的几乎所有的叙事性史料都出自元老或者认同自己属于元老阶层的作者之手。因此，他们习惯专注于皇帝个人的性格及其对元老院和罗马本身的生活的影响。卡里古拉和尼禄皇帝对元老们非常凶暴，对元老院也很不好，因此他们是暴君，尽管后者在更广大帝国的许多地方事实上很受欢迎。相反，作为好皇帝的典型，"公民元首"（civilis princeps）效仿奥古斯都，举止得体地扮演元老同侪中的第一人。因此，我们的精英史学传统往往会把每位皇帝归为这种或那种典型。好皇帝韦斯巴芗的小儿子图密善追随了卡里古拉和尼禄的丑恶榜样。韦斯巴芗和图拉真恰如其分地遵循了礼节，因此得到了深情的怀念。尽管我们的叙事性史料专注于帝国的特征，但我们也需要关注其他能够找到的证据，特别是大量石刻铭文，它们让我们得以了解除此之外不为人知的数以千计的个人是如何向世人展示自己的生活和事业的。当我们这样做的时候，几乎总是会发现，皇帝的性格以及寡头集团上层对其统治的感受与整个帝国命运的关系非常之小。

在尤利乌斯-克劳狄乌斯王朝统治时期就已经是这样了，在我们的主要叙事开始的117年，即图拉真皇帝去世、他的远亲哈德良登基的那一年，情况更是如此。为了理解哈德良的统治（在许多方面决定了整个公元2世纪的王朝历史），我们需要简述图拉真时期的事件，以及当时在寡头统治集团中占据主导的那类人。皇帝中，韦斯巴芗和他的儿子们是最早的并非出身于罗马城的罗马人，他们来自意大利的自治市。他们是共和国最后一个世纪里被授予罗马公民权的意大利人的后代，家族的一系是元老阶层，另一系是骑士阶层。这是新出现的情况。尤利乌斯-克劳狄乌斯王朝的祖先是共和国晚期的两个元老大族，这是他们对自身合法性和权力的意识的来源之一。但在这个王朝的统治下，来自罗马城的罗马公民和来自意大利的罗马公民的旧有区别远没有那么重要了，因为后者在帝国政府中占据了越来越高的位置。

韦斯巴芗上台时，有人对他似乎热衷的乡下粗鄙行为嗤之以鼻，但没有人认为他的背景让他不适合统治。在他的弗拉维乌斯王朝统治时期，类似的地区差异消失的现象也出现在了意大利半岛之外。来自西班牙南部和东部，以及高卢南部的殖民市的精英（他们是被安置在自己所征服行省的共和时代老兵的后代）开始越来越多地进入元老院。尼禄的宫廷周围已经聚集了一批西班牙的元老，而来自纳尔波高卢（Gallia Narbonensis）的罗马元老非常好地融入了意大利贵族，以至于在现有的证据中，想要区分这两个群体变得困难至极。正如意大利精英在尤利乌斯-克劳狄乌斯王朝时期得到了更远大和广阔的前途，那些殖民市公民在弗拉维乌斯王朝时期也同样如此。随着弗拉维乌斯王朝的断绝，殖民市精英的这种新的重要性变得清晰。

公元 96 年 9 月，韦斯巴芗的小儿子图密善遇刺。这次没有像公元 68 年尤利乌斯-克劳狄乌斯王朝的末帝尼禄自杀后那样发生内战。相反，元老院采取了迅速行动，推举马尔库斯·科克尤斯·涅尔瓦（Marcus Cocceius Nerva）为皇帝。此人年纪老迈，受人尊敬但没有孩子，他的职业生涯可以一直追溯到尼禄当政时期。元老院的同僚喜爱和信任他。但他在平民和近卫军中不受欢迎，而且他性情软弱，优柔寡断。边境的军队变得骚动起来。某位高级统帅发动政变（就像让尼禄倒台的那次）和内战似乎只是时间问题。传言四起，但几个月过去了，政变并没有发生。在关起的门背后策划了什么，我们只能想象了，因为事情的真相被仔细地掩盖了，不为后人所知。但公元 97 年，涅尔瓦看似出人意料地宣布收养了一位强势的将军马尔库斯·乌尔皮乌斯·图拉扬努斯（Marcus Ulpius Traianus），作为养子和皇位的搭档。我们称此人为图拉真，他是个西班牙人，来自贝提卡（Baetica）行省的意大利卡（Italica），这个富饶的南方行省以科尔杜巴［Corduba，今科尔多瓦（Córdoba）］为中心。收养取得了想要的效果，用一位士兵们乐意奉之为皇帝的人安抚了他们。元老院同样感到高兴，图拉真竭尽全力把自己变成"公民元首"的典范，这与图密善截然相反，尽管他事实上曾经非常忠诚地为那位皇帝效命。

涅尔瓦不久就去世了——所有人都认为是善终——而作为唯一的皇帝，图拉真（98—117 年在位）尽可能地对元老院表现得恭顺，授予了元老阶层的指挥官和行省总督大量的自主决定权。我们幸运地拥有盖乌斯·普林尼乌斯·凯基利乌斯·塞昆都斯（C. Plinius Caecilius Secundus）——更为人所知的名字是小普林尼——的书信集，他与图拉真的通信让我们得以一窥皇帝与一位元老等级的代执政官的关系。小普林尼表现得很恭顺，过分担心自己做出可能触怒元首的决定。而对于这位总督的优柔寡断、事无巨细都要一再请求他的指示，图拉真也表现出过分的耐心。这位元首知道，写信给一位与自己社会地位相当的人时，礼貌宽容是理所应当的。他也明白自己的指示很重要。他一再提醒小普林尼，要像他本人一样真正关心行省人民，让他们和平地生活，不让他们相互伤害。

图拉真永远作为"最佳元首"（optimus princeps）被铭记，这不仅是因为他迎合了元老们的自尊。他大张旗鼓地保护臣民的安全，还为罗马之名增添了新的荣光。他在多瑙河畔同达契亚国王德塞巴鲁斯（Decebalus）展开大战，在达契亚设立 3 个新的行省，将帝国的领土扩大到喀尔巴阡山。这些横跨多瑙河的行省让罗马控制了特兰西瓦尼亚的重要矿藏，并使其得以监督喀尔巴阡山以东和以西的藩属国王。降伏达契亚让图拉真变成了皇帝中少有的"帝国扩张者"（propagator imperii）。事实上，"最佳"的尊号不是他死后才有的，而是在他生前就出现了，这个修饰语有时仿佛被当作他本名的一部分。

我们之前看到的皇位继承的不明朗让画面变得更加复杂。图拉真没有子嗣，在指定继承人的问题上犹豫不决："最佳元首"很难施行赤裸裸的王朝继承，那会暴露他的专制。与此同时，没有明确的继承方案可能会导致灾难，就像尼禄的统治终结后所发生的。此外，如果不指定明确的继承人，人们就会继续猜测，宫廷中会出现派系，产生不可预料的后果。图拉真做了妥协，不情愿地放弃了同侪中的第一人这个身份。他有一位男性近亲，表外甥普布利乌斯·埃里乌斯·哈德里阿努斯（Publius Aelius Hadrianus，哈德良），是西班牙殖民市精英相互联姻的产物。哈德良的父亲普布利乌斯·埃里乌斯·阿费尔（Publius Aelius Afer）于公元 86 年去世，年幼的哈德良和他的姐姐多米提娅·保琳娜（Domitia Paulina）随即由图拉真监护。我们被告知，图拉真一生都把哈德良"视若己出"，也就是说，甚至是在他穿上标志着罗马男性从童年进入成年的成人托袈（toga virilis）之前。

随后，图拉真让哈德良和自己的甥孙女萨宾娜［图拉真的姐姐马尔基亚娜（Marciana）的外孙女］结婚，从而让乌尔皮乌斯家族和埃里乌斯家族关系更紧密。在一个预期寿命很低和未成年人死亡率很高的世界里，婚姻关系是罗马精英维系自身地位的方式：哈德良与萨宾娜的婚姻非常重要，但他的姐姐多米提娅·保琳娜同著名将军卢基乌斯·尤利乌斯·塞尔维阿努斯（L. Julius Servianus）的婚姻也同样重要，后者家族的继承人在整个公元 2 世纪都将出现在政治聚光灯下。图拉真授予了自己家族的女性大量荣耀，显然是在效仿奥古斯都对他的妻子利维娅曾经做过的。就这样，图拉真的妻子普罗提娜（Plotina）和他的姐姐马尔基亚娜都获得了"奥古斯塔"的头衔，从此统治者家族中身份显赫的女性通常都会被尊称为"奥古斯塔"。马尔基亚娜奥古斯塔于公元 112 年去世时，元老院将她封神，然后图拉真又把奥古斯塔的头衔给了她的女儿马提蒂娅（Matidia）。因此，哈德良娶了一位奥古斯塔的女儿和一位被封神的皇室女性——"神圣的马尔基亚娜"——的外孙女。

尽管这一切似乎都意味着哈德良会成为图拉真的法定继承人，但也有一些迹象表明情况并非如此。在"cursus honorum"——这个词无法翻译，字面意思为"荣誉之路"，是罗马寡头集团成员担任的"官职阶序"——上，图拉真对他年轻的亲戚并没有特别关照。"官职阶序"要先经过若干低级公职，让人积累资格，然后才是一系列可以追溯到共和时期的行政长官：财务官、营造官和法政官。担任过法政官的人会被派去担任行省总督，然后在年满44岁时有机会赢得执政官一职。与执政官一样，这些传统职务也都对任职者有最低年龄的要求，而且担任两个职务的间隔时间遵循奥古斯都建立的规定〔这些规定被称为《年秩法》（lex annalis）〕。在具备资格的第一年就任职是元老们为之展开竞争的巨大荣耀，但在尤利乌斯-克劳狄乌斯王朝和弗拉维乌斯王朝，当政王朝的年轻成员常常不受《年秩法》的约束，让他们可以跳过通常的次序，远比理论上与他们地位相当的元老阶层成员更早任职。图拉真没有允许哈德良这样做，想来是因为皇帝想要展现出他对整个元老院以及约束其全体成员的规定的尊重，但这会让人们感到糊涂。有秘密传言称，图拉真事实上并不太看重他的养子。

直到公元113年，哈德良作为图拉真最可能的继承者的地位才得以确定，当时他被任命为"拥有代法政官权的皇帝特使"（legatus augusti pro praetore），也就是皇帝的卿官（comes，字面义是"伙伴"）和特别参谋，陪同图拉真出征。公元113年，日渐年迈的皇帝决定发动另一场征服战争。他是个闲不住的人，不喜安逸，而是偏爱战场上的生活。在达契亚的战争让他荣誉等身，他很难抗拒在东方作战的诱惑。除了个人原因，那种诱惑也有历史原因。帕提亚帝国是罗马东边的邻国，是当时地中海或近东世界唯一的另一个组织有序的国家。罗马人从至少公元前53年起就把帕提亚人视作意识形态上的劲敌，当时共和国的大将克拉苏在卡莱的战场上阵亡，几个罗马军团和他一起被消灭。从此，对帕提亚的任何胜利都会被视作不仅是军事上的，也是道德上的，尽管帕提亚人往往不会回应罗马人的敌意。对"最佳元首"来说，追随亚历山大大帝的脚步，为克拉苏之死决定性地复仇，是很有价值的计划。

图拉真的借口是亚美尼亚王位争夺者之间的冲突，以及帕提亚对亚美尼亚的干涉。公元2世纪初，亚美尼亚是一个不安地夹在两大帝国之间的藩属王国。它在文化上更接近于帕提亚，其本土王朝与帕提亚国王一样信仰伊朗宗教。不过，它在政治上早已落入了罗马的势力范围，其国王传统上要得到罗马的首肯才可以进行统治。现在，帕提亚推翻了罗马指定的亚美尼亚国王，另立新君。这让图拉真有了他唯一需要的借口，于是他在113年对帕提亚帝国发起入侵，征服它、将其纳入罗马版图是他的明确目标。哈德良作为他的法定继承人的真正地位在这场战事中变得清晰。

对帕提亚的战事开始时，皇帝61岁，对罗马人来说已经很老，无法指望他活到战争结束。战事本身取得了巨大的成功，至少在军事层面上。亚美尼亚很快臣服，一些北方高加索腹地的小国国王也纷纷前来向图拉真宣誓效忠。然后，罗马军队沿着幼发拉底河而下，占领了经过的每座城市。帕提亚都城泰西封也陷落了，图拉真由此超过了此前的任何一位罗马将军。但这对他来说还不够。他继续南进，来到幼发拉底河与底格里斯河的交汇处，它们随后将一起注入波斯湾。图拉真在那里伫立远眺，慨叹自己太老了，无法追随亚历山大的幽灵一路前往印度。他将不得不满足于扶植一位新君登上帕提亚的王位，控制罗马的这个劲敌。

　　这位皇帝的成就并不完全像看起来那样。甚至在他离开底格里斯岛［位于今天伊拉克的巴士拉（Basra）附近］之前，东方的事务就已经陷入了混乱。几乎所有被征服的帕提亚土地和一些同盟王国都发动了起义。更让人担心的是，罗马各行省的流亡犹太人发动叛乱，拥立了一位犹太王，这是危险的弥赛亚式期望的信号。在罗马通常的政策下，如此规模的叛乱需要大规模的报复。图拉真派出他最好的将领去对付犹太人，而他本人也率军穿过美索不达米亚，回到罗马境内，一路上非常残酷地镇压帕提亚人的叛乱。但他的健康每况愈下，没有显而易见的办法来挽救局面。美索不达米亚和亚美尼亚将不得不被放弃。当图拉真回到罗马的小亚细亚时，他已经身染沉疴，无法行军，于117年8月8日在奇里乞亚的塞利努斯（Selinus）去世。他的死讯被封锁，直到可以通知哈德良并让他在军队面前现身，后者不出意外地拥戴了他。随着哈德良的登基，我们的主体故事可以开始了。

第1章

哈德良统治的早期

哈德良统治的开头并不顺利。人们相信，或者可能假装相信，哈德良登基要归功于图拉真的遗孀普罗提娜，而不是出于已故皇帝的意愿。的确，他受到普罗提娜的青睐，而且许多元老认为，相比普罗提娜的这个受保护人，他们自己更适合做图拉真的继承者。其他人选的名字四处流传，而当哈德良马上放弃了图拉真那令人瞩目的征服战争时，他显得更加糟糕。从后世的眼光看来，我们明白这些战争已经注定失败，就连图拉真也会不得不放弃。但图拉真已经去世，并被人铭记，而哈德良还活着，且不那么受人爱戴，因此成了被指责的对象。不过，最恶劣的还是谋杀。有人企图发动政变，或者政变的传言被当了真。无论如何，在哈德良从东方回到罗马前，有4名曾经担任过执政官，现在拥有着帝国最高指挥权的高级元老被杀。哈德良总是宣称处决他们并非他的责任，但没有人相信他。与前任相比，他显得非常差劲：图拉真在其统治期间，即便在面对真正阴谋的时候，也仅仅流放了两名元老，没有处决他们中的任何一人。

哈德良过了一段时间才回到罗马，他入城时没有得到热烈的欢迎。平民骚动不安——谋杀4名前执政官元老是个丑闻。哈德良不得不分发大笔钱财来安抚他们。他还免除了个人借贷者和城市拖欠皇帝本人的小金库［fiscus，不同于国库，后者被称为"公共财库"（aerarium publicum），有时也被称为"萨图尔努斯财库"（aerarium Saturni），因为它坐落在萨图尔努斯神庙附近］的债务。他在图拉真广场上大张旗鼓地公开焚毁了税收记录，希望赢得一些民心。他还试图取悦元老院，但这并不容易。他发誓自己没有下令杀害那 4 名元老，并立下了那时已经成为传统的誓言，即自己将不会惩罚任何元老，除非得到了元老院本身的投票。但元老的怀疑无法扭转，哈德良从来都不受欢迎。

他把自己的养父封神，将图拉真的遗骨埋在其为纪念在多瑙河的胜利而竖立的石柱的基部。这根石柱高 100 英尺 ①，装饰着 600 英尺长的螺旋形饰带，描绘了皇帝发起的达契亚战争中的场景。石柱至今仍然矗立在以皇帝名字命名的广场上，是罗马帝国权力的象征性纪念物之一。哈德良的孝行实际上很不寻常，在某个层面上还是渎神的。图拉真广场坐落在罗马城的传统神圣边界，即所谓的城界（pomerium）内，那里禁止出现墓葬。即便是皇帝也被埋在位于城界之外的战神校场（Campus Martius）上的奥古斯都陵中。哈德良此举，就像他做的许多事一样，会触怒那些本就心怀不满的人，无论他的本意可能多好。

哈德良还采取了其他措施来稳固自己的皇位。他罢免了图拉真的两名近卫军长官（praetorian prefect，帝国政府的主要行政官员和近卫军的指挥官）之一，还接受了另一名长官的辞呈，这位上了年纪的前百夫长忠心耿耿，但似乎不愿意为哈德良效命（百

———

① 1 英尺约合 30.48 厘米。——编者注

夫长是罗马军团中非委任军官，通常在退伍时会获得骑士身份，让他们可以担任帝国行政体系中为骑士等级保留的各种职务，比如近卫军长官）。哈德良任命另一名前百夫长马尔基乌斯·图尔波（Marcius Turbo）来取代图拉真的近卫军长官。此人很早就在军中与哈德良相识，当时正忙于在达契亚和默西亚行省肃清多瑙河前线。第二名新的近卫军长官塞普提基乌斯·克拉鲁斯（Septicius Clarus）是骑士等级出身，我们对他的了解主要是小普林尼把自己的书信集题献给他。最后，哈德良还任命了新的司信官（ab epistulis）——负责起草皇帝的书信和回复的骑士等级官员——以《罗马十二帝王传》闻名的苏维托尼乌斯·特朗基鲁斯（Suetonius Tranquillus）。《罗马十二帝王传》是从尤利乌斯·恺撒（被错误地认为是第一位皇帝）到图密善的一系列皇帝的八卦传记，长久以来都是拉丁文学中最受欢迎的作品之一。

其他任命显示了在弗拉维乌斯王朝时期就已经蒸蒸日上的殖民市精英现在如何成了政府的主导力量。哈德良的罗马城长官（该职务不同于近卫军长官，是负责罗马城本身的日常运行的）是来自西班牙的元老马尔库斯·阿尼乌斯·维鲁斯（Marcus Annius Verus）。此人的政治生涯可以追溯到韦斯巴芗时期，他后来成了罗马历史上最后几位 3 次担任执政官的平民之一，这项特权越来越多地成了皇帝及其继承者的专属。这位阿尼乌斯·维鲁斯的女儿阿尼娅·加莱里娅·福斯蒂娜（Annia Galeria Faustina）嫁给了一位来自纳尔波高卢的内毛苏斯［Nemausus，今尼姆（Nîmes）］的元老：这位名字拗口的元老叫作提图斯·奥勒留·弗尔乌斯·博伊翁尼乌斯·阿里乌斯·安敦尼（T. Aurelius Fulvus Boionius Arrius Antoninus），他后来将成为我们称之为安敦尼·庇护的皇帝（138—161 年在位）。121 年，当老阿尼乌斯·维鲁斯第二次担任执政官时，他的孙子，另一个马尔库斯·阿尼乌斯·维鲁斯出生了；这个马尔库斯·阿尼乌斯·维鲁斯日后将成为马可·奥勒留皇帝（161—180 年在位）。这些相互交织的家族将主导公元 2 世纪的王朝政治。

和哈德良一样，阿尼乌斯·维鲁斯和阿里乌斯·安敦尼不同于图拉真这样的老一辈人。虽然他们有殖民市血统，在家族故乡仍然有亲戚和门客，但他们本身是意大利的孩子，在罗马长大，很少回到祖籍行省。出于这个原因，他们也与意大利精英关系密切：同样得到哈德良任命的哈特里乌斯·奈波斯（Haterius Nepos）属于骑士等级，祖上来自翁布里亚的自治市。他在 114—117 年，当亚美尼亚还是罗马行省时短暂担任过那里的总督；现在他迅速得到提拔，担任了一系列职务，最终成为埃及行省总督，这是一个专为骑士等级精心挑选的职位，总是由皇帝最信赖的人担任。哈德良的军团指挥官们既有图拉真时期的旧部也有新面孔：新皇帝对权力的掌控并不稳固，因此在对延续性的尊重和对自己的可靠支持者的需要之间取得平衡就成了至关重要的了。

有时，这种对安全的追求会带来创新。一条新近发现的铭文表明，在犹太战争结束后，哈德良创设了一个非常军事辖区，将犹地亚和阿拉伯的罗马军团置于同一名军团指挥官的掌握下。此举旨在震慑犹太本土，防止它跟着犹太流亡者反叛，尽管就像我们很快会看到的，这种做法失败了。皇帝本人在罗马城度过了他统治的前三年，尽管他更喜欢东方，乃至更喜欢旅行本身：公元 2 世纪时，人们对皇帝的期待是他应该以元老中的元老自居，即便他不受欢迎，最迫切的愿望就是到其他地方去。哈德良尽其所能地熬过了这段必需的与元老院的"会面时间",此后他转向帝国的更广大疆域,尽可能地远离罗马。

121年,他前往高卢和日耳曼,留下图尔波和阿尼乌斯·维鲁斯照管人民和元老院。图拉真的遗孀普罗提娜也留了下来,过着退隐的生活。119年,图拉真的外甥女,同时也是哈德良岳母的马提蒂娅去世,和之前她的母亲马尔基亚娜一样被封神。她的女儿萨宾娜现在已经是奥古斯塔,与皇帝同行:她和哈德良都非常不喜欢对方,但他担心如果任由拥有像她这样权威的女性留在罗马,可能会成为阴谋的焦点。即便在旅途中和严格的监督下,萨宾娜仍然会引起丈夫的怀疑:122年年末,因为神秘地与皇后有了不明互动,近卫军长官塞普提基乌斯·克拉鲁斯和司信官苏维托尼乌斯等人突然被解职。也许的确有阴谋,或者萨宾娜有什么欠考虑的言行(哈德良只爱年轻男子),但事实上我们不知道究竟发生了什么。萨宾娜仍然是皇帝同行者的一员,但没有人接替克拉鲁斯。这意味着从哈德良回到罗马伊始就任职的马尔基乌斯·图尔波直到他统治的最后都会是唯一的近卫军长官。

哈德良在旅途中度过了十年以上的时间,巡视了辽阔帝国的各个行省。121年或122年,他造访了上多瑙河的莱提亚(Raetia)和诺里库姆(Noricum)行省——今瑞士、德国南部和奥地利的一部分——还视察了后者的帝国矿场,为了纪念他来访而铸造的钱币显示了这一点。他给这两个行省带来荣耀,将几个诺里库姆的社区升格为自治市(municipia)——这是一种法律地位,按照罗马法拥有特别的权利——并为总督治所维鲁努姆[Virunum,今克拉根福特(Klagenfurt)附近]建造了一座新剧场,还把位于莱提亚的温德里库姆的奥古斯都市[Augusta

Vindelicum，今奥格斯堡（Augsburg）〕升格为自治市。从那里，他又把目光投向不列颠，并可能沿着莱茵河而下，一直来到下日耳曼尼亚（Germania Inferior，因为位于上日耳曼尼亚的下游而得名）的阿格里帕殖民市〔Colonia Agrippinensis，今科隆（Cologne）〕。哈德良似乎有意开发了下日耳曼尼亚的欠发达地区，包括今天弗兰德斯的一部分，而且通格罗鲁姆城〔civitas Tungrorum，今通厄伦（Tongeren）〕也是在那时被升格为自治市的。下日耳曼尼亚的总督普拉托里乌斯·奈波斯（Platorius Nepos）在 122 年随哈德良前往不列颠，并最终成为皇帝在那里的特使，这个行省将长期作为帝国的重要军事辖区之一。

图拉真死后第二年，不列颠发生了叛乱或边境骚乱，需要一位高级将领坐镇。122 年，普拉托里乌斯·奈波斯带着一整个军团，即来自下日耳曼尼亚的卡斯特拉维泰拉〔Castra Vetera，今克桑滕（Xanten），位于莱茵河与利珀河的交汇处附近〕的“胜利者”第六军团，以及其他数千名来自西班牙的军团士兵，和皇帝的队伍一起前往不列颠。不列颠在很长时间里都将是帝国最棘手和收入最低的行省之一，122 年皇帝来访的主要结果是修建哈德良长城的计划，这也许是罗马城之外最著名的罗马古迹了。皇帝在这个岛上度过了那一年的大部分时间，于 122—123 年冬天回到大陆。

抵达高卢后，哈德良又动身前往他家族的故乡西班牙，现在那里获得了皇帝正式来访的荣耀。哈德良经由纳尔波高卢南岸前往那里，在图拉真的遗孀、他自己的养母普罗提娜的家乡内毛苏斯为她竖立了纪念碑。在阿普塔〔Apta，今阿普特（Apt）〕，他为自己死在那里的心爱猎马波吕斯忒涅斯（Borysthenes）立

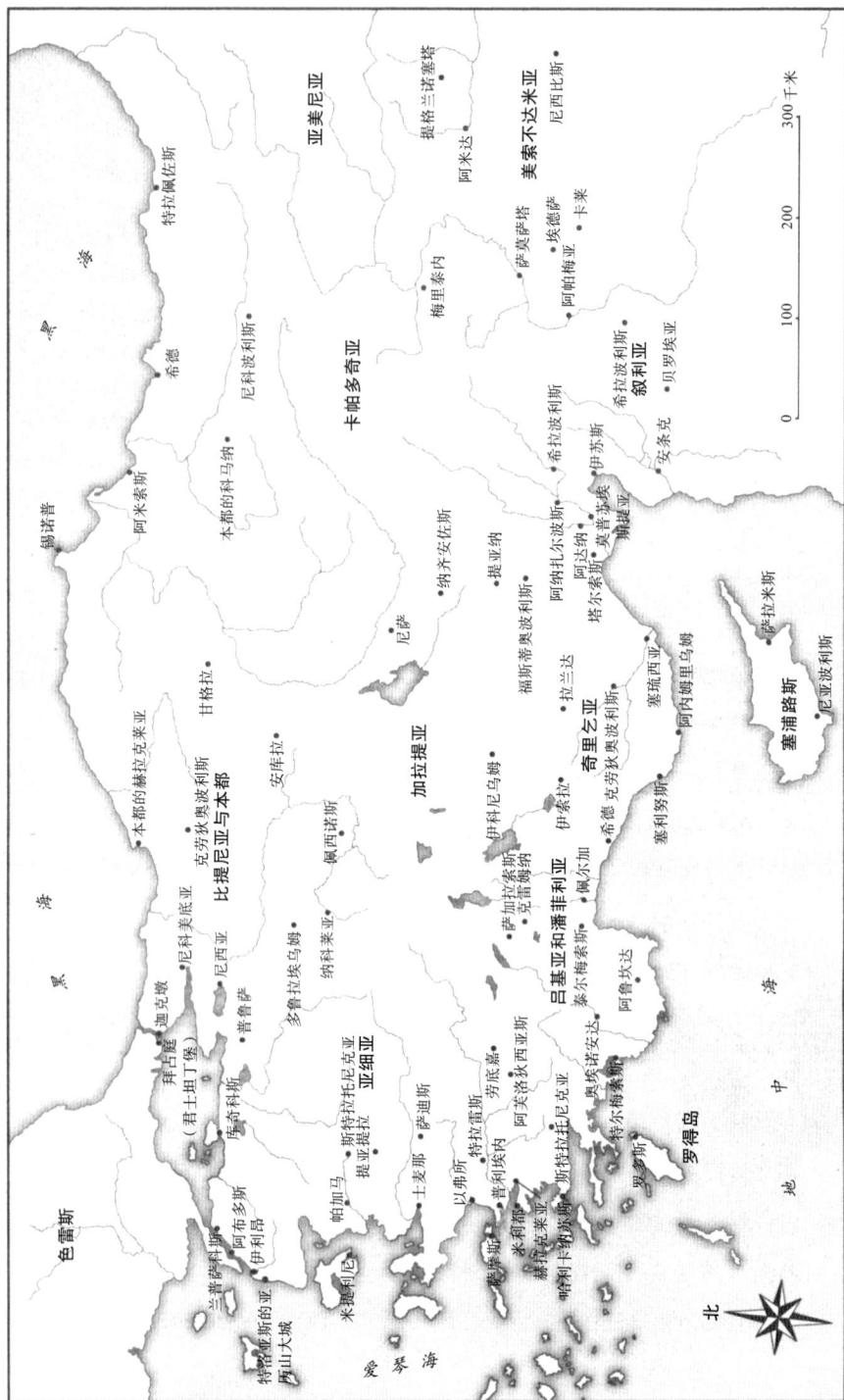

地图 8　小亚细亚

碑，并亲自写了一首并不高明的诗装点其坟墓。哈德良从纳尔波高卢出发，沿着海边的道路前往广阔的近西班牙行省（Hispania Citerior）的首府塔拉科［Tarraco，今塔拉戈纳（Tarragona）］，在那里过冬，一直待到 123 年年后很久。当年春天，他在弗拉维乌斯王朝建立的塔拉科广场和神庙举行了盛大的行省罗马公民大会（conventus）。随后，他又造访了行省的北部，包括"双子"第七军团驻扎的要塞（莱昂）和阿斯图里卡奥古斯都（Asturica Augusta，今阿斯托尔加［Astorga］）等西北部的行政中心。我们不知道他是否造访了其他两个西班牙行省——贝提卡和卢西塔尼亚（Lusitania），但他有意回避了自己的祖籍地意大利卡。不过，他为该城投入了大笔资金：在他的统治期间，意大利卡几乎建立了全新的公共中心。同样是在西班牙期间，哈德良还在行省公民中征兵加入军团。他想要补充帕提亚前线的兵源，因为在 124 年，他计划向东进军。

我们并不真正清楚哈德良东进的路线，但可以确定他亲自与帕提亚举行了和谈，在该国的王位争夺中向一方提供了象征性的支持，阻止了两大帝国发生真正的冲突。他在 124 年余下的时间里巡视了各个东方行省。我们知道他穿越了多山的卡帕多奇亚，一直来到黑海边的大港特拉佩佐斯［Trapezus，今特拉布宗（Trabzon）］，下令对港口做了大规模修缮。他还去了比提尼亚与本都（Bithynia et Pontus）这个二合一行省东半部分的本都地区，然后回到比提尼亚，在尼科美底亚［Nicomedia，今伊兹米特（Izmit）］停留。尽管无法证实，但哈德良可能在这里遇到了安提诺乌斯，这个乡下少年是来自比提尼亚的克劳狄奥波利斯（Claudiopolis）城外的希腊人，后来成了他的挚爱和流传至今的浪漫传奇的主角。

从比提尼亚出发，皇帝的队伍来到了普罗庞提斯海（Propontis）的欧洲一侧，很可能造访了色雷斯行省的首府佩林托斯（Perinthus），然后回到亚细亚行省。库奇科斯（Cyzicus）是哈德良的第一站，可能也是最重要的一站，因为他授予那里大量的荣耀，重启了几百年前由帕加马国王阿塔鲁斯（Attalus）开展的神庙修建工程，并赐给该城"庙所"（neokoros）的地位，即作为行省的皇帝崇拜中心之一。成为庙所，拥有被封神的皇帝和皇族的神庙，这在亚细亚行省乃至小亚细亚半岛的更广大地区是令人垂涎的地位。随着罗马帝国的统治激发了当地的希腊城市在城市生活、情感和自豪感方面的复兴，帕加马、以弗所、士麦那和萨迪斯等古城都已经享有了这种地位。比库奇科斯获得更多荣耀的只有行省首府帕加马，以及哈德良的旅伴，智术师和哲学家波列蒙（Polemon）的家乡士麦那，因为哈德良两次授予它们庙所的地位，这是一项极高的特权。难怪他开始获得"爱希腊者"之名，罗马一些较为严苛的拉丁元老认为这并不完全体面。不过，哈德良的亚细亚之行鼓励了许多出身高贵、已经是罗马公民并拥有骑士等级财富的希腊人寻求加入元老院。

124 年 8 月，哈德良在以弗所逗留了一段时间，然后经由罗得岛前往希腊本土。他年轻时到过雅典，但那已经是 10 年之前，当时他第一次对一切希腊事物表现出毫不掩饰的热情。现在，他作为罗马世界的统治者到来，首要目标是参加厄琉息斯秘仪。这是古代阿提卡重要的宗教仪式，在夏末或初秋进行，长久以来都让罗马的希腊文化崇拜者着迷。哈德良还与老熟人们重新见面，比如年轻的赫罗德斯·阿提库斯（Herodes Atticus）。赫罗德斯的父亲是雅典最富有的人之一克劳狄乌斯·阿提库斯（Claudius Atticus），他在 10 年前哈德良造访雅典期间曾经照顾过后者，而赫罗德斯本人将成为 2 世纪中期阿提卡的重要恩主。现在，哈德良特批他加入罗马元老院，身为"密友"财务官（quaestor inter amicos）。"特批"（adlectio，字面义是"读进名单"）是皇帝授予宠臣荣耀的方式，让他们不必担任积累资历的低级职务就能成为具有特定正式等级的元老。赫罗德斯现在享有和真正财务官同等的级别，他还是皇帝的"密友"（amici），这是一个虽然半官方，但罕见且令人垂涎的头衔。

宫廷驻扎在阿提卡期间，哈德良巡视了伯罗奔尼撒和希腊中部的许多地方，修复和新建了一些建筑。他想象自己是在恢复希腊的古老荣耀，但更多是在当地的风貌中留下新的帝国印记。重新燃起对古典希腊文化的荣光的兴趣是 2 世纪的特点，哈德良爱希腊的热情只是这种范围大得多的现象的一个表现：正是在这个时期，博学的古物学家，来自小亚细亚的吕底亚的保萨尼亚斯（Pausanias）开始撰写篇幅宏大的《希腊游记》，它至今仍是该地区的地理和历史不可或缺的文献。而哈德良回到雅典时正好赶上 125 年的酒神节赛会，他扮演了赛会指挥（agonothetes）的角色。然后，他造访了德尔斐和科林斯，两地分别作为阿波罗的神谕所和尤利乌斯·恺撒在内战胜利后为老兵们建立的重要殖民市而闻名。接着，哈德良沿着科林斯湾向北航行，来到了尼科波利斯（Nicopolis），那里是为纪念奥古斯都最终击败他的对手马克·安东尼而建立的定居点。随后，他来到伊庇鲁斯的底拉西乌姆［Dyrrachium，今阿尔巴尼亚的都拉斯（Durrës）］，从那里起航回到意大利的布伦迪西乌姆［Brundisium，今布林迪西

（Brindisi）]。他离开罗马已经4年了。

哈德良在希腊和小亚细亚的逗留告诉我们许多罗马皇帝必须扮演的公共角色的情况。比如，在此期间，他接受了被选为雅典的执政官（archon），这一非常具体的爱希腊举动表达了对古老希腊传统（在许多个世纪以来都是空洞的记忆）的象征性认同。哈德良的队伍漫步穿行于他们的城市，仿佛在进行一次历史之旅，此举赢得了希腊精英们的爱戴。在亚该亚和亚细亚、叙利亚和埃及行省，哈德良重演和重写了希腊历史的不同版本。作为数不胜数的例子中的一个，他在伊利昂（特洛伊战争的战场，位于小亚细亚）重建了所谓的埃阿斯墓，还在阿卡迪亚的斯基洛斯（Scillus）吊唁了伟大的雅典将军色诺芬的墓。在另一次东方之行中，他修缮了位于弗里吉亚（Phrygia）北部内陆深处的梅里萨（Melissa）的阿尔喀比亚德墓。在阿卡迪亚的曼提内亚（Mantineia），他为忒拜人伊巴密浓达（Epaminondas）竖立了纪念碑，此人在去世400年后仍然作为希腊人的解放者而受到铭记。在雅典，他开启的营建项目在当地人和帝国的资助下将持续整个世纪。哈德良对该城的重要个人贡献是下令完成了奥林匹亚宙斯的宏伟神庙：雅典僭主庇西特拉图在公元前6世纪就开始了这项工程，但直到哈德良的时代仍未完工。在德尔斐，他的爱希腊举动更加激进：他废除了管理德尔斐谕所的近邻同盟大会（Amphictyonic Council）被奥古斯都和尼禄皇帝强加的寡头统治。哈德良将其成员扩大，以达成他想象中的原始和最初的状态，即希腊世界还是由一系列独立的小城邦所组成时那样。这是对希腊古代历史的幻想，但迎合了他的听众。130年，当他第一次来到埃及时，伴随而来的是另一波具有历史象征意义的举动，首先是修复了培琉喜阿姆（Pelusium）的庞培墓，然后从那里沿着尼罗河继续行进。

　　哈德良的爱希腊举动标志着罗马帝国历史上的一个有趣的阶段。在他的统治期间，失望的对手和其他不喜欢他的人仍然可能嘲笑哈德良软弱，不像罗马人，而是个"希腊崽"（Graeculus）。他们的行为让人想起了一种非常古老的恐惧和嫉妒，可以追溯到共和时代。希腊文化毋庸赘言地要比罗马土生土长的传统古老和先进得多，对一切希腊事物摆出鄙视的姿态起到了自卫功能。比如，打猎是一种典型的希腊式消遣，罗马贵族曾经认为这有损他们的尊严。类似的还有浪漫或带有感情的同性恋：人们不会在意罗马男性是否偏爱与其他男性发生性关系，但认为其中不该有浪漫成分，否则就令人尴尬。这两种文化在许多方面早就达成了一致，希腊人的艺术和文学品位在希腊语和拉丁语背景下往往都会占据主导，但在公元 2 世纪初，骑马打猎或者把对年轻男性的爱情色化仍然可能让一个人成为"希腊崽"：旧的刻板印象仍然蜇人。哈德良的漫长统治大大消减了这种毒性，并非因为拉丁元老们认同他本人或他的爱希腊热情，而是因为他对希腊贵族的青睐让他们更多地加入了罗马元老院的上层，跻身于元老院所象征的日益跨民族的精英行列中。

第 2 章

统治的后期和继承

　　虽然在古代，哈德良最为人铭记的是他与希腊文化和罗马帝国东部的希腊城市的关系，但现在，与他联系最多的是横亘在今天英格兰北部的长城——那里是帝国边境之内与希腊世界相距最遥远的地方。以哈德良命名的城墙是一处纪念碑式的建筑，由一系列土方工程和防御工事组成，充分利用了当地的地形，沿着东起南希尔兹（South Shields）、西至鲍内斯（Bowness）的一线，象征性地将泰恩-索尔韦（Tyne-Solway）地峡隔断。

　　皇帝每到一处都会标明边界，他的日耳曼尼亚之行正值当地用巨大的木栅栏筑起边界的基础设施时。在西班牙期间，哈德良似乎镇压了毛里人〔Mauri，可能是来自直布罗陀海峡对面的廷吉斯毛里塔尼亚（Mauretania Tingitana）的摩尔人部落〕的叛乱。他可能没有真正亲自渡过海峡，但他开始把廷吉斯毛里塔尼亚建设成城市化的边界壁垒，保卫富饶和平的西班牙行省。与之类似，在位于沙漠深处的努米底亚边界，另一条要塞边界在哈德良的统治期间开始兴建，规模与日耳曼尼亚的大致相当：作为努米底亚的驻军，"奥古斯都"第三军团被向南调动了足足 150 英里 [①]，来

---

① 1 英里约合 1.6 千米。——编者注

到了拉姆拜西斯（Lambaesis），而在更加往南 150 英里的地方，在奥雷斯（Aurès）山脉另一侧的半沙漠地区，罗马人还兴建了一系列人工墙体和壕沟。与其说它们是连续的屏障，不如说是一组通道，通过它们可以在沙漠游牧民族每年迁徙进入更加定居化的地区时控制他们。此外，在位于高加索边缘的本都最东部，哈德良的总督卢基乌斯·弗拉维乌斯·阿里安努斯（Lucius Flavius Arrianus，我们更多称之为阿里安，他是《亚历山大远征记》的作者）用砖石重建了各处的木结构要塞，他通过亲身经验学会了如果来自欧亚草原的游牧民穿过高加索山口的话，应该如何驱逐他们。

哈德良的营建计划在非常现实的意义上创造了罗马的稳定边界，拉丁语的 limes 一词原本表示"军事或边境道路"，而此时开始表示"边境、屏障或边界"，这并非巧合。这些要塞表明，公元 1 世纪那个无限扩张的帝国已经不复存在；从此，一边是罗马帝国，另一边是蛮族的世界。这两个世界在意识形态和概念意义上一直是分离的，但哈德良的活动确立了地理屏障，根据情况不同，严密程度也有所差异。界墙不会改变罗马人对自己控制了整个世界——拉丁语称为 orbis terrarum，希腊哲学家则喜欢用 oikumene 来表示——的自负，但它们用一种在奥古斯都时代无法想象的方式拒斥了进一步征服的可能。

在关心边界的同时，哈德良还努力为军队提供一个模板：在持续征服不复存在的世界里，必须用其他活动来取代它。公元 2 世纪，军团变成了工程专家，不仅要制造围城机械和修筑要塞，还要建设道路和城镇，担任罗马世界的工程部队。此外，就像一个优秀的将领那样，哈德良在他的士兵们面前以身作则。他和他

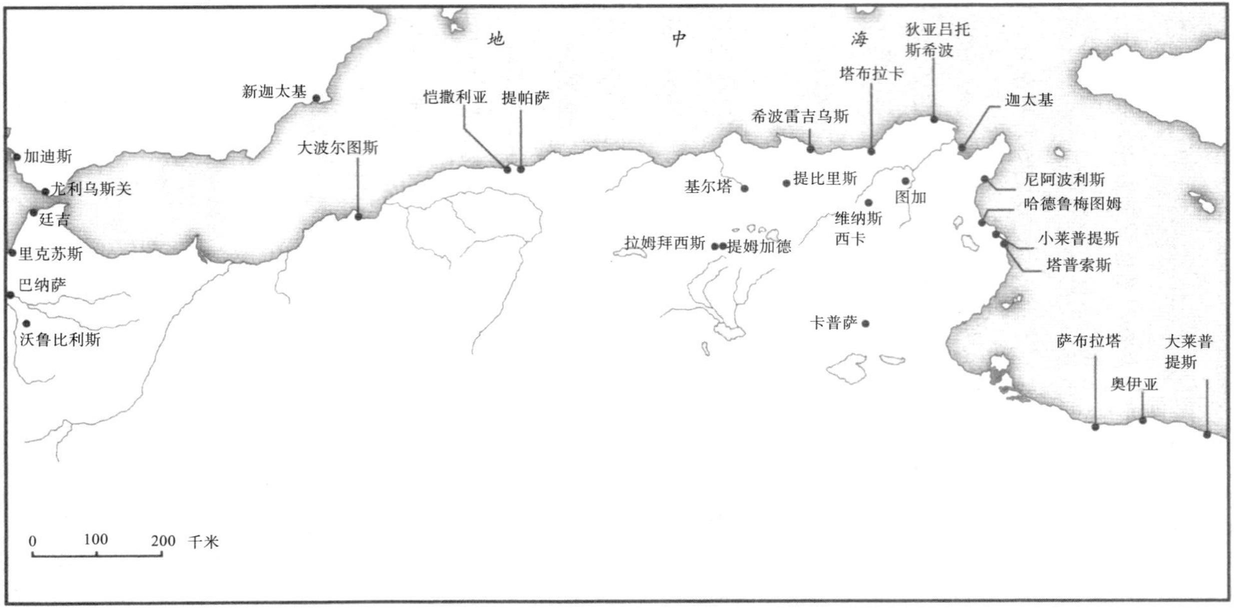

地
中
海
新迦太基
加迪斯
尤利乌斯关
廷吉
里克苏斯
巴纳萨
沃鲁比利斯
大波尔图斯
恺撒利亚
提帕萨
希波雷吉乌斯
塔布拉卡
狄亚吕托
斯希波
迦太基
基尔塔
提比里斯
图加
维纳斯
西卡
拉姆拜西斯
提姆加德
卡普萨
尼阿波利斯
哈德鲁梅图姆
小莱普提斯
塔普索斯
萨布拉塔
奥伊亚
大莱普
提斯
0
100
200
千米

地图 9　非洲北部

们一起行军，吃同样的食物，在战场上和行军途中，他摒弃了一切享受。无论去哪里，他都和全军一起步行或骑马。

我们有一段不寻常的铭文，其中用哈德良自己的话揭示了好皇帝（或者任何统兵的军官）应该如何检视他的军队。这段铭文来自拉姆拜西斯，即努米底亚的"奥古斯都"第三军团的新营地。铭文记录了 128 年春天哈德良对辅助骑兵第二大队的讲话。除了赞扬他们的营建技能和战斗演习，他还批评了队形分散的骑兵战术，指责这种战术本身是危险的，违背了好的军事科学。演习和不断的操练是哈德良军事训练的核心。

几十年后，哈德良的养孙和最终继承者马可·奥勒留的老师，演说家弗隆托（Fronto）嘲笑他坚持不断操练军队，却不愿放他们出去战斗。这一点的确显得反讽，但哈德良也的确相信他的训练体系的价值，就像阿里安的《兵法》（Tactica）所证明的。阿里安是皇帝的希腊朋友，受命担任了距离亚美尼亚边界不远的卡帕多奇亚行省的总督这个关键的职务。阿里安在哈德良统治的末期将该书献给了皇帝。在这部篇幅不长的作品中，他特别称赞说，那些对军队有益，但据说早已弃之不用的做法得到了复兴。直到5 世纪，哈德良严格训练的做法（就像阿里安所描绘的）一直被认为是优秀的旧式训练方法的模范。当皇帝们诉诸某些古老军事行为的模糊理念，或者古代晚期的作者慨叹自己时代标准的堕落时，他们心中的模板都是哈德良的军队。现在军团永久驻扎在边境，持续时间更长的军事改革旨在确保可以从当地为军团征兵。只要军团服役者必须是罗马公民这一历史限制不解除，在边境地区征兵就一直是个问题，因为当地很少有罗马公民社群。只有具备公民权的罗马人才能在军团服役，这种做法可以上溯到共和时代；非公民会被招入辅助部队，服役时间更长，军饷也更低，但在光荣退伍时会得到令人垂涎的罗马公民权。正因为这种区别，边境地区常常为辅助部队提供兵源，而意大利本土，以及位于西班牙、阿非利加代执政官行省（Africa Proconsularis）和一些岛屿的由来已久的海外行省则为军团提供兵源。现在，通过将边境要塞附近的两个城市升格为殖民市，哈德良把那里的居民变成了罗马公民，确保了源源不断的有资格在军团服役的年轻人能够加入自己出生地附近的驻军。

如果从这些结构性的思考回到对哈德良统治的叙述，我们会看到皇帝在离开 4 年后于 125 年回到了意大利，并在西西里稍做停留，此前从未有罗马皇帝造访过那里。我们不清楚他返回罗马的准确路线，但他在途中很可能亲自在贝内文图姆〔Beneventum，今贝内文托（Benevento）〕奉献了图拉真凯旋门。125 年夏末，他已经回到罗马，随后不久便退至他在提布尔〔Tibur，今蒂沃利（Tivoli）〕的乡间庄园。那里曾经有一座颇不起眼的别墅，现在被改建成了宏伟的宫殿。

126 年，过去 7 年担任城市长官的阿尼乌斯·维鲁斯第三次当选执政官。就像我们所看到的，这对平民来说是巨大的——当时也是独一无二的——荣耀。它预示着哈德良最终对维鲁斯的孙子，另一个马尔库斯·阿尼乌斯·维鲁斯的青睐。小阿尼乌斯·维鲁斯的父亲去世后，三次当选执政官的祖父收他做了养子。他长时间待在皇帝身边，5 岁就被提拔为骑士，7 岁成为萨利祭司〔萨利祭司（Salii）是被奥古斯都恢复——也可能是发明——的古老祭司职务，负责举行保佑罗马军队的仪式〕。由于这位小阿尼乌斯·维鲁斯最终将登上皇位，成为马可·奥勒留皇帝，有人怀疑哈德良早在2世纪20年代就已经考虑把他变成潜在的继承人了，但没有清楚的证据证明这一点。另一方面，维鲁斯的家族非常受宠：不仅是老阿尼乌斯·维鲁斯，他的两个女婿奥勒留·安敦尼和乌米狄乌斯·夸德拉图斯（Ummidius Quadratus）也都当选过执政官，属于帝国最高级的政客。

经过那么多年的旅行，哈德良觉得罗马的生活非常乏味，尽管他在126年整年待在罗马城中或是附近，但127年他用了很多时间周游意大利的乡间，包括波河以北的地区，那里正在成为城市化程度很高的帝国行政中心——在随后的几个世纪里，它们对这种角色的扮演甚至会更多。127年8月初，哈德良在罗马庆祝自己登基十周年（decennalia），现在他已经接受了元老院给他的祖国之父（pater patriae）称号，之前他曾经拒绝过这个荣耀。128年，他在阿非利加旅行了几个月，巡视了那里的罗马行省。我们对他的行程所知甚少，但由于所有的阿非利加行省总督都是新近任命的，他可能计划进行一次彻底的巡视。他肯定造访了努米底亚和恺撒利亚毛里塔尼亚（Mauretania Caesariensis），即今天阿尔及利亚沿海的长条地带。皇帝为当地留下了特权，赐给乌提卡殖民市的地位，为迦太基修建了一条新的大引水渠。另一些城市也成了殖民市，许多外邦人（peregrine）社区被提升为自治市，距离获得罗马公民权仅半步距离，而当地的市政官员则自动取得了这种权利。不过，在随后的几代人里，阿非利加仍然是各种法律地位的大杂烩，殖民市、自治市和非公民的外邦人在行省空间中相互混杂。这与西班牙和纳尔波高卢形成了强烈反差，那里现在已经完全是殖民市或自治市；也不同于高卢北部、不列颠和巴尔干，那里的绝大部分人口是没有公民权的外邦人。

128 年仲夏前，哈德良回到了意大利，但无意在那里长久停留。相反，他再次前往东方。那年秋天，他来到雅典，与克劳狄乌斯·阿提库斯住在一起，后者将很快获得担任执政官的荣耀；克劳狄乌斯的儿子赫罗德斯·阿提库斯刚刚结束了财务官任期，那是其担任的第一个元老级别的职务。皇帝再次参加厄琉息斯秘仪，现在达到了更高的仪式等级，成了“监视人”（epoptes），这意味着他不仅仅参与游行和祈祷，还真正见证了秘仪本身——无论那是什么，因为我们现代人对它一无所知。哈德良的雄心不止于此，他还开始计划设立泛希腊同盟（Panhellenion），以雅典为中心，在奥林匹亚宙斯神庙开会。这座神庙由庇西特拉图在公元前 6 世纪开建，现在接近完工。该同盟与之前的所有希腊同盟都不一样，它旨在囊括亚历山大时代之前建立的每一座希腊城市，这是哈德良试图为希腊重新创造的想象中的古典世界的又一个标志。皇帝对该计划的热情毋庸置疑，他得到了自己的希腊臣民的响应：他们从此称他为奥林匹亚皇帝（Sebastos Olympios）。

129 年，当哈德良离开雅典前往东方时，与他同行的有许多希腊知识分子和贵族，他喜欢与他们为伴。其中包括尤利娅·巴尔比拉（Julia Balbilla），她是雅典显贵菲洛帕波斯（Philoppapus）的妻子，也是萨宾娜皇后的朋友。哈德良的姐姐保琳娜也可能与皇帝的队伍同行，尽管皇帝的姐夫，保琳娜的丈夫尤利乌斯·塞尔维阿努斯留在了罗马。皇帝一行人从雅典来到以弗所，然后又穿越了小亚细亚南部的各个行省。我们可以找到哈德良在卡利亚（Caria），以及更加内陆的弗里吉亚和加拉提亚（Galatia）的证据。然后，他们又穿过卡帕多奇亚，来到吕基亚（Lycia），最后抵达托罗斯山另一边的叙利亚。他在安条克停留了一段时间，赐给那座城市大量特权。不过，他也给其他叙利亚城市带去了荣耀，包括提尔（Tyre）、大马士革和萨莫萨塔（Samosata）。与安条克一样，这 3 座城市现在可以使用希腊语的"都会"（metropolis）称呼自己了，这个头衔引来的妒羡不亚于"庙所"。

在叙利亚期间，皇帝的希腊主义遭遇了危险的新情况，他介入了当地犹太人和希腊人的争执。这两个社群在罗马统治下都享有特权，但长期仇视彼此，只要被迫生活在一起就会爆发冲突。哈德良鲁莽地站到了希腊人一边。在一份措辞严厉、流露出希腊人反犹立场的敕令中，哈德良禁止举行割礼，这使得犹太人仪轨的一个核心部分变得非法。他还决定把耶路撒冷——公元 1 世纪 60 年代的犹太人叛乱后被韦斯巴芗和提图斯摧毁——重建为罗马殖民市，在犹太圣殿的遗址上修建一座卡皮托山的朱庇特神庙。尽管此举充满了冒犯，但真正激起了犹太人对罗马统治最后也是最激烈的一次反叛的还是对割礼的禁令。

哈德良在叙利亚度过了 129—130 年的冬天，向东最远来到叙利亚沙漠中的商队绿洲帕尔米拉（Palmyra），然后穿过阿拉伯和犹地亚，于 130 年夏天抵达埃及。他经由陆路从加沙（Gaza）前往培琉喜阿姆，就像上文提到的，在后者重建了庞培墓并在墓上刻下了自己的诗，满足了他对历史的嗜好。8 月，他来到亚历山大里亚，恢复了该城在 116—117 年的犹太叛乱中失去的特权，在那里与学者们在托勒密王朝建造的"缪斯之地"［Ptolemaic Museion，英语中的"博物馆"（museum）一词便来源于此］交流。他很可能还造访了尼科波利斯的两个军团的营地。这里驻扎着"德约塔鲁斯"[①]第二十二军团和"图拉真"第二军团,它们共同组成了罗马在埃及的全部驻军。他计划在尼罗河每年一度的泛滥结束后逆流而上,前往上埃及。

哈德良的埃及之行时间很长,与他之前的出行截然不同。在埃及很少有希腊人和希腊社群让他可以像在其他东部行省那样慷慨地赐予特权。因此,他不得不用另一种方式践行他的爱希腊主义,那就是建立一座全新的希腊城邦。它将拥有真正城邦的所有城市制度,成为埃及仅有的 4 个希腊城市之一,与亚历山大里亚、瑙克拉提斯(Naucratis)和托勒麦斯(Ptolemais)并列。埃及的其他地方是土著村子的海洋,自从亚历山大的继业者托勒密从最后的法老[②]手中接管以来,那里的变化相对很小,保留了法老时代的大部分制度,而没有按照希腊的样子重建。哈德良建立一座希腊城市的计划,是埃及罗马化,或者毋宁说是在罗马帝国统治的主流之下希腊化的过程中的重要的早期步骤,我们在探讨公元3 世纪时将回到这个话题。

在哈德良接下来的埃及之行中,他去了北部的另两个希腊城市,瑙克拉提斯和托勒麦斯,然后在公元 130 年年末沿着尼罗河而上,首先来到赫里奥波利斯(Heliopolis),那里是神话中凤凰

---

① 德约塔鲁斯(Deiotarus,约前 105—前 40 年),加拉提亚国王,作为罗马盟友参加了对米特拉达梯六世的战争。奥古斯都吞并加拉提亚后,他的军队被改编成罗马第二十二军团。(除非特殊标注,本书脚注均为译者所加,以下不再一一说明。)
② 实际上,最后的法老是普萨美提克三世(Psamtik Ⅲ),在他统治期间(公元前 525 年),埃及遭到波斯国王冈比西斯二世(Cambyses Ⅱ)征服,此后埃及一直受波斯人统治,直到亚历山大战胜了阿契美尼德王朝的大流士三世。——编者注

的诞生地，靠近尼罗河开始扩展成巨大三角洲的地方。在更加上游的地方，孟菲斯的金字塔和斯芬克斯像 500 年来都是希腊以及之后的罗马游客的目的地，我们拥有的证据表明，皇帝一行人在130 年追随之前旅行者的足迹，在大金字塔上刻下了涂鸦，包括名字和打油诗。从孟菲斯出发，他们继续前行，来到了俄克喜林库斯（Oxyrhynchus），这是中部埃及的一个重要的行政中心。那里的沙漠中保存的许多纸草是我们了解托勒密和罗马时期埃及的基础。10 月，他们抵达了托特（Thoth）神庙所在的赫尔墨波利斯（Hermopolis，托特相当于希腊神明中的赫尔墨斯），这是另一个经常受到好奇的希腊和罗马游客造访的地方。哈德良在那里得以见证了盛大的尼罗河节，这个节日是为了纪念埃及神明奥西里斯（Osiris），他用自我牺牲确保尼罗河能够泛滥，从而给埃及本土带来丰饶。

在赫尔墨波利斯，灾难降临了，哈德良与一大群人共行，包括皇后萨宾娜和她的一批有学识的女性随从。皇帝自己的个人伴侣则是那个叫安提诺乌斯的比提尼亚少年。我们很少能从当时的书面材料中对安提诺乌斯有所了解，但正是出于这个原因，他成了许多现代推测的源头，特别是因为 1951 年玛格丽特·尤瑟纳尔的小说《哈德良回忆录》而广为人知的同性罗曼史。安提诺乌斯是哈德良的一生所爱，这点几乎毋庸置疑，但历史记录的空白可以让现代学者在他身上投射自己的想象。他可能从 2 世纪 20 年代初的比提尼亚之行开始就与哈德良共同旅行，但没有这方面的证据。如果是的话，我们也不清楚他们的伴侣关系有多公开，或者哈德良是否让安提诺乌斯担任过某些低级的罗马公职，好让他有事可做。对于哈德良是否公开认同男性之间的这种浪漫爱情（这是他如此热爱的古典时期雅典文化的核心），学者们同样存在分歧。如果是的话，那么哈德良和安提诺乌斯分别扮演了爱者（erastes）和被爱者（eromenos）的角色，这是一种父亲般关爱和养育的关系，但也是成年男子和少年之间活跃的同性情事。我们可以绝对确认的一点是，安提诺乌斯是哈德良最喜欢的打猎伙伴，他于赫尔墨波利斯在尼罗河中溺亡引发了强烈的公开哀悼，这对罗马皇帝来说是非常罕见的。一些不怀好意的传言声称，少年的死是自愿的，是以巫术重现奥西里斯之死，可能是为了让哈德良恢复健康或确保他长寿，以至于哈德良不得不坚称这次溺亡的性质是意外。我们所知道的是，哈德良最终决定把他的新希腊城市建在这里，与尼罗河右岸的赫尔墨波利斯相对，并用他死去的至爱的名字为这个行省的第四座自治城市命名，称其为安提诺俄波利斯（Antinoopolis）。

皇帝的队伍没有因为悲痛而停止旅行，他们在 11 月向南来到了托勒麦斯、底比斯和菲莱（Philae），参观了底比斯著名的"歌唱的门农"[Memnon，实际上是阿蒙霍特普三世（Amenophis Ⅲ）法老]雕像①；和在孟菲斯一样，他们在歌唱雕像上留下了诗歌涂鸦，作为到此的纪念。那年年底前，哈德良回到了亚历山大里亚，在那里宣传官方对安提诺乌斯的神化，这种崇拜几乎马上传播到了整个希腊东方。埃及民众把这个死去的少年与奥西里斯等同起来，我们发现过一块圣书体文字纪念碑，献给新的混合神

_____

① 门农是希腊神话中的埃塞俄比亚国王，参加了特洛伊战争，其母是黎明女神。北侧的阿蒙霍特普三世巨像在古代被误认为是门农像，据说在黎明时会发出歌声，故得名。实际上，该雕像曾因地震出现缝隙，声音很可能是气流在通过缝隙时产生的。

明奥西里斯安提诺乌斯（Osirantinous）。不过，在其他地方，希腊人长久以来都乐于接受将凡人封神，因此对安提诺乌斯的崇拜（帝国从一头到另一头都在复制他的雕像）让整个罗马世界分担了皇帝个人的悲痛。

131 年，哈德良在亚历山大里亚过了新年，然后回到叙利亚，经陆路一直来到小亚细亚东南部的奇里乞亚和潘菲利亚（Pamphylia）。然后，哈德良从南海岸出发，坐船前往以弗所，那里现在已经两次成为"庙所"，接着又去了亚细亚行省最北端与比提尼亚交界的地方。可以推测，他在那里拜访了安提诺乌斯的故乡比提尼乌姆（Bithynium）。但很快传来更多的坏消息——哈德良的姐姐保琳娜去世，现在被尊为神圣的保琳娜。哈德良再次动身前往雅典，在那里度过了 131—132 年的冬天，并第三次参加厄琉息斯秘仪。132 年春，他庆祝了奥林匹亚宙斯神庙的落成，这座神庙的建设耽搁了许多个世纪。他还为第一届泛希腊节拉开帷幕，这是他为全体希腊人设立的盛大节日。

但与此同时，麻烦正在犹地亚酝酿。哈德良禁止割礼，将犹太圣殿重建为希腊人的崇拜场所，还在犹太人的古都旧址兴建罗马殖民市，这些挑衅太过分了。几年来，犹太激进分子一直在囤积武器，加固偏远的要塞，并计划起义。132 年，冲突爆发，罗马军团长提内伊乌斯·鲁弗斯（Tineius Rufus）发现，无法与这种拒绝同自己的军团正面交锋，而是依靠从隐蔽基地中发起游击战的敌人战斗。叙利亚总督带来了援军，但罗马人很快遭受了巨大的伤亡。起义最初的成功似乎显然要归功于在一位名叫西蒙·巴尔·科赫巴（Shimon bar Kokhba）的"以色列王子"的权威领导下的有序和团结，很久以后用希腊语写的基督教材料中称其为巴尔·科赫巴斯（Bar Cochebas）。同时代的希腊和罗马作家很少谈及他的存在，但罗马人很清楚这场叛乱的弥赛亚意味，把矛头直接对准了犹太人的宗教领袖们。巴尔·科赫巴得到过阿吉巴拉比（rabbi Akiba）的支持，后者是后弗拉维乌斯时代最有影响的拉比之一，他和其他许多人在罗马军团镇压叛乱的过程中丧生。

他们的团结和善战使得这场起义不同于116—117年图拉真统治时期的那场：尽管造成了不小的破坏，但之前的那场起义相对容易地被镇压住了，并最终导致昔兰尼加等行省的犹太人口被彻底消灭。相反，在巴尔·科赫巴起义期间，反叛者事实上控制了行省境内，占据那里数年之久，一直到135年。我们不知道他们是否占领过耶路撒冷，但他们无疑迫使哈德良短暂地亲自回到犹地亚，还从遥远的不列颠召回了他最好的将军塞克斯图斯·尤利乌斯·塞维鲁（Sextus Julius Severus）。此人擅长对付难缠的土著人群，现在准备用他的专长来对付犹太人起义。提内伊乌斯·鲁弗斯已经开始对犹太平民展开报复，而塞维鲁延续和扩大了这个策略，他采用小部队战术，孤立叛军的前哨，用饥饿或烟熏让他们投降，然后全部杀掉。数以百计的犹太村庄被从地图上抹去，数十万犹太人被杀，还有多得多的人沦为奴隶。这是罗马早期扩张阶段特有的征服方法的重现，这种征服方法还将长期使用于北方边境，罗马人认为，在那里的土著人群中定期散布恐惧是控制他们的最好办法。

在犹地亚，直到135年，西蒙·巴尔·科赫巴死后，犹太人最后的要塞才陷落。此后，犹太人被禁止进入卡皮托埃利亚（Aelia Capitolina），即在耶路撒冷城址兴建的罗马殖民市。战争结束几年后，就连犹地亚行省的名字也被废除——这个行省从此被称为巴勒斯坦叙利亚（Syria Palaestina）。

当尤利乌斯·塞维鲁还在继续应对起义时，哈德良经由巴尔干回到了意大利。134 年 5 月，他返回罗马，他丧偶的姐夫尤利乌斯·塞尔维阿努斯在那一年第三次当选执政官。这一荣耀尽管被延迟了很久，却可能标志着哈德良的继承计划，因为他在迅速衰老，身体状况一直不佳。137 年是他登基二十周年纪念。自从提比略以来，他是第一个统治时间那么长的皇帝，尽管当时没有谁会公开进行这种不留情面的比较。现在，哈德良正在主动规划他的身后事，他在与马尔斯校场隔着台伯河相望的梵蒂冈区（Ager Vaticanus）建造了一座宏伟的陵墓：这座纪念碑建筑在中世纪被改造成教皇的堡垒，今天被称为圣天使堡（Castel Sant'Angelo）。与规划陵墓不同，规划继承人成了一场灾难，因为当时哈德良的健康状况不断恶化，而且他疏远了许多老朋友。哈德良没有孩子，在继承人的选择上甚至比图拉真还要暧昧。2 世纪 20 年代后期，他的甥孙佩达尼乌斯·福斯库斯（Pedanius Fuscus）——保琳娜和尤利乌斯·塞尔维阿努斯的外孙，其父同样叫佩达尼乌斯·福斯库斯，可能在担任 118 年的执政官之后就去世了——想象自己是预定的继承人。作为与皇帝血缘最近的男性亲属，小福斯库斯曾和哈德良一起去过希腊。但哈德良回到罗马后，当健康状况迫使他选择继承人时，他却没有考虑福斯库斯。

相反，在登基二十周年时，哈德良把当年的执政官之一，一个祖籍高卢，名叫卢基乌斯·凯约尼乌斯·康茂德（Lucius Ceionius Commodus）的年轻元老收为养子。哈德良在收养时将他改名为卢基乌斯·埃利乌斯·恺撒（Lucius Aelius Caesar）。这个选择不受欢迎，可能是因为它令人费解。康茂德几乎不为人知。他唯一的资本是娶了阿维狄乌斯·尼格里努斯（Avidius Nigrinus）的女儿，尼格里努斯是118年被处决的4名在图拉真时期担任过执政官的元老之一。有人认为哈德良收养他是为了给那件事赎罪，但这很牵强：皇帝的理由无疑将永远是个谜。失望的佩达尼乌斯·福斯库斯对收养卢基乌斯非常不满，137年被哈德良处死。他90岁的外公，哈德良的姐夫尤利乌斯·塞尔维阿努斯也被迫自杀；文献还提到此外至少有两人自杀，我们被告知还有"其他许多人丧命"。哈德良不爱的妻子萨宾娜皇后也在此时去世——她是善终的，尽管不可避免地有投毒传言——她不出意料地被元老院封神。

　　哈德良的统治注定将在高层喀血中结束，就像它开始时一样，埃利乌斯·恺撒的突然去世暴露了这一切的毫无意义。他被派往多瑙河边的军队，既是为了积累军事经验，也是为了给士兵以王朝延续的印象。但他在出发前就得了肺结核，巴尔干的天气对他没有好处。137年年末，他回到了罗马，就在准备在元老院发言的前夜，他病倒咯血，没等到第二天早晨就死了。他留下了一个6岁的儿子，同样叫卢基乌斯·凯约尼乌斯·康茂德，以及女儿凯约尼娅·法比娅（Ceionia Fabia），后者已经与小马尔库斯·阿尼乌斯·维鲁斯（未来的马可·奥勒留皇帝）订婚。

　　哈德良很快指定了另一位继承人。138年1月24日，他年届62岁，正在被肺结核夺走生命，还受到噩梦的困扰，有时病到无法去元老院。新的继承人是奥勒留·安敦尼，和去世的埃利乌斯·恺撒一样祖籍南部高卢，但绝非默默无名。相反，此人在元老院有着出色的长期任职经历。他生于公元86年，是著名元帅阿里乌斯·安敦尼的外孙。阿里乌斯曾在公元 97 年，即图拉真被涅尔瓦收养的那年，第二次担任执政官。公元 110 年，安敦尼娶了三次担任执政官的阿尼乌斯·维鲁斯的女儿阿尼娅·福斯蒂娜为妻，从而开启了跻身哈德良时代显赫人物的政治生涯。安敦尼被收养后被允许保留本名，但被要求收养两位继承人。其中一位是已故的埃利乌斯·恺撒之子卢基乌斯·凯约尼乌斯·康茂德，现在改名为卢基乌斯·奥勒留·康茂德；他与安敦尼和阿尼娅·福斯蒂娜的女儿小福斯蒂娜订了婚。另一位是 16 岁的马尔库斯·阿尼乌斯·维鲁斯，他是安敦尼的妻侄，从 121 年出生后就深受宠爱，并与已故的埃利乌斯·恺撒的女儿凯约尼娅·法比娅订了婚。现在，随着他被奥勒留·安敦尼收养，他改名为马可·奥勒留·维鲁斯，他本人和他的家族汇聚了图拉真时代罗马的大氏族：他的母亲多米提娅·卢基拉继承了大笔个人财富，他的妹妹阿尼娅·科尔尼菲基娅（Annia Cornificia）则嫁给了乌米狄乌斯·夸德拉图斯——最受哈德良青睐的将军之一。

通过上述多代人的收养，哈德良实际上确定了至少未来两代，甚至是三代的皇位继承人。我们从该时期极为匮乏的书面证据中得知，安敦尼犹豫了很久才接受了哈德良向他提出的建议。这不完全是对皇位的自谦（recusatio imperii）——即使是对紫袍最为垂涎的追求者也需要表现出不情愿和假装拒绝。安敦尼是个谦逊的人。他可能真的更想过一位无可指摘的元老所拥有的特权生活，而不愿承担皇帝统治的责任。然而，无可指摘的元老也必须是尽职的。138 年 2 月 24 日，就在哈德良生日的一个月后举行了收养仪式，奥勒留·安敦尼成了提图斯·埃利乌斯·恺撒·安敦尼。他得到了"英白拉多"（imperator）的头衔，作为其个人名的一部分，表明他成为皇帝已经得到了军队的认可，还被授予了保民官权力，这是组成皇帝权威的一揽子权力中关键的一部分。他始终没有停止使用自己的本名奥勒留，并被指定为139年的执政官，那是他第二次任职。

反对或者被认为反对这一继承的重要人物现在都隐退了，从哈德良统治伊始就任职的老近卫军长官马尔基乌斯·图尔波也最终卸任。图尔波作为唯一长官的非常角色没有被允许成为惯例，这个职位现在恢复为由两人担任，分别是加维乌斯·马克西姆斯（Gavius Maximus）和佩特罗尼乌斯·马梅尔提努斯（Petronius Mamertinus），两人都是能为继承方案提供支持的可靠人物。他们可以确保政府的顺利过渡，因为哈德良的死期正在迅速临近。他开始出现水肿，据说乞求别人用毒药或剑杀了自己；他的私人医生宁愿自杀，也不愿使用致死的药剂。由于无法死去而又痛苦万分，哈德良开始模仿奥古斯都撰写自传：作品本身没能保存下来，但一些把它用作材料的作者的作品流传至今。138年7月10日，死神最终在拜亚（Baiae）降临，那是那不勒斯湾沿岸的一个度假胜地。当时，安敦尼在皇帝身边。哈德良死了，就像后来的一位作者所说，"被所有人憎恨"。

他统治末期的处决让人回想起他统治之初的那些，留下的只有痛苦的记忆。皇帝被临时埋葬在他位于坎帕尼亚的一处别墅，等待他在罗马的陵墓完工。在罗马城内，哈德良的养孙马尔库斯赞助了角斗士表演，传统上，地位高的罗马人的哀悼仪式都会伴着这类表演。但他是作为个人公民这样做的，动用了自己家族的遗产，表达了对受尊敬的祖先的孝行。随着哈德良的去世，我们的主体故事可以开始了。这些序曲必不可少，因为从弗拉维乌斯王朝开始，经过涅尔瓦和图拉真的统治，一直延续到哈德良的时代，婚姻、恩庇关系和继承的网络无疑塑造了随后 50 年的罗马历史。

第 3 章

世纪中叶的和平与战争

就像我们在上一章中看到的，哈德良先后收过两个养子。第二个养子奥勒留·安敦尼是早亡的埃利乌斯·恺撒的替代品。安敦尼没有多少统治经验，仅仅作为一个没什么野心的元老经历过标准的官职阶序：首先是财务官，然后是法政官，接着是完全不能确保带来威望的执政官。他短暂的行政经历是作为前执政官担任意大利总督和亚细亚行省的代执政官总督，前者是哈德良试图把意大利半岛当成一个行省来管理的不受欢迎的短命实验的一部分，后者是一个非常显赫，但完全没有压力的职务。他从不关注军队。但他的父亲和祖父都曾经两次担任执政官。这种家世颇有价值。更重要的是，他很富有，拥有擅长管理之名，在元老院深受欢迎——简而言之，他具备了"公民元首"的完美特质，这是哈德良从未得到的名声。

安敦尼在登基时就被认为已经具备的所有特质在他漫长而平静的统治中得到了彰显，特别是他刚刚继位时的举动，为他赢得了"庇护"（Pius）①的外号，这个名号成了对他的通称。他获得

---

① 意思是"孝顺的、虔敬的"。

这个名号是因为他不仅坚持敬拜祖先的神明，还尤其尊崇自己的养父哈德良——尽管遭到元老院的抵制，他还是封其为神。事实上，那个受人尊敬的机构之所以默许对哈德良的神化，只是为了确保庇护能够继承皇位：他公开宣称，如果对哈德良的记忆受到诅咒，那么哈德良的所有法令都将无效，特别是庇护本人的继位，那样的话他将被迫立即退位。这个理由非常巧妙。元老院无法拒绝一位专制元首的坚定愿望，但庇护给了他们一个能保住面子的理由，如此一来，他不必坚持自己的要求，他们也不必公开表现出臣服。哈德良陵墓的建设完成后，他的遗骨从普泰奥利（Puteoli）被带到罗马，经过封神（consecratio）仪式后，哈德良被埋入他亲自规划的宏伟坟墓。

履行完必要的孝行后，安敦尼可以自由地改变哈德良的任何安排了，特别是他在哈德良的坚持下收养的继承人的婚约：马可·奥勒留·维鲁斯（未来的皇帝和曾经的小马尔库斯·阿尼乌斯·维鲁斯）与年轻的凯约尼娅·法比娅，也就是埃利乌斯·恺撒的女儿和卢基乌斯·奥勒留·康茂德的妹妹解除了婚约，而是和安敦尼自己的女儿小福斯蒂娜订了婚，后者与康茂德的婚约也解除了。马尔库斯还被指定为 140 年的执政官，他的名字上增加了恺撒之名，从而让他在两名确定的继承人中成了更加重要的那个，其公众威望明显超过了养弟的。为了掩盖对哈德良计划的这一改变，也许还为了缓解对哈德良封神的不满，现在已经是神明的先皇的一些最不受欢迎的做法也被撤销：哈德良末年发布的死刑判决被减轻；他模仿行省治理，在意大利设立前执政官总督的实验也被废止。

其他方面，安敦尼在他统治的开始阶段宣扬的是对过去的延续。139 年 1 月 1 日，庇护第二次担任执政官，这是他成为皇帝之后的第一次；他的同僚是盖乌斯·布鲁提乌斯·普莱森斯（C. Bruttius Praesens），此人同样是第二次任职。普莱森斯是哈德良臭名昭著的最后岁月中少见的没有失宠的老朋友之一。当他和庇护卸任，把职位留给递补执政官后，普莱森斯接替了哈德良统治时期的最后一位城市长官西庇阿·奥尔菲图斯（Scipio Orfitus）。尽管他第二年就在任上去世，但他的后人和庇护的后人组成的关系网将会延续三代人的时间，每一代都有与当政王朝的联姻。庇护的两位近卫军长官都沿用了哈德良统治末年的人选，这暗示他们当初的任命可能出自当时准备继位的安敦尼之手。其中一位长官是马尔库斯·佩特罗尼乌斯·马梅尔提努斯，是阿非利加的演说家弗隆托的亲戚，弗隆托是地位更高的继承人选马尔库斯的老师，其后人最终将与皇室联姻。另一位长官马尔库斯·加维乌斯·马克西姆斯是哈德良时代一位深受信任的骑士等级官员。他的近卫军长官任期几乎延续到安敦尼统治的末尾：他于 156 年或 157 年善终，成为帝国历史上仅有的一位任期如此之长，却没有产生过危险的个人野心，或者因为被怀疑有野心而失宠的近卫军长官。

总而言之，安敦尼·庇护时期的帝国看上去几乎没有内部的历史可以书写，外部的也少之又少。在每个时代和每种文化中，叙事史料对于和平时期往往显得沉默，而且公元 2 世纪的情况尤其严重。我们知道该时期写下的历史作品寥寥无几，即便是这些也要么完全失传，要么只有残篇存世，留下了整整几十年的空白。晚期的帝国简史（breviaria）是名副其实的"简史"，对每个皇帝的统治往往只有一两句话。现存的重要材料是 4 世纪汇编的所谓《罗马君王传》(*Historia Augusta*)。它的作者是个不折不扣的疯子。他利用了一部现在已经失传的从涅尔瓦到卡拉卡拉的严肃帝王传记(也就是从公元 96 年写到 217 年,从而续写了苏维托尼乌斯·特朗基鲁斯的前 12 位皇帝的传记),并在其中混入了有声有色的花絮[来自 3 世纪初一个名叫马里乌斯·马克西姆斯(Marius Maximus)的元老汇编的八卦得多的传记集],然后展开了自己的想象:他编造了皇帝继承者的生平,当这些东西令人感到厌倦时,他又把自己的传记系列延伸到公元 3 世纪,涵盖了那个时代短命和鲜为人知的皇帝的传记,可能杜撰出了四五十页完全虚构的内容。最后,他还把自己伪装成 6 位不同的传记作者,在公元 4 世纪 90 年代末之前的半个世纪里写作。读者可以想象,现代学者为了在这些令人发狂、装满渣滓的桶中筛出金子而付出的巨大努力,我们将有理由在下面各章中不止一次对《罗马君王传》表示失望、对有这样一位作者感到遗憾。但对于安敦尼·庇护的统治时期,似乎可以肯定,我们这位不讨人喜欢的虚构作家几乎没有材料可用。即便是差不多同时代的人——比如被我们那位 4 世纪的作者借鉴了框架的传记作家——也觉得当时的政治事件没有什么令人兴奋的地方可说,更别提丑闻了。历史仿佛只在其他地方上演。

因此,现代学者了解该时期政治生活的主要方式是,仔细追溯在庇护或后来的统治者治下的元老和骑士的职业路径,以及其如何导致了他们最终的成败。从这些人的职业生涯中可以找到大量信息,尽管读来很少有让人兴奋的地方。同时代的人完全清楚自己时代的和平幸福。希腊演说家埃利乌斯·阿里斯蒂德(Aelius Aristides)为我们留下了一幅经过美化的安敦尼时代的繁荣画面，描绘了罗马兴衰的启蒙时代的伟大历史学家爱德华·吉本特意提到了它：在孝顺虔诚的安敦尼的统治下，罗马帝国"包含了最美好的那部分土地和最文明的那部分人"。更重要的是，它处于和平中。

阿里斯蒂德可以描绘一幅自由而幸福的希腊城市的画面，这些城市在它们仁慈的皇帝关爱的目光注视下，达到了仿佛前所未有的繁荣，这在很大程度上是因为在庇护统治时期，东方边境一直平安无事。诚然，哈德良去世前不久有过一些动乱：作为罗马的藩属，高加索伊比利亚（Caucasian Iberia）国王法拉斯马内斯（Pharasmanes）诱使阿拉尼人（Alani）——来自高加索山两侧草原上的半游牧武士联盟——入侵他的邻邦亚美尼亚和阿尔巴尼亚的土地。随后，这些阿拉尼人又袭击了帕提亚和罗马的土地。卡帕多奇亚的皇帝特使是著名历史学家阿里安，他迅速行动，罗马行省没有遭受大规模入侵。法拉斯马内斯玩弄了在东方的藩属国王中司空见惯的阴谋，但在边境，小火花可能引发大战。因此，当这位伊比利亚国王亲自前往罗马觐见新皇帝，并为自己的错误开脱时，人们如释重负。

总体而言，安敦尼的边境外交似乎取得了类似的成功，比如夸迪人（Quadi）——定居在多瑙河中游边境的一个蛮族联盟——请求皇帝为他们选出国王；此事被刻上了钱币以示纪念，铭文写着"REX QUADIS DATUS"（给予夸迪人的国王），下边的图案描绘着庇护在任命一位恭顺的蛮族国王。在西北各个行省，昆图斯·洛里乌斯·乌尔比库斯（Quintus Lollius Urbicus）从下日耳曼尼亚行省总督调任不列颠，他越过哈德良长城一线，将罗马的控制区域向北推进到更狭窄的克莱德-福斯（Clyde-Forth）一线。

在那里，他在深深的壕沟后面用泥炭筑起了一道新墙，即所谓的安敦尼长城。由于这波新的活动，不列颠北部的部落再次发动反叛，他们一直习惯于这样做；苏格兰西南部的军事地图表明，那里的形势从未真正平定。安敦尼统治后期的这次或历次反叛都被格奈乌斯·尤利乌斯·维鲁斯（Gnaeus Julius Verus）镇压，为了解决更长期的威胁，他决定回撤到哈德良长城一线。在边境线向北推进的同时，那里得到了加固。罗马对苏格兰边区（Borders）的占领仅仅延续了 20 年，再次证明控制不列颠行省的挑战之大。

西毛里塔尼亚没有那么棘手，但也好不了多少。罗马的马格里布（Maghreb）主要是分布着零星城市的一小条肥沃的沿海地带，背靠险峻的山脉，山中生活着永不安分的毛里人部落。在恺撒利亚毛里塔尼亚和廷吉斯毛里塔尼亚行省之间，山脉一直延伸到海边，使得对那里的持续控制困难得多。这两个行省都没有正规的军团驻扎——不断的小规模袭击不值得永久花费——但这意味着当毛里人发动大规模叛乱时，比如 145 年，就必须从远至不列颠的地方调集临时的远征军。后续的军事行动时不时打响，持续了好几年，一直到下一位皇帝的统治期间。我们从仅有的一处铭文中看到，同样是在 145 年，一个名叫科尔内利乌斯·普利斯基阿努斯（Cornelius Priscianus）的人“破坏了西班牙的和平”，因此被元老院于 9 月判处死刑。这可能是一次篡权的企图，尽管塔拉科西班牙行省只有一个军团，即“双子”第七军团，它驻扎在后来的莱昂城（Leon），远离位于塔拉科的行省治所。因此，无论这次普利斯基阿努斯事件究竟是什么，它都是那段和平得令人吃惊的统治时期唯一的骚乱。

罗马城也保持了和平，统治运行顺畅。140 年年末，福斯蒂娜皇后去世，庇护将其封神。他没有再立皇后，但纳了福斯蒂娜的女释奴加雷利娅·吕西斯特拉忒（Galeria Lysistrate）为姜，直到 20 年后他去世。他在自己位于罗马近郊和那不勒斯湾的拜亚的多处庄园中轮流居住，在必要时回到罗马城，但主要在极力扮演勤俭的元老和细心的庄园管理者的角色。为此，元老院尽可能地向他致以最高的敬意，声称他作为皇帝，却仍然保留了普通公民的作风。卢基乌斯·奥勒留·康茂德和马可·奥勒留·维鲁斯两位年轻的皇位继承者在宁静的乡间巡游中陪伴他们的养父。145年 3 月，卢基乌斯穿上了成人托袈。同年 4 月，马可娶了小福斯蒂娜，两人自哈德良去世后就订了婚。奥勒留的老师们自从统治初期就深受青睐。雅典的百万富翁和哲学家赫罗德斯·阿提库斯——我们在上一章中提到过他与哈德良的友谊——成了 143 年的正选执政官，对于一个拥有像他这样的地位，父亲还在前任皇帝统治时期担任过执政官的人来说，这是实至名归（和意料之中）的荣耀。而奥勒留的私人导师，来自阿非利加的"新人"弗隆托在那一年同样成为递补执政官，这要得益于他与奥勒留以及近卫军长官佩特罗尼乌斯·马梅尔提努斯的关系〔递补执政官是每年开始几个月后，当"正选"执政官（用他们的名字来指称那一年）卸任时才被任命的——这种做法不仅让更多的人获得执政官的荣誉，还确保了有足够多的人能执掌行省，因为只有前执政官才有资格〕。

在帝国历史的这一时期，特别是在庇护统治时期，描绘政府的状况及其人员组成要比重构重大事件的过程更加容易。处于安敦尼政府核心的家族类型各异，许多家族是在两代，最多不超过三代人之前进入元老院的，其历史可以追溯到弗拉维乌斯王朝的改朝换代。他们中有许多人祖上是来自贝提卡、塔拉科西班牙和纳尔波高卢的殖民市贵族，不过到了安敦尼王朝，他们的后代如今已完全是意大利人了。与此同时，此时《执政官名录》中也开始出现越来越多的阿非利加人、来自亚细亚和亚该亚的希腊人，甚至偶尔还有叙利亚家族。这些家族通过联姻紧密地相互联系在一起，联姻关系吸纳了新的血液，但也不断加强现有的纽带。因此，像塞克斯图斯·埃鲁基乌斯·克拉鲁斯（Sextus Erucius Clarus）这样的人——他取代了布鲁提乌斯·普莱森斯担任城市长官，直到 145 年去世——的元老生涯可以上溯到图拉真时期，家族根基更加悠久。

相反，另一些家族则是在哈德良统治后期才崭露头角的。144 年的执政官克劳狄乌斯·马克西姆斯（Claudius Maximus）在150—154 年治理着三大军事行省之一的上潘诺尼亚，并在 158 年成为阿非利加的代执政官总督；镇压了 2 世纪 50 年代末的不列颠叛乱的格奈乌斯·尤利乌斯·维鲁斯很可能是哈德良最信任的将领、打赢了犹太战争的塞克斯图斯·尤利乌斯·塞维鲁的儿子。昆图斯·洛里乌斯·乌尔比库斯是个像弗隆托和马梅尔提努斯一样的阿非利加人，在庇护的统治之初曾经担任不列颠总督，并在这位皇帝的统治末期成了罗马城市长官。乌米狄乌斯·夸德拉图斯家族在哈德良时期已经相当发达，在其继任者统治时期继续如此。老乌米狄乌斯·夸德拉图斯娶了两位皇帝继承人中地位更高的马可·奥勒留·维鲁斯的妹妹科尔尼菲基娅；两人的孩子马尔库斯·乌米狄乌斯·夸德拉图斯和乌米狄娅·科尔尼菲基娅·福斯蒂娜将在后来几任皇帝的统治期间成为王朝政治中的重要人物，尽管大科尔尼菲基娅（马尔库斯的妹妹）在 152 年就去世了——庇护去世后，马尔库斯以马可·奥勒留·安敦尼的名字登基，并将自己家族的私人财产中的很大一部分交给了小夸德拉图斯，使其不与皇帝私库和国库混淆。皇族的另一些亲属也地位显赫。地位较低的继承人卢基乌斯所在的凯约尼乌斯·康茂德家族同样发达。卢基乌斯的堂弟马尔库斯·凯约尼乌斯·西尔瓦努斯（M. Ceionius Silvanus）是 156 年的执政官。157 年，轮到了卢基乌斯的叔父马尔库斯·维图莱努斯·基维卡·巴尔巴鲁斯（M. Vettulenus Civica Barbarus）担任此职，①而他的妹妹凯约尼娅·法比娅的丈夫普劳提乌斯·昆提鲁斯（Plautius Quintillus）则是 159 年的执政官。这连珠炮般的一长串名字会让读者不禁望而却步，他们很可能草草扫完这段话，而记不住太多东西。这种反应完全正常，但没有什么比这些名字相似的罗马显贵组成的层叠的关系网更能展现安敦尼王朝贵族自我维持的内聚力了。

　　从安敦尼·庇护的统治伊始，他两个养子中较为年长的马尔库斯就稳步经历了公职生涯的各个阶段，表明他会继承皇位。卢基乌斯显然将成为他的副手，因为卢基乌斯尽管在 154 年年仅 18 岁时就获得了担任执政官这样的荣耀，却从未获得像马尔库斯那样的国政大权。更具象征意义的是，卢基乌斯在官方队列中与近卫军长官加维乌斯·马克西姆斯为伴，而马尔库斯却走在庇护身边。而且马尔库斯看上去可能将来也后继有人。147 年，福斯蒂娜生下了他们的第一个孩子多米提娅·福斯蒂娜——只是个女

---

① 马尔库斯·维图莱努斯·基维卡·巴尔巴鲁斯是卢基乌斯的祖母普劳提娅与后一任丈夫塞克斯图斯·维图莱努斯·基维卡·科里阿里斯（Sextus Vettulenus Civica Cerialis）所生，与卢基乌斯的父亲卢基乌斯·埃利乌斯·恺撒是同母异父的兄弟。

儿，但仍然是个重要的信号，表明他们的婚姻可以繁衍后代。同年，庇护授予了马尔库斯保民官权力和高于其他任何代执政官的执政官治权。也就是说，马尔库斯现在拥有了最初由奥古斯都在公元前 1 世纪 20 年代所享有的代执政官治权，以及在罗马城与之相对应的保民官权力；它们长久以来一直是皇权的基础，将近一百年前，授予韦斯巴芗皇帝权力的元老院法律将其正式化。庇护统治的第十个年头，马尔库斯的官方名字再次改变。147 年，马尔库斯·安敦尼·维鲁斯（之前是马尔库斯·阿尼乌斯·维鲁斯）变成了马可·奥勒留恺撒（奥勒留）。这次改名最终确立了上一个世纪中缓慢发展起来的先例，即独裁官尤利乌斯·恺撒（现在被当成第一个皇帝铭记）的家族名成了皇帝头衔的一部分，专门被用于称呼皇位继承人：如今，"恺撒"成了候补的"奥古斯都"。

在奥勒留成为"恺撒"的同时，他的妻子福斯蒂娜也获得了奥古斯塔的称号，这是图拉真以降的皇帝们授予他们地位最高的女性亲属的荣耀。在他们的长女多米提娅·福斯蒂娜（2 世纪 50 年代的某个时候夭折）之后，奥勒留恺撒和福斯蒂娜奥古斯塔还将生育许多个孩子。149 年，他们得到了一对双胞胎，并按照惯例发行钱币来纪念，但两个孩子在年底前都夭折了，被埋在哈德良陵，那里至今保存着他们的墓志铭；150 年 3 月，另一个女孩降生，取名为阿尼娅·奥雷利娅·加雷利娅·卢基拉（Annia Aurelia Galeria Lucilla），历史上称其为卢基拉，以她在奥勒留去世后的巨大影响闻名；152 年，又一个儿子降生了，但同样夭折；在那之前或之后，另一个女儿诞生，取名阿尼娅·加雷利娅·奥雷利娅·福斯蒂娜（Annia Galeria Aurelia Faustina）；在

158 年前，他们还有一个儿子诞生并夭折；159 年和 160 年，法蒂拉（Fadilla）和科尔尼菲基娅这两个女儿分别降生；然后在 161年，当奥勒留已经接替养父成为皇帝时，福斯蒂娜又生了两个孩子，这对双胞胎男孩分别叫作提图斯·奥勒留·弗尔乌斯·安敦尼（T. Aurelius Fulvus Antoninus）和卢基乌斯·奥勒留·康茂德（Lucius Aurelius Commodus）——后者是奥勒留去世时唯一还活着的儿子，确切地说在他去世后继承了皇位；最后，在 162 年又诞生了一个名叫马尔库斯·阿尼乌斯·维鲁斯（Marcus Annius Verus）的儿子，尽管他被起了奥勒留的本名，但还是没能活下来。

卢基乌斯被刻意做了与奥勒留不同的安排，据我们所知，他没有结婚或订婚，想来是为了防止他有子嗣，可能挑战奥勒留在王朝继承中的优先地位。勤俭而细心的庇护活到了 75 岁，但他在 2 世纪 50 年代中期就开始力不从心。随着深受信任的近卫军长官加维乌斯·马克西姆斯的去世，越来越多的权力被移交给了奥勒留恺撒，他已经享有了养父拥有的几乎全部国政大权。奥勒留和卢基乌斯同被任命为 161 年的正选执政官，安敦尼·庇护在那一年的 3 月 7 日去世，就像他统治时期那样安详和宁静。

政府没有随着庇护的死而发生交接，因为奥勒留已经分享了养父的几乎所有权威，除了奥古斯都的头衔和大祭司的宗教职务。奥勒留拒绝接受这些权力和头衔，除非他的养弟能够平等地分享皇帝的权力。这是安敦尼从不希望看到的，他一直以来的每个决定都显示了这一点，尽管几十年前，他的恩主和赞助人哈德良曾经设想过这种联合继承。鉴于卢基乌斯才智平庸而且对统治完全没有兴趣，安敦尼一直优先提拔奥勒留，而不是养子中更年轻的那个。不过，奥勒留拥有几乎压倒一切的责任感，这是基于他坚定的斯多噶派哲学观点，这种观点洋溢在他本人的作品中——终其一生，无论是在战场上，还是在苦苦履行身为皇帝的日常责任时，他都会用有时令人感动的简洁希腊语散文记录下自己的哲学思想，为后世留下了至今仍然读者广泛的文集《沉思录》（*Eis heauton*，"写给他自己"）。

161 年，无论庇护曾经的意图如何，奥勒留都强烈地感受到自己有责任尊重他的养祖父哈德良的计划。元老院只能顺从，在他承诺捐出一笔足够多的钱的条件下，近卫军也接受了这个安排。于是，卢基乌斯成了共治皇帝，和奥勒留一样身为奥古斯都，拥有保民官权力、最高指挥权和大祭司身份。现在，奥勒留和卢基乌斯再次更改了他们的名字，奥勒留改用养父的主要家族名安敦尼，而卢基乌斯则改用奥勒留原来的家族名维鲁斯。于是，在之前的十几页中名字不断变化，让读者晕头转向的两位皇帝成了马可·奥勒留·安敦尼皇帝和卢基乌斯·奥勒留·维鲁斯皇帝，这也是后世对他们通常的称呼。30 岁的卢基乌斯（庇护曾经不让他结婚）现在与奥勒留活下来的女儿中最年长的卢基拉订婚，后者当时 11 岁。奥勒留已经与庇护共同统治了那么久，而且比卢基乌斯年长 10 岁，他显然决定继续担任一把手，但由两人平等地分享国政大权是一项新颖的实验，在罗马历史上很少有重复。

庇护被封神，在哈德良陵中安息。他统治时期的和平正在瓦解。不列颠再次发生叛乱，老皇帝去世时，斯塔提乌斯·普利斯库斯（Statius Priscus）将军正从他驻扎的上默西亚（Moesia Superior）赶往那个岛。卡蒂人（Chatti）入侵了上日耳曼尼亚，尽管这可能只是为了试探新统治者的虚实。与此同时，卡帕多奇亚边境的藩属国王们也变得蠢蠢欲动。帕提亚国王沃洛盖塞斯四世（Vologaeses Ⅳ）入侵亚美尼亚，推翻了罗马人所立的藩属国王，代之以他自己的亲属帕科鲁斯（Pacorus）。卡帕多奇亚的总督塞达提乌斯·塞维里阿努斯（Sedatius Severianus）——因为足够杰出而获得了153年的递补执政官的荣耀——匆忙向幼发拉底河对岸发动反击，却以他的军团被歼灭，自己也令人遗憾地自杀而告终。同时，叙利亚总督卢基乌斯·阿提狄乌斯·科尔内里阿努斯（Lucius Attidius Cornelianus）也被帕提亚军队击溃。

对新皇帝来说，这意味着全方位的战争压力。奥勒留昔年的老师弗隆托的女婿奥菲狄乌斯·维克托里努斯（Aufidius Victorinus）被任命为上日耳曼尼亚的总督，惩罚侵扰边境的卡蒂人。上潘诺尼亚被托付给了哈德良的远亲卢基乌斯·达苏米乌斯·图利乌斯·图斯库斯（L. Dasumius Tullius Tuscus）。偏远的不列颠不得不先放一下，因为经验丰富的斯塔提乌斯·普利斯库斯得和帕提亚人作战。与东方的所有战事一样，这场战争具有重要的象征意义，需要皇帝亲征。即便没有经验的卢基乌斯不能被委以具体的作战任务，但他亲临东方将有助于激励军队。他在名义上指挥着整个东线远征，虽然负责战场的是著名的军事统帅们。近卫军长官之一的弗里乌斯·维克托里努斯（Furius Victorinus）陪伴着卢基乌斯，与他同行的还有一部分近卫军和几个有长期军事指挥经历的高级元老，可以为他出谋划策。奥勒留的堂弟马尔库斯·阿尼乌斯·利伯（M. Annius Libo）被任命为叙利亚总督，取代战败的阿提狄乌斯。整整3个军团从欧洲边境调到东方，分别是下默西亚的"马其顿"第五军团，上潘诺尼亚的"援助者"（Adiutrix）第二军团，以及下日耳曼尼亚的"密涅瓦"第一军团。

底格里斯河

萨莫萨塔

安提诺俄波利斯　　　贝扎布德

埃德萨　　　　尼西比斯

阿帕梅亚　　　　　雷塞纳

泽乌格玛　　巴特奈　　卡莱

居洛斯　欧罗波斯　　　　　**美索不达米亚**　　辛加拉

希拉波利斯

安条克　　　　　　贝罗埃亚

皮埃里亚的塞琉西亚　　　巴尔巴里索斯　　尼科弗里乌姆

幼发拉底河

劳底嘉　　阿帕梅亚　　**叙利亚**　　　雷萨法　　泽诺比亚

埃皮法内亚

地中海　　　拉法内埃　　　　　　　　　　　　基尔刻西乌姆

埃梅萨　　　　　　　　　　杜拉-欧罗波斯

的黎波里　　　　　　　　帕尔米拉

幼发拉底河

比布鲁斯　　赫里奥波利斯
贝吕托斯

西顿　　　大马士革

提尔

托勒麦斯　　　太巴
斯基托波利斯　　列湖
海滨恺　　太巴列
撒利亚　　加达拉

佩拉　　　波斯特拉

犹地亚（巴勒斯坦）　格拉萨

卡皮托埃利亚　　菲拉德尔菲亚

加沙　　　马达巴

拉菲亚　　死海

埃鲁萨

阿拉伯

北

佩特拉

阿伊拉

0　　　　100　　　　200 千米

地图 10　美索不达米亚、叙利亚和巴勒斯坦

帕提亚战争漫长而艰苦，卡帕多奇亚边境由斯塔提乌斯·普利斯库斯指挥，叙利亚边境由阿尼乌斯·利伯指挥（名义上是卢基乌斯）。但卢基乌斯在前往东方的途中病倒，行进迟缓。他在雅典过冬，在那里效仿养祖父哈德良，参加了厄琉息斯秘仪。我们不知道他究竟是在何时抵达安条克这个东方战事的主要中继站的，但他沿途造访了许多亚洲的度假胜地。抵达安条克后，他在该城和附近的度假地达芙内（Daphne）轮流居住，没有亲自参与战斗。这破坏了他与阿尼乌斯·利伯的关系，后者在卢基乌斯到来后不久死去，其死因不可避免地被归于投毒。

163年，斯塔提乌斯·普利斯库斯稳固了卡帕多奇亚边境，进军亚美尼亚，并占领了该国的都城阿尔塔克萨塔（Artaxata）。这场重要的胜利恢复了东方边境传统的权力平衡，使得皇帝们可以为自己的称号加上"亚美尼亚征服者"的胜利头衔。不过，它没有让帕提亚人更加愿意妥协，战斗继续进行。普利斯库斯留在了亚美尼亚，那里牢牢掌握在罗马人手中。一个亲罗马的安息王室成员（帕提亚王朝统治者的亲属）被扶上了亚美尼亚国王的宝座——他已经获得了罗马公民权，并成为元老——但并非坐镇旧都阿尔塔克萨塔，而是待在按照罗马人的要求修建的新都。斯塔提乌斯·普利斯库斯在这场胜利后不久便去世或隐退了，其他将军则继续对帕提亚作战，入侵了它的藩属国奥斯罗埃内（Osrhoene），与那里的帕提亚军队对抗。另一位前朝旧臣尤利乌斯·维鲁斯接替已故的阿尼乌斯·利伯成为叙利亚总督，而盖乌斯·阿维狄乌斯·卡西乌斯［C. Avidius Cassius，来自居洛斯（Cyrrhus）的叙利亚人，曾是哈德良的司信官］则被任命为"高卢"第三军团的军团长，这一任命产生了严重和持续的后果。

　　与此同时，奥勒留活下来的女儿中最年长的卢基拉于 164 年前往东方，陪同她的是卢基乌斯的叔父马尔库斯·维图莱努斯·基维卡·巴尔巴鲁斯。在那里，她与卢基乌斯完婚，两人在奥勒留统治伊始就订了婚。她获得奥古斯塔的称号，第二年生下一个女儿。165 年，东方的最高指挥官发动了对帕提亚的大规模入侵。埃德萨陷落，奥斯罗埃内王国被占领，而阿维狄乌斯·卡西乌斯则率领"高卢"第三军团沿着幼发拉底河向南推进，抵达杜拉-欧罗波斯（Dura-Europos），这座位于该河右岸的城市现在第一次成为罗马驻军地（该城遗址一度作为保存最为完好的东部边境前哨著称，现在却悲剧性地再次走进历史。2014 年，在叙利亚和伊拉克内战的混乱中，那里遭到了大肆劫掠）。165—166 年冬天，卡西乌斯继续向帕提亚领土深处推进，来到了塞琉西亚和泰西封这两座孪生城市，底格里斯河和幼发拉底河在那里并排流淌。它们位于古巴比伦城以北 40 英里，其中一座是塞琉古王朝的第一位国王在公元前 300 年左右建造的希腊城市，另一座是安息王朝在美索不达米亚行省的行政中心。

　　卡西乌斯的成功复制了图拉真的胜利，这是半个世纪来罗马军队第一次如此深入东方。泰西封被洗劫，那里的宫殿被焚毁，为了犒赏士兵，卡西乌斯还让他们洗劫了古老得多也富有得多的希腊城市塞琉西亚。那里成了鬼城，两个世纪后，当另一支罗马军队穿过它时，该城仍然是一片废墟。随着卡西乌斯的胜利，卢基乌斯成了"最伟大的帕提亚征服者"（Parthicus Maximus），他和奥勒留再次获得"英白拉多"的称誉——这种胜利头衔总是属于皇帝，无论他们是否亲临战场，它对现代历史学家来说是宝贵的史料，有时能让我们确定事件的年代，甚至了解没有其他证据的军事行动。作为奥勒留统治时期仅有的两名叙利亚元老之一，本身又是塞琉古王室的后代，卡西乌斯被任命为166年的执政官。在他的执政官年中，他率军越过上底格里斯河，进入了米底的古老土地，因此卢基乌斯现在不仅是"最伟大的帕提亚征服者"，也是"米底征服者"（Medicus）。别的皇帝很可能会对这样的勇武战功产生嫉妒——上一个在东方战线赢得如此之多耀眼胜利的罗马将军是多米提乌斯·科尔布罗（Domitius Corbulo），他得到的犒赏是被多疑的尼禄处决。但奥勒留是另一种皇帝：卡西乌斯赢得了他巨大的信任，从而被提拔为叙利亚总督，在将近十年的时间里一直掌握着东方战线的总指挥权。在卡帕多奇亚，在托罗斯山脉的另一边，守卫着亚美尼亚和高加索边境的马尔提乌斯·维鲁斯（Martius Verus）同样长期任职和深受信任。

经过两年不断的交锋，当166年的作战季行将结束时，所有的罗马远征部队有序地撤回了安条克。当年末，从欧洲调来的3个军团回到了它们在莱茵河和多瑙河畔的大本营。166年10月12日，罗马举行了凯旋式，庆祝对东方的征服，奥勒留的两个儿子卢基乌斯·康茂德和阿尼乌斯·维鲁斯晋升为恺撒。但奥勒留乃至整个帝国将很快明白这场东方大捷的真正代价，因为凯旋的军团带回了致命的瘟疫。人们始终没能确认这场瘟疫真正的流行病学过程，对于病原体是什么也没有定论。关于流行病的古代史料往往有意识地把修昔底德对伯罗奔尼撒战争期间那场雅典瘟疫的描述作为模板，但无论2世纪60年代袭击帝国的是什么疾病，对于已经在164年和165年遭遇了连续歉收的人群来说，它的发病率和致死率都是非常高的。那个十年的后半部分留存下来的许多法令都与死亡和丧葬有关，而军团在该时期需要招募的新兵人数也异乎寻常地大：比如在 169 年，"克劳狄乌斯"第七军团需要补充的新兵是正常的两倍。疫情肆虐了超过十年，残酷地杀戮着罗马的人口，无论年龄或地位：奥勒留本人最终也成了受害者，如果现代人对其死因的推测正确的话。

不过，无论是否有瘟疫，奥勒留和卢基乌斯都无法满足于他们在东方的成功。奥勒留相信，当莱茵河和多瑙河地区的 3 个军团在东方作战时，河对岸的蛮族群体获得了太多的行动自由。确实，考古学证据和寥寥无几的书面材料都表明，多瑙河中游对岸和波西米亚的部落的权力平衡在差不多那个时候发生了巨大的改变，尽管原因仍然不明。帝国的相对疏忽可能起到了一定作用，导致了意料之外和不希望看到的暴力的爆发。各个臣服部落之间被允许的冲突是罗马政策的一个健康的组成部分，其造成的不稳定能够避免任何一个群体变得过于强大，它将这些尚武社会的多余能量导向彼此，而不是针对罗马。但北部边境外未被允许的冲突是另一回事：在没有罗马足够的监督或监管的情况下，它们可能很快会成长为更大的威胁。落败的战团（有时是整个部落）可能会试图在帝国内寻求庇护，虽然接纳他们常常是为帝国带来新的农民和士兵的理想方式，但只有当这种人口流动能够得到控制时才行。

今天，无论是在通俗还是学术的历史想象中，罗马的欧洲边境以及那里的"日耳曼"蛮族都显得不成比例地醒目：人们往往把边境想象成防波堤，一波波蛮族在几个世纪里无休止地冲击着它，直到大坝决口，帝国覆灭。事实上，莱茵河与多瑙河边境的政治动态与阿非利加、阿拉伯和不列颠边境的很类似，而所有社会更复杂、技术更先进的帝国在面对权力结构很难长期保持稳定

的部落群体时的情况也与之大同小异。对这些邻居来说，帝国是
高耸在地平线上的庞然大物。罗马的行动和对这些行动的恐惧影
响了各地蛮族精英的决定，甚至与边境隔了三四重的部落也是如
此。造成欧洲和阿非利加边境附近的动荡的不仅是蛮族，也是罗
马人：即便是最小规模的罗马远征军也可能消灭成批的人口，摧
毁多年来积累的粮食和财物，导致某个群体的家园无法居住。但
当帝国分神时，机会就来了。这不是为了改变双方力量的悬殊，
那永远不可能发生；而是为了暂时攫取罗马人的一小部分繁荣，
只要沿着修筑良好的道路深入帝国的行省，繁荣就触手可及了。
虽然这样做会不可避免地招致报复，而且常常是毁灭性的，但这
是值得的。我们不知道当驻扎在多瑙河的军团被派去参加帕提亚
战争时，河对岸发生了什么。但军团的回归要么直接引起了激烈
的反应，要么激发了部落之间的暴力冲突，使得一支中等规模的
蛮族军队进入了潘诺尼亚。

　　奥勒留的回应无疑是惩罚性的。曾随卢基乌斯在东方作战的
亚里乌斯·巴苏斯（Iallius Bassus）被任命为上潘诺尼亚总督，
这个职位传统上是莱茵河-多瑙河边境的最高指挥官。与此同时，
一个名叫提比略·克劳狄乌斯·庞培亚努斯（Tiberius Claudius
Pompeianus）的人首次走进历史记录，出任下潘诺尼亚的总督。
庞培亚努斯是一个很好的例子，显示了主导帝国政府的寡头精英
可以如何向有卓越才能的人开放。他是一位来自叙利亚安条克的
骑士等级的小官员之子，作为希腊化东方的一部分，当地人的子
弟还很少能够进入由骑士等级这一国际精英团体组成的政府，更
别提跻身元老等级了。不过，完全是凭着个人功绩，庞培亚努斯
将进入元老院，成为奥勒留的特别好友，与皇室成员结婚，在那

个世纪的余下时间里都是罗马政治的核心人物。

指挥下潘诺尼亚的部队是庞培亚努斯的第一个重要职务，他和巴苏斯都会经历非常激烈的战斗。166 年年末或 167 年年初，数千伦巴第人（Langobardi）和奥比人（Obii）入侵上潘诺尼亚，他们来自一个远离边境的地区。而在边境地区，有生活在潘诺尼亚对面，位于今天的捷克共和国境内的马尔科曼尼人（Marcomanni），生活在多瑙河弯对面的夸迪人，还有生活在多瑙河和喀尔巴阡山之间的土地上的萨尔玛提亚亚祖格斯人（Sarmatian Iazyges）。这些远方的入侵者很快被巴苏斯消灭，但邻近的藩属国王们害怕可能会遭受报复。11 个多瑙河中游的部落推举马尔科曼尼国王巴洛马里乌斯（Ballomarius）作为代言人，来到巴苏斯面前求和。巴洛马里乌斯强调自己和其他藩属对皇帝的忠诚，表示伦巴第人和奥比人的行为是反常的例外。奥勒留因为瘟疫留在了罗马，因此巴苏斯达成了临时和约，等待皇帝做好准备。

168 年春天，奥勒留开始亲自巡视多瑙河边境。没有人怀疑，这是战争的序曲。卢基乌斯也将同行，部分原因是军队通过帕提亚战争已经认识了他，从参与的重要人物的数量可以看出这次计划的规模。经验丰富的近卫军长官弗里乌斯·维克托里努斯曾经陪同卢基乌斯前往东方，现在与两位皇帝一同北上，但他和手下的不少卫士在前往边境的途中死去，死因很可能是瘟疫。接替他的是马尔库斯·巴塞乌斯·鲁弗斯（M. Bassaeus Rufus），他之前是罗马城的警卫队（vigiles，负责城市安全的队伍）长官，还短暂担任过埃及总督。另一位近卫军长官马尔库斯·马克里尼乌斯·温德克斯（M. Macrinius Vindex）同样随行，表明罗马在皇帝离开时无人驻守。其他深受奥勒留信任的将军们——奥菲狄乌斯·维克托里努斯、达苏米乌斯·图利乌斯·图斯库斯和庞提乌斯·莱利阿努斯（Pontius Laelianus），后两人都曾在多瑙河边境驻扎——也和他同行，他们没有具体的职务，而是作为皇帝卿官（comites Augusti）。

史料非常混乱，两个世纪来的现代学术成果也无法对我们所谓的马尔科曼尼战争和奥勒留所称的日耳曼尼亚远征（expeditio Germanica）给出一个令人完全满意的年代表。上潘诺尼亚边境没有因为巴洛马里乌斯和巴苏斯的和约而变得平静，168 年，马尔科曼尼人的国王（可能，但不一定是巴洛马里乌斯）在那里的战斗中阵亡。部落首领们请求罗马人允许选出他的继任者，卢基乌斯认为这已经足够成功：为何不取消整个行动，免去自己的花销和危险呢？奥勒留则表示反对，计划在成为皇帝后第一次在罗马以外过冬，他选择了亚得里亚海的枢纽阿奎莱亚（Aquileia），那里与都城和边境的距离相当。最终，由于军队中疫情严重，奥勒留满足了卢基乌斯的愿望，同意回到罗马。但得偿所愿的卢基乌斯遭遇了不幸：就在离开阿奎莱亚几天后，他罹患中风，在阿尔提努姆（Altinum）去世。奥勒留带着养弟的遗体回到了罗马。现在他成了唯一的皇帝，就像安敦尼·庇护一直希望的那样。

虽然奥勒留几乎没有时间哀悼，但他还是尽职地将弟弟封神。卢基乌斯的去世使得奥勒留 19 岁的女儿卢基拉成了"神明"的遗孀。可能她已经展现出了野心和无情，这将成为她日后生涯的标志，也可能是奥勒留觉得，一位适婚的公主太容易成为宫廷阴谋的目标。无论如何，他做出了让元老院震惊的举动，在卢基乌斯的丧期尚未结束时就将她改嫁。更糟糕的是，她嫁的人不是元老阶层的显贵，而是骑士等级的提比略·克劳狄乌斯·庞培亚努斯元帅。奥勒留的这一决定有充分的理由。他的女儿中只有一个被嫁给了贵族丈夫，以防其继承人选卢基乌斯·康茂德的继位受到挑战（169 年夏天，随着最小的皇子阿尼乌斯·维鲁斯去世，他成了皇帝硕果仅存的儿子）。事实证明，庞培亚努斯是王朝的忠实支持者，也是其他骑士的重要恩主。他们中最重要的是赫尔维乌斯·佩蒂纳克斯（Helvius Pertinax），一个释奴的骑士等级儿子，他被特批加入元老院时还从未踏足过元老院议事厅，也没有担任过财务官、营造官或法政官等资质职务。即便非常短暂，但他最终将成为皇帝，这显示了罗马社会正在经历的一些变化，特别是在瘟疫、战争以及它们无情地造成的传统精英的大批死亡的共同压力之下。

卢基拉同庞培亚努斯的婚姻——她和她的母亲福斯蒂娜对此激烈反对——并非 169 年唯一的丑闻。马尔科曼尼战争需要募集新的军团，为了筹款，奥勒留拍卖了皇室财产。此事在古代广为人知，成为现代学术中帝国危机的代名词，但这一举动既非高调的自我牺牲姿态，也不是出于个人节俭，而是唯一无须加税就能带来新收入的方法，当时严重缩水的人口可能无法承担税负。新士兵如此短缺，以至于奥勒留批准招募角斗士加入军团，这一史无前例的举动推高了帝国各地的公共赛会的价码，给当地行政长官造成了巨大负担，奥勒留因此很快采取了限价措施。

这些财政上的权宜之计最终取得了成功，169 年年末，奥勒留已经准备好回到潘诺尼亚。福斯蒂娜与年少多病的皇位继承者卢基乌斯·康茂德留在了罗马。庞培亚努斯作为奥勒留的首席参谋与他同行，这意味着卢基拉也同往，此外还有许多东方战争的老将：庞提乌斯·莱利阿努斯、达苏米乌斯·图利乌斯·图斯库斯和克劳狄乌斯·弗隆托。不清楚他们在哪里过冬，可能是在辛吉杜努姆（Singidunum，今贝尔格莱德）或西尔米乌姆[Sirmium，今斯雷姆斯卡米特罗维察（Sremska Mitrovica）]，两者现在都作为主要的皇帝驻跸城市而变得举足轻重。事实上，奥勒留在多瑙河流域的战争标志着巴尔干行省历史的转折点，那里之前是文化落后地区，但从此城市化程度越来越高，分布着富饶的农场和庄园，这使得该地区在接下来几个世纪的帝国历史中变得至关重要：随着我们故事的继续，长得多的一串巴尔干城市的名字——穆尔萨（Mursa）、奈苏斯（Naissus）、波埃托维奥（Poetovio）、塞尔迪卡（Serdica）、维米纳基乌姆（Viminacium）、伊斯特鲁姆的尼科波利斯（Nicopolis ad Istrum）——将加入这里的辛吉杜努姆和西尔米乌姆的行列。

奥勒留亲自发动了170年的大型攻势，深入马尔科曼尼人的土地。结果是一场惨败：帝国的宣传可以把一场微不足道的冲突夸大成引人瞩目的胜利，但现在，史料中就连一丝成功的迹象都看不到。相反，这场行动引发了蛮族对意大利的大举入侵。阿奎莱亚被围，意大利北部平原也遭到入侵。这是后来历史的早期征兆——对意大利的防御必须从阿尔卑斯山开始，最好是在山的另一边。如果阿尔卑斯山失守，意大利半岛实际上是无人驻防和孤立无援的。170年，巴尔干还遭受了另一次重创。科斯托波基人（Costoboci，我们在别的地方几乎没有听说过这个部落的名字）一路杀到亚该亚行省，甚至兵临阿提卡，侵犯了厄琉息斯秘仪的圣所。入侵者的人数、划分和路线都已经无考，但他们不仅仅破坏庄稼和绑架农民（当局通常可以容忍这类损失，认为它们可以接受），而且与罗马军队发生了多次激烈的交锋，造成了许多引人瞩目和高级别人物的死亡：170 年，上默西亚的总督（名字没有流传下来）要么阵亡，要么因为无能而被免职。他的指挥权交给了达契亚总督，经验丰富的克劳狄乌斯·弗隆托，后者于同一年也在战斗中丧生。皇帝自己的军队被困在了多瑙河对岸，需要瓦雷利乌斯·马克西米亚努斯（Valerius Maximianus）指挥的特别舰队来给奥勒留和他的军队带去给养。

与此同时，克劳狄乌斯·庞培亚努斯开始把不速之客从北意大利赶走，赫尔维乌斯·佩蒂纳克斯是他的首席副官。边境的战斗在 171 年继续进行，当时奥勒留在今天维也纳附近的卡尔侬图姆（Carnuntum）设立了大本营。一支被庞培亚努斯赶出意大利的蛮族军队现在被困在了多瑙河渡口，然后遭到歼灭。奥勒留把他获得的战利品分给了行省人民，这些胜利虽然不大，但足够好地控制住了破坏，使得让蛮族群体之间相互敌对的传统政策的回归成为可能。这种做法似乎奏效了。171 年秋天，随着当年战事接近尾声，奥勒留在卡尔侬图姆接见了各路来使。夸迪人提出求和，愿意为罗马军队提供给养，并阻止马尔科曼尼人或亚祖格斯人（分别是他们西面和东面的邻居）通过自己的土地。另一些战败的蛮族被允许进入帝国领土，在非边境行省的腹地定居下来。一切看上去开始向着边境平日的状态恢复了，这受到了欢迎，因为现在别的地方也有了麻烦：在安敦尼·庇护治下就造成过麻烦的毛里人再次越过直布罗陀海峡袭击西班牙，需要紧急将塔拉科西班牙皇帝行省和无驻军的贝提卡元老院行省划归同一位将领指挥。

第二年，也就是 172 年，奥勒留与夸迪人签订的条约开始显现价值。随着多瑙河中游河弯和达契亚前线变得平静，奥勒留得以朝着河对岸发动第二波入侵，专注于今天波西米亚的马尔科曼尼人。这又是一场艰苦的行动，近卫军长官之一的马克里尼乌斯·温德克斯阵亡。但奥勒留已经赢得了士兵的信心，他们开始相信他拥有超自然的力量，能够召唤神明相助。有一次，据说他召唤闪电摧毁了蛮族的战争机械，为了纪念此事，不出意外地发行了钱币；还有一次，他［或者受他宠信的埃及巫师阿尔努菲斯（Arnouphis）］似乎召唤了一场暴雨，让干渴委顿的士兵恢复生机：他们克服一切困难取得了胜利。这两次神迹都被刻在了罗马圆柱广场（Piazza Colonna）的奥勒留记功柱上，钱币上则似乎把这场奇迹般的胜利归功于墨丘利。军事成就的真实规模可能不像胜利宣传那样，尽管奥勒留和康茂德恺撒都在 173 年之前获得了日耳曼征服者的胜利头衔。康茂德可能与他的父亲一起亲临前线，这意味着 172 年年末，皇帝一家的大部分成员都在卡尔侬图姆，包括福斯蒂娜、卢基拉和她的丈夫庞培亚努斯。第二年，福斯蒂娜获得了"军营之母"（mater castrorum）的称誉，表明士兵把她视作恩主。不久，皇族的其他成员也来到多瑙河畔与奥勒留和福斯蒂娜相聚：法蒂拉，她现在嫁给了卢基乌斯·维鲁斯的外甥普劳提乌斯·昆提鲁斯；科尔尼菲基娅，她嫁给了庇护的近卫军长官马梅尔提努斯的儿子佩特罗尼乌斯·苏拉·马梅尔提努斯（Petronius Sura Mamertinus）。然后，东方传来了坏消息。

第 4 章

安敦尼王朝的末帝

172 年，正当奥勒留宣布在多瑙河前线取得胜利时，埃及三角洲发生了大规模的起义或密集的土匪活动。与此同时，帕提亚试图将亚美尼亚重新置于泰西封的控制之下，一部分帝国军队从卡帕多奇亚被调往多瑙河地区无疑为其壮了胆。但多瑙河战争的规模意味着奥勒留无法给予东方应有的关注，而且可以作为皇朝的代表的卢基乌斯·维鲁斯也不在了。多年担任叙利亚总督，本身也是叙利亚人的阿维狄乌斯·卡西乌斯被授予了东方的特别指挥权，自一个半世纪前深受奥古斯都信任的副手阿格里帕以来，还没有皇族以外的人获得过这种权力。事实上，卡西乌斯成了奥勒留在博斯普鲁斯海峡以东的全权代表，他的首要任务是镇压下埃及的叛乱。

与此同时，奥勒留在多瑙河对岸度过了 173 年作战季的大部分时间，可能一直深入到维斯瓦河（Vistula）的源头。夸迪人无疑是一个目标，可能因为他们违背了不帮助马尔科曼尼人的誓言。第二年，他把矛头转向多瑙河弯对岸，位于多瑙河和喀尔巴阡山之间（或者用罗马人的话说，转向了潘诺尼亚和达契亚之间）的匈牙利大平原上的亚祖格斯人。战事足够顺利，让他可以拒绝亚祖格斯人提出的求和条件，而是选择在175年继续作战。那一年发生了远比新一轮的边境战争更加糟糕的事：阿维狄乌斯·卡西乌斯，奥勒留手下可能最可靠的人，叛变称帝。

叛变的直接原因是，有传言称奥勒留死在了多瑙河畔。我们的资料来自后人的回顾，并不可靠，它们暗示福斯蒂娜担心奥勒留会死于已经染上的疾病，于是派人传话给卡西乌斯，让他做好一旦奥勒留去世就夺权的准备。这个故事虽然并非全然不可信，但也无法证实。不过，无论卡西乌斯是相信了传言，还是利用传言作为自己野心的有用借口，他都在175年年初被他的军队拥立为帝。卡帕多奇亚总督马尔提乌斯·维鲁斯仍然忠于皇帝，获悉托罗斯山对面的叛乱后，他马上向多瑙河方面报告。卡西乌斯在获悉奥勒留没有死，因此自己现在其实成了篡位者的真相后，决定继续叛乱，争夺皇位。他在东方很受欢迎——塞琉古皇室的背景让他在那里享有真正的地位——他还有强大的叙利亚军队支持，后者在过去曾经把将军推上宝座。整个托罗斯山以南的罗马近东都站在他一边，包括埃及及其至关重要的粮食供应。但他从西部的元老同僚那里得不到鼓励，而且他还要尽快对付卡帕多奇亚军团的首领，忠心耿耿的马尔提乌斯·维鲁斯。

情况对奥勒留来说非常紧急。他身体欠佳，而且完全清楚卡西乌斯的实力。他迅速行动，派下潘诺尼亚总督维提乌斯·萨宾尼亚努斯（Vettius Sabinianus）前去控制罗马。元老院已经迫不及待地宣布卡西乌斯为"公敌"（hostis publicus），但奥勒留知道，如果那个"公敌"看上去可能会赢得政变，元老院就会顺势反转决定。当政变的消息传来时，十几岁的康茂德恺撒正在罗马，他监督向民众发放御赏（liberalitas，皇帝赐予的钱币），以在皇帝不在时安抚他们。他随后赶到多瑙河边与父亲相会，马上穿上了成人托袈，远远早于传统上标志着罗马男孩进入成年的三月的利伯节（Liberalia）[①]。他获得了"青年元首"（princeps iuventutis）的头衔，并被介绍给军队，此举旨在表明奥勒留去世后会有继承人，并利用了军队由来已久的王朝情感。

奥勒留向军队和元老院公开宣布，他不希望杀死卡西乌斯或让其自杀，更不愿强迫整个帝国参战，而是希望卡西乌斯允许奥勒留把他变成自己仁慈的范例。但即便是对奥勒留这样宽容和深谙哲理的皇帝来说，这也是行不通的：作为罗马历史上的铁律，一旦有了篡位行为，皇位挑战者都不会被允许活下去。不过，在奥勒留被迫采取行动之前，卡西乌斯自己的一名百夫长刺杀了他，让皇帝长舒了一口气。马尔提乌斯·维鲁斯进入叙利亚平息事端。按照皇帝的命令，他没有读卡西乌斯的书信就烧掉了它们。通过这一宽大之举，奥勒留不仅饶恕了那些真正参与卡西乌斯反叛的人，也避免了牵连那些因为在很久以前给篡位者写过信而可能遭到怀疑的无辜者。

鉴于卡西乌斯曾经获得过那么多支持，奥勒留必须尽快前往东方。他与亚祖格斯人议和，获得了萨尔玛提亚征服者的头衔，并将大批亚祖格斯骑兵招入辅助部队，把他们派往遥远的不列颠。庞培亚努斯作为奥勒留的代理人留在了多瑙河边境，而皇帝一家则开始巡视曾经支持过卡西乌斯的东方行省。与奥勒留、福斯蒂娜和康茂德同行的还有当年的执政官之一，他不是别人，正是释

[①] 每年 3 月 17 日举行，是司丰饶的神明利伯（Liber）和利伯拉（Libera）的节日，罗马年轻人通常在这一天穿上象征成年的成人托袈。

奴之子赫尔维乌斯·佩蒂纳克斯。相比他的恩主庞培亚努斯,在他身上更清楚地显示了帝国的统治阶层发生的变化。皇帝一行在东方过冬,地点是位于卡帕多奇亚的提亚纳(Tyana)附近的哈拉拉(Halala)村,福斯蒂娜在那里去世了。奥勒留把那个村子改名为福斯蒂娜波利斯(Faustinopolis),元老院也按照惯例将她封神,成为"神圣的福斯蒂娜"(diva Faustina)。

总体上说,奥勒留极其宽大,让卡西乌斯年纪较小的孩子们有行动自由,只放逐了他年纪较长的儿子赫里奥多洛斯(Heliodorus)。不过,他高调地责罚了卡西乌斯的出生地居洛斯城,还禁止在叛军的都城安条克举行公共表演,同时剥夺了其作为都会的权利。他对埃及亚历山大里亚的处置较轻,而他的儿子康茂德将在父亲去世后恢复安条克的特权。更重要的是,奥勒留下令,从今以后谁都不许在自己出生的行省担任总督,以防唤醒危险的野心。在由陆路返回罗马的途中,皇帝一行在雅典停留,奥勒留和康茂德共同参加了厄琉息斯秘仪。皇帝还在城中赞助了艺术和科学教师职位,主题包括斯多噶、伊壁鸠鲁、柏拉图和亚里士多德哲学,等等。

176 年秋天,这家人回到了罗马。那年晚些时候,在 11 月 27 日,康茂德被授予了高级指挥权,从而像曾经的卢基乌斯·维鲁斯一样与奥勒留并肩出现。两人共同为多瑙河畔的胜利举行了凯旋式。第二年伊始,康茂德与姐夫,也就是法蒂拉的丈夫马尔库斯·佩杜凯乌斯·普劳提乌斯·昆提鲁斯(M. Peducaeus Plautius Quintillus)一起担任了执政官。15 岁的康茂德成了罗马历史上最年轻的执政官,明显有违奥古斯都的《年秩法》,该法让皇帝统治仍然披着共和制的外衣——当时,这被视作对古老传统的冒犯,但在随后的几个世纪里，少年皇帝将成为帝国统治中日益明显的特点。担任当年的执政官一个月后，康茂德又获得了保民官权力。这意味着与庇护末年的奥勒留一样，现在他具备了成为皇帝所必需的所有法定条件，并在 177 年年中正式成为奥古斯都。作为对儿子登基的最后庆祝，奥勒留取消了 133 年以后拖欠公共财库和皇帝小金库的全部债务；奥勒留的养祖父哈德良在 118 年做过同样的事，因此这个举动不仅带来了美誉，也强调了王朝记忆。

　　奥勒留仍然觉得自己将很快死去，而且边境呈现的景象让他不安。廷吉斯的毛里人一直无法控制：有一群人再次渡海侵入贝提卡发起突袭，甚至包围了辛吉利亚巴尔巴城［Singilia Barba，今天马拉加省的安特克拉（Antequera）］。与此同时，多瑙河再次告急，虽然奥勒留将亲自指挥作战，但他希望康茂德获得一些实战经验。为了在出征前巩固自己的王朝，他让康茂德娶了布鲁提娅·克里斯皮娜（Bruttia Crispina），一位哈德良时代重要贵族的后代；她的父亲布鲁提乌斯·普莱森斯在 153 年成为执政官时已经是一个显赫的人物了，并被指定在 180 年第二次担任执政官。178 年 8 月，两位皇帝出发前往多瑙河前线。老庞培亚努斯一如继往随行，如今身为康茂德岳父的布鲁提乌斯也同行。两位近卫军长官塔鲁提恩努斯·帕特尔努斯（Tarruttienus Paternus）和提吉狄乌斯·佩莱尼斯（Tigidius Perennis）都随军远征，两人的任期将延续到下一位皇帝的统治。赫尔维乌斯·佩蒂纳克斯被任命为达契亚总督，为主力部队提供侧翼支援，帕特尔努斯则负责野战军；179 年，正式战斗在多瑙河弯的夸迪人的土地上打响。对于奥勒留是否有意征服那里，在多瑙河对岸获得一个新的马尔科曼尼行省，现代学者存在分歧，但书面和考古材料都显示，在今

天的斯洛伐克和捷克各地建立了数十座罗马要塞，无疑可以从中
看到占领和建立行省的前奏。

不过，在下一年作战季开始的时候，奥勒留再次病重。他可
能终于被瘟疫击倒了，但鉴于他一向不是特别结实，我们无法确
定这一点。我们同样无法确定的是，当最后的这次疾病击倒他时，
他究竟身在何处——也许是在西尔米乌姆附近。他叫来了康茂
德，将其托付给自己的高级谋士们，嘱咐儿子继续作战，无论本
人是否愿意这样做。然后，皇帝开始禁食，可能希望这能治好他
的病，也可能是为了加速死亡。7 天后，也就是 180 年 3 月 17 日，
他知道自己要死了。当轮职的传令官问他当天的口令时（设定口
令是皇帝的任务），奥勒留让那人去找康茂德："去找朝阳吧，因
为我现在落山了。"

据我们所知，康茂德作为唯一的皇帝所做的首个决定是与马
尔科曼尼人和夸迪人签订和约。这使得之前的多瑙河边境原封不
动，终止了奥勒留任何可能有过的帝国扩张计划，让这个地区实
现了半个世纪的和平。条约对罗马非常有利。被打败的部落需要
每年向帝国进贡粮食，并共同向罗马军队提供超过 2 万名士兵。
他们将被派驻到远方的辅助部队中，远离自己的家乡，以消除他
们可能有的任何挥之不去的部落归属感。在他们的家乡，马尔科
曼尼人和夸迪人被部分解除武装，并被禁止在未经罗马人许可的
情况下攻击他们的邻居——亚祖格斯人、布里人和汪达尔人。他
们还被禁止使用多瑙河上的岛屿，甚至是位于他们一侧的河道左
岸的一小条土地。只有当罗马百夫长在场监督时，他们才可以召
开大规模的政治会议。

在许多方面，康茂德结束他父亲的战争的决定是明智的。这

恢复了帝国在不值得征服的地方选择藩属国王的老办法，并且确保了那些藩属国王将依赖罗马来保住自己在国内的权力。一个意料之外但最终更加长久的结果是，多瑙河行省的平民生活和罗马的平民社会繁荣起来了，得益于 20 年来对该地区的基础建设所做的战时投资，那里的发展特别迅速。因此，并不像许多人认为的那样，奥勒留没用的儿子放弃了父亲的计划，丢掉了创建一个跨多瑙河的广阔行省的机会。没有明确的证据显示，奥勒留计划将边境延伸进欧洲中部。回归战前的状态在战略上可行，在战术上明智。此外，无论奥勒留信任的老谋士克劳狄乌斯·庞培亚努斯（新皇帝的姐夫）如何劝他不要返回罗马，康茂德都必须出现在人民面前，接受他们和元老院的欢呼。拖延会招致他们的怨恨，而军队对王朝的支持能暂时保证前线平安无事。一达成协议，康茂德就作为被封神的奥勒留之子和通过征服带来和平之人出现在罗马。180 年 10 月 22 日，他举行了正式的凯旋式。

虽然那场凯旋式可能非常壮观，但康茂德的统治没能开个好头——他的个人内侍（a cubiculo），一个叫萨俄特鲁斯（Saoterus）的比提尼亚释奴与皇帝一起坐在凯旋马车上。无论萨俄特鲁斯是康茂德的情人这件事是众所周知的事实，还是仅仅是传言，他都遭到了所有那些自认为更有资格获得皇帝青睐的人的深深嫉恨，出身低贱的皇帝宠臣的存在激起了元老们的不满。另一方面，新皇帝统治下最早的两名执政官都是担任过执政官的元老之子，这一传统的做法可能安抚了一部分元老的想法。此外，庞培亚努斯仍然忠于康茂德，尽管他的妻弟不愿接受建议。新皇帝的姐姐，庞培亚努斯的妻子卢基拉就没有那么忠诚了。可能是在 182 年，她试图发动政变。宫廷阴谋背后的动机永远不容易弄清，因为当

时的作者往往和我们一样被蒙在鼓里。我们的史料仅仅将其归于
卢基拉的嫉妒，这肯定不足以解释此事，可能是她觉得自己的弟
弟不够听话，或不满自己的地位不如康茂德的妻子克里斯皮娜。

卢基拉显然憎恶年老的庞培亚努斯，此人是她父亲造就的，
她本人从未接受过这个丈夫。因此，她与情人乌米狄乌斯·夸德
拉图斯（奥勒留外甥的养子）一起阴谋对付康茂德。他们的同谋
克劳狄乌斯·庞培亚努斯·昆提亚努斯是庞培亚努斯的侄子，这
提醒人们"王朝罪行和秘密政治"是元首制下宫廷阴谋的核心。
卢基拉想要依靠夸德拉图斯和昆提亚努斯来干掉自己的弟弟，但
他们的闹剧在一片混乱中告终。当康茂德走进圆形剧场时，夸德
拉图斯来到他面前，装模作样地宣布元老院与他为敌，而不是直
接动手。政变还没开始就结束了，夸德拉图斯和昆提亚努斯被捕
并遭到处决，卢基拉被流放，后来在某个不为人知的时候被杀。

克劳狄乌斯·庞培亚努斯退出了公共生活，他知道自己能保
住性命是多么幸运。近卫军长官（两人都是最后一次多瑙河行动
之前由奥勒留任命的）乘着混乱干掉了受人憎恨的内侍萨俄特鲁
斯；他被"供粮员"（frumentarii）谋杀，这些人经常被早期的罗
马皇帝用作秘密警察和特工。萨俄特鲁斯死后，近卫军长官提吉
狄乌斯·佩莱尼斯获得了那位内侍曾经拥有的信任。他让康茂德
把另一名近卫军长官塔鲁提恩努斯·帕特尔努斯提拔为元老，从
而使其无法担任骑士专属的近卫军长官职务。接着，他散布谣言
说，帕特尔努斯参与了卢基拉的阴谋，那位刚刚晋升的元老因为
这一罪名而被处决。同时遭处决的还有著名的法学家萨尔维乌
斯·尤利亚努斯（Salvius Julianus，他的儿子与帕特尔努斯的女
儿订了婚），以及几名前执政官和皇帝自己的司信官维特鲁威乌

斯·塞孔都斯（Vitruvius Secundus）。深受奥勒留信任的两位谋士昆提里乌斯兄弟也被处决。在行省，其他可能参与了叛国阴谋的元老和将领也被追捕和杀害。在奥勒留统治末年或康茂德统治伊始被任命的其他许多人遭免职，其中包括 3 位未来的皇帝：下日耳曼尼亚行省总督迪迪乌斯·尤利亚努斯（Didius Julianus），他被迫回他的家乡梅狄奥拉努姆（Mediolanum，今米兰）隐退；叙利亚总督赫尔维乌斯·佩蒂纳克斯；以及"斯基泰"第四军团的军团长塞普提米乌斯·塞维鲁。在奥勒留统治的末期被任命为罗马城市长官的盖乌斯·奥菲狄乌斯·维克托里努斯仍然受到青睐，继续任职直到 186 年，但那年他被迫自杀，是老一辈中最后一个活得那么长的。

史料告诉我们，康茂德本人进而完全退出了政府事务，把国事先后交给了他的近卫军长官佩莱尼斯和另一位宠臣马可·奥勒留·克雷安德（M. Aurelius Cleander，实际上是奥勒留的释奴，获释时改用了前主人的本名和氏族名）。佩莱尼斯的主政时期非常糟糕——他对元老院深怀敌意，因为他的政治生涯是从岁调长官（praefectus annonae，负责罗马城粮食供应的骑士等级官员）开始的。就我们所看到的运行状况而言，政府由骑士等级的官员主导；皇帝议事会（consilium principis）的情况偶尔会记录在铭文中，我们由此得知，议事会有时没有元老参加，这是前所未有的。同样闻所未闻的还有，铭文中明确提到了有释奴参加，甚至是像克雷安德这样后来通过名为"恢复出身"（restitutio natalium）的法律虚拟被追授自由出身的人。在整个罗马历史上，释奴和宦官可能会从他们的主人那里获得巨大的影响力，但这总是被视作丑事并低调处理。皇帝议事会有释奴参加，却将元老排除在外，在任何意义上都坏了规矩。

更糟糕的是，虽然康茂德的将领们继续在前线取得胜利，而且他继续被他们拥戴为英白拉多，但宫廷和元老阶层的军团长之间关系糟糕。在不列颠，曾经对当地叛乱者取得过大胜的乌尔皮乌斯·马尔凯路斯（Ulpius Marcellus）将军在一场哗变中被推翻。随后，所有不列颠军团的军团长都被开除，由从行伍间一步步晋升上来的高级骑士取而代之。事实上，在康茂德的统治时期，我们可以看到不断有骑士获得委任，担任手握重权的职务，只有最显赫的职位（主要是执政官）仍然是古老的执政官世家的专属。最重要的军团长职位的降级是元老院深刻感受到的众多侮辱之一。佩莱尼斯要为此负责，因为众所周知，皇帝对统治没有兴趣。这位近卫军长官将很快败亡。具体的情况不明，因为我们的史料都相互矛盾，但似乎是一个军人代表团（可能来自不列颠）在185年谋划了对这位近卫军长官的罢黜和处决。在这件事上，他们受到了内侍克雷安德的教唆，后者现在控制了政府。

克雷安德决心不让任何近卫军长官破坏他对康茂德的控制，于是该职务在186年到190年之间频频换人，而克雷安德则开始自诩为"掌剑官"（a pugione），即皇帝的私人保镖，控制着历任近卫军长官。因为克雷安德，佩莱尼斯的敌人们现在都恢复了他们失去的指挥权，其中包括未来的皇帝塞普提米乌斯·塞维鲁和赫尔维乌斯·佩蒂纳克斯。奥勒留剩下的一些亲信则命运相反，比如罗马城市长官奥菲狄乌斯·维克托里努斯宁愿自杀，也不愿忍受克雷安德公开卖官的做法。185年，佩蒂纳克斯被派往不列颠担任总督和安抚那里蠢蠢欲动的军队，而塞维鲁则成了卢格杜努姆高卢（Gallia Lugdunensis）的总督，这是他获得的第一个行省总督任命。佩蒂纳克斯遭遇了不列颠军队的又一场激烈哗变，但与一年前的乌尔皮乌斯·马尔凯路斯不同，他没有颜面无光地被召回宫廷。相反，他利用了皇帝的偏执，声称康茂德的妹夫安提斯提乌斯·布鲁斯（Antistius Burrus）正阴谋夺取皇位，与其同谋的是另一位名叫阿里乌斯·安敦尼努斯（Arrius Antoninus）的努米底亚将军，此人是皇亲，刚刚被任命为亚细亚行省的总督。

我们并不特别确定这些阴谋的背后隐藏着什么，但它们可能是试探性地对皇位继承打主意的最早迹象，因为人们开始意识到，康茂德有朝一日会被推翻。我们知道，有几个主要的阴谋者（包括佩蒂纳克斯、布鲁斯和阿里乌斯·安敦尼努斯）是马可·奥勒留晚年在马尔科曼尼战争期间被提拔到高位的。在此期间，他们彼此变得熟识，对康茂德统治的各种弊端都感到不满。布鲁斯和安敦尼努斯与皇室有关联，是真正有资格的皇位候选人，而佩蒂纳克斯则作为英雄从不列颠归来，开始担任赈济（alimenta）管理人（cura），这个光荣的职位让他可以保持低调。与此同时，克雷安德变得更加大胆，他在 189 年处决了布鲁斯和安敦尼努斯，还干掉了阿提利乌斯·埃布提阿努斯（Atilius Aebutianus），一个表现出太多独立迹象的近卫军长官。

当克雷安德得势时，佩蒂纳克斯也春风得意，188 年夏天，他前往阿非利加担任总督。我们需要指出的是，这个职位对于像佩蒂纳克斯这样的人而言很不寻常：亚细亚、阿非利加与亚该亚代执政官一职与古老的共和时代元老院行省总督职位关系密切，因此是出身最为高贵的元老的禁脔。佩蒂纳克斯是释奴之子，尽管他出生时是骑士，但他的成功先是得益于同样是暴发户的庞培亚努斯的恩庇，之后是遭人憎恶的克雷安德的。他是个出色的指挥官，他的才能证明他获得提拔是完全合理的，但这并不能抹去他的一帆风顺中所含的不走正道的色彩，他从阿非利加返回后担任了罗马城市长官一职，也没有改善这种印象。

不列颠的动荡，以及其对宫廷阴谋产生的各种后续影响，并非整个帝国唯一的骚乱。185 年，有个叫马特尔努斯（Maternus）的人在上日耳曼尼亚发动叛乱，打响了所谓的"逃兵战争"（bellum desertorum）。这是奥勒留在多瑙河不断用兵的不幸后果，战争需要强征许多几乎没有职业忠诚度的士兵。他们无所事事，就开始叛变，有形形色色的不满者加入了他们的行列，从逃亡奴隶到契约劳工，再到贫苦的农民。势力因此而壮大后，马特尔努斯的叛军开始敢于在战场上向罗马军团挑战："奥古斯都"第八军团因为抵挡叛军而得到了新的荣誉称号"康茂德的虔诚、忠诚而坚定"（pia fidelis constans Commoda）军团。叛军在 186 年夏天被镇压，很可能要归功于马尔库斯·赫尔维乌斯·克莱蒙斯·德克斯特里业努斯（M. Helvius Clemens Dextrianus），但此事暴露了帝国的军事行省特有的社会问题，只需要发生恰到好处的事件，这里就能释放出令人吃惊的潜在暴力。

行省的准军事暴力的升级和接连不断的宫廷阴谋意味着政府的有序运作开始受到影响。由于克雷安德的卖官，190 年有足足 25 名执政官，其中包括未来的皇帝塞普提米乌斯·塞维鲁。自从克雷安德干掉佩莱尼斯，确立了对偏执但无心国事的康茂德的支配后，人们就开始憎恶他，甚至那些受益于他的人也是如此。他在帝国精英中没有亲属，却非常好地保持了最为受宠的地位。不过，一个更加合适的骑士等级对手的崛起将结束他对宫廷的控制，那就是岁调长官帕皮里乌斯·狄俄尼修斯（Papirius Dionysius）。

190 年春，帕皮里乌斯操纵首都的粮食供应，引发了面包短缺。平民不出意料地发生暴动，可能是在 4 月 19 日于大竞技场（Circus Maximus）举行的刻勒斯赛会（ludi Ceriales）① 期间。愤怒的人群遇到了一群孩子，他们被放进竞技场，开始歌唱对康茂德的祝福和对克雷安德的诅咒。这场精心策划的舆论煽动在聚集的民众中起到了效果，他们走出罗马城，向几英里外康茂德隐居的别墅进发。当皇帝的情人马尔基娅获悉发生了什么时，她敦促皇帝处决克雷安德，因为她知道这类暴徒如果得不到安抚，就会变得更加可怕。感到恐惧的皇帝马上派人处决了他的"掌剑官"，克雷安德的受保护人中没有谁哪怕动了一根手指保护他，特别是城市长官佩蒂纳克斯。这位前奴隶为他们铺平了通往权力的道路，他们已经得到了自己所需要的；他的死让他们再也不用回想起那令人尴尬的人情债了。

克雷安德被处决引发了更多杀戮。他的受保护人，近卫军长官尤利乌斯·尤利亚努斯（Julius Julianus）让人杀害了同僚雷吉鲁斯（Regillus），然后自己也被皇帝下令处决。尽管出现了许多阴谋，无论是真实的还是想象的，但这些阴谋都还无法真正干掉康茂德。不过，到了 2 世纪 90 年代初，皇帝的行为似乎不再仅仅是一个专制君主的反复无常，而是显然开始陷入真正的疯狂。他在自己铸造的钱币上宣布康茂德的新黄金时代到来，他还不再自称马可·安敦尼，从而隐晦地排斥了对奥勒留的记忆，而是在铸币时改用他的本名卢基乌斯·埃里乌斯·奥勒留·康茂德，从而让人想起哈德良皇帝。作为对哈德良的进一步模仿，他还把自己

---

① 每年 4 月 12—19 日举行，向谷物女神刻勒斯致敬。

变成雅典公民，加入了与哈德良相同的乡区（deme，雅典传统的投票单位），开创了一个至少将延续到伽利埃努斯（Gallienus，253—268年在位）统治时期的传统——作为回应，雅典人民任命皇帝为188/189年（雅典历中的每一年都横跨了罗马历中的两年）的雅典执政官。

与此同时，康茂德越来越多地把自己与赫拉克勒斯神等同起来。这本来是自从166年奥勒留把这个孩子封为恺撒以来，王朝宣传中较为次要的一部分，但在2世纪90年代，钱币图案开始将康茂德描绘成这位神明的真正化身。到处都竖立起他作赫拉克勒斯打扮的雕像，包括狮皮和大棒等传统特征。虽然这种英雄装扮可能是为了吸引士兵和城市平民，特别是后者，但它严重冒犯了元老们。当皇帝确已死去时，他们会很乐于将其封神，但他们不愿为自封的神明效劳。对于康茂德看待自己新的赫拉克勒斯身份时有多认真，现代学者意见不一。有人认为，我们看到的是正式宣传的一个方面，皇帝在不同的对象面前要扮演不同的角色，但自己不一定相信。尽管他可能仅仅是在试图表现与神明的特殊关系，但整个历史传统（尽管怀有敌意）一致声称他的确相信自己是神。此外，还有别的迹象也表明了他的疯狂。

皇帝一直喜欢角斗场，热衷与角斗士为伴。现在，随着他的权力变得不受限制，他开始亲自登上角斗场。虽然角斗士经常是有人气的英雄，但他们从定义上说是奴隶、蛮族或罪犯。罗马世界的统治者居然选择扮演如此低贱的角色，这是对传统价值的又一次严重冒犯。更糟糕的是，这让人联想起另一位沉迷于不当行为的暴君的可怕历史先例，那就是以演员和七弦琴手自居的尼禄。无论是作为神明还是角斗士，康茂德在元老精英眼中的形象都十分可恨。同时皇帝也开始报复，元老阶层遭到大规模清洗。在康茂德统治的最后两年里，不下 12 位前执政官被处决。与之前统治者的清洗不同，这些杀戮毁掉的不仅是个人，而是整个家族。

与这位狂妄自大的暴君形成鲜明对照的是，他的父亲可以发誓说自己从未害死过一位元老。已经没有什么故事显得难以置信了：有传言称，康茂德甚至会下令处死任何狩猎技巧能够与他匹敌，或比他更胜一筹的人，无论他们是不是元老。据说罪犯会拿着毒针在罗马街头徘徊，让受害者染上瘟疫——这种传言之前在另一位典型的暴君图密善统治时期也出现过。但和过去一样，康茂德在元老院激起的所有仇恨都无法让他倒台。做到这点的是他自己的家人和亲信。

除了新的形象，皇帝还让自己置身于新的保护者中间：他任命了唯一的新近卫军长官，努米底亚人昆图斯·埃米利乌斯·拉埃图斯（Q. Aemilius Laetus）；还有新的内侍埃克莱克图斯（Eclectus），此人之前为卢基乌斯·维鲁斯和乌米狄乌斯·夸德拉图斯效劳过。在为夸德拉图斯效劳时，埃克莱克图斯认识了马尔基娅，她本来是夸德拉图斯的释奴兼侍妾，后者被处决后成了康茂德的侍妾。当康茂德在角斗场上嬉戏时，埃克莱克图斯和马尔基娅主宰了皇宫，而拉埃图斯则或多或少地支配着帝国。由拉埃图斯做出的行省职务任命对我们理解康茂德倒台的后果至关重要，尽管学者们很难给出令人信服的解释。比如，从未在北方边境任职的塞普提米乌斯·塞维鲁被授予了上潘诺尼亚和那里的 3 个军团的指挥权，而他的哥哥塞普提米乌斯·盖塔（Septimius Geta）则执掌有 2 个军团的下默西亚。另一位非洲元老克洛狄乌斯·阿尔比努斯（Clodius Albinus）执掌不列颠——那里的军事指挥官仍然是个非常棘手的职位——而他的亲戚阿塞利乌斯·埃米利亚努斯（Asellius Aemilianus）则成为亚细亚总督。作为后来的塞维鲁王朝的关键支持者，科尔内利乌斯·阿努利努斯（Cornelius Anullinus）同样是在该时期获得了第一个任命。当时掌握行省指挥权的非洲人不止他们，我们也许可以因为他们共同在赫尔维乌斯·佩蒂纳克斯手下任职而把他们联系起来；新的埃及总督曼特尼乌斯·萨宾努斯（Mantennius Sabinus）很可能也与佩蒂纳克斯存在某种关系。佩蒂纳克斯证明了自己是个幸存者，事实上他经历了康茂德统治时期的所有动荡却仍然能够官运亨通。他的城市长官任期足够成功，以至于他和皇帝被指定为 192 年的正选执政官。但等到那一年开始时，老佩蒂纳克斯已经参与了推翻皇帝的阴谋。

拉埃图斯决定让佩蒂纳克斯成为康茂德的继任者，这一决策的真正原因不为人知。他是唯一的近卫军长官，而且和宫中侍从关系亲密，可以确保针对皇帝的阴谋不会出岔子。北方各行省都有盟友就位，而有潜在敌意的叙利亚大军由佩斯肯尼乌斯·尼格尔（Pescennius Niger）执掌，此人是个平庸之辈，据说他的任命要得益于康茂德宠爱的一个运动员。

康茂德的行为变得日益乖张，这个事实让阴谋者们更加大胆。192 年，他正式将罗马改名为康茂德殖民市（Colonia Commodiana），事实上是让这座永恒之城从属于自己；他还用自己浮夸和幻想的皇帝称号来重新命名每年的各个月份［此时，他在自己的头衔中加入了"阿玛宗征服者"（Amazonius）和"至高无上者"（Exsuperatorius）这样前所未有的名字，这些名字不仅在带有敌意的史书文本中，而且在铭文中也能看到］。他扮成赫拉克勒斯的样子，陶醉于新的血腥狂欢。在 192 年 11 月的平民赛会上，皇帝杀死了数以千计的马鹿和狍子、狮子和豹子，还用特制的弓箭射掉了鸵鸟的头，这样无头的鸵鸟还能继续奔跑一会儿。当时在场的元老兼历史学家卡西乌斯·狄奥描绘了一幅著名的场景：康茂德冲着聚集在那里，被迫从他们的专用包厢中观看这一表演的元老们挥舞鸵鸟的头，声称他想用同样的方式将全体元老斩首。

　　康茂德的行径不止于此，他还把太阳神巨像（大斗兽场就得名于此）[1] 的脑袋换成了自己的头像——这个不祥的举动让人想起了它的建造者暴君尼禄，并给巨像加上了赫拉克勒斯的特征，也就是大棒和伏着的青铜狮子。这些过分的行为让疯狂的传言显得可信——皇帝将在他的赛会上向观众射箭，强迫他们来充当他这位赫拉克勒斯的斯廷法罗斯鸟[2]，或者他计划扮成角斗士的样子亲自杀害 193 年的正选执政官 [索西乌斯·法尔科（Sosius Falco）和盖乌斯·埃鲁基乌斯·克拉鲁斯（Gaius Erucius Clarus）]，然后扮演唯一执政官的角色。就连神明似乎也发怒了，不祥的地震显示了这一点：地震引发的火灾烧毁了罗马许多的图书馆和档案馆，巨大的和平神庙也被烈火吞噬。维斯塔神庙同样没有幸免；为了救出神圣的雅典娜像，维斯塔贞女被迫史无前例地让神像在

---

① 太阳神巨像（Colossus）原本是尼禄皇帝所建的巨型青铜像。弗拉维乌斯王朝建立后，韦斯巴芗皇帝在附近兴建了大斗兽场（Colosseum），它得名于前者。——编者注

② 传说中的斯廷法罗斯鸟（Stymphalian birds）是生活在阿卡迪亚斯廷法罗斯湖的食人怪鸟，欧律斯透斯国王请赫拉克勒斯除掉了它们。这是赫拉克勒斯十二功绩中的第六件。

北

弗拉米尼乌斯门
奥古斯都和平祭坛
平基亚门
厄律克斯的维纳斯神庙
幸运女神庙
诺门图姆门
近卫军校场
近卫军营地

哈德良陵
奥古斯都陵
奥古斯都日晷
奥勒良太阳神庙
台伯河
埃里乌斯桥
尼禄桥
哈德良竞技场
塞拉皮斯神庙

20 18
19 17 16 22
15
14 13
10 8 9 6
12
11 5 2 1
4 3

利维娅柱廊
提布提纳门
图拉真浴场
提图斯浴场
尼禄金宫遗址
大斗兽场

阿格里帕桥
塞普提米乌斯门
奥勒留桥
阿格里帕桥

神圣的克劳狄乌斯神庙
兵营圆形剧场
驴门

刻勒斯、利伯和利伯拉神庙
普罗布斯桥
月神庙
密涅瓦神庙
狄安娜神庙
大竞技场
塞维鲁皇宫
塞维鲁七节楼

港口门
埃米利乌斯柱廊
德基乌斯浴场
良善女神庙
梅特罗尼乌斯门
拉丁门
阿皮乌斯门

加尔巴粮仓
奥斯提亚门
卡拉卡拉浴场
阿底提拿门

0   500   1000 米

平面图 1 帝国时期的罗马

1 埃拉伽巴尔神庙
2 维纳斯与罗马女神庙
3 图密善皇宫
4 阿波罗神庙
5 提比略皇宫
6 和平女神庙
7 涅尔瓦广场
8 奥古斯都广场
9 尤利乌斯·恺撒广场
10 图拉真广场
11 马尔凯路斯剧场
12 屋大维娅柱廊
13 巴尔布斯剧场和"密室"
14 米努基乌斯供粮柱廊
15 阿格里帕浴场
16 伊西斯神庙
17 万神殿
18 尼禄浴场
19 图密善有顶剧场
20 图密善竞技场
21 神圣的哈德良神庙
22 克劳狄乌斯拱门

公众面前抛头露面，公开带着它由圣道穿过城市，前往帕拉丁山上的皇宫里的安全之所。康茂德已经不再住在帕拉丁山上，而是选择了凯伊里乌斯山上一处更加私密的别墅，他不会被允许继续上干天怒了。

拉埃图斯和埃克莱克图斯把皇帝的侍妾马尔基娅也拉进了他们的阴谋之中。192 年最后一天夜里，她对皇帝下了毒。毒药让皇帝昏睡过去，但身强体壮的他很快因为一阵呕吐而醒转，开始缓过气来。埃克莱克图斯和马尔基娅不得不找来经常与康茂德训练的摔跤手那喀索斯（Narcissus），在浴室里掐死了他。

第二天早上，佩蒂纳克斯宣布成为皇帝。我们的史料都表示，杀死康茂德的最终决定是非常突然地做出的，但也显示了阴谋已经酝酿了多久。康茂德被杀时，就连佩蒂纳克斯当年的提携人，当时已经隐退十多年的克劳狄乌斯·庞培亚努斯也在罗马。庞培亚努斯曾经娶了奥勒留的女儿和卢基乌斯·维鲁斯的遗孀卢基拉为妻，可以为政权的突然更迭提供道德支持和王朝合法性的实在意味。但他年事已高，而且有着避免祸事的非凡本能，因此不愿让自己争夺已经被秘密指定给另一个人的皇位。佩蒂纳克斯听说康茂德被杀的消息时已经身处近卫军营地，这证明他是此事的重要同谋。在近卫军的护送下，他在黎明前赶到了康茂德在凯伊里乌斯山上的居所。在那里，他作为新的皇帝，已死的康茂德的继任者，被介绍给守卫宫廷的军队。这些士兵的反应迟缓而多疑，拒绝相信康茂德是正常死亡。但到了 193 年元旦的早上，士兵们已经拥护了佩蒂纳克斯做他们的皇帝。

当元老院议事厅开启时，佩蒂纳克斯做出了当时已经成为传统的对皇位的自谦姿态——他表示自己不愿承担皇帝紫袍的重负。但元老同僚们普遍拥护他，他们对死去的康茂德大加斥责，高声要求凌辱其尸体——原话是"挂上钩子拖走"。但佩蒂纳克斯更为理智，他知道军队中许多人对康茂德的记忆更多带着尊敬而非憎恶。他允许推倒前任的雕像，但已经派人将尸体安全地埋在了哈德良陵。他不敢触怒那些对死去的康茂德依然怀着敬意的人。

近卫军仍然充满了怨言和怀疑，已死的"赫拉克勒斯"的穷奢极欲让国库空虚，以至于佩蒂纳克斯需要拍卖皇家物品来向近卫军支付他登基的赏金。与此同时，政变的消息传到了各行省总督那里。到了3月，他们都宣布支持佩蒂纳克斯继位，尽管似乎没有人非常满意。193年下半年将出现一波称帝浪潮，开启长达5年的混乱内战。其中一位皇位觊觎者是上潘诺尼亚总督塞普提米乌斯·塞维鲁。在回到我们的叙事之前，我们需要关注一下他的出身，因为他和他未来的对手克洛狄乌斯·阿尔比努斯将显示，行省的罗马世界在多大程度上已经取代了帝国中心旧有的主宰地位。

第5章

塞普提米乌斯·塞维鲁和他的对手

塞普提米乌斯·塞维鲁来自的黎波里塔尼亚（Tripolitania）的大莱普提斯（Leptis Magna），位于今天利比亚的胡姆斯（Al-Khums）附近。莱普提斯是布匿人建立的古城，它不同于努米底亚和阿非利加行省较为城市化的中心，这些地方更倾向于意大利，并更加紧密地融入了那里的经济。莱普提斯的沿海绿洲距离杰贝尔沙漠只有几英里，而在郊区，新布匿语在整个帝国时代一直是许多人的语言。莱普提斯本身从共和国中期开始就与罗马保持着关系，当罗马与朱古达统治的努米底亚王国开战时，这座城市成了罗马的盟友。公元前1世纪40年代，在内战战场转移到非洲期间，它因为支持庞培党人，与尤利乌斯·恺撒为敌而被摧毁，但即便在此之后，它仍然享受着与罗马的这种非常早期的联系所带来的地位。

不过，莱普提斯的富有家族随后全心全意地投入了奥古斯都新世界的怀抱。他们接受了皇帝崇拜，而从克劳狄乌斯统治时期开始，许多人获得了罗马公民权，因此像马尔基乌斯和阿奈乌斯这样的重要家族都表示，他们的罗马公民身份是克劳狄乌斯时代的总督批准的。尤利乌斯-克劳狄乌斯王朝末年，城市精英不再

使用布匿语的名字。最后，到了 1 世纪 70 年代末，这座城市获得
了拉丁权自治市（municipium ius Latii）的地位，作为一项特权，
当地的两位最高行政长官可以保留旧有的布匿语头衔 sufetes，而
不是像大多数自治市需要做的那样，改成拉丁语的 duoviri。获得
自治市地位和拉丁权意味着当地的行政长官可以凭借担任地方公
职而自动成为罗马公民。这还意味着其中较为富有的那些人在获
得公民权的同时也将跻身骑士等级。最早属于骑士等级的莱普提
斯人出现在图拉真时期，当时他把这个自治市提升为殖民市，成
为"忠诚的乌尔皮乌斯·图拉真殖民市"（Ulpia Traiana fidelis），
这意味着当地的全部人口现在都获得了罗马公民权，布匿的
sufetes 最终被罗马的 duoviri 取代。单独来看，莱普提斯的成功
似乎非常引人瞩目，但事实上这座城市在西部行省的罗马化过程
中是边缘的落后者，远远落在阿非利加代执政官行省等地之后，
更别提西班牙的各个行省和纳尔波高卢了，那里不仅有罗马骑士，
甚至出过罗马元老。从进入罗马政府的几代的黎波里塔尼亚人身
上可以清楚地看到行省出身的印记，其中包括未来的皇帝塞普提
米乌斯·塞维鲁。

　　到了 2 世纪末，莱普提斯的重要家族大多在意大利拥有了产
业，塞普提米乌斯·塞维鲁的家族也在其列。关于这位未来皇帝
的真正谱系存在一些假设，但我们知道，这个家族在意大利拥有
地产，位于维伊地区和罗马北部的其他地方。塞维鲁的祖父（他
的名字来自这位祖父）是在提图斯或图密善统治时期来到意大利
的，在那里随著名的修辞学家昆体良学习。在意大利，这位莱普
提斯的塞普提米乌斯·塞维鲁家族的鼻祖加入了骑士等级。家族
的第二代（包括皇帝的父亲盖塔）在哈德良和安敦尼·庇护时代

成年，见证了第一批莱普提斯人进入元老院——皇帝的两个叔叔或堂兄弟 [①] 一直晋升到执政官。未来的皇帝本人生于 146 年 4 月 11 日。161 年庇护去世时，塞维鲁和哥哥早已来到意大利继续求学，可能还开始进入帝国任职了。他乃至他的整个家族都是那种典型的急于成功的行省显贵，在公民权仅限于较为富有的一小撮人的帝国的任何角落，都存在着这种家族。他不乏人脉，且来自一个体面的行省家族，也不缺钱，因此唯一的问题是他会作为元老还是骑士来开启为帝国效劳的政治生涯。

我们已经看到，尽管帝国等级森严，而且对恩庇关系有着令人惊讶的依赖，但同样也非常唯才是举。即便当它的官僚机构变得更为复杂时，帝国的最低和最高等级之间的距离也远远小于一个无论多小的现代国家中初级公务员和国家元首之间的距离。那些明显有能力的人总是可以期待与那些出身良好和深谙政治的人一样受到关注，虽然能力有时是危险的，但只要加上恰到好处的运气就可以带来引人瞩目的结果。恩庇关系让年轻的塞普提米乌斯得到了新皇帝马可·奥勒留的注意——这位阿非利加人获得了 latus clavus，托袈上的一种象征性的宽饰带，让他可以开始元老生涯，首先担任二十人委员会（vigintivirate） [②] 这样的低级资质性职务，然后升为财务官和更高的官职。162 年或 163 年，在

---

① 153 年的执政官普布利乌斯·塞普提米乌斯·阿佩尔（P. Septimius Aper）和 160 年的执政官盖乌斯·塞普提米乌斯·塞维鲁。
② 由 3 名负责治安（triumviri capitales）、3 名负责铸币（triumviri monetales）、4 名负责道路维护（quatuorviri viarum curandarum）、10 名负责裁决案件（decemviri stlitibus iudicandis）的低级官员组成，元老的后代往往由此开始政治生涯。

不久前才于安敦尼·庇护治下担任过执政官的叔叔（或者可能是堂兄弟）盖乌斯·塞普提米乌斯·塞维鲁的请求下，塞普提米乌斯·塞维鲁于164年加入了二十人委员会。他没有早早崭露头角，也没有成为军政官，即便他的哥哥塞普提米乌斯·盖塔担任了不列颠的"奥古斯都"第二军团的军政官。他可能做过法庭律师，发挥自己的演说能力，希望以此赢得好感，但在167年和168年的瘟疫中，他回到阿非利加，一场通奸指控差点毁了他。

169年，他回到罗马，于12月5日作为财务官加入元老院。当时，瘟疫和马尔科曼尼战争的双重压力让统治阶层的人力变得非常紧缺，塞维鲁不得不连续两次担任财务官。当他的哥哥塞普提米乌斯·盖塔成为安科纳（Ancona）的保佐人（curator）时，塞维鲁被安排前往贝提卡，担任代执政官总督科尔内利乌斯·阿努利努斯的财务官，后者将成为他称帝的坚定支持者之一。但我们在第4章中讨论过的毛里人入侵导致贝提卡被短暂置于塔拉科西班牙总督的管辖之下，阿努利努斯被转而派往撒丁岛。塞维鲁在那里第二次担任财务官，这是帝国最不费力的职务之一。然后，在加入元老等级并度过了平平无奇的5年后，运气来了。

173年，他的叔叔（或堂兄弟）盖乌斯·塞普提米乌斯·塞维鲁被选为阿非利加行省总督——这是元老能够担任的最为显赫的3个行省指挥官职位之一，并带着他同行，其头衔为"拥有代法政官权的特使"（legatus pro praetore）。这可谓是进了一步。同年，塞维鲁娶了来自莱普提斯的帕基娅·马尔基亚娜（Paccia Marciana）为妻，后者很可能在174年和他一起返回了罗马。在那里，他作为皇帝本人推荐的候选人（candidati）之一当选保民官。不清楚是谁提携了他，但他开始时来运转。176年，他被任命为法政官，在塔拉科西班牙的总督忙于军务时，他充当了该行省的司法官（iuridicus）。他的下一个指挥官职务是叙利亚的"斯基泰"第四军团的军团长，是在奥勒留统治的最后几周或者康茂德独自统治的伊始获得任命的。

　　叙利亚有 3 个军团：安条克附近的"斯基泰"第四军团；萨莫萨塔的"弗拉维乌斯"第十六军团；以及位于阿帕梅亚（Apamea）附近的拉法内埃（Raphaneae）的"高卢"第三军团。"斯基泰"第四军团拥有高级指挥权，这显示了塞维鲁的地位已经上升到何种程度。在叙利亚服役期间，他还建立了将在未来产生巨大影响的人脉。他在担任军团长期间深入内陆，来到了阿拉伯人的城市埃梅萨［Emesa，今霍姆斯（Homs）］，这是帝国境内最东端的叙利亚城市，再往前就是真正的沙漠，其中分布着绿洲和商队城市帕尔米拉［Palmyra，这是它的希腊语名字，当地的亚兰方言中称其为塔德摩尔（Tadmor）］。埃梅萨是在公元前 1 世纪被庞培摧毁的塞琉古王朝留下的一个城邦的遗存上建立起来的。这个城市是罗马的重要盟友，共和晚期的各位统治者都争取过它的支持。公元 1 世纪初，埃梅萨的统治者是帝国的藩属，他们总体上忠于罗马，与帕提亚人和桀骜的犹太人为敌。不过，在弗拉维乌斯王朝统治期间，当本地的王室绝嗣后，该城被并入了罗马的叙利亚行省。王室的旁系后裔依然欣欣向荣，埃梅萨也一直是文化枢纽，它在社会上居于阿拉伯内陆和叙利亚沿海城市之间，具有后者的腓尼基和希腊化之根，而不是阿拉伯之根。

　　埃梅萨以埃拉伽巴尔神［Elagabal，意思是"山上的厄尔"（El）：gab 即构成阿拉伯语"直布罗陀"（Gibraltar）的闪米特语词根 jeb］的家乡为人所知。这位古代神明以一块黑石为本来形式受到崇拜，但也常常被等同于太阳神，因为根据某种简单的词源学（可能是错的），说希腊语的有文化的人可能把它的闪米特名字变成了希腊化的赫里奥伽巴鲁斯（Heliogabalus）。埃拉伽巴尔崇拜的世袭祭司是古老王朝的后人，到了2世纪末，他们获得了罗马公民权。塞普提米乌斯·塞维鲁在埃梅萨期间，大祭司是个名叫尤利乌斯·巴西亚努斯（Julius Bassianus）的公民，他的家族名可能是根据闪米特语中的 basus 创造的，这个词表示一种祭司头衔。他们的相识非常重要，因为塞维鲁后来娶了巴西亚努斯的大女儿尤利娅·多姆娜（Julia Domna）为妻；而很久以后，巴西亚努斯的小女儿尤利娅·麦萨（Julia Maesa）将主导塞维鲁王朝在3世纪第二个十年的复兴。

就像第4章中所讨论的，康茂德的近卫军长官提吉狄乌斯·佩莱尼斯下令免了塞维鲁对叙利亚的指挥权。此后，他在雅典待了一段时间，游历东方，在185年佩莱尼斯败亡前一直没有回到意大利。后来，他被派去担任卢格杜努姆高卢的总督。这是一个大行省，但没有重要的军事指挥权，因为那里没有军团。帕基娅·马尔基亚娜不晚于187年在高卢去世，塞维鲁派人前往埃梅萨，请求他的老朋友尤利乌斯·巴西亚努斯允许自己迎娶尤利娅·多姆娜。婚礼在187年举行，188年4月4日，这对新婚夫妇有了一个名叫巴西亚努斯的儿子。188年，塞维鲁和多姆娜回到罗马，在那里他被指定为西西里总督。等到他开始担任这个同样不太重要的新职务时，第二个儿子普布利乌斯·塞普提米乌斯·盖塔出生了。190年，不知是凭借佩蒂纳克斯还是克雷安德的青睐，塞维鲁成了那个可耻年份的25名臭名昭著的执政官之一，尽管等到塞维鲁从西西里回到罗马时，克雷安德已经败亡。

在那里，他被控叛国，在近卫军长官尤利乌斯·尤利亚努斯面前受审，这很可能是因为他沉迷于神谕和预言，就像他在后来的生涯中呈现出来的。在康茂德末年的偏执中，这似乎构成了威胁。最终，塞维鲁被判无罪，控告他的人被钉了十字架，但还是留下了一些污点，此后他整整一年没有担任公职。

运气再次站到了他的一边，下一波宫廷动荡让塞维鲁恢复了权力。191 年夏天，当政的新任近卫军长官拉埃图斯任命他为上潘诺尼亚的总督，对于一个此前仕途相对不温不火的人来说，这个提拔令人意外。上潘诺尼亚是帝国的重要军事行省之一，有足足 3 个军团，还可以方便地进入意大利。只有受到信任的人才会被委以这种权力，因此他很有可能参与了对康茂德的阴谋。鉴于北方边境的所有高级指挥官都对拉埃图斯的统治和他的新皇帝佩蒂纳克斯效忠，他们很有可能在赴任时就已经知道政变在酝酿中了。但没有人能够预计到佩蒂纳克斯会是那么不稳定的统治者。

就像我们已经看到的，出于并不完全清楚的理由，近卫军从一开始就对新皇帝表现出敌意，并且最终推翻了他的统治。佩蒂纳克斯几乎刚刚登上皇位就遭遇了一次政变企图；当他离开罗马城，与奥斯提亚主管粮食采购的代理官进行商谈时又发生了第二次。这位代理官恰好是一个来自埃梅萨的叙利亚人，名叫盖乌斯·尤利乌斯·阿维图斯·阿列克西阿努斯（C. Julius Avitus Alexianus），是尤利娅·多姆娜的妹夫。作乱的近卫军试图让执政官索西乌斯·法尔科登上皇位，但当哗变失败，元老院判处法尔科死刑时，佩蒂纳克斯宽恕了他。因为他保证在自己的统治期间不会有一个元老被处死——这与皇帝声称除非是元老院自己的决定，否则不会处死元老的标准誓言有着显著的不同。这种恭敬之举对他死后受到的尊敬产生了重要的影响，但对保住他的性命毫无作用。哗变和软弱无力的篡位企图之后，有几个士兵被判处了死刑，但有人听到佩蒂纳克斯在元老院中对士兵的信仰大加指责。很快，他又面临了第三次武装叛乱。新皇帝还可能远不如他所宣称的那样慷慨，给出的继位赏金不及他所承诺的，还撒了谎。最后，拉埃图斯与自己的皇帝盟友翻脸，当他执掌的近卫军在193 年 3 月 28 日采取行动时，他没有出手阻止。

那天早晨，皇帝回到皇宫时发现自己被数百名哗变的近卫军包围，此外还有许多宫廷侍从；后者更喜欢挥金如土的康茂德时期的生活，而不喜欢以吝啬著称的佩蒂纳克斯。佩蒂纳克斯没有叫来由他的岳父苏尔皮基亚努斯（Sulpicianus）执掌的警卫队，或者是仍然忠于他的骑兵卫队，而是仰仗个人权威同哗变者对峙。一时间，他的沉着让他们羞愧和胆怯，但随后一个叫陶西乌斯（Tausius，我们很少知道某个普通士兵的名字）的通格里（Tungrian）卫兵拔剑砍向皇帝。内侍埃克莱克图斯（曾经亲自主导了谋杀康茂德）独自保护佩蒂纳克斯，他击伤了两名卫兵后被杀。佩蒂纳克斯向朱庇特祈祷，用托袈蒙住脑袋，模仿尤利乌斯·恺撒临死的样子，然后被砍成碎块。皇帝的脑袋被剁下穿在枪尖上，他 87 天的统治结束了。这是一场纯粹的哗变，未经商议，不可预计。没有现成的皇位继承人，城市短暂陷入了瘫痪。

作为佩蒂纳克斯遗孀的父亲，城市长官苏尔皮基亚努斯想要自己披上紫袍，但近卫军不愿接受一个他们刚刚谋杀的人的亲戚。相反，一队近卫军在元老院议事厅前集合，直到他们看到了一个可能的人选，那就是担任过执政官的在世元老中最年长的迪迪乌斯·尤利亚努斯，并开始敦促他登基。不过，在护送他前往近卫军营地途中，他们与支持苏尔皮基亚努斯的另一队近卫军发生对峙。随后发生的事一直是罗马历史上臭名昭著的一幕：近卫军将帝国拍卖给了出价最高的人。皇位悬而未决，尤利亚努斯和苏尔皮基亚努斯给出的继位赏金越来越高，直到尤利亚努斯最终战胜了对手，他的价码是每人 2.5 万塞斯特斯，以及承诺恢复对康茂德的记忆和赦免杀害佩蒂纳克斯的凶手。在全副武装、由两名新长官率领的近卫军的保护下，尤利亚努斯在那天晚上来到了元老院议事厅，元老们正在那里紧张地等待着结果。面对这个既成事实，他们默许了。

　　罗马城的平民就没有那么宽容了。第二天，也就是 3 月 29日，尤利亚努斯在回到元老院议事厅时已经被人扔了石块，街上回荡着有节奏的咒骂声，称他是强盗和弑父者。我们在克雷安德倒台时已经见证过这种有节奏的合唱，后来它成了皇帝和他的臣民之间一种日益重要的政治交流方式。虽然它在精心策划后可以用来表示认可，但当情感带有敌意的时候，它也是一种极具威胁的行为。随后，同一群歌唱的民众开始呼喊佩斯肯尼乌斯·尼格尔的名字，要求这位叙利亚总督兼 3 个军团的统帅前来将罗马城救出困境。显然，尤利亚努斯应该知道自己的统治将遭到挑战。

　　塞维鲁一直在通过奥斯提亚和罗马城本身的亲戚和盟友了解事态，他的多瑙河军队已经准备好，能比尼格尔的叙利亚军队占得先机。佩蒂纳克斯遇害后不到两周，塞维鲁就采取了行动。邻近行省的总督和军团长也都支持他——他的哥哥塞普提米乌斯·盖塔在默西亚，他的朋友盖乌斯·瓦雷利乌斯·普登斯（C. Valerius Pudens）在下潘诺尼亚，日耳曼和阿尔卑斯山地区的指挥官们也都拥护他。4 月 9 日，佩蒂纳克斯遇害 12 天后，塞维鲁被通常驻扎在卡尔侬图姆的"双子"第十四军团拥立为奥古斯都。他告诉士兵，自己将为佩蒂纳克斯复仇，潘诺尼亚、默西亚和达契亚的军团仍然尊敬这位遇害者，他在奥勒留统治时期先后执掌过这些军团。塞维鲁还在他的新头衔中宣示了对遇害皇帝的忠诚：英白拉多·恺撒·卢基乌斯·塞普提米乌斯·塞维鲁·佩蒂纳克斯·奥古斯都（Imperator Caesar L. Septimius Severus Pertinax Augustus）。不过，虽然接受了士兵们称他为英白拉多，他明确拒绝宣称自己拥有保民官权力，直到按照程序获得元老院的批准。他的下一步行动是让自己在西部的唯一潜在对手，不列颠的克洛狄乌斯·阿尔比努斯保持中立。

与塞维鲁一样，阿尔比努斯也是阿非利加人，尽管他的母系可能与迪迪乌斯·尤利亚努斯有亲戚关系。他同样掌握着一支真正强大的军队，由 3 个能征惯战的军团组成，还包括数量甚至更多的辅助部队。如果想要向意大利进军，塞维鲁就不能冒险让自己的西北侧翼受到挑战。因此，他给了阿尔比努斯恺撒的头衔，即指定他成为塞维鲁的皇位继承者。阿尔比努斯接受了，改称德基姆斯·克洛狄乌斯·塞普提米乌斯·阿尔比努斯·恺撒（D. Clodius Septimius Albinus Caesar）。在阿尔比努斯看来，鉴于塞维鲁本人的孩子都还很小（巴西亚努斯 5 岁，盖塔 3 岁），相比把精力浪费在沿着北方边境打响的内战上，观望意大利的事态发展显然更加明智。战争几乎肯定会爆发：随着佩蒂纳克斯遇害的消息传到叙利亚的安条克，就在塞维鲁于卡尔侬图姆称帝后不久，佩斯肯尼乌斯·尼格尔也自立为帝（罗马暴民早已有了这个提议）。包括富饶的埃及在内，整个东部帝国都支持尼格尔，因此对塞维鲁来说，返回罗马变得更加重要，他需要通过元老院的批准和获取保民官权力来得到合法性。一旦做到这一点，他就将处于有利的位置。他手握西部的 16 个军团，而尼格尔只有东部的 10 个军团。努米底亚的"奥古斯都"第三军团的军团长已经选择站在塞维鲁一边，从而让尼格尔无法染指阿非利加，而皇帝的哥哥塞普提米乌斯·盖塔也从默西亚出兵占领色雷斯，掌握了通往小亚细亚的入口。

迪迪乌斯·尤利亚努斯缺乏类似的战略远见。他没有派军驻守阿尔卑斯山口，让塞维鲁的军队得以通过埃莫纳（Emona，今卢布尔雅那）和阿奎莱亚下到意大利北部平原，并占领了亚得里亚海舰队的基地拉文纳。塞维鲁采取强行军，经常睡觉时也兵不解甲，与卫队一起过着严苛的军营生活。他经过每个城市时都会停下献祭，但不会滞留或耽搁。尤利亚努斯徒劳地试图加强罗马的防御（我们的主要史料来源是卡西乌斯·狄奥的作品，他对此事的叙述非常尖刻），并处死了拉埃图斯和马尔基娅。这两人曾经拥立过皇帝，这种见风使舵的政客让尤利亚努斯害怕：他们可能选择和协助占上风的一方，让他们死掉要比与他们为敌好得多。但这些都没有给他带来好处。他派去会见塞维鲁的元老使团投靠了那位进军的元帅，尤利亚努斯能够掌握的寥寥无几的军队中的许多人同样如此。元老院开始无视他。当尤利亚努斯试图承认塞维鲁为自己的共治皇帝时，塞维鲁甚至都懒得回应这个空洞而没有意义的举动。尤利亚努斯失去了所有的支持，从克劳狄乌斯·庞培亚努斯身上可以看出这点，后者是安敦尼王朝幸存的精英中最著名的一位。庞培亚努斯不可思议地比自己残暴的小舅子康茂德活得更久，他公开拒绝为尤利亚努斯出谋划策，更不愿意接受这位苦苦挣扎的统治者分享自己皇权的绝望提议。

5月底，塞维鲁在河间（Interamna）驻扎，这是亚得里亚海边的安科纳和亚平宁山对面的罗马之间的主要驿站，他从那里可以直接向维图利乌斯·马克里努斯（Veturius Macrinus）指挥的近卫军下达命令。塞普提米乌斯·塞维鲁要求逮捕杀害佩蒂纳克斯的凶手，对他们进行审判。为了让人看到他们是在为新皇帝效劳，元老院判处尤利亚努斯死刑，将佩蒂纳克斯封神，并拥立塞普提米乌斯·塞维鲁为奥古斯都。一个普通士兵（与杀害佩蒂纳克斯的凶手不同的是，我们的史料中没有提到他的名字）在宫中砍死了尤利亚努斯，皇帝身边当时只有一个亲戚，以及仍然忠于他的近卫军副长官弗拉维乌斯·格尼阿里斯（Flavius Genialis）。与此同时，塞维鲁的密探开始搜寻佩斯肯尼乌斯·尼格尔的孩子，用以作为人质。他们还抓捕了亚细亚代执政官阿塞利乌斯·埃米利亚努斯（此人是克洛狄乌斯·阿尔比努斯的亲戚，不情愿地站在了尼格尔一边）的子弟和其他东方总督的孩子。长期深受塞维鲁信任的盟友之一法比乌斯·基洛（Fabius Cilo）被派往希腊城市佩林托斯，扼守小亚细亚通往色雷斯的入口；而后来将会撰写2世纪皇帝的丑闻传记的马里乌斯·马克西姆斯则包围了希腊城市拜占庭，这是唯一宣布支持尼格尔的欧洲城市。

回到意大利后，塞维鲁保持了完全的作战模式，他驻扎在河间，施展出各种手段。他在接见100名元老组成的代表团时仍然穿着胸甲和战地将军的征袍（paludamentum），并要求他们先接受搜身，确保未携带武器后才允许来到自己面前。尽管看上去可能是在做戏，但这是带有威胁意味的老练做戏。他向在场的人分发礼物，欢迎了集体前来河间欢迎他的宫廷侍从，允许那些希望陪他一起完成向罗马进军最后阶段的元老这样做。在出发前，他公开留用维图利乌斯·马克里努斯担任近卫军长官，并任命弗拉维乌斯·尤维纳利斯（Flavius Juvenalis）担任其同僚。尤维纳利斯是阿非利加人，和马克里努斯一样，他也是非常资深的骑士军官，且职业生涯在康茂德统治后期受到过挫折。塞维鲁知道他的两位近卫军长官都可信任，于是决定对桀骜不驯和蠢蠢欲动的近卫军采取激进的行动。他命令他们在城外集合，不得携带武器，但穿着游行的制服，向他宣誓效忠。他们服从了，以为这是他们继续被任用和获得登基赏金的代价。但欢迎他们的并非预想中的致谢词，塞维鲁的潘诺尼亚军队包围了他们，谴责他们不忠和杀害佩蒂纳克斯，并把他们从军队中开除。他们被剥下军装，并被迫上缴了只允许近卫军佩戴的仪式性匕首，还被命令不得进入距离罗马城一百里的范围之内，违者处死。通过此举，塞维鲁终结了 200 年的历史，重建了一支新的近卫军，由他的多瑙河军团的精锐组成。

做完这些，塞维鲁终于进入了罗马城。作为典型的戏剧性姿态，他在城门前下马，脱掉军装，换上平民的托袈，而他的军队则全副武装地簇拥着他。他登上卡皮托山进行献祭，然后住进了皇宫，而他的军队则在城中的各处公共场所驻营，把罗马人家里的食物一扫而空。这场胜利没有流血，但罗马无疑处于军事占领之下。当塞维鲁在元老院讲话时，他的军队在议事厅外鼓噪，要求得到更多的赏金。他装模作样地与自己的士兵讨价还价——但还是特别发行了钱币来支付赏金，钱币背面刻着莱茵河、多瑙河的图案和达契亚军团的名字。钱币还以阿尔比努斯恺撒的名义发行，显示塞维鲁当时多么看重这位盟友。元老院正式把佩蒂纳克斯这个名字加入了塞维鲁的称号，从而认可了他所编造的借口，

即他在卡尔侬图姆称帝完全是为了帮被害的皇帝报仇。作为被封
神的先帝的孝子，他下令为"父亲"举行国葬。他还把一系列忠
于自己的骑士提拔进了元老院。他们中有尤利娅·多姆娜的妹夫
尤利乌斯·阿维图斯·阿列克西阿努斯，他在佩蒂纳克斯手下管
理过奥斯提亚的粮食供应，还有前百夫长阿奎利乌斯·菲利克
斯（Aquilius Felix），此人获得了非同寻常的 3 项任命，包括管
理公共工程，以及负责"帝库"（patrimonium）和"私库"［res
privata，皇帝小金库是后来的叫法］①这两项财政职务。塞维鲁与
阿尔比努斯恺撒一起被指定为 194 年的正选执政官。

　　但这些都不足以让他留在罗马。他只待了不到 30 天。与之前
的哈德良一样，他总是更喜欢在行省巡游，而不是过都城的生活。
他最担心的是尼格尔。还在罗马期间，塞维鲁就开始组建 3 个全
新的军团，"帕提亚"第一、第二和第三军团。尽管从名字上看，
它们的组建是为了对帕提亚发动新的战争，但很少有人会被蒙蔽：
它们是给如今已经不可避免的对抗尼格尔的内战准备的。塞维鲁
加强了在阿非利加，可能还包括的黎波里塔尼亚的守备，并紧紧
控制着他所掌握的人质——尼格尔的总督们的孩子大都在塞维鲁
手中，虽然尼格尔自己的孩子仍然躲了起来。当两位皇位争夺者
还没有公开向对方宣战时，尼格尔给了塞维鲁宣传上的胜利：他
派出一支部队阻止法比乌斯·基洛对佩林托斯的和平占领，从而

①　"帝库"不同于国库，是从奥古斯都开始罗马皇帝在意大利和行省积累的
个人财富，皇帝死后会被传给继任者，而不是自己的亲属。《罗马君王传》显
示，塞维鲁设立了"私库代理官"（privatarum rerum procuratio）。可能是用
来管理他没收的大量财产的。到了 4 世纪，"私库"似乎成为对皇帝个人财
富的标准称呼，但"帝库"也沿用了下来。

公开挑起了争端。塞维鲁需要的正是这个，他让元老院宣布尼格尔和阿塞利乌斯·埃米利亚努斯为公敌，然后出兵巴尔干，开始了不可避免的战争。

平息了罗马城外不远处的弗拉米尼亚大道（Via Flaminia）上发生的哗变企图后，塞维鲁不得不在赢得内战前厚赏他的士兵。从此，情况变得更加顺利。他挥师向北来到阿奎莱亚，然后经由辛吉杜努姆和维米纳基乌姆抵达奈苏斯。在行军途中，他替换了巴尔干军团的指挥官，确保了撤退路线，然后与法比乌斯·基洛驻扎在佩林托斯，而马里乌斯·马克西姆斯则把尼格尔围困在拜占庭。尼格尔开始感到前途渺茫，与处于类似困境中的迪迪乌斯·尤利亚努斯一样，他提出与塞维鲁平分帝国。塞维鲁则回应说，如果放弃阿塞利乌斯·埃米利亚努斯，就放他一条生路。尼格尔拒绝了，但他的形势仍然严峻。193 年秋，克劳狄乌斯·康狄杜斯（Claudius Candidus）带着一个潘诺尼亚军团穿过普罗庞提斯海，进入小亚细亚，使得埃米利亚努斯败走，然后将之擒获并杀死。不过，后者的士兵继续抵抗，在下级军官的指挥下撤到比提尼亚。尼格尔成功从拜占庭脱逃，与他的部队在尼西亚（Nicaea）会合，这座城市支持他仅仅是因为它在当地的对手城市尼科美底亚支持塞维鲁。在尼西亚，康狄杜斯诱使尼格尔和自己正面交战，虽然康狄杜斯一开始失利，但他重整旗鼓，重创了尼格尔的军队。

尼格尔带着残部退到安条克，盘算着如果把小亚细亚让给塞维鲁，他就能在托罗斯山对面建立可靠的据点。这些山脉将奇里乞亚和叙利亚之间的所有军事要道引向伊苏斯平原，在那里，一场固定套路的战斗将给双方平等的取胜机会。194 年 1 月 31 日，当康狄杜斯在比提尼亚取胜的消息传到罗马时，埃及以及几座叙利亚和腓尼基城市都向塞维鲁输诚，包括劳底嘉（Laodicea）和提尔，它们遭到了尼格尔的严厉惩罚。在向托罗斯山口进发的途中，康狄杜斯和其他塞维鲁麾下的指挥官对曾经支持尼格尔和埃米利亚努斯的亚细亚城市征收了大笔罚金：他们的皇帝需要维持大批非常昂贵的军队，帝国的各种财库都几近枯竭。

塞维鲁本人留在了佩林托斯，与阿非利加总督科尔内利乌斯·阿努利努斯会合，后者是塞维鲁的同辈，一生都是其忠实的盟友。现在，他受命全盘负责对尼格尔的作战。阿努利努斯经由加拉提亚和卡帕多奇亚出兵，在一场我们的史料很少提到的战斗中攻克了托罗斯山口。托罗斯山上降下的一场猛烈的暴风雨造成了混乱，给阿努利努斯经典的侧翼包抄提供了所需的掩护——在瓦雷利乌斯·瓦雷利亚努斯（Valerius Valerianus）的率领下，塞维鲁的骑兵绕到叙利亚军团的后方，开始从背后包围他们。据说有2万名尼格尔的士兵死在战场上，这个数字绝非不可能。尼格尔逃进了安条克城，希望仍然能够像在拜占庭一样逃脱，但这次他被俘虏并处死了。他的首级被送交给塞维鲁，然后送到拜占庭，塞维鲁希望这能使该城投降，让马里乌斯·马克西姆斯结束围城。虽然他们的皇帝死了，拜占庭人还是拒绝这样做。这种倔强最终让他们付出了高昂的代价。

塞维鲁可能在5月底抵达安条克。现在他是罗马世界的主人了，并且他立即让东部意识到，这是靠武力夺得的土地。他剥夺了像安条克这样到最后都支持尼格尔的城市的地位，以示对它们的惩罚。那些及时改换门庭的则受到嘉奖——比如提尔就获得了"意大利权"（ius Italicum），这是行省城市所能获得的最高荣誉，让它在法律上成了意大利的一部分，从而豁免了税负。塞维鲁重访了十多年前他作为军团长第一次造访过的那些地方，但现在有他来自埃梅萨的皇后相伴，后者开始被正式称作"军营之母"。她被视为塞维鲁军队的恩主和守护者，并将在塞维鲁正在计划的其他军事行动中陪伴在他身边。他决定把借口变成事实，即193年组建的3个新军团是为了帕提亚战争准备的。奥斯罗埃内和阿迪亚贝内（Adiabene）这些小王国以及名为斯凯尼泰人（Scenitae）的某些阿拉伯部族都支持过尼格尔，而尼格尔的一些残部逃到了帕提亚。这是对幼发拉底河对岸发动惩罚行动的好借口，既能增加塞维鲁的荣耀，又能让刚刚同室操戈的士兵团结起来对付共同的外敌。

　　第一个陷落的王国是奥斯罗埃内，它在195年被吞并，成为帝国的一个行省，尽管都城埃德萨被允许继续处于国王阿布加尔的自治之下，阿布加尔是这个曾经在罗马和帕提亚之间不断摇摆，导致双方都对其不信任的王朝最后的统治者。塞维鲁的这个新行省一直延伸到离底格里斯河不远的尼西比斯（Nisibis）。当阿迪亚贝内不战而降后，塞维鲁获得了应有的胜利头衔，随着这些吞并，晚期东部帝国的行省边界开始显现。不过，对东方的进一步征服需要先等等，因为塞维鲁决定摆脱掉自己的盟友阿尔比努斯，他已经不再需要后者的支持。

第 6 章

塞维鲁的统治

皇帝直到 195 年末还留在东方，从那里拒绝了元老院为他举行凯旋式的提议。他不希望被看作从罗马同胞身上取得了凯旋。但与此同时，他做出了一个更加有趣的宣传上的决定，宣称自己是马可·奥勒留的儿子。罗马的碑铭记录中称他为"神圣的康茂德的兄弟"（frater divi Commodi），东方和西方还都发行了一批钱币，上面有"保卫者赫拉克勒斯"［Hercules Defens（or）］的字样，并描绘了这位神明的形象，指的显然是康茂德最喜欢的神明。塞维鲁的长子巴西亚努斯现在被改名为马可·奥勒留·安敦尼，尽管我们在这里会称他为卡拉卡拉——我们所有的史料中都用这个绰号称呼他。在这一攀亲闹剧的背景下，尤利娅·多姆娜的头衔"军营之母"显得完全合适，因为与这项荣誉头衔联系最多的是马可·奥勒留的妻子福斯蒂娜。

当刚刚改名的巴西亚努斯被迅速提拔为恺撒时，克洛狄乌斯·阿尔比努斯无疑明白了自己将是目标。随着帕提亚边境变得安稳，尼格尔的军团被安全地并入塞维鲁自己的军队，而桀骜不驯的拜占庭也终于被降伏，再没有什么能阻止他把矛头指向不列颠的昔日盟友了。据说阿尔比努斯的言行表现得好像他已经是奥古斯都一样，一些有权势的元老——虽然不知是谁——还邀请他前来罗马取代塞维鲁。这可能只是塞维鲁的宣传战，就像阿尔比努斯密谋杀害佩蒂纳克斯的传言无疑也是捏造的一样。无论如何，随着塞维鲁开始班师回到西部，元老院于 12 月 15 日宣布阿尔比努斯为公敌。在大竞技场，希望战争结束的民众爆发了骚乱。

现在，阿尔比努斯不得不自称奥古斯都，但塞维鲁表现出致命的高效：法比乌斯·基洛确保了默西亚及其军团的忠诚；皇帝的连襟尤利乌斯·阿维图斯·阿列克西阿努斯被任命为"弗拉维乌斯"第四军团的军团长，驻守辛吉杜努姆这个战略渡口。在维米纳基乌姆，在达契亚总督克劳狄乌斯·克劳狄亚努斯（Claudius Claudianus）和塞维鲁的哥哥塞普提米乌斯·盖塔的陪同下，卡拉卡拉在军队面前亮相，这支军队将为克劳狄亚努斯统率的远征军提供突击力量。在诺里库姆，阿尔比努斯的支持者遭到追捕，而尤利乌斯·帕卡提亚努斯（Julius Pacatianus）用来自新的帕提亚军团的分遣队控制了进入意大利的主要关隘。与此同时，弗尔维乌斯·普劳提亚努斯（Fulvius Plautianus）成了罗马警卫队的长官，有权管制元老院和平民。196 年初，曾经指挥过对尼格尔作战的科尔内利乌斯·阿努利努斯被任命为城市长官，从而进一步加强了塞维鲁对罗马城的铁腕控制。

阿尔比努斯同样获得了一些支持者。广阔而富庶的塔拉科西班牙行省及其总督诺维乌斯·鲁弗斯（Novius Rufus）站到了他的一边，阿尔比努斯还驱逐了亲塞维鲁的卢格杜努姆高卢总督，自己驻扎在卢格杜努姆（今里昂）。比尔及高卢（Belgica）大部分属于他的阵营，但两个日耳曼尼亚行省有反对力量，克劳狄乌斯·伽卢斯（Claudius Gallus）把守的要塞莫古恩提亚库姆

（Moguntiacum，今美因茨）支持塞维鲁。塞维鲁没有马上入侵高卢，而是穿过阿尔卑斯山并进入罗马，那里发行的一系列钱币庆祝了他的入城（adventus），另一些高调地宣扬了卡拉卡拉名义上的安敦尼王朝血统，并按照惯例冠之以"青年元首"的头衔。塞维鲁在罗马待了几个月，履行了皇帝作为立法者和法官的传统角色，听取请愿，可能还试探了元老院的态度——元老院中有太多成员可能一直更青睐阿尔比努斯。

现在，行动计划已经确定。随着197年的来临，皇帝回到了潘诺尼亚，然后沿着阿尔卑斯山北缘向西行进，从北面攻向阿尔比努斯的大本营卢格杜努姆。虽然阿尔比努斯拥有不列颠大军，但塞维鲁统领的兵力要大得多，集中了达契亚和多瑙河的军团。2月19日，战斗在卢格杜努姆城外打响。就像罗马历史上的许多决定性战役一样，战况一度难分高下。阿尔比努斯的军团佯装撤退，把塞维鲁的军队引入壕沟和路堤组成的陷阱。在试图重整动摇的军心时，塞维鲁被从马上抛了下来，陷入了溃退的人流中。多亏尤利乌斯·拉埃图斯（Julius Laetus）率领辅助骑兵到来才扭转了战局。

胜利的塞维鲁军队洗劫了卢格杜努姆，阿尔比努斯自杀。他的脑袋被砍下，送到罗马，而他和妻儿的尸体则被扔进了罗讷河。西部的清洗行动持续了很长时间，以残暴著称。不列颠需要的是加强防御，而不是大清洗，因为哈德良长城外的部落利用阿尔比努斯的军团离开之机肆虐了北方。塞维鲁不仅调回了大部分不列颠军团，还让他的多瑙河军队提供增援。但在其他地方，惩罚是严厉的。曾经站到阿尔比努斯一边的塔拉科西班牙总督诺维乌斯·鲁弗斯被处死，而塞维鲁忠诚的刽子手克劳狄乌斯·康狄杜斯确保了对阿尔比努斯支持者的公敌通告在西班牙咬得入骨三分。在整个卢格杜努姆高卢，大量私有土地落入了国家之手，它们来自被通报公敌的财产，洛里亚努斯·甘提亚努斯（Lollianus Gentianus）在这个行省进行了新的人口登记，以便榨取更多的收入。在阿非利加，公敌通告催生了一个全新的骑士等级职务，专门负责记录和管理被皇帝私库没收的土地。莱茵兰大体上得到宽恕，因为它一直保持忠诚；事实上，当塞维鲁获悉帕提亚人入侵东部时，他正在日耳曼行省巡游。卢格杜努姆的胜利者尤利乌斯·拉埃图斯被立即派往东方担任指挥，而克劳狄乌斯·伽卢斯（他的军团之前为塞维鲁把守莫古恩提亚库姆）则率领一支刚刚集结的作战军随后跟进。

在骑兵卫队和近卫军长官弗尔维乌斯·普劳提亚努斯的陪同下，塞维鲁本人动身前往罗马。无论帕提亚前线的处境变得多么危险，他都需要检验和加强元老院的忠诚。虽然元老们对他做出了各种和平姿态，但皇帝还是特意摆出威势汹汹的样子。他把自己新组建的"帕提亚"第二军团驻扎在罗马以南几英里远的阿尔巴，同时没有减少城中的近卫军的编制。很久以来，罗马都没有见识过如此规模的驻军了。他还公开嘲笑尤利乌斯·恺撒对待敌人的仁慈，赞美共和时代的苏拉和马略的先例，这些人以无情毁灭他们在内战中的手下败将著称。他自称奥勒留之子，下令将康茂德作为自己的弟弟封神，这同样是为了引发恐惧，因为自从图密善以来，还没有哪个皇帝像康茂德那样令元老院如此憎恶和害怕。这些都不是空洞的姿态，塞维鲁对元老院进行了清洗，处决了 29 名元老，还逮捕了其他许多元老。为了让那个等级明白自身地位的下降，他为自己的 3 个新的军团任命了骑士等级而非元老等级的军团长。相比之下，他对自己的军队非常慷慨，让他们大量分享没收的财富。每种类型的士兵的军饷都大幅提高，服役条件也做了正式修改，在罗马历史上，士兵们第一次可以合法地结婚。这不仅承认了一个长期存在的事实，即许多士兵拥有情妇，她们与妻子的差别仅仅是没得到法律认可，而且有助于把军队与塞维鲁和他的王朝更紧密地联系在一起：皇帝需要他的人马在他所计划的许多战事中心甘情愿地追随他。

皇帝的第二次帕提亚战争在 197 年打响。他离开罗马前往布伦迪西乌姆，从那里坐船前往奇里乞亚的埃格艾（Aegeae），这是意大利和东方之间最短的海上路线。从小亚细亚出发，他经由埃皮法内亚（Epiphaneia）和尼科波利斯抵达叙利亚的安条克。与他同行的有"军营之母"尤利娅·多姆娜，以及两位皇子卡拉卡拉和盖塔。皇帝把三人都留在安条克，自己迅速向内陆进发。他在途中接见了该地区仅存的几个藩属国王的使者，然后在尼西比斯与尤利乌斯·拉埃图斯会师。拉埃图斯已经击退了帕提亚人的入侵，于是塞维鲁回到叙利亚，准备发动对帕提亚的全面战争。9 月下旬，幼发拉底河畔已经集结了一支补给船队，而塞维鲁找到了一名帕提亚王位的有资格争夺者，从而让自己的远征有了一些出师之名。大军沿河而下，几乎没有遇到抵抗地占领了一连串名城：塞琉西亚、巴比伦和帕提亚都城泰西封，国王已经逃走。可能是在 197 年 12 月，泰西封遭到洗劫，王室财富落入了塞维鲁之手，成为其战利品的一部分。

198 年 1 月末，塞维鲁获得了"最伟大的帕提亚征服者"的头衔，并接受了士兵们第 11 次称他为英白拉多的欢呼。此时正是图拉真登基 100 周年。象征意义不言而喻：图拉真是第一位

真正的帕提亚征服者，而他塞维鲁是第二位。为了强调这点，塞
维鲁把卡拉卡拉提拔为奥古斯都。他的幼子盖塔则成为恺撒。塞
维鲁在更大规模上以一己之身再现了他的伟大前辈图拉真和马
可·奥勒留的成功。在他壮大自己家族的同时，许多曾经帮助他
掌权的人却有的被排挤出局，有的丢了性命。唯一的真正赢家是
近卫军长官普劳提亚努斯，与之前的许多近卫军长官一样，他把
自己视作皇帝统治帝国的伙伴。克劳狄乌斯·康狄杜斯曾经赢得
过对尼格尔的战争，还痛击过阿尔比努斯在西班牙的支持者，现
在他被处死，并遭到除名毁忆（damnatio memoriae）。我们不清
楚这发生在哪里，以及是出于何种借口，但相比之下，尤利乌
斯·拉埃图斯的败亡几乎就发生在皇帝的视线范围内。泰西封陷
落后，塞维鲁马上挥师向底格里斯河上游返回，想要惩罚独立的
哈特拉（Hatra）王国，因为后者在 5 年前曾站在尼格尔一边。与
帕尔米拉和杜拉-欧罗波斯一样，今天的哈特拉也是伊斯兰偶像
破坏运动（以及获利不菲的文物买卖带来的掠夺）最引人注目的
受害者之一，自从美国入侵伊拉克和阿富汗以来，这种行为成了
中东冲突的一个特点。不过，当塞维鲁出发时，那里长久以来都
是罗马人和帕提亚人之间的重要缓冲地带。它控制着穿越美索不
达米亚平原的商队贸易，商队从南面的巴比伦出发，一直到辛加
拉（Singara）和尼西比斯，然后前往幼发拉底河畔的重要渡口泽
乌格玛（Zeugma）。哈特拉的世袭统治者理论上臣属于安息王朝，
他们足够强大，可以使用叙利亚国王的头衔 malka，他们的王国
在帕提亚人统治时期比之前或之后都要富有，人口也更多。降伏
哈特拉需要进行两次围城，士兵们对此感到不满，开始抱怨说他
们更喜欢拉埃图斯而不是皇帝。这足以给那位将军招来杀身之祸，

他遭到逮捕，被以叛国为罪名处死。虽然拉埃图斯从来都不太可能想过篡位，但现在有传言称，他在卢格杜努姆之战中犹豫不前，希望阿尔比努斯和塞维鲁两败俱伤，好让他成为皇帝。

哈特拉在围城中始终没有陷落，但它的国王向塞维鲁称藩了，于是皇帝有了一定的理由可以宣称自己继承图拉真成为东方的征服者。与图拉真的继任者哈德良不同，塞维鲁试图控制大片被征服的土地。奥斯罗埃内仍将是以卡莱（Carrhae）城为中心的行省。塞维鲁还建立了新的美索不达米亚行省，它位于昔日的埃德萨王国的土地上，但新的治所位于尼西比斯；一百年后，尼西比斯将成为叙利亚文化世界的创新引擎，我们在本书的续篇中会进行讨论。这个美索不达米亚省由塞维鲁的两个新军团驻守，分别是辛加拉的"帕提亚"第一军团和雷塞纳（Resaina）的"帕提亚"第三军团。通过吞并这些土地，塞维鲁彻底重塑了近东的地图，将罗马与它的美索不达米亚以及伊朗邻国的对峙前线从叙利亚边境转移到深入底格里斯河北部和幼发拉底河之间的土地。直到 7 世纪穆斯林征服中东前，对塞维鲁行省的控制权一直存在争夺，但以奥龙特斯河畔的安条克这座大城市为中心的罗马叙利亚行省比以往任何时候都要繁荣，因为它远离了实际的对峙区域。

198 年年末，结束了对哈特拉的围城后，塞维鲁回到巴勒斯坦。199 年，他对行省做了更多重组。皇帝把叙利亚一分为二：北面的空叙利亚（Syria Coele），由萨莫萨塔和泽乌格玛的军团驻守，仍然以都会安条克为中心；南面的腓尼基叙利亚（Syria Phoenice），治所在提尔，后者现在成了罗马殖民市，这一地位是对支持塞维鲁对抗尼格尔的迟来的奖赏。对未来的事件更为重要的是，商队城市帕尔米拉——它从哈德良时代开始就拥有殖民市的地位，但长久以来一直是叙利亚和幼发拉底河边境之间的独立力量——现在被纳入了新设立的腓尼基叙利亚行省，并被允许继续发挥其主要功能，即维护叙利亚沙漠的安全，防备更南面的阿拉伯部落。

199 年，在公布这些改变的同时，塞维鲁一家和宫廷经由培琉喜阿姆，从陆路去了埃及。与半个世纪前哈德良的埃及之行一样，整个行程是对历史的重温。塞维鲁在庞培墓前进行了献祭。在亚历山大里亚，他瞻仰了亚历山大墓，命人将其永久封闭，这样从此就再也没有人能够看到它，产生亚历山大那样的抱负。他还纠正了前任们的不公。亚历山大里亚长久以来都有充分的理由受到皇帝的怀疑，现在它终于有权建立自己的市议会（boule）了，就像希腊世界的所有正常的城市那样。由此，这座城市终于有了与其一直以来的规模、商业重要性和历史意义相匹配的法律地位。从亚历山大里亚出发，皇帝开始了在这个行省的壮游，他沿着尼罗河逆流而上来到孟菲斯和底比斯，在那里参观了歌唱的门农雕像。皇帝还造访了埃及总督刚刚修复的斯芬克斯像——这并非征服者最后一次试图让埃及的纪念碑恢复它们昔日的荣光。塞维鲁此行一直延续到 200 年新年，足迹远至菲莱（今阿斯旺）。5 月，他在那里参加了当地的秘密崇拜仪式。我们不知道他是否去了更南面的地方，来到行省的边境，但 200 年 8 月他已返回亚历山大里亚，准备回到东方行省。这一次，他坐船前往安条克，尽管我们不知道他在哪里度过了 201 年。202 年，他在安条克度过新年，与儿子卡拉卡拉一起担任当年的正选执政官，后者现在已经 13 岁，可以穿上标志着成年的成人托袈了。

公元 3 世纪的最初几年在其统治中是一段平静的时光。近

卫军长官弗尔维乌斯·普劳提亚努斯仍然是塞普提米乌斯的统治
伙伴——他在 203 年第二次担任执政官——并计划把女儿普劳
提拉嫁给卡拉卡拉。阿非利加人在高级指挥官中的主导地位仍然
未受挑战，这主要归功于普劳提亚努斯的恩庇；202 年，多瑙河
行省的几位新任军团指挥官都是阿非利加人。从叙利亚大清洗中
幸存下来的那些昔日的支持者仍然官运亨通。从 193 年开始就追
随塞维鲁的提比略·克劳狄乌斯·康狄狄亚努斯（Ti. Claudius
Candidianus）现在被任命为上潘诺尼亚的代执政官皇帝特使，这
正是塞维鲁称帝时担任的职务。同样从一开始就追随皇帝的法比
乌斯·基洛被提拔为城市长官。而在尤利娅·多姆娜及其家族的
众多亲友的影响下，从 198 年开始就有东方人涌入塞维鲁的政
府，这种现象也在延续。尤利娅的亲戚埃米利乌斯·帕皮尼亚努
斯（Aemilius Papinianus）成了皇帝的诉状官（a libellis），负责
回应诉状，来自提尔的杰出的罗马律师多米提乌斯·乌尔皮阿努
斯（Domitius Ulpianus）在他手下工作。两人在后几任皇帝治下
将是重要的人物，并在古代晚期的统治文化的发展中扮演核心角
色，这种文化将改变 3 世纪的帝国。尤利娅的其他家族成员同样
获得了重要的提拔——她的两个外甥女（她的妹妹尤利娅·麦萨
的女儿）都嫁得很好，在塞普提米乌斯·塞维鲁的直系后嗣断绝
后，她们的后代将把塞维鲁王朝延续到 3 世纪 30 年代。该时期，
卡拉卡拉和盖塔这两位继承人与父母一同旅行。他们的老师是一
位来自埃及希拉波利斯（Hierapolis），名叫埃利乌斯·安提帕特
（Aelius Antipater）的著名智术师。虽然埃及智术师并不新奇，但
埃及人在政府中要开始扮演更重要的角色了，这得益于塞维鲁决
定允许埃及人第一次成为元老。第一个成为元老的埃及人名叫埃

利乌斯·科埃拉努斯（Aelius Coeranus），是普劳提亚努斯的门客，这并不意外。这一切当中让现代史学家感到吃惊的，并且对从帝国盛期过渡到古代晚期的过程如此重要的地方在于，行省元老和骑士主导了塞维鲁政府的核心。罗马在下一个世纪里将继续在帝国政治中扮演重要的角色，且在更长的时间里仍将是帝国的意识形态中心，但罗马和意大利的精英是政府不可或缺的基础的时代已经一去不返了。

在安条克庆祝了新年后，宫廷开始从陆路前往罗马，那里将举行塞维鲁的登基十周年庆典。此行为许多因为支持尼格尔而失宠的城市提供了恢复地位的机会——拜占庭重新崛起，尼西亚获得了与尼科美底亚同等的地位，这在一定程度上可能是给元老历史学家卡西乌斯·狄奥的恩宠，他写了一部歌功颂德的内战史，深得皇帝个人的认同。在官方说法中，这些仁慈之举和恢复地位的决定是卡拉卡拉做出的，相比罗马历史上的大多数其他王朝，塞维鲁王朝让我们更好地理解了王朝是如何长期精心经营其形象的。

回到罗马后，为了庆祝卡拉卡拉迎娶弗尔维娅·普劳提拉，城市平民和近卫军获得了丰厚的赏赐——塞维鲁在位期间，每人每年都将得到一个奥里斯金币，这是一大笔开支，他在为此发行的钱币上称其为对人民的"第三次御赏"（liberalitas tertia）。婚礼之后，作为对皇帝登基十周年的庆祝，举行了持续 7 天的赛会，除了通常的角斗士和狩猎表演，还有 700 种罗马世界最珍奇的动物——包括印度鬣狗——被展示给观众，然后被屠杀。

无论这些表演多么壮观，无论他对罗马民众的赏赐多么丰厚，塞维鲁还是不喜欢这座城市。登基十周年庆典结束后不久，他出

发前往阿非利加，这是他自从十多年前成为皇帝以来第一次造访
那里。塞维鲁此举同样是在效仿哈德良，因为这是有史以来第二
次有皇帝造访那个行省。他带着整个宫廷抵达迦太基，把古老的
意大利权授予了这座最伟大的阿非利加城市，从而豁免了它的税
负，就像他对在内战中支持过他的腓尼基的提尔所做的。他还造
访了努米底亚和军团要塞拉姆拜西斯，可能还有其他许多城市，
然后由陆路向东，经过的黎波里塔尼亚的各座城市，来到莱普
提斯——他已经 30 年没有见到自己的家乡了。他在那里度过了
202—203 年的冬天，普劳提亚努斯和塞维鲁的小儿子盖塔分享了
新一年的执政官束棒。不过，这次漫长的旅行也让皇帝和普劳提
亚努斯产生了嫌隙。在整个莱普提斯，这位近卫军长官的雕像都
被与皇帝家族的雕像放在一起，鉴于这两位莱普提斯之子共同征
服了世界，这也是顺理成章的。但雕像所暗示的平等地位只会造
成冒犯，塞维鲁下令将近卫军长官的一些雕像熔毁。此后，永久
的裂痕几乎不可避免，尽管两人暂时恢复了他们的盟友关系。

　　203 年初，塞维鲁向南进入沙漠，参加了对加拉曼提斯人
（Garamantes）的作战。该民族生活在撒哈拉沙漠的绿洲中，是的
黎波里塔尼亚边境长期以来的头号威胁。撒哈拉沙漠的深处建起
了新的边境哨所，与此同时，西面的毛里塔尼亚诸行省也扩大到
了南面的草原和沙漠。努米底亚长久以来一直相当于独立的行省，
处于当地军团的军团长的控制之下，而不是作为阿非利加代执政
官行省的一部分，而现在，它正式成为一个单独的行省了。

　　到了 6 月，当加拉曼提斯人已经受到了应有的惩罚后，皇帝
一行坐船前往罗马，于当月抵达。在那里，皇帝为他在非洲的胜
利举行了小凯旋式（ovatio）。他雄伟的凯旋门也是那一年建成

的，它至今仍然矗立在罗马广场的东北角，位于舰首讲坛和元老院议事厅之间。凯旋门选址在协和女神庙的正前方，可能反映了元老院的虔诚愿望，他们事实上并不信任这个很少在乎罗马城及其古老习惯的皇帝。但塞维鲁与意大利贵族的关系从来就不好，无论双方可能多么希望改变这一点。就连 204 年的执政官的选择也是出于王朝考虑，而非为了安抚元老们的情感：第二次任职的法比乌斯·基洛从一开始就是塞维鲁的重要统帅之一，而阿尼乌斯·利伯（Annius Libo）是马可·奥勒留的一位不起眼的远亲后代，选择他仅仅是因为他与安敦尼王朝有联系，而塞维鲁伪称自己是该王朝后裔。204 年，塞维鲁展开了另一场宏大的庆典，那就是"世纪"赛会（得名于拉丁语 saeculum），这种盛事一个世纪只能举行一次，而这次是罗马历史上的第七次举行。

帝国时期的罗马人会举行两种"世纪"赛会，而非一种。一方面，有一种源于伊特鲁里亚人的古老庆典，采用 110 年这样的奇怪周期，以喜欢复兴（或发明）失传已久的传统著称的奥古斯都于公元前 17 年恢复了它。图密善和我们所看到的塞普提米乌斯·塞维鲁先后重新举办了奥古斯都的这一赛会。另一方面，我们的各种古代文献中还有其他被冠以"世纪"之名的赛会。这些赛会的计算方式更加简单，从所谓的罗马建城算起，每百年为一周期——安敦尼·庇护和 3 世纪 40 年代的腓力先后举办过。塞维鲁自称第七次举行赛会——称之为"第七赛会"（ludi septimi），位于图密善的"第六赛会"（ludi sexti）之后。塞维鲁世纪赛会的筹备非常复杂，持续了 204 年的整个上半年。准备工作在很大程度上还牵涉到元老院，因为"圣礼十五人团"（quindecimviri sacris faciundis）都是元老，通常是该等级地位最高的成员。

从 204 年十五人团的人选可以看出，自从图密善时期的上一次世纪赛会以来，帝国发生了多大的变化：塞维鲁时期的十五人团中几乎没有人是罗马本土家族的后裔，而是来自变得壮大的意大利自治市的家族，或者是来自行省的世家，包括阿非利加人。经过几个月的严肃筹备，为期三天的赛会于 6 月 1 日晚上举行。尤利娅·多姆娜率领 110 名罗马城的贵妇举行了献给朱诺和狄安娜的圣礼，而塞维鲁则主持了祭祀。现在已经获得"祖国之父"尊号的卡拉卡拉负责祈祷的开篇，盖塔则负责结尾。这两位继承人被指定为 205 年的执政官，意味着开启新的世纪的不是王朝的创立者，而是王朝的未来。

王朝的未来在举行世纪赛会的那年由两个人的死亡塑造。首先，塞维鲁的哥哥卢基乌斯·塞普提米乌斯·盖塔于 204 年自然死亡，没有男嗣。接着，塞维鲁的支持者中最有权势且资格最老的弗尔维乌斯·普劳提亚努斯被处死。普劳提亚努斯的女婿是卡拉卡拉——文献中明确记载了他对妻子弗尔维娅·普劳提拉的仇恨——正是卡拉卡拉策划了这位近卫军长官的败亡。205 年 1 月，他收买了 3 名百夫长，让他们在塞普提米乌斯·塞维鲁面前声称，普劳提亚努斯命令他们杀死两位奥古都，好让他本人能够登基。塞普提米乌斯·塞维鲁从莱普提斯雕像事件开始就对他的近卫军长官产生了疑心，于是他把后者召到皇宫。普劳提亚努斯辩称自己是清白的，而卡拉卡拉想要对他下手，塞普提米乌斯·塞维鲁不得不亲自制止儿子。这是我们第一次看到卡拉卡拉的暴怒，后来他将经常如此。不过，虽然塞维鲁制止了卡拉卡拉的行凶，但他无意放过普劳提亚努斯。他派一个当值的卫兵杀死了近卫军长官，将其尸体扔到宫外的路上。

卡拉卡拉与普劳提拉离婚，她和她的兄弟被流放到伊奥利亚海上小岛利帕拉（Lipara），在那里度过余生。随着普劳提亚努斯大笔私人财产的注入，因为多次战争而枯竭的皇帝私库现在重新丰盈。这笔横财如此之大，以至于需要一名专门的官员来打理它。随后是对元老的新一轮清洗，目标主要是那些与普劳提亚努斯关系亲密的。因此，塞维鲁与元老院的关系在那个十年的中叶陷入了新的低谷，但那位手握大权的近卫军长官倒台后，政局平静了下来。正是在那些年里，塞维鲁写了现已失传的自传。

在选择普劳提亚努斯的继任者时，塞维鲁回归了更加常见的模式，重新设立了两名近卫军长官，而不是一名——他任命了昆图斯·麦基乌斯·拉埃图斯（Q. Maecius Laetus）和埃米利乌斯·帕皮尼亚努斯，尽管对我们的故事来说，只有帕皮尼亚努斯是重要的。此人既非军人，也不是大贵族成员，而是一个来自提尔的叙利亚人，是尤利娅·多姆娜的远亲，从帕提亚战争结束开始就担任塞维鲁的诉状官。近卫军长官一直是骑士等级的职务，把它交给一位学识渊博的法学家将产生历史性的影响，我们在后文将重新谈到这点。

塞维鲁如今老了，他的生活一直不轻松。卡拉卡拉在父亲身边要开始行使更多的权威就成了顺理成章的了。但无论已故的普劳提亚努斯在其他方面如何，他至少能够压制住自己的女婿，那位小奥古斯都的激情。普劳提亚努斯被处决后，卡拉卡拉长期发酵的仇恨全部转向了自己的弟弟盖塔，那是他统治地位最后的潜在对手。据说这两个年轻人在意大利期间的表现都很糟糕，被权力和这座世界上最大城市几乎无限的欢愉所腐化。发行的一系列标榜兄弟和谐的钱币也无法掩盖他们愈演愈烈的敌意。这种持续的不和折磨着塞维鲁，他觉得让儿子们远离罗马似乎是可行的解决方法。

我们的材料还将皇帝的不悦归于其他两个原因：年轻一代的军队指挥官在意大利以外展开了成功的行动；而在意大利半岛，一个名叫布拉（Bulla）的强盗甚至在皇帝坐镇于此的时候也无法无天，让意大利经历了两年的恐惧，直到 207 年才被捕。事实上，盗匪是帝国的一个无法改变的事实，会对旅行者和农村人造成威胁，但对政府来说不过是些小麻烦——他们不足以促使皇帝采取行动，但自己不再是帝国最强大和最活跃的将军这个事实却很可能让那个老人耿耿于怀。他还非常迷信，很看重自己的出生星象。他深信自己将很快死去。可能他觉得，与其困在一座他难以忍受的城市里，夹在自己争吵不休的孩子们中间，还不如最后取得一场胜利后死去。他开始准备在不列颠北部发起一场大规模军事行动。

那里的确发生了一些骚乱，这在当地司空见惯，但我们不知道促使塞维鲁进行最后一次冒险的骚乱的规模。对此有许多猜测，最严重的假设认为，奔宁山区（Pennines）的土著布里甘特人（Brigantes）发动大规模叛乱，来自苏格兰平原乃至喀里多尼亚高原的部落也同时发起入侵，而最轻微的假设认为，只是罗马边境经常发生的那种袭击行动稍有增加。3 世纪初，皇帝的代理官奥科拉提尼乌斯·阿德文图斯（Oclatinius Adventus）和元老等级的总督卢基乌斯·阿尔菲努斯·塞内基奥（L. Alfenus Senecio）沿着哈德良长城同时展开行动。这种军事合作非常少见，但在一定程度上可以用考古学证据来解释：当地的基础设施经过了全面重建，为皇帝亲自率领的军队提供支持。

在宫廷，尤利娅·多姆娜的亲属和宠臣的地位越来越高。她的妹夫尤利乌斯·阿维图斯·阿列克西阿努斯是皇帝远征时的副将之一，而此人的女婿塞克斯图斯·瓦里乌斯·马尔凯路斯（Sex. Varius Marcellus）接替奥科拉提尼乌斯·阿德文图斯成为不列颠的代理官。两位近卫军长官之一，叙利亚人帕皮尼亚努斯与皇帝一起北伐。208 年，远征军出征不列颠，那一年再次以卡拉卡拉与盖塔共同担任执政官拉开序幕。两位执政官都与他们 63 岁的父亲同行，但只有卡拉卡拉和塞维鲁会见证真正的战斗。盖塔被留在后方，可能是在埃伯拉库姆（Eboracum，今约克），表面上是为了打理民政事务。卡拉卡拉陪同父亲越过哈德良长城，进入了苏格兰，战争将在那里打响。209 年，战事深入苏格兰高地，喀里多尼亚人正式向皇帝投降。我们有证据表明，大型的行军营地一直延伸到苏格兰东缘，在珀斯郡（Perthshire）的卡尔波（Carpow）还发现了大型军团基地的雏形，显然是为了从未实现的永久占领而设计的。因此，这并不只是一场惩罚性的攻击，而是为了占领和控制哈德良长城以北的不列颠的筹划完备的行动——然后塞维鲁就可以宣称自己扩大了帝国在不列颠和美索不达米亚的疆界。战事结束后，皇帝一行回到埃伯拉库姆，塞维鲁和卡拉卡拉获得了"不列颠征服者"的胜利头衔。210 年，低地麦阿泰人（Maeatae，他们的土地上正在修建新的卡尔波要塞）再次反叛，需要进行另一场大规模战事。

尽管不列颠的战事无疑是成功的，但它预示着王朝的残酷结局。有证据表明，卡拉卡拉想要暗杀父亲，而且公然表现出了想杀死盖塔的欲望，懒得遮掩。他的计划因为麦阿泰人的反叛而搁浅，因为他必须率兵亲征；塞维鲁已经病重（不清楚是关节炎还是痛风），无法承受战场的艰险。现在，皇帝确信自己即将死去——星象已经预言了他的寿数，他的病证明那是对的。在最后的日子里，塞维鲁开始采取行动来确保小儿子的未来，尽管他肯定怀疑这为时已晚。210 年年末，他把盖塔提拔为奥古斯都，于是在两三个月里，帝国有了 3 位奥古斯都。211 年 2 月 4 日，塞维鲁在埃伯拉库姆去世，65 岁的他仍然在参加自己的最后一战——"最幸运的不列颠远征"（expeditio felicissima britannica）。他对儿子们的忠告据说一字不差地保留在了卡西乌斯·狄奥的著作中："你们要和睦，让士兵富有，轻视其他一切。"

第 7 章

塞维鲁王朝后期的统治者

211 年，当塞维鲁去世时，尤利娅·多姆娜和她的两个儿子正在埃伯拉库姆。塞维鲁的遗体被马上火化，骨灰放进了斑岩坛中，这种紫色的石头专供皇帝和国王使用。据说，25 岁的卡拉卡拉曾经催促医生早点把塞维鲁干掉；而父亲刚一去世，他就处决了好几个医生。与他父亲关系最亲密的家中释奴以及那些可能试图维护其继承计划的人也被杀害。不过，政府的主要大臣都暂时留任了，他们中的许多人曾长期为塞维鲁效劳，特别是近卫军长官帕皮尼亚努斯和昆图斯·麦基乌斯·拉埃图斯。

当宫廷开始准备返回意大利的时候，卡拉卡拉同他的作战军留在了北方，他敦促后者拥立自己为唯一的皇帝，但没有马上成功。他很快与麦阿泰人和喀里多尼亚人议和，同意从他们的土地上撤走，退回哈德良长城一线。他和盖塔在旅途中分开居住，尤利娅甚至很难假装他们有可能和解。

回到罗马后，兄弟俩发现他们无法共处，据说他们用砖砌死了皇宫里的通道，以免接触到对方。那年年末，卡拉卡拉决定采取行动。他已经罢免了帕皮尼亚努斯和城市长官，用自己的一个姻亲取代了他们。塞克斯图斯·瓦里乌斯·马尔凯路斯是卡拉卡拉和盖塔的母亲尤利娅·多姆娜的外甥女尤利娅·索埃米亚斯（Julia Soaemias）的丈夫。211 年 12 月的农神节期间（该月的第 25 日），盖塔在宫中遇刺，死在了他母亲的怀抱中，而卡拉卡拉则前往近卫军营地，宣布盖塔企图刺杀他，而自己逃过了一劫。任何可能支持过盖塔的人都被处死了，其中有前近卫军长官埃米利乌斯·帕皮尼亚努斯和之前历任皇帝的所有男性亲属，包括一些关系很远的：卡拉卡拉无害的堂兄弟，另一位塞普提米乌斯·塞维鲁死了；佩蒂纳克斯皇帝的儿子赫尔维乌斯·佩蒂纳克斯、马可·奥勒留受人尊敬的女儿科尔尼菲基娅和她的儿子也遭受厄运；就连像法比乌斯·基洛这样深受塞维鲁信任的老人也成了要除掉的目标。瓦里乌斯·马尔凯路斯受命从公共记录中抹除对盖塔的记忆，而卡拉卡拉则确保了在阿尔巴的"帕提亚"第二军团的效忠。他还身着全套军装在元老院讲话，但这只是敷衍之举。重要的是军队，他通过承诺大幅提升军饷获得了支持。这笔开支将通过没收财产、召回和重铸盖塔的钱币来支付。

结果，卡拉卡拉是个堪称典型的恶劣皇帝，他是元老院的威胁，喜欢大兴土木，不管什么东西，只要是能让他显得比实际上更加伟大，他都愿意为之一掷千金，最终，他意外地成了晚期帝国世界的建造者。在他独自统治的 5 年里，皇帝的残忍和无能主要影响的是他身边的人。与之前的康茂德一样，他试图通过在角斗场和竞技场参加比赛来赢得民众的青睐，但不同于康茂德，这似乎没有为他赢得多少平民的支持。他的精力足够旺盛，但他的统治还不到一年，罗马民众就被他的脾气和恶劣的比赛作风劝退了。从此，他把精力留给了军营生活，在军队面前扮演士兵。行省政府仍然掌握在塞维鲁最后一次出征前选择的那些人手中，确保了稳定局面不会很快被卡拉卡拉断送。

　　担任空叙利亚总督的是马里乌斯·马克西姆斯，他从 193 年起就是塞维鲁的长期支持者，后来担任过执政官——还是一个多产和言语鄙俗的传记作家。他的哥哥马里乌斯·佩尔佩图斯（Marius Perpetuus）是上默西亚总督；埃及总督是努米底亚人提比略·克劳狄乌斯·苏巴提亚努斯·阿奎拉（Ti. Claudius Subatianus Aquila），他的亲戚苏巴提亚努斯·普罗库鲁斯（Subatianus Proculus）则是努米底亚总督。另两位阿非利加人控制着上下潘诺尼亚［塞维鲁的亲戚塞普提米乌斯·卡斯提努斯（Septimius Castinus）和埃格纳提乌斯·维克托尔（Egnatius Victor）］，而埃阿基乌斯·莫德斯图斯·克雷斯肯提亚努斯（Aiacius Modestus Crescentianus）是上日耳曼尼亚总督。他们维持了大军事行省的安全，尽管卡拉卡拉对权力集中在任何一位将军手中都感到担心。因此，他把不列颠行省分成了下不列颠和上不列颠，前者由埃伯拉库姆的"胜利者"第六军团的长官统治，而后者由伦迪尼乌姆（Londinium）的总督，以及分别驻守在卡利恩（Caerleon）的"奥古斯都"第二军团和在切斯特（Chester）的"胜利者瓦雷利乌斯"第二十军团的指挥官统治。

　　虽然卡拉卡拉可以相对容易地控制行省总督，但他对许多民众来说仍然是个面目模糊的人物。由于长期的不安全感和自大狂，他决心用一种盛大得恰如其分的方式把自己介绍给臣民，现在他是他们唯一的统治者。他的做法是颁布我们称之为《安敦尼敕令》（Constitutio Antoniniana）的法令。通过敕令，他把罗马公民权授予了罗马帝国的每一位自由居民，除了少量的"投降者"（dediticii，投降的敌人，有个人自由，但失去了一切公共权利）。

一时间，数百万从没接触过罗马法，只适用于自己当地共同体法律的人变成了罗马公民。虽然在行省，罗马公民和没有公民身份的"外邦人"之间的差异在一个多世纪前就开始变得模糊——而且罗马公民权早就被授予了几乎每个开化行省的精英，特别是在城镇——但此举的影响是巨大的。突然间，在当地法律下被认为是正常的当地习俗（比如埃及的同胞通婚）变为非法；同样，遗嘱特权和豁免某些刑罚现在适用于全民了。需要几十年才能厘清其法律影响，而古典罗马法的伟大时代将在 3 世纪初到来，这并非巧合：面对突然出现的如此之多的新罗马人，卡拉卡拉的各个继任者手下的法学家必须系统地阐明和说清罗马法究竟意味着什么和有何要求。

虽然随着时间的推移，《安敦尼敕令》将彻底改变许多行省的文化，但当时的作者们很少关注这一举措。事实上，如果我们只有历史学家和元老卡西乌斯·狄奥的作品，那么我们会相信，皇帝授予公民权的唯一动机是征收更多罗马公民被要求缴纳的遗产税。而除了狄奥的作品，没有存世文献提到卡拉卡拉影响深远的敕令，因此，我们拥有那份保存了敕令开头部分的纸草［被称为基森（Giessen）纸草］就是极为幸运的了，它能让我们了解卡拉卡拉的想法。

这位刚刚谋杀了自己的弟弟，在帝国中心发动了一场血腥杀戮的皇帝坚持官方的说法：他从盖塔的罪恶阴谋中幸免，而因为神明救了他一命，他将把更多自己的臣民引向神明来答谢他们。通过授予他们罗马法的特权，他不仅为神明带来了新的崇拜者，而且让他的人民分享了自己的好运。我们不应该对这种说辞不屑一顾。罗马政府的意识形态鼓励民众把皇帝与普世秩序的化身密切地等同起来。有人可能会说，这种霸权让帝国臣民自己把自己变成了臣属，但它的强大并不因此而失色。新的公民将以奥勒留为自己的氏族名（因为卡拉卡拉的官方名字是马可·奥勒留·安敦尼），从而宣示了与授予他们公民权的皇帝的直接联系。这种象征是最重要的；如果像心怀嘲讽的狄奥所说，公民权敕令恰好为国库带来了更多的钱，那只是意外之喜。因为卡拉卡拉无疑需要钱。

　　与其他试图证明自己的皇帝一样，卡拉卡拉必须让自己显出捍卫帝国的样子来。最晚在 213 年初，他挥师北上，来到上多瑙河前线，在担任正选执政官的那年亲自率军作战。作战季的后期，他在莱提亚渡过多瑙河，进入后来被称为阿拉曼尼亚（Alamannia）的地区。该地区得名于生活在那里的蛮族，我们的史料中首次提到他们就是在卡拉卡拉的作战背景下。不到一个月，他就宣布了胜利，甚至可能并非虚言：罗马军队有能力摧毁北方边境外无组织的农业人口，这是该时期的常态。对他的活动只有简单的记录，但他和父亲一样强烈渴望旅行。214 年，他穿过巴尔干来到东方，渡海前往小亚细亚的特洛伊，模仿亚历山大大帝向阿喀琉斯的亡灵做了献祭。从特洛伊出发，他又进入了比提尼亚，在尼科美底亚过冬，然后在第二年春天来到叙利亚的安条克。他宽恕了安条克人在 2 世纪 90 年代的内战中曾经反对他的父亲的事。塞维鲁取得胜利后，安条克被剥夺了特权，但现在又被提升为殖民市，获得了意大利权。自从公民权敕令颁布以来，这种特权不再具有太多法律上的重要性，但仍然意味着当地能够像意大利半岛一样享受免税，因而是真正的地位标志。卡拉卡拉还恢复了该城过去一直拥有的举办奥林匹克运动会的权利。他有可能造访了母亲的故乡埃梅萨，无疑授予了其殖民市的地位，尽管此举无助于让他与尤利娅·多姆娜和解，后者从未宽恕自己仅存的儿子杀害弟弟的事。215 年年末，卡拉卡拉离开叙利亚前往埃及，在 11 月或 12 月抵达了亚历山大里亚。他将在这座城中过冬，直到 216 年 4 月才离开，留在身后的是满目疮痍。

卡拉卡拉的古怪举动在他统治的第一年就激怒了罗马平民，同样，他也激起了甚至更加不服管束的亚历山大里亚人的敌意，这些人以帝国中最桀骜不驯的公民群体著称。我们不清楚他究竟是如何触怒他们的，但人群开始聚集，高呼他谋杀手足，绝不是另一个亚历山大，而是个伪劣产品。对于脾气像卡拉卡拉这样的皇帝来说，这无异于谋反——他不是像那位伟大征服者一样在特洛伊向阿喀琉斯献祭了吗？不是把自己的军袍和其他许多礼物留在那位征服者的墓前了吗？此外，他没有谋杀盖塔——全世界都知道，是神明保护他免遭弟弟的毒手。他下令非亚历山大里亚的公民从该城离开，然后发动了屠杀。我们无从知道具体的遇难人数，但每当有士兵带着教训公民的命令被派上街头时，都意味着有数千人，而不是数百人死去。报复心得到部分满足后，卡拉卡拉离开了该城，想要证明亚历山大里亚人错了——他将是新的亚历山大，像那位伟大征服者征服波斯人一样降伏帕提亚人。

216 年春末，卡拉卡拉抵达安条克，5 月 27 日后不久开始出征。这个时机非常有利。他已经拿奥斯罗埃内国王，埃德萨的阿布加尔（Abgar of Edessa）做了效尤，以虐待美索不达米亚的部落这个似是而非的借口罢黜了他。他前往埃德萨时途经阿尔贝拉（Arbela），这是在有意追随亚历山大的足迹，后者曾在那里打败了大流士。他在从前奥斯罗埃内的王国首都过冬，于 217 年 1 月

28 日庆祝自己成为奥古斯都二十周年，并将该城提升为殖民市。那年春天，他准备出征帕提亚王国本土。但他做不到了。4 月 8 日，卡拉卡拉在美索不达米亚的卡莱遇刺。

他的朝臣们担心与帕提亚开战会是灾难，因为皇帝更加仰仗的是占星家和一个叫塞拉皮奥（Serapio）的埃及江湖骗子，而不是专业的军事参谋。近卫军长官奥佩里乌斯·马克里努斯（Opellius Macrinus）与远征军的高级指挥官是政变的幕后主谋。他们唆使了一个有理由痛恨皇帝的，名叫马尔提阿利斯（Martialis）的普通士兵。在前往当地的月神庙途中，马尔提阿利斯趁着卡拉卡拉如厕的时候刺死了他。然后，卡拉卡拉忠实的卫兵杀死了马尔提阿利斯，这样一来，政变真相被掩盖了，但军队避免了一场将军们不想要的危险战争。马克里努斯花了几天时间争取支持，确保了美索不达米亚驻军的拥护，并赢得了同为近卫军长官的奥科拉提尼乌斯·阿德文图斯的默许，后者现在成为城市长官。刺杀发生 4 天后，马尔库斯·奥佩里乌斯·马克里努斯称帝。

他的地位看起来很稳固。他的家族来自毛里塔尼亚的海滨恺撒利亚（Caesarea Maritima），与塞普提米乌斯的故乡的黎波里塔尼亚分居开化和城市化的阿非利加的两端。马克里努斯家族祖上是摩尔人，就像塞维鲁家族祖上是布匿人，但出身不如后者。马克里努斯当时 50 岁出头，有一个儿子狄亚杜梅尼亚努斯（Diadumenianus），虽然年仅 9 岁，但仍然是潜在的王朝继承者。马克里努斯还统率着一支认识他已经有一段时间的军队，而漫长的职业生涯也让他在帝国的官僚体系中获得了一大批门客。他第一批任命的人选中就有其中的两位门客：他任命了代理官乌尔皮乌斯·尤利亚努斯和"驿道"（cursus publicus）长官来接替马克里努斯和阿德文图斯担任近卫军长官。但新皇帝的地位不像他自己想象的那样安稳。罗马人民愤怒于他没有立即返回讨好他们，在那年年底前就已经开始了骚乱。

与此同时，元老院对这个出身低下的骑士成为皇帝感到震惊。历史学家狄奥（很少有作家比他更加势利）谴责马克里努斯胆大妄为，还让像其一样自命不凡的人执掌大权，这很可能代表了他那个等级的想法。他们还可能指责其怯懦。卡拉卡拉遇刺时，帕提亚国王阿尔塔巴努斯五世（Artabanus V）正集结兵马准备与皇帝交战。尽管马克里努斯试图议和，阿尔塔巴努斯还是入侵了罗马的美索不达米亚。217 年年末，马克里努斯在尼西比斯遭受惨败。耻辱性的求和据说花去了惊人的 2 亿塞斯特斯的高价，国库里拿不出这么多钱，只能通过额外征税和罚没补足亏空。

马克里努斯留在东方过冬，同时试图筹集议和所需的资金，但他做的一切都事与愿违。他立狄亚杜梅尼亚努斯为恺撒，开始以两人各自的名字铸造钱币，但没有人对他建立王朝的想法感兴趣。他曾经向士兵许诺，卡拉卡拉会被封神，但面对元老院的敌意没能兑现承诺。为了省钱，他降低了新兵的军饷，埋下了动乱的祸根。他任命卡拉卡拉的一些宠臣担任罗马的要职，而元老院则怨声载道，市民中也爆发了骚乱。如果能回到罗马，他也许本可以缓和局势，但他没有机会了。

卡拉卡拉没有子嗣，但不乏活着的亲戚。马克里努斯没有选择效法前任屠杀他们，事实证明这是个错误。获悉儿子遇刺后不久，罹患癌症的尤利娅·多姆娜在安条克自杀。不过，她的家族继续生活在他们的故乡埃梅萨城。尤利娅·多姆娜的妹妹尤利娅·麦萨有两个女儿，分别名叫尤利娅·索埃米亚斯和尤利娅·马麦娅（Julia Mamaea），是她和尤利乌斯·阿维图斯所生，阿维图斯在塞普提米乌斯·塞维鲁统治时期担任过执政官。两个女儿都嫁给了塞维鲁王朝的有力支持者，尤利娅·索埃米亚斯嫁给了卡拉卡拉的近卫军长官塞克斯图斯·瓦里乌斯·马尔凯路斯，尤利娅·马麦娅则嫁给了高级代理官格西乌斯·马尔基亚努斯（Gessius Marcianus）。两人在 217 年之前都死于自然原因，但他们的婚姻都留下了男嗣。卡拉卡拉的这些表外甥将会延续塞维鲁王朝，确保罗马第一位骑士等级皇帝的统治短得可怜。

卡拉卡拉身亡时，尤利娅·索埃米亚斯与瓦里乌斯·马尔凯路斯的儿子瓦里乌斯·阿维图斯（Varius Avitus）是个十三四岁的孩子。他不太可能离开过埃梅萨，而是在那里扮演了长久以来属于他祖先的埃拉伽巴尔（叙利亚语中称为‘lh’gbl）世袭祭司的角色。埃拉伽巴尔是无所不在的闪米特神祇巴尔在当地的化身，以一块黑色陨石的形式受到崇拜。作为神明在尘世的祭司，年轻的阿维图斯改用他的神明的名字，在古典史料中被称为埃拉伽巴鲁斯（或者按照传统但不那么准确的方式，称为赫里奥伽巴鲁斯）。尤利娅·马麦娅的儿子巴西亚努斯·阿列克西阿努斯（Bassianus Alexianus）比埃拉伽巴鲁斯年轻，尤利娅·多姆娜自杀后，他陪伴母亲回到了埃梅萨。索埃米亚斯和马麦娅共同策划了让马克里努斯下台的政变。姐妹俩一生都在塞维鲁王朝的权力中心周围度过，到处都有支持者。她们知道马克里努斯的阵营中存在不和，并尽自己所能地使其激化。普布利乌斯·瓦雷利乌斯·科马宗（P. Valerius Comazon）统率下的"帕提亚"第三军团驻扎在埃梅萨附近的冬季营地，因此是潜在的塞维鲁王朝复辟的天然见证者。军团士兵见证了埃拉伽巴鲁斯庆祝太阳神的节日，军营里开始有传言说，这个英俊的年轻人看上去与卡拉卡拉惊人地相似；也许他实际上是皇帝与表妹索埃米亚斯所生的儿子？与此同时，在瓦里乌斯·马尔凯路斯的家乡阿帕梅亚，贝尔（Bel）神谕所也开始发出关于马克里努斯寿数的不利预言。马克里努斯自己发动过成功的政变，这些传言无疑令他不安，但他什么都没有做，这种不作为是致命的。

218 年 5 月 16 日夜，马麦娅的一个释奴将埃拉伽巴鲁斯带到了"帕提亚"第三军团的营地，瓦雷利乌斯·科马宗允许他们进入。第二天早上，一位新皇帝宣布登基，称为马可·奥勒留·安敦尼——大胆地宣示了自己是合法王朝的后代。马克里努斯的支持者试图采取行动。"帕提亚"第二军团的军团长乌尔皮乌斯·尤利亚努斯（Ulpius Julianus）率领自己的手下向埃梅萨进军，但在那里，第三军团拒绝同他们作战，而是将卡拉卡拉的头像同新皇帝埃拉伽巴鲁斯的一同展示。几名忠于马克里努斯的军官被杀后，两个军团都回归了营地，"帕提亚"第三军团在埃梅萨附近，第二军团在阿帕梅亚。然后，马克里努斯试图亲自介入，请求"帕提亚"第二军团拥立他的儿子，恺撒狄亚杜梅尼亚努斯为共治奥古斯都。他们同意了，获得一大笔赏金作为回报，但在庆祝宴席上，他们为两位奥古斯都献上了忠诚的军团长乌尔皮乌斯·尤利亚努斯的首级。"帕提亚"第二军团如此若无其事地杀害了自己的指挥官，他们有条件的忠诚显然不能指望，于是马克里努斯父子退到安条克，保卫他们的只有近卫军。在瓦雷利乌斯·科马宗的率领下，埃拉伽巴鲁斯的支持者们向叙利亚治所进军。

决定性的战斗在 6 月 8 日打响，战况激烈，直到马克里努斯退出战场，他的军队开始败退。皇帝动身前往罗马，同时试图把狄亚杜梅尼亚努斯藏起来，但这仅仅暴露了他的彻底无能。如果早点赶到罗马，抢在 217 年年底前，他很可能依然要面对塞维鲁家族旁系在东部发动的叛乱。但那将会是内战，他可以争取西部和巴尔干军团支持自己。事实上，他的统治自始至终都是失败的。马克里努斯在迦克墩（Chalcedon）被擒，当时他正准备从小亚细亚渡海进入欧洲；而狄亚杜梅尼亚努斯也已在泽乌格玛被捕。两人很快被他们的抓捕者处决——马克里努斯死在回安条克的途中，在卡帕多奇亚的阿尔克莱斯（Archelais）被杀。马克里努斯所倚仗和提拔的骑士等级官员也都被杀。在罗马，塞维鲁王朝长期的仆人，前执政官马里乌斯·马克西姆斯对叙利亚的潜在敌人进行了大清洗。

处决了马克里努斯的百夫长克劳狄乌斯·埃里乌斯·波里奥（Claudius Aelius Pollio）被提拔为元老，成为比提尼亚的指挥官，后来被派去驻守上日耳曼尼亚。埃拉伽巴鲁斯母子在安条克停留了几个月，直到他们意识到不应重蹈马克里努斯的覆辙，忽视罗马城。218 年年底前，他们开始西行，在尼科美底亚过冬。直到219 年夏末，这个男孩才最终到达罗马，举办了正式的入城式，但他新的帝国臣民并没准备好接受他们皇帝呈现的奇观。诚然，他拥有马可·奥勒留·安敦尼这个名字——他的外表看起来无疑也像这个家族的某个成员——但他与塞维鲁家族先人的相似之处也仅限于此。他总是穿着埃拉伽巴尔崇拜的高级祭司的服装，无论走到哪里，他总是与这位神明在人间的化身同行并举行他的仪式。抵达永恒之城后，他登上卡皮托山，将巴尔神像放到了罗马国家宗教的主神，卡皮托山上的朱庇特的神庙中。罗马人不像后来的基督徒那样拥有渎神的概念，但他们对什么宗教行为可接受、什么不可接受有着强烈的认识。一位在罗马没有崇拜传统的叙利亚神明进入了帝国最庄严的崇拜场所，即便皇帝本人自称是这位神明的高级祭司，即便可以用某种形式的太阳崇拜将这种宗教合理化，这也只能被认为是一种玷污。

雪上加霜的是，220 年，埃拉伽巴鲁斯使用了一个荒唐的新头衔，让自己看上去更加不像传统的罗马人。自从奥古斯都从他已故的对手雷必达手中永久地接过了大祭司（pontifex maximus）的角色后，皇帝长久以来都是国家崇拜的主祭司。但现在，埃拉伽巴鲁斯开始自称"不可战胜的太阳神埃拉伽巴尔的最高祭司、大祭司"（sacerdos amplissimus dei invicti Solis Elagabali, pontifex maximus）。如果这个头衔意在触怒保守派的情感的话，那么它完美地达到了目的。与出身高贵，无可挑剔的罗马女继承人尤利娅·科尔内利娅·保拉（Julia Cornelia Paula）的婚姻也无法改变这种冒犯。更糟糕的是，皇帝还宣布埃拉伽巴尔是罗马国家的主神，超过长期以来保护帝国的卡皮托山上的朱庇特、朱诺和密涅瓦 3 位神明。这些行动无疑是固执的年轻皇帝本人所坚持的，因为任何头脑清醒的谋士都不会赞成。不过也可能围绕在埃拉伽巴鲁斯身边的是一群同样怪诞的谋士。由于现有的史料变得非常稀少，而且随着那个世纪的深入，情况变得更加严重：保留了卡西乌斯·狄奥作品的摘要变得更加支离破碎，而 4 世纪的《罗马君王传》在不完全引用赫罗狄安（Herodian）——他非常不可靠的叙述留存了下来——的地方是纯粹的虚构。

尽管我们对确切的事实不得而知，但似乎清楚的是，在罗马人看来，埃拉伽巴鲁斯的行为方式往好里说是疯狂的，往坏里说是危险的。220 年的事件令人痛苦地加深了这一印象，当时埃拉伽巴鲁斯与毫无过失的科尔内利娅离婚，娶了维斯塔贞女尤利娅·阿奎拉·塞维拉（Julia Aquila Severa），以庆祝埃拉伽巴尔神与女神密涅瓦的联姻。罗马的密涅瓦相当于希腊的雅典娜，她的神像被搬进了朱庇特神庙，陪伴她新的丈夫。皇帝非常隆重地做了这一切，举行了罗马民众需要参加的公共游行，这只是让情况变得更糟了。第二年，这幕荒诞剧——因为在许多观察者看来无疑是这样——重演了，埃拉伽巴尔神与雅典娜离婚，娶了布匿女神阿施塔特（Astarte），而皇帝埃拉伽巴鲁斯则与尤利娅·阿奎拉离婚，娶了马可·奥勒留的一位远亲后代阿尼娅·福斯蒂娜。与福斯蒂娜的婚姻也没有维持很久，但等到皇帝抛弃她，选择了史料中没有提到姓名的其他新娘时，他的宫廷已经受够了。

尤利娅·索埃米亚斯和尤利娅·马麦娅姐妹随着她们的儿子来到了罗马，前者的儿子是埃拉伽巴鲁斯皇帝，后者的是年龄小一些的巴西亚努斯·阿列克西阿努斯。现在，马麦娅觉得自己外甥作为皇帝的行为实在太荒唐、太有破坏性了，再也无法容忍。她的这一判断似乎得到了现任城市长官瓦雷利乌斯·科马宗的认同，后者曾经是"帕提亚"第三军团的统帅，他对马克里努斯的背叛决定了后者的命运。221 年 6 月，巴西亚努斯（生于 208 年）成年，穿上了象征这一转变的成人托袈。他还被封为埃拉伽巴鲁斯奥古斯都的恺撒，得到了马可·奥勒留·亚历山大（Marcus Aurelius Alexander）的名字。作为皇族的第二位成年男性，他还成了宫廷中的反对力量的中心。

现在，这两派力量开始在罗马争夺控制权，有的站在皇帝一边，有的站在新恺撒一边。埃拉伽巴鲁斯试图以不忠为由罢免瓦雷利乌斯·科马宗，但经过一些不透明的谈判，皇帝被迫恢复了他的职务。新年伊始，当埃拉伽巴鲁斯第四次，亚历山大第一次担任执政官时，形势恶化，马麦娅开始发动政变。3月，亚历山大躲了起来，可能是出于真正的恐惧，但更可能是为了激化他和表兄之间的冷战。222年3月11日，埃拉伽巴鲁斯与尤利娅·索埃米亚斯前往近卫军的兵营，希望能让他们放心，亚历山大安然无恙，但卫队哗变了。埃拉伽巴鲁斯试图藏到一口大箱子里，但还是被发现，并与母亲和他们的主要支持者一起被斩首，后者包括两名近卫军长官和短暂接替科马宗的城市长官。

姐姐死后，尤利娅·马麦娅开始独掌大权。3月13日，她14岁的儿子亚历山大被拥立为皇帝，翌日又被因为摆脱了他的表兄而兴奋不已的元老院封为奥古斯都、祖国之父和大祭司。与此同时，他在自己的名字中加入了塞维鲁，以重申自己与王朝的联系。还有传言称，他其实也是卡拉卡拉之子，而非马麦娅的丈夫格西乌斯·马尔基亚努斯亲生。他的前任遭到正式的除名毁忆，新的和平时代将要来到。或者说希望如此。

在将近十年的时间里，和平可能的确降临了，尽管事实上我们对亚历山大的统治几乎一无所知。《罗马君王传》的描述几乎纯属虚构，展现的是"好皇帝"的理想肖像，区别于对埃拉伽巴鲁斯的东方主义陈词滥调和对亚历山大最终继承者马克西米努斯的野蛮行为的夸张漫画。赫罗狄安则受限于自己的无知和远离事件发生地，而且总是更偏重于修辞而非内容。狄奥仍然为我们提供了最好的描述，特别是因为他本人在当时的政治中扮演了重要角色。

我们上一次提到狄奥时，他还是康茂德统治时期的一个初级元老，对后者疯狂的自我放纵做了令人恐惧，有时也颇为好笑的描绘。不过，他成了塞维鲁王朝的好仆从，并一直如此，虽然有时埃拉伽巴鲁斯看上去想必犹如康茂德转世。在那个叙利亚男孩统治的大部分时间里，狄奥都生活在自己的家乡尼西亚，作为负责当地行政的元老保佐人（保佐人是一种特殊类型的短期元老职务，通常受命监督陷入财政麻烦的行省城市的财务）。此后，他作为代执政官成了阿非利加的总督，这个元老院行省的职位表面上仍然是从元老院的前执政官中抽签选出的，尽管常常是皇帝敕令从有资格的人当中指定。他在代执政官任内的表现一定令人印象深刻，因为他随即被相继任命为两个皇帝行省的总督，首先是达尔马提亚，然后是上潘诺尼亚，后者是一个关键的军事行省。229年，他获得了第二次担任执政官的荣耀，同僚是皇帝本人。狄奥得到的大量引人瞩目的恩宠在某种层面上是亚历山大政权有意采取的政策——卡拉卡拉和埃拉伽巴鲁斯喜欢厚赏那些出类拔萃地为他们个人服务的人，无论是仆从还是骑士等级的官僚，而亚历山大的统治则被有元老背景的人所主导。事实上，我们对其统治的了解很大程度上都是从其官方任命中推断出来的，因为其叙事历史几乎是空白。还有一点也是清楚的——骑士以及埃拉伽巴鲁斯和索埃米亚斯的宫廷宠臣将被尽可能地排除在亚历山大的政府之外。相反，在塞普提米乌斯·塞维鲁时期开始职业生涯的元老——有些甚至是在他的统治下首次担任执政官——则占据了政府的主要职位。

这一事实本身就足以解释为何亚历山大的统治，无论是否取得了任何明显的成功，在后世人们的记忆中都是黄金时代，这要得益于像狄奥和马里乌斯·马克西姆斯这样的元老作家所主导的传统。行省人民（就我们对其观点的了解而言）乃至大部分军团始终持消极态度。罗马城本身远没有那么平静。近卫军从他的统治伊始就不高兴，从未真正安分。亚历山大的新任近卫军长官多米提乌斯·乌尔皮阿努斯（我们更多称其为法学家乌尔皮安）是个严格奉守纪律的人，其职业生涯始于在塞维鲁的近卫军长官帕皮尼亚努斯手下任职。他关于法律、关于公平和正义的想法与一群已经习惯了自己想要什么就去索取、就能得到的士兵格格不入。乌尔皮安不无理由地被认为是第一个真正的人权理论家，是他首先把那个宽泛的范畴作为概念加以阐释，而他对罗马民法的细致阐述和系统化研究方法——当时的许多塞维鲁王朝时期的法学家也采用这种方法——不仅对接下去的3个世纪产生了决定性影响，而且他的思想在12世纪及以降被重新发现与传播时，还使得欧洲的法律思想发生了革命性变化。但在他自己的时代，近卫军反对他的严厉，讨厌他任命的许多人，以至于近卫军的纪律在223年夏天完全崩溃了。

乌尔皮安的敌人马可·奥勒留·埃帕加图斯（Marcus Aurelius Epagathus）煽动了愤恨的火焰，此人是个骑士等级的释奴，接替乌尔皮安担任岁调长官，负责罗马的粮食供应。乌尔皮安逃过了有人想在他家中将其绑架的企图，逃到了皇宫。但一队近卫军在那里抓住了他，他们当着皇帝母子的面，杀害了这个让他们怒不可遏的人。近卫军与皇帝家族宠信的官员之间的敌意在继续，比如，卡西乌斯·狄奥在229年第二次担任执政官期间就因为受到近卫军的威胁而无法留在罗马城内。此外还有别的问题——225年的某个时候，亚历山大娶了卢基乌斯·塞尤斯·赫莱尼乌斯·撒鲁斯提乌斯（L. Seius Herennius Sallustius）的女儿格奈娅·塞娅·赫莱尼亚·撒鲁斯提娅·奥尔比亚娜（Gnaea Seia Herennia Sallustia Orbiana）。她获得了奥古斯塔的称号，她的父亲可能改称为恺撒，尽管不能肯定。但随后，在 227 年出现了问题——可能是阴谋或篡位企图。无论如何，赫莱尼乌斯遭到处决，奥尔比亚娜被流放到非洲，再也听不到她的音讯。

可能是因为这位深居简出的年轻皇帝几乎没有能力亲自领导，从亚历山大统治伊始就在罗马依稀可见的不满情绪随着时间的流逝在整个帝国变得越发明显：许多边境地区出现了哗变和动荡，229 年之前的某个时候，美索不达米亚的驻军甚至杀害了自己的军团长。他们无疑面临着来自东方的新威胁，那就是新的波斯国王阿达希尔（Ardashir），他在几年前刚刚推翻了最后一位帕提亚国王。中亚和帕提亚帝国的事将在下一章占据大量篇幅，但我们可以在这里简要地回顾一下它们在塞维鲁王朝的覆亡中所扮演的角色。230 年左右，或者可能稍晚些，新的波斯统治者阿达希尔袭击了罗马的美索不达米亚行省，同时有个叫乌拉尼乌斯（Uranius）的人可能自称皇帝［不清楚这里是不是误指——甚至正确地指涉了——后来的篡位者乌拉尼乌斯·安敦尼（Uranius Antoninus），我们通过其钱币知道有这个人］。阿达希尔包围了尼西比斯，他的军队也对叙利亚本身的边境造成了威胁。塞维鲁·亚历山大政权直到 231 年才组织起了真正的防御，这位年轻皇帝离开罗马前往东方前线，沿途召集军队，并从埃及调来了"图拉真"第二军团。全军在 231—232 年冬天之前会师安条克，有记录表明，当时又发生了哗变。第二年的战事规模巨大，军队对北面的亚美尼亚、中部的奥斯罗埃内和南面的美索不达米亚都发动了攻击。但北面和南面战线的军队战败，现存的模糊叙述暗示他们遭受了巨大的损失，没什么能拿得出手来讲的东西。

然后，在作战季的最后，传来了莱茵河上游和多瑙河上游遭遇麻烦的消息。阿拉曼尼人（或者是莱茵河上游与多瑙河上游边境正在壮大的蛮族联盟的某一群体）发动了大规模袭击或全面入侵；阿拉曼尼人的动机等细节已经无从重建。作为回应，皇帝和他的母亲返回西部，于233年回到了罗马，庆祝了对波斯的凯旋式，然后出兵日耳曼边境的莫古恩提亚库姆。塞维鲁计划以受到认可的方式惩罚蛮族，亲自入侵他们的土地，给他们造成严重破坏。他似乎成功做到了这一点，因为罗马军队在北部边境以外很少有哪天受到像样的抵抗。对亚历山大来说不幸的是，正当他的作战军在蹂躏阿拉曼尼亚时，一些阿拉曼尼突袭者也对莱茵兰军队驻地附近的平民定居点做了同样的事。皇帝的上兵（或者至少是其中的一部分）在成功渡河，回到自己的冬季营地后，发现自己家园被毁。他们沮丧而愤怒，拥立骑士等级的指挥官盖乌斯·尤利乌斯·维鲁斯·马克西米努斯（C. Julius Verus Maximinus）为自己的新皇帝，推翻并杀害了亚历山大和他的母亲马麦娅。政变让塞维鲁王朝在235年3月19日走向了痛苦和令人遗憾的终点。

一种常见的历史观点认为，塞维鲁·亚历山大之死是早期帝国与3世纪危机的空隙或休止符之间的断裂点。我们会在接下来的各章中更加详细地讨论帝国危机的概念，在这里只须强调，亚历山大统治时期的政治矛盾在他遇害后的4年里继续起作用，没有任何真正实质性的断裂。篡位者马克西米努斯属于日益强大的骑士官员阶层，从安敦尼王朝末期开始，他们的影响力越来越多地取代了传统的元老家族。马克西米努斯是一名高级军官，有着漫长但不为我们所知的忠诚效力的军旅生涯。作为我们主要依据的元老阶级历史传统有意将他描绘成外来的蛮族，撰写我们现存历史著作的整个古代晚期的文官精英都采用了这种修辞态度；4世纪的《罗马君王传》中，在埃拉伽巴鲁斯春宫画一般的奢靡和亚历山大鼓舞人心的完美之后，我们看到了形貌可怖和极其凶残的马克西米努斯，他是纯粹兽性的化身，尽管上述每一幅画像都同样缺乏基本事实。但我们不应怀疑，安敦尼王朝后期和塞维鲁王朝早期的元老精英多么憎恶随着 3 世纪的深入，出身寒微的人能够取得越来越多的真正权力这件事。

我们不知道马克西米努斯生于何时，但他来自巴尔干的色雷斯，因此就有了那个并不真实的、有时依然被加在他身上的绰号"色雷斯人马克西米努斯"，以及这个绰号依然带有的所谓蛮族意味。他通过在军队和文官系统任职而被擢升进了高级骑士的行列，当日耳曼军队哗变，拥立他为皇帝时，他已经不年轻了。从钱币头像和罕见的半身像来看，他明显是个中年人，很可能出生在奥勒留统治的末年，在 2 世纪 90 年代的内战中开始为帝国服役。他想来站在胜利者的一边，至少升到了很少被提到，而且级别并不很高的新兵长官（praefectus tironibus）的位置上，该职位可能是某种高级军士长。登基时，他的妻子是一个叫凯基利娅·保琳娜（Caecilia Paulina）的人，我们对其一无所知。他们有一个当时还是少年的儿子盖乌斯·尤利乌斯·维鲁斯·马克西姆斯（C. Julius Verus Maximus）。

鉴于其职业生涯，马克西米努斯完全理解塞维鲁通过让士兵富有来保持对军队的控制的政策。亚历山大和马麦娅从来不特别受军队欢迎，但导致他们被杀的是他们对赏赐的吝啬。马克西米努斯承诺给他的支持者们一大笔赏赐，并把他们的军饷翻番。但兑现这样的承诺需要采取极端的手段。虽然马克西米努斯死后，他的统治的几乎每个方面都处于诽谤的阴霾之下，而且我们永远无法知道被他罚设财产的人主要是谁，但他似乎真的减少了对罗马的粮食供应和对该城帝国宗教习俗的补贴。依赖补贴的罗马平民无法完全靠自家菜园或工钱养活自己，因此必然会受到冒犯；同样糟糕的是，帝国宗教习俗管理着城市历法的许多内容，扰乱宗教仪式的日程可能会同时疏远元老精英和平民。马克西米努斯似乎不太关心他在罗马造成的冒犯，这只会放大冒犯的影响，而且他在自己的统治期间从未回到罗马，只是送回关于他在莱茵河和多瑙河取得的战功的图像。对这些军事行动的记录很少，但235 年和 236 年，他在莱茵河畔作战，对手很可能是阿拉曼尼人，而从 236 年年末开始，他又在多瑙河边境与萨尔玛提亚人交战；等到 238 年他去世时，他在钱币上以最伟大的日耳曼征服者、最伟大的达契亚征服者和最伟大的萨尔玛提亚征服者的形象出现。

虽然他同时受到罗马平民和罗马元老院的憎恨，但更要命的是，他根本负担不起向士兵承诺的赏赐，也没有支付他们认为他已经应允的双倍军饷。在我们唯一有价值的文献中提到，名叫马格努斯（Magnus）和夸尔提努斯（Quartinus）的两个军官（除此以外我们对其一无所知）发动了阴谋叛乱；他们很可能利用了士兵们的不满。雪上加霜的是，马克西米努斯的妻子保琳娜（235 年或 236 年去世）被封神，年轻的马克西姆斯被提拔为恺撒，却无助于营造出一种成功的当政王朝的感觉。事实上，除了对其开始和结局部分的叙述，关于他的统治我们所能了解的主要结构性特征是，许多在那个世纪的后期官运亨通的人（至少包括瓦勒良和德基乌斯这两位未来的皇帝）在马克西米努斯统治时期一直不受约束或者春风得意。虽然如此，马克西米努斯似乎从未得到过谁特别热情的支持，这就是为什么阿非利加代执政官行省最初不起眼的叛乱会在 238 年失控并导致他政权的败亡，尽管这场叛乱本身几乎没有取得任何成就。

阿非利加代执政官行省的元老统治者的反叛是赫罗狄安史书的高潮，尽管不乏带有说教意味和矫揉造作的修辞，但它保留了对事件详细而大体全面的描述：在筹集马克西米努斯皇帝所要求的资金时，一个不知名的皇帝代理官触怒了代执政官行省的出身高贵的群体——他们中有的来自元老等级，许多是现在在意大利的元老家族的门客。然后，行省的"年轻人"发起行动，杀死了触怒他们的代理官，并拥立代执政官本人为皇帝；这位代执政官是元老马尔库斯·安东尼乌斯·戈尔狄亚努斯·森普洛尼亚努斯·罗曼努斯·阿非利加努斯（M. Antonius Gordianus Sempronianus Romanus Africanus），我们称之为戈尔狄安一世。这个老人没有特别的荣誉，但其职业生涯很长——他在卡拉卡拉统治时期担任过不列颠总督，在埃拉伽巴鲁斯统治时期担任过亚该亚总督——这意味着有足够多的元老同僚认识和可能支持他。他做出了拒绝皇位的必要姿态，但迅速让人把消息传回罗马。元老院拥立他为皇帝，处死了马克西米努斯的近卫军长官维塔利亚努斯（Vitalianus），然后宣布马克西米努斯本人为公敌，并做出了前所未有且极其堂吉诃德式的举动，任命一个二十人委员会（vigintiviri）来领导对遭到他们公开谴责的皇帝的反对。戈尔狄安的儿子在亚历山大统治时期担任过递补执政官，并于 238 年担任他父亲在阿非利加的执政官级别的特使，现在成了共治皇帝。

在罗马铸造了两位戈尔狄安的钱币，所有的行省总督和军团长都
获悉了消息，而且至少在东部，马克西米努斯似乎得不到任何支
持。事实证明，在所有地方中，他在非洲最为走运："奥古斯都"
第三军团的军团长和努米底亚的总督卡佩利亚努斯（Capelianus）
向代执政官行省进军，这个行省从奥古斯都时代以来就没有驻军。
卡佩利亚努斯毫无困难地镇压了戈尔狄安的叛乱，在战场上杀死
了小戈尔狄安皇帝，迫使那个疲惫的老人在统治了仅仅 20 天后就
自杀了。

在罗马，事件以史无前例的奇特轨迹继续着：元老院不满足
于支持阿非利加乱糟糟的叛乱，而是任命了二十人委员会中的两
人为奥古斯都，让这两个平等的同僚取代死去的两位戈尔狄安。
马尔库斯·克洛狄乌斯·普皮埃努斯（Marcus Clodius Pupienus）
和德基姆斯·凯利乌斯·巴尔比努斯（Decimus Caelius Balbinus）
经历了短暂而不幸的统治，尽管他们出身高贵：巴尔比努斯是一
位出身世家的贵族，可能来自西班牙的贝提卡行省，源自共和时
代的家族在那里生活了几个世纪，他作为代执政官担任过亚细亚
行省的总督（与阿非利加行省总督同为帝国最显赫的两个职务），
在 213 年再次担任执政官，当年地位更高的执政官则是卡拉卡拉。
普皮埃努斯是职业军人，可能是家族中第一个进入元老阶序的，
但他极为成功，从塞普提米乌斯·塞维鲁手下干起，历任比提尼
亚、伊利里亚（Illyricum）和日耳曼尼亚总督，还担任过亚细亚
行省的代执政官，并在塞维鲁·亚历山大时期第二次担任执政官。

他们称帝的消息在罗马引发了暴乱，暴乱的发起者并非马克
西米努斯的支持者——他在首都没几个支持者——而是戈尔狄安
父子的拥趸，他们成功地煽动了暴徒。骚乱的人群拥立死去的戈

尔狄安的孙子为皇帝，为了团结反对马克西米努斯的力量，两位
奥古斯都封这个孩子为恺撒。现任皇帝先后出现的每一位对手都
会大量发行钱币，尽管前两位戈尔狄安的钱币现在已经非常稀少，
而巴尔比努斯和普皮埃努斯的钱币几乎没有人见过，但这些都传
递出这样的信息，即马克西米努斯是不合法的僭主，可敬的元老
们会坚定地恢复他们共和时代前辈的尊严。钱币肖像的反差意味
深长：第一位戈尔狄安胡须刮得很干净，下巴紧实，一副文官和
古典时代的样子；他不幸的儿子年轻而充满活力，身着戎装；巴
尔比努斯肥胖，下巴宽厚，穿着托袈；普皮埃努斯表情严肃，神
态坚定，留着像马可·奥勒留一样的哲学家军人式的胡须，而不
是像马克西米努斯这种同时代的武士一样留着胡楂。他们所有人
之后是那个叫戈尔狄安的孩子，被民众拥立时，他只有 13 岁，是
未来的希望，旁观者可以把喜欢的一切投射到他的身上。他和马
克西米努斯那专业、军人和骑士的气质之间的反差再强烈不过了。
238 年，通过二十人委员会和戈尔狄安父子流产的支持，元老院
重申了自身的贵族特权意识，现在他们开始把这种特权标榜为文
官品德，与马克西米努斯只能提供的士兵品德相对。

　　受到骚乱影响的不仅是元老院，还有近卫军，他们中有一些
人丧生。罗马的街道上出现了持续多日的公开冲突，但平民——
或者说其中多到足够影响局势的成员——似乎站在元老院一边，
他们把近卫军包围在营地，迫使他们投降。238 年 3 月，就在这
一切发生时，马克西米努斯入侵了意大利北部，当时他可能还没
有获悉卡佩利亚努斯在阿非利加取得了闪电般的胜利。在这里，
他犯了严重的错误，没有全速向南，而是停下来包围了潘诺尼亚
到意大利北部途中的关键据点阿奎莱亚，也许他觉得把这个几乎

无法攻克的反对者基地留在自己的背后太令人担心了。但围攻进展不顺。几个月后，在238年春末，不满的士兵哗变，杀死了马克西米努斯和他的儿子马克西姆斯，然后固守意大利半岛北部，没有继续进军。当这个消息传到罗马时，那里没有像预期的那样一片欢腾，而是继续着血腥杀戮。刚刚与平民和元老院发生了暴力冲突的近卫军现在聚集在年轻的戈尔狄安恺撒背后，以人民的名义拥立他为奥古斯都，并杀死了巴尔比努斯和普皮埃努斯。

幸存者簇拥在戈尔狄安三世的宫廷周围，他是238年第六个拥有帝号的人，无论多么短暂。屠杀结束了，在马克西米努斯统治时期春风得意的骑士和军人现在主导了新的政府：以巴尔比努斯和普皮埃努斯为代表的一批老特权者试图重申自己的地位，但他们悲惨地失败了。随着一个10岁出头的孩子登上了皇位，一个军政府的宫廷开始统治帝国。这种委员会统治模式以及在迦太基、罗马和阿奎莱亚的杀戮预示着我们长久以来所称的3世纪危机，那将是下一章的主题。

第 8 章

欧亚大陆的历史与罗马帝国

3 世纪的危机。军人皇帝的时代。军事无政府主义。Die Weltkrise（世界危机）。无论你如何称呼，235—285 年长久以来一直被视作罗马历史上的黑暗时期，是盛期和晚期帝国之间的休止符，这个世界不得不借助一些铁腕的统治来拯救自己免于被毁灭——在威权主义的戴克里先统治的 20 年里（284—305 年），它的确是被这样治理的。表面上看，这种可怕的名声可能显得实至名归。毕竟在 50 年的时间里，有数十人披上过皇帝的紫袍。他们中有的具有无可争议的合法性，无论是通过世袭继承，还是元老院的及时承认；有的按照任何定义都是篡位，无论是古代的还是现代的。但还有多得多的人属于两者之间的模糊身份，仿佛皇帝合法性的整个概念成了悬而未决的问题，常常需要皇位竞争者之间的血腥内战来回答。此外，帝国的东部行省面临着在波斯和美索不达米亚新建立的萨珊王朝的持续入侵，有时是毁灭性的。而在莱茵河与多瑙河边境沿线，以及大西洋和黑海沿岸，破坏性没那么大但同样让人担忧的袭击是生活中司空见惯的一部分。从早期帝国通货的崩溃，以及银币质量的全面下滑中可以看到更多衰落的证据。在宗教方面，我们看到了新的崇拜和热情，比如具有奇特二元信仰的摩尼教徒，以及已经稳步传播的基督教和由此催生的暴力迫害。除了这些，一场大瘟疫——可能是出血热——在该世纪中期袭来，我们对其造成的死亡数字才刚刚开始有所认识。直白地说，很难用危机以外的词来形容那个时代。

但事实上，情况远没有那么清楚。一方面，就像我们在第7章中开始看到的，所谓的危机时代的年代并不真正恰当——通常被描绘成该世纪中叶特点的那种不稳定其实是从217年卡拉卡拉之死开始的。同样，危机的地理范围远比普遍崩滞的模型所暗示的要有限得多。帝国的部分地区的确多次遭受入侵和内战的折磨，一些许多世纪都没有看到罗马军队的地区现在不得不面对士兵常驻其间，以及他们不可避免的掠夺。另一方面，许多遭受了多年苦难的地区随后经历了数十年不间断的和平。还有一些地区——比如不列颠、阿非利加和西班牙的许多地区——在整个世纪都欣欣向荣。同样，尽管一些行省的经济明显停滞不前，但为帝国提供粮食、达到工业规模的跨行省农业出口像过去一样延续着，几乎没有证据显示出现了跨地区的经济危机，更不用说整个帝国范围内的了，尽管帝国的通货经历着艰难时光。

出于上述和其他许多理由，传统的危机和衰退模型在过去30年间受到了普遍的挑战。我们需要把3世纪视作一个具有其自身历史动态的时期，而不仅是连通早期和晚期帝国的道路上的一个驿站。从这样的分析中将会看到，哈德良和安敦尼时代的罗马政府和社会的变化是如何继续影响3世纪历史进程的：奥古斯都创造的作为某一个家族祖产的国家消失了；相比更早的罗马政府，新崛起的骑士精英更深入地渗透进了地方生活；元老贵族的组成发生了改变，希腊和罗马这两个文化世界之间的分歧也随之得到弥合。

　　这种分析的一个关键方面是，它认识到一些范围大得多的历史事件开始对 3 世纪的罗马帝国产生影响，这些事件有的发生在非常遥远的地方。在公元前的最后两个世纪里，当罗马从布匿、凯尔特和希腊统治者手中征服了地中海时，罗马人对环绕他们内海的大陆的内部几乎一无所知，更别提对其感到担心了。但随后，当最后的共和时代巨头和最早的皇帝巩固了罗马在近东、巴尔干和欧洲中部部分地区的统治后，他们的军事机器——其纯粹扩张性的暴力是史无前例的——开始肆虐欧洲内陆的传统社会。不过，罗马还没有注意到在他们直接征服的地区之外，远在斯堪的纳维亚、俄罗斯和高加索，在高山、森林和草原之间正在出现一波波的社会动荡，也没有感觉到这些动荡的冲击。在同一时期，从公元前 1 世纪直到安敦尼王朝的末尾，杂乱延伸的帕提亚帝国既有效地阻止了罗马的进一步东扩，同时又是安全和稳定的对手，它自己也受益于其中亚边境上的稳定社会。帕提亚安息王朝的灭亡和萨珊波斯的胜利永远地改变了这种安逸的现状。

　　现在，罗马帝国发生的大事，罗马皇帝及其官员们需要设定的优先事项可能是由发生在兴都库什山、塔克拉玛干沙漠和河西走廊（位于今天的中国甘肃），甚至是黄河河套地区的鄂尔多斯沙漠的事件，经历了二手或三手而决定的。换句话说，公元 3 世纪，罗马帝国第一次走进了欧亚大陆的历史：它通过红海和印度洋与印度相连，通过伊朗和草原与中亚相连，通过印度和中亚与中国相连，最重要的是，它与欧亚大草原本身连接起来了，这些联系现在都有了历史意义，尽管可能仍然是薄弱和间接的。为了理解为什么会是这样，以及为 4 世纪和 5 世纪的历史事件做好铺垫（如

果不提这个广阔得多的世界就无法理解这些事件），我们需要简单
说些关于帕提亚安息王朝历史的题外话。

到目前为止，帕提亚人在本书中一直是有点面目模糊的存在，
但他们在美索不达米亚、伊朗和中亚所统治的帝国以这样或那样
的形式已经存在了 500 多年。不过，就像罗马帝国一样，帕提亚
感受到了公元 3 世纪风云变幻的世界的影响。不仅仅是罗马和帕
提亚，公元 3 世纪，欧亚大陆的每个角落都发生了可能会对其他
角落产生影响的变化。

但在转向政治之前，我们需要了解地理和气候。亚洲北部分
为四大气候带，特别是乌拉尔山脉以东，山脉阻挡了盛行的西风
及其富含水汽的云。北极圈以北是冻土带；北极圈以南是北方针
叶林；然后，随着森林变得稀疏，我们进入了有树木的草原，接
着是过于干旱而不适合持续农业的草原，最后进入真正的沙漠；
沙漠以南是一系列山脉，起于安纳托利亚和亚美尼亚，经由伊朗
北部的高加索和厄尔布尔士（Alborz）山脉，一直延伸到伊朗和
土库曼斯坦之间的科佩特山脉（Kopet Dag），然后进入更大的兴
都库什山、帕米尔高原、天山、昆仑山和喜马拉雅山系。越往东
走，草原带就越窄，而沙漠带则越宽，沙漠带中只是偶尔点缀着
绿洲，灌溉它们的水源自周围山中的溪流。作为这些地带中的第
三个，有树木和有草的欧亚草原是大陆的结缔组织，除了西伯利
亚最南端的阿尔泰山和萨彦（Sayan）山脉，这片可穿越的土地延
绵不绝，从太平洋一直延伸到将近 5000 英里外的多瑙河流域。从
中国的河西走廊开始，然后是现在的新疆维吾尔自治区及其广袤
的塔克拉玛干沙漠，接着是天山、帕米尔高原和兴都库什山脉，
草原与各种类型的高原几乎迎头相撞。然后，在兴都库什山以西，

它被今天的哈萨克斯坦的沙漠与古代马尔吉亚纳（Margiana）、粟特（Sogdiana）和巴克特里亚（Bactria，今土库曼斯坦、乌兹别克斯坦和阿富汗沿着穆尔加布河、锡尔河和阿姆河的部分）的间歇性可耕种区分开。接着，在乌拉尔山脉以南，里海和高加索以北，草地和森林草原变窄，在黑海以北（今天的乌克兰和摩尔多瓦）变成一条更窄的草地，那里的温带中欧林区比其他地方靠南得多。然后，草原逐渐缩小为喀尔巴阡山脉东缘和黑海海岸之间的一个小缺口，通过那里可以向南前往多瑙河流域和罗马尼亚的多布罗加（Dobrogea）；另一条类似的草原通道沿着里海向南，进入今天阿塞拜疆和伊朗的草原。在地质学上，匈牙利的普斯陶（Puszta，多瑙河弯和南喀尔巴阡山之间的开阔平原）构成了欧亚草原的一小段延伸，尽管它面积太小，不足以像更东面的地方那样维持真正的游牧文化。

想要追踪这个广阔的草原世界里发生的事件很困难，有时甚至是不可能的：只有当中国、印度和地中海世界这些有文字的文明受到草原政体的影响时，我们才能瞥见那里发生的一些事，帕提亚和伊朗帝国的铸币和铭文有时也能提供帮助。但即使在 6000年前，草原文化的流动性就已经足够大，因此像蒙古西部和喀尔巴阡山脉这样相距遥远的地方的人们可能拥有同样的贵族象征。技术、可携带艺术品的式样以及声望和权力的象征物的交换跨越了语言群体、民族和政治结构，在草原世界的武士阶层之间流动。正是这种流动性有助于解释我们——以及希腊、罗马、伊朗和中国的古代史料中——在不同的草原民族之间做出鲜明区分时所遇到的困难。

尽管波斯和巴克特里亚在罗马和中国之间的思想交流和奢侈

品贸易中发挥了一定的作用，罗马人和中国人对彼此却几乎一无所知，但是，两者都在重要的方面与中亚草原政治联系在了一起。草原上的半游牧和游牧民在政治和经济上依赖于他们与中国、伊朗以及罗马等定居的农业和城市世界的互动；反过来，草原上的人力为定居国家供应了兵源，虽然草原武士也会对后者进行掠夺。在这两个世界的每个连接点上都可以看到这种共生关系。此外，由于草原人口惊人地众多，而且旅行起来几乎没有障碍，某个角落的政治动荡可以在非常遥远的地方激起危险的涟漪。这不是直接的连锁效应，并不是大规模移民在相继推动下进入罗马、中国和伊朗文明的边界。有时的确会发生很大规模的人口迁徙，但游牧民的浪潮一波接一波地从草原上涌过这种旧式的画面不仅低估了古代草原帝国的多样性，而且忽略了一个事实，即毁灭性的入侵不需要在任何时候都有非常多的个人流动。这是旧观点的缺陷所在，它认为在 4 世纪 60 年代如此突如其来出现在希腊罗马世界的匈人就是匈奴人，他们的帝国在公元前 1 世纪被中国的汉朝摧毁，迫使他们开始了长达几个世纪的向西跋涉。

在语言学上，匈奴人（匈人，Hun 或 Hunnoi，拉丁语和希腊语，以及它们的现代衍生语的称呼）、希奥尼泰人（Chionitae，拉丁语和希腊语对臣属于波斯帝国的中亚游牧民族的称呼）、匈纳人（Huna，梵语）和胡恩人（Xwn，粟特语）是同一个土著词语的不同写法，或者这个土著词语几乎肯定是这些人的自称。但无论是这些，还是书面和考古学记录中可见的文化相似性，都并不意味着有某一个民族或政治共同体在身份认同（更不用说基因了）从未改变的情况下，在 4 个世纪的时间和数千千米的空间里一起旅行。文化行为、拥有显赫历史的名字、对统治权的态度，所有这些都是可以转移的，希奥尼泰人和匈人若要拥有同样的族名，或者 4 世纪时拥有那个族名的民族心中若要存在某种半真实半虚构的延续感，是不需要有多少与汉朝为敌的匈奴人的生物学后代的。

我们将会在本书的续篇中回到匈奴人的历史和身份，但在这里提起他们是因为他们是一个典型的例子，显示了草原上的动荡（尽管我们很难弄清其原因）在多大程度上可能从欧亚大陆的一端影响到另一端——我们无须通过大规模的迁徙来解释这些。这在 3 世纪变得尤为清楚。在 4 个世纪的时间里，以长安（今西安）和洛阳为京城的汉朝统一了南北中国。3 世纪 20 年代，当最后一位汉朝皇帝退位后，帝国的北方领土分裂成了一系列对立的王朝，①为附近的草原政体提供了机会和动机。汉亡后，彼此攻打的中国君主觉得这些草原政体可用，这进一步鼓励了后者。这些新的草原联盟的力量扰乱了更西面的游牧民邻居，继而扰乱了粟特、巴克特里亚和印度东北部——帕提亚和后来的萨珊帝国的东缘。由于帕提亚和后来的波斯王朝在安纳托利亚东部、亚美尼亚和美索不达米亚与罗马帝国打交道，伊朗北部和东部的草原地区的动荡可能会对罗马本身的东部边境产生令人惊讶的直接影响。

正是出于那个原因，简单回顾一下帕提亚帝国与地中海世界相关的历史，以及它与中亚相关的历史，将向我们展现在思考罗马在其东部和东北部边境的对外关系时应该牢记的主题。我们需要从公元前 4 世纪 20 年代开始，当时亚历山大大帝征服了波斯的阿契美尼德王朝，他深入中亚，到达了犍陀罗（今巴基斯坦）的

---

① 实际上，汉献帝退位时，曹魏统一着北方。

印度河，巴克特里亚（今阿富汗），以及粟特和马尔吉亚纳（今土库曼斯坦和乌兹别克斯坦）。亚历山大的惊人帝国完全是他个人缔造的，公元前 323 年他去世后，这个帝国立即分崩离析。他的继业者们的战争持续了几十年，在此期间，从叙利亚到美索不达米亚、波斯和马尔吉亚纳，再到粟特、巴克特里亚和印度东北部的边缘，大片地区都落入了塞琉古王朝的控制之下。第一位塞琉古是个很不起眼的人物，非常出人意料地成了早期继业者战争的胜利者，他对自己获得的这片广袤土地的控制很不稳固，缺乏在那里改变局面的手段：他和他的后代对东部行省基本上延续了波斯阿契美尼德王朝的管理，偶尔派出希腊或马其顿的监督者。塞琉古统治者把关注的目光一直投向希腊化地中海世界的政治，那里是世界的中心，是王朝的诞生地。因此，他们对东部行省的控制总是脆弱的。巴克特里亚和犍陀罗很快脱离了塞琉古王朝的控制，成为本地的希腊-马其顿王朝统治下的独立王国，持续了几百年。而在里海东岸，昔日阿契美尼德王朝的总督辖区（行省）也逐渐落入本地统治者之手。

其中一位总督（satrap）是个名叫阿萨西斯（Arsaces）的贵族，来自帕塔瓦［Parthava，希腊语中称为帕图埃内（Parthyene）］或巴克特里亚。他的家族（我们称之为安息①家族）曾是阿契美尼德王朝的朝臣，并且与里海和咸海之间间歇性可耕种土地上的游牧民社群关系密切。公元前 3 世纪中期，阿萨西斯反叛塞琉古国王，在位于厄尔布尔士山脉东北，今土库曼斯坦境内的尼萨（Nisa）城自立为王。阿萨西斯的继承者控制了赫卡尼亚

---

① "安息"是我国古籍对帕提亚的称呼，来自对 Arsaces 的音译。

（Hyrcania）、帕图埃内、马尔吉亚纳和粟特——在这些古代地区，中亚草原上出现了被阿特拉克河（Atrak）、泰詹河（Tejen）、穆尔加布河和阿姆河下游等河流灌溉的绿洲。安息王朝统治时期，里海正东这片地区的定居和耕作比之前和之后都要密集。在它的北面和东面，阿姆河（乌浒水）和锡尔河（药杀水）的水流太快太猛，除了在紧邻咸海边上的地区之外，都无法用来灌溉。这在草原和首次被安息王朝控制的那些东部行省之间保留了一片荒漠缓冲带。当安息王朝开始将塞琉古政权从伊朗中部也赶走时，这些地区成了王朝的边境行省。

塞琉古王朝保留了昔日的阿契美尼德王朝的总督辖区，当这些辖区落入安息王朝之手时，它们也只是被改组为由掌权的家族旁支统治的臣属王国。随着伊朗中心区域的局势稳固，令人生畏、大权在握的波斯显贵家族也与安息政权达成和解，愿意将他们在封地招募的骑兵借给后者使用，安息王朝开始越来越多地专注于美索不达米亚和希腊化世界，他们的敌人塞琉古王朝就来自那里。但与此同时，安息王朝也维持着他们对中亚的兴趣和象征性联系，特别是王室及其亲随穿着的军装的风格——裤子搭配合身的短上衣，而不是像他们的大部分伊朗和美索不达米亚臣民那样穿长袍和披风。

安息国王们对中亚或草原游牧风格的这种象征性的坚持特别引人瞩目，因为即便当他们把权力基础逐渐向西移动时，他们还是有意识地把自己重新包装成阿契美尼德王朝的继承者。尼萨成了崇拜中心和已故国王的墓区，尽管在那里发现的公元前 2 世纪末的陶片（用来做暂时性的记录）上的亚兰文文件，显示了美索不达米亚风格的行政管理对于新兴的帕提亚帝国的重要性。在尼萨之后，萨达尔瓦泽（Saddarvazeh）——更为人知的是它的希腊语名字赫卡托姆普洛斯（Hekatompylos），即今天位于达姆甘（Damghan）附近的萨雷库米斯（Sahr-e Qumis）——和埃克巴塔纳（Ecbatana，今哈马丹）先后成为安息王室的主要居所。

在米特拉达梯二世漫长的统治期间（公元前124/3—前88/7年），美索不达米亚和亚美尼亚落入了安息王朝的控制，位于希腊城邦底格里斯河畔的塞琉西亚附近的泰西封成了帕提亚政府的主要驻地，而埃克巴塔纳继续被用作冬季驻地。米特拉达梯的钱币上显示，他也开始使用昔日的阿契美尼德王朝的头衔"众王之王"，明确宣称自己继承了之前的伊朗统治者的遗产，但用的是希腊化样式的银币。可能同样是在他的统治时期，一种新的巴列维字母发明了出来，用于书写帕提亚的中古波斯语：公元1世纪，在安息王朝的钱币上，这种字母取代了希腊字母。尽管王权得到了各种象征性的主张和实际上的巩固，但地方贵族在整个帕提亚帝国一直拥有巨大的权力。一些行省实际上是自治的，无论是在今天的伊拉克和土耳其其东部作为独立王国，还是在今天阿富汗西部的山谷中作为部落酋长国。

公元前2世纪末，随着巴克特里亚和印度最后的希腊王国被一个来自北方，名叫月氏的民族征服，安息王朝与中亚的联系变得更加重要。中国的汉朝早就了解月氏人：公元前第一个千年，他们控制着河西走廊的绿洲和草原，由此掌握了只产自塔克拉玛干沙漠西南部的和田的白玉（一种纯软玉）的主要贸易路线，中国人对这种玉石的珍视超过了其他所有的珍贵材料。汉朝的文献（特别是司马迁的《史记》）记载说，月氏人曾经是边境上最重要的军事化牧民，大约在公元前175年，他们被更北面的部落驱赶，向西去了塔里木盆地以外——这很可能是阿尔泰山、蒙古和北亚草原的匈奴联盟势力日益壮大的结果。

对月氏人的种族和语言身份仍然存在一些争议——几乎可以肯定的是，他们说的是一种名为吐火罗语的印度-伊朗语系语言，有时他们会被称作吐火罗人［他们中的一些人在巴克特里亚东部的山区定居，那里后来被称为吐火罗斯坦（Tokharistan）］——但目前尚不清楚他们与草原上的其他群体的关系。无论如何，公元前 2 世纪 40 年代，这些月氏人的群体首先在阿姆河上游沿岸的巴克特里亚的巴尔赫（Balkh）取得了控制权，后来又控制了今天阿富汗喀布尔附近的贝格拉姆（Begram），尽管似乎从来没有过一个统一的月氏国，而是同时有好几个月氏政权。后来，在公元后的一段时间里，一位月氏首领［汉语文献中称他为丘就却，印度-希腊文献中称他为库朱拉·伽德菲塞斯（Kujula Kadphises）］征服了他的各位对手。丘就却统治着一群被称为贵霜人（Kushans）的月氏人，他建立的帝国被我们称为贵霜帝国——他仿照印度-希腊人发行的钱币上印的是 Koshshanon。公元 1 世纪，贵霜人夺取了安息王朝最东面的总督辖区，他们定都于今天的巴基斯坦境内的犍陀罗［白沙瓦（Peshawar）］，统治着巴克特里亚南部、兴都库什和信德（Sind）平原。贵霜人是佛教徒，今天从阿富汗和巴基斯坦的部落领土上被掠夺的许多最令人惊叹的艺术品——独树一帜地结合了伊朗、南亚和晚期希腊化风格——都可以追溯到贵霜时代。

公元 1 世纪末或公元 2 世纪初，一位名叫迦腻色伽（Kanishka）的统治者——他的年代仍然是个有争议的话题，可能是丘就却的曾孙——将贵霜的霸权推向了顶峰。尽管贵霜帝国在今天的伊

朗、巴基斯坦和阿富汗交界处经常与帕提亚统治者们发生争端，
但贵霜帝国的存在给安息王朝的东部边境带来了基本的稳定。公
元 2 世纪，贵霜帝国的霸权达到顶峰，统治范围从中国新疆的塔
里木盆地向南经由帕米尔高原和兴都库什山，一直延伸到印度北
部和恒河平原，将帕提亚与中国联系在一起。因此，帕提亚领土
的东部和贵霜帝国是世界的十字路口，中国的漆器、地中海的艺
术品和罗马的玻璃器皿（当时中国和印度尚不知道其制作工艺）
在那里一起流通，新思想也在不同文化的百花齐放中渗透和发酵。
难怪佛教是在贵霜时期为罗马和中国所知的（一名帕提亚贵族是
中国有记录的最早的佛教传道者之一[1]），而波斯的先知摩尼的启
示也是通过沙漠以及与河西走廊的草原最为接近的敦煌绿洲分别
传播到罗马帝国和中国的。

我们只需了解一下中亚的口头和书面语言，就能感受到这些
相互交织的世界带来的文化多样性：它们在语言学上都属于中古
伊朗语的不同形式，但在阿姆河下游的花剌子模（Khorezm）以
及阿姆河和锡尔河之间的粟特，存在用当地字母（源于古亚兰
文）书写的两种截然不同的语言；在今天的阿富汗北部，位于巴
尔赫附近的阿姆河上游沿岸直到贝格拉姆的地区，人们用希腊字
母——亚历山大大帝的遗产——书写巴克特里亚语；帕米尔高
原对面，在位于塔克拉玛干沙漠边缘的和田绿洲，人们用一种名
为婆罗米字母的印度字母书写伊朗语系的当地语言（"和田语"）。
这种字母在该地区的历史将延续到中世纪，那时它会被用来书写

---

① 此处指安世高。他原为安息太子，后出家修道。于汉桓帝建和初年
（147 年）来到中国，据晋代道安的目录记载，他译有佛经 35 部，41 卷。

截然不同的突厥语系语言。在更东面的地方，即昆仑山和喜马拉雅山以北，吐鲁番、哈密和敦煌等绿洲使用汉字，而在塔里木盆地北面的天山山脉边缘，同样的婆罗米字母被用来书写印欧语，就像它们在盆地南缘被用来为说伊朗语的人服务那样。

安息王朝在伊朗的统治和贵霜王朝在中亚的统治开启了从欧亚大陆的一头到另一头的规模史无前例的贸易，包括穿越中亚的丝绸之路和横跨印度洋的海运。罗马商人在陆路上似乎没有扮演任何角色，但在海洋贸易中就是另一回事了。沿着马拉巴（Malabar）海岸，在今天的喀拉拉邦周围 100 英里的范围内，我们发现了大量罗马钱币及其仿制品，铸造年代从公元 1 世纪到 5世纪。而在印度的穆奇利斯港（Muziris，具体位置不明），罗马商人的地位足够显赫，他们在那里建起了一所崇拜皇帝的神庙。类似地，从韦斯巴芗统治时期直到罗马晚期，从红海边的贝勒尼刻（Berenike）到尼罗河谷的沙漠路线沿途都精心设置了一系列堡垒、水井和车队小路，这些是把进口的印度商品——特别是胡椒和珍珠——带到地中海所必需的。在哈德良和安敦尼·庇护统治时期，位于阿拉伯半岛沿岸，靠近红海口，距罗马埃及行省边界以南超过 500 英里的法拉桑（Farasan）群岛上甚至有小队的罗马驻军。同样是在红海的阿拉伯半岛一侧，马可·奥勒留和卢基乌斯·维鲁斯统治时期，位于半岛西北部的西斯马（Hisma）沙漠深处的阿尔-鲁瓦法（al-Ruwafa）建起了一座罗马神庙，献词用纳巴泰语（Nabatean）和拉丁语写成，供帮助罗马保护穿越其边境沙漠的贸易的塔姆德阿拉伯人（Thamud Arab）盟友使用。欧亚大陆的另一些联系不那么直接，但持续时间更久：比如，在食品方面，石榴在贵霜时代从伊朗引进中国，而桃子和杏则传向西方，最终来到地中海，在此后的许多个世纪里都被视作东方的美味。

尽管希腊人和罗马人在与印度的直接接触中发挥了作用，但在公元2世纪之前的大部分时间里，罗马人对安息王朝治下的美索不达米亚以外的那个万花筒般的世界几乎一无所知，后者主要出现在受到亚历山大传奇启发的小说中。事实上，罗马人喜欢认为帕提亚——这是他们对安息王朝统治下的美索不达米亚、伊朗和中亚的整片土地的称呼——是一个软弱和分裂的国家。现代学者一度倾向于认同这点，把帕提亚时期视作阿契美尼德和萨珊波斯这两个辉煌高峰之间的一段低谷。但安息王朝统治了将近5个世纪，罗马人所说的软弱更应被理解为他们缺乏罗马那种根深蒂固的好战文化。

早在公元前最后一个世纪，安息王朝就经历了罗马人的入侵。公元前96年，共和时期的著名将领苏拉与米特拉达梯的代表进行过谈判；30年后，当武功赫赫的巨头"伟人"庞培终结了塞琉古王朝在叙利亚的残余势力后，他无视弗拉特斯三世（Phraates Ⅲ）的警告，没有尊重将幼发拉底河作为双方边界。公元前54年，庞培的对手克拉苏为了寻求堪与庞培和尤利乌斯·恺撒相匹敌的军事荣誉而向帕提亚发起攻击，结果他的军队在美索不达米亚的卡莱被歼灭，军旗也落入了帕提亚人之手。虽然几十年后，奥古斯都皇帝通过与弗拉特斯四世（Phraates Ⅳ，公元前38—前33/32年在位）谈判要回了军旗，但他的做法导致罗马帝国对它的帕提亚邻邦产生了复杂的执念，就像我们在第1章中所提到的。一方面，罗马人承认帕提亚的规模和意识形态的重要性要超过他们已知的任何国家，但另一方面，他们认为帕提亚这个对手是软弱和堕落的，完美地代表了腐化的东方人（这种观念的根源可以上溯到公元前 5 世纪，源自希腊人对阿契美尼德王朝及其臣民的刻板印象）。

尽管如此，在整个公元 1 世纪，罗马的皇帝们在东方政策中都表现出了一定的优柔寡断，而到了尼禄统治的后期，对待亚美尼亚这个棘手的问题甚至有了一种实质上的谅解：一位受到青睐的安息王族会成员登上亚美尼亚的王位，但他必须先得到罗马皇帝的许可，或者说"委派"才能登基。图拉真对美索不达米亚的征服一直打到了阿拉伯湾，虽然光荣但最终并无意义，不过是暂时打破了权力平衡。公元 2 世纪的战争就不一样了。罗马在幼发拉底河上游和底格里斯河之间的可居住区域逐步建立要塞，这意味着罗马军队总是能够有一条顺流而下的路线，直达泰西封和底格里斯河畔的塞琉西亚。从 3 世纪中期开始，历代波斯统治者都在试图扭转这种战略上的劣势。

那些波斯统治者在一个引人瞩目得多的方面继承了帕提亚人的，乃至是阿契美尼德王朝的遗产，那就是宗教。安息统治者很早就接受了阿契美尼德王朝宫廷所信奉的琐罗亚斯德教。查拉图斯特拉（希腊人和罗马人称之为琐罗亚斯德）的教诲可以上溯到公元前的第一个千年之前，并通过名为《阿维斯塔》（Avesta）的史诗作品流传，包括一小部分由查拉图斯特拉本人所写的颂诗（Gathas），以及篇幅大得多的《小阿维斯塔》，后者由他的追随者编写，但被认为是受到了他的教义启发。查拉图斯特拉在与印度《梨俱吠陀》存在相似之处的非常古老的伊朗传统中加入了新的思想。他认为，存在一个至高的神明阿胡拉·马兹达［Ahura Mazda，后来的波斯语中称为奥尔马兹德（Ohrmazd）］，他创造了宇宙和其中一切的善，包括许多次级神明，代表了尘世之善的各个方面。不过，与世界上一切有序和善的东西相对的，还存在着"虚无"或毁灭，一切生命必须与之对抗：那是由生活在黑暗中的安哥拉·曼纽［Angra Mainyu，后称阿里曼（Ahriman）］创造的。奥尔马兹德和阿里曼在人类世界展开争斗。从阿契美尼德时代直到古代晚期最后波斯被伊斯兰教征服，这种马兹达二元主义世界观影响了伊朗统治者的行为。这些阿维斯塔的教义以口头或书面片段的形式传播了很长时间，最终在公元 5 世纪被编纂成文本形式。原先的颂诗采用非常古老的语言写成，到了阿契美尼德时期很可能只有一部分能被看懂。将颂诗中只是暗示的教义清楚地阐释出来的是《小阿维斯塔》和《巴列维赞德》（*Phalavi Zand*）。神庙崇拜从阿契美尼德王朝治下的美索不达米亚传入伊朗，在塞琉古和安息王朝时期，似乎正是守护奥尔马兹德永恒圣火的神庙祭司让相对稳定的阿维斯塔文本和注疏流传了下来。随着安息王朝控制范围的扩大，他们还任用神庙祭司来管理和组织乡下的财政。在吸收了许多希腊宗教元素的同时，他们也越来越多地支持马兹达祭司阶层的宗教文化。

然后，到了公元 1 世纪，我们开始看到改变。安息王朝的钱币不再使用希腊语，上面有时开始出现马兹达的符号象征［这种做法在藩属的波西斯（Persis）王国中已经延续了很久］，而新的帕提亚字母也开始用于钱币铭文。书面材料（年代较晚，但似乎适用于这一时期）暗示，当时本地的伊朗语名字也开始重新出现，取代了相应的希腊语名字：今天土库曼斯坦的马雷（Mary）开始重新被叫作木鹿（Merv），而不是它的希腊名字马尔吉亚纳的安条基亚（Antiochia Margiane）。接替安息王朝的萨珊王朝大力宣扬它的前任作为琐罗亚斯德纯洁性的捍卫者是玩忽职守的，没能尽职同世界上的邪恶展开斗争。不过，后期的安息王朝似乎显然对整个帝国的文化日益伊朗化提供了支持并做出了回应。尽管如此，安息王朝统治的帝国在文化和宗教的多样性上要远远超过他们的后继者所致力于创造的。

由于帕提亚人统治的松散性，地方宫廷常常会形成王朝，而总督也往往会变成世袭的，这种情况不仅出现在边境地区，而且有时伴随的地方自治是令人吃惊的。因此，在希腊语中称为波西斯或者波斯语中称为法尔斯（Fars）的那个行省（今天伊朗的法尔斯省和布什尔省）——这里 500 年前是阿契美尼德王朝统治的中心——世袭统治者从公元前 2 世纪就开始发行在本地流通的钱币，当时安息王朝尚未使用琐罗亚斯德教的图像。不久之后，他们开始自称"沙阿"（shah，国王），并用美索不达米亚的亚兰文字母书写那个中古波斯语单词。我们不清楚法尔斯的这些早期国王同该地区的其他伊朗王朝的关系，但在 3 世纪初，该地区最重要的家族是萨珊家族，他们与伊斯塔赫尔（Istakhr）的琐罗亚斯德教阿娜希塔（Anahita）神庙关系密切。伊斯塔赫尔与阿契美尼德王朝的古都波斯波利斯离得很近，因此毗邻许多建于将近一千年前的琐罗亚斯德教圣所。该王朝供奉的神庙属于阿娜希塔，她是琐罗亚斯德教众神中的一位女神：虽然与所有其他（善）神一样是由奥尔马兹德创造的，但她是地位最高的 3 位次级神明之一。对琐罗亚斯德教信仰的虔诚——和法典化——将成为萨珊王朝统治理念的核心部分，其程度是哪怕最热情的安息王朝统治者都无法想象的。

萨珊家族本身的来历很不清楚，尽管来自他们的胜利纪念碑的一些石刻图案清楚地显示，他们把本王朝的胜利与善战胜恶的马兹达神话联系起来，认为他们的君权是阿胡拉·马兹达亲自授予的。相反，对书面证据的解读困难到让人失望。在寥寥无几、年代大多很晚的希腊语材料中，可以看到绘声绘色、自相矛盾和高度虚构的描述：6 世纪的阿加提亚斯（Agathias）和 9 世纪的"室友"乔治（George Syncellus）①为我们提供的描述最为完整，但学者们对他们的故事从何而来意见不一。阿拉伯语的证据甚至更晚，尽管可能借鉴了真正的萨珊材料，而叙利亚语证据的谱系则被认为是大杂烩，尽管细节似乎丰富而又合理。这些都不应该让我们吃惊：出身低微的成功统治者必然会将自己的来历神秘化。

似乎无可争议的是，某个来自法尔斯省、名叫帕帕克（Papak）的人请求安息国王给予他的儿子沙普尔（Shapur）某种统治权。但争论还没有结果，这个沙普尔就死了，帕帕克的另一个儿子阿达希尔最终发动了对安息王朝统治的叛乱。3 世纪 20 年代末，叛乱范围扩大到法尔斯以外，蔓延至波斯湾东海岸的埃兰（Elam），然后又扩散到美索不达米亚，这个行省在帕提亚和波斯语中被称为亚述斯坦（Assuristan）。让该王朝得名的那个"萨珊"很可能是个虚构的祖先，或者是琐罗亚斯德教众神中的一个次要神明，被这个家族宣称为自己的鼻祖。史料过于模糊，使我们无从判断。但帕帕克的儿子阿达希尔和孙子沙普尔（我们的王朝排行中称其为沙普尔一世）这两位国王让这个家族走上了推翻安息王朝的道路。

除了上边提到的传说，我们并不真正清楚是什么导致了萨珊

---

① Syncellus 是教长的私人秘书，有时也被皇帝用来限制和监视教长，字面意思是"室友"。乔治在塔拉西乌斯教长手下担任过此职。

家族公开反叛安息人的统治，但自从 208 年左右的内乱爆发以来，帝国就出现了严重的动荡。安息王朝的统治权被分给了阿尔塔巴努斯五世（Artabanus Ⅴ）和沃洛盖西斯三世（Vologaeses Ⅲ），前者的驻地是泰西封，后者则驻扎在帝国的东半部分，这一分裂削弱了他们协同工作的能力。阿尔塔巴努斯分心与卡拉卡拉和马克里努斯交战（第 7 章中提到的）让波斯人更加想要反抗他们在泰西封的所谓君主。萨珊人早期的作战非常有效，他们的沙阿统领着一支机动性很高的军队，并非由安息人所青睐的方阵和骑兵弓箭手组成，而是以来自伊朗贵族和帕提亚贵族的重装枪骑兵作为核心。很可能是在摧毁安息军事力量的战斗过程中，阿达希尔攻击了商队城市哈特拉，这座美索不达米亚中部的城市是东方和西方之间的关键缓冲带，它如此强大，曾两次对抗全力出击的罗马帝国军队而没有陷落。大约 226—227 年的某个时候，哈特拉人打败了阿达希尔的军队，对他废除安息传统，取消他们在当地藩属国王统治下的自治地位的企图予以了坚决抵抗。这次经历促使哈特拉人与罗马结盟，尽管双方有过长期的敌对。在 3 世纪中期的 20 年里，这座城市成了罗马东部防御的关键一环。直到不久前被伊斯兰国的伊斯兰教民兵摧毁，哈特拉的防御工事长期以来都是罗马军团的工程专业知识的佐证。但对这座商队城市来说，与罗马人的这种联系最终将是致命的。

在北边，亚美尼亚似乎击退了阿达希尔的进攻，尽管亚美尼亚历史上这一时期的史料过于混乱，我们无法确定究竟发生了什么。而在其他的西部战线上，阿达希尔就像他在东部行省那样成功。在位于叙利亚沙漠西缘的阿拉伯城市希拉（Hira），他把统治当地的拉赫姆家族（Lakhmids）以及他们的首领哈姆尔·伊

本·哈迪（Hamr ibn Hadi）变成了自己的藩属。有了拉赫姆家族
这个附庸，萨珊霸权得以深入阿拉伯半岛。哈姆尔率军进入半岛，
占领了阿拉伯河（Shatt al-Arab）位于波斯湾西岸的主要古老港口
斯帕西努卡拉克斯（Spasinou Charax）。控制斯帕西努卡拉克斯意
味着，对阿拉伯香料和焚香以及远东奢侈品的一条重要贸易路线
的控制权，从叙利亚沙漠的商队城市转移到了萨珊帝国手中。这
对帕尔米拉的伤害特别大，长久以来这座绿洲城市都是罗马帝国
与帕提亚帝国的中介。现在，与哈特拉一样，帕尔米拉也紧紧地
把自己和罗马捆绑在了一起。

阿达希尔统治的中期有很大一部分时间是在东部的作战中度
过的，我们对其所知甚少或者一无所知，尽管来自他的儿子和继
承者统治时期的证据表明，帕提亚的封建大氏族——瓦拉兹家族
（Varaz）、苏伦家族（Suren）、米伦家族（Mihren）和卡伦家族
（Karen）——都臣服于他，他还收服或降伏了呼罗珊、木鹿、克
尔曼（Kerman）和锡斯坦（Seistan）。他几乎肯定还在更远的地
方，如贵霜和巴克特里亚作战过，因为他的行动留下了足够深刻
的影响，创造了新的纪年：巴克特里亚的文件使用阿达希尔纪年，
直到9世纪穆斯林阿巴斯王朝的到来。无论这些战事的发生顺序
如何——在今天的巴基斯坦和阿富汗私挖的新萨珊钱币正在涌入
市场，其类型最终可能会厘清年代顺序——到了3世纪30年代
末，实际或名义上臣属于晚期安息王朝的东方土地已经大部分处
于萨珊王朝的控制下了。萨珊王朝决心向北面和东面扩张安息王
朝原有的疆域，一直到印度河以及中亚的沙漠和草原，这意味着
各个波斯沙阿将不断在对抗东北边境的游牧民族还是西面的罗马
敌军之间左右为难。虽然罗马自身也将越来越多地面对来自草原

的威胁，但罗马帝国在心理上仍然首先对波斯的威胁念念不忘。

在某些方面，这种执念在萨珊王朝推翻了安息王朝之后变得更有道理了。相比帕提亚王朝，萨珊人将更多地挑战罗马人统治美索不达米亚和地中海之间土地的权利。有一些含糊的证据表明，当塞维鲁·亚历山大致信阿达希尔，祝贺他登基，并表达了想要维持与安息王朝那样的和平时，那位新沙阿却要求罗马人撤出叙利亚和小亚细亚。这个故事很可能是罗马人的宣传，他们总是喜欢夸大东方人对罗马事务的兴趣。即便是真的，阿达希尔的动机仍然是个问题。我们现有的两份同时代的希腊语史料认为，他想要从罗马人手中夺回阿契美尼德王朝的大流士大帝曾经拥有的全部土地，而 9 世纪的阿拉伯史学家阿尔·塔巴里（al-Tabari）——他的作品保存了可靠的古老传统——则称，阿达希尔反叛阿尔塔巴努斯是因为他想要为大流士三世之死复仇，后者的帝国被亚历山大大帝摧毁。换而言之，证据都如出一辙，但无从得知它们是否基于真实的萨珊传统，更别提是否出自同时代人的野心了。

总而言之，萨珊王朝有计划地恢复阿契美尼德王朝的荣光很可能是罗马人的发明，基于亚历山大大帝在希腊-罗马文化记忆中的核心地位。诚然，阿达希尔的儿子沙普尔将位于波斯波利斯附近的纳科谢鲁斯塔姆（Naqsh-e Rustam）的阿契美尼德陵墓挪作了萨珊王陵使用，但那是供法尔斯当地的伊朗贵族使用的纪念碑，而不是在宣示对罗马东部的野心。事实上，直到 4 世纪，我们才看到波斯国王明确自称与阿契美尼德王朝有亲缘关系，这很可能是萨珊宫廷接受和改造了百年来所宣扬的希腊-罗马意识形态的结果。虽然如此，意识形态动机的缺失并不会减轻波斯的军事进攻对罗马东部的威胁。诚然，阿达希尔最初对罗马领土的侵犯遭受了挫败，而塞维鲁·亚历山大在被日耳曼尼亚的叛军杀害前刚刚对波斯人取得过一场胜利。

不过，罗马的东部边境在阿达希尔末年一直不稳定，将要继承塞维鲁·亚历山大的人同样需要对付自己的对手。等到阿达希尔年老时，大部分伊朗贵族已经认定，他永久地推翻了安息王朝。唯一的问题是他的哪个儿子将继承王位。其中一个儿子的军事胜利决定了结果，那就是沙普尔一世，他在美索不达米亚的罗马边境取得胜利后，巩固了自己在争位的兄弟们面前的权威：240 年4 月到 9 月之间的某个时候，一支波斯军队成功占领了美索不达米亚北部的哈特拉，这座城市之前抵挡住了阿达希尔最初的入侵。萨珊人的这场胜利重创了罗马在美索不达米亚的要塞城市防线，在阿达希尔于 242 年去世之前，尼西比斯和卡莱都落入了他和沙普尔之手。对哈特拉来说，结果更糟：这座商队城市与罗马皇帝长达 20 年的联盟关系注定了它在波斯人的霸权下将会衰败，一百年后更是被抛弃。哈特拉的陷落迫使主导年轻的戈尔狄安三世政府的骑士军人集团组织了对波斯的大举入侵，他们早在 238 年就开始计划这样做了。

我们将在第 9 章中再次讨论那场战争，但首先最好考虑欧亚大陆社会的另一个巨大变化，它将对后来的罗马历史产生深刻的影响。欧洲是欧亚大陆一个相对较小的角落，那里发生的变化在范围上要远远小于在中亚的沙漠和草原上的变化。但在 3 世纪，中欧的蛮族开始发展出更加复杂的政治结构，以效仿罗马帝国的榜样，也应对其暴力。以塞维鲁·亚历山大母子死亡告终的那场兵变发生在上日耳曼尼亚，这个罗马行省以莫古恩提亚库姆为中心，位于正在变成阿拉曼尼亚的那块土地对面。从 1 世纪 90 年代到 2 世纪 60 年代，罗马边境进一步向东扩张，缩短了从莫古恩提亚库姆到莱提亚的温德里库姆的奥古斯都市的路途。

莱茵河-多瑙河突出部分的这片罗马领土被称为德库玛之地（Agri Decumates），[①]它在相对很短的时间里就有了密集的定居者。帝国的扩张以及由此带来的经济机会，使得生活在新的边境之外的部落社群发生了重要的变化。一份记述了卡拉卡拉在 213 年的战事的希腊语史料最早提到了某个名叫阿拉曼尼人的蛮族群体。此后，绝大部分关于罗马人在莱茵河和多瑙河上游军事活动的证据中都能看到阿拉曼尼人〔有时与一个名叫尤通吉人（Iuthungi）的民族一起出现〕。到了 3 世纪 80 年代，上日耳曼尼亚和莱提亚对面的土地被称为阿拉曼尼亚，而且这个名称已经用了一段时间了。过去人们认为，阿拉曼尼人在 3 世纪初的材料中突然出现代表了明白无误的入侵：一个新的蛮族部落来到帝国的边缘，对边境造成了威胁。但现在对证据（特别是来自考古记录的证据）更加细致的理解表明，阿拉曼尼人的“到来”并非如此。阿拉曼尼人一直在那里，只是之前没有被称作或自认为是阿拉曼尼人。沿着塔西佗在他 2 世纪初的论著《日耳曼尼亚志》中所勾勒的路线，分布着一系列并不统一的部落群体。此后，随着罗马的上日耳曼尼亚和莱提亚行省的莱茵河和多瑙河两岸变得日益城市化、人口稠密和富庶，这两个行省便为各个部落界定自身提供了焦点和对比。

与此同时，罗马人——行政官员和作者们——借用了边境地区的民族的名字，并为其安排了他们之前不一定有过的地理中心。这正是在阿拉曼尼亚，以及差不多同时在其北面和西面的

———————————

① 据说得名于对该地区征收的什一税（decuma），也有人认为是因为该地区被分成十个区。

法兰西亚所发生的：下日耳曼尼亚对面的蛮族被归为法兰克人（Franci），而上日耳曼尼亚对面的则被称为阿拉曼尼人，一两代人后，边境对面的人们开始觉得彼此看上去比过去更加相似。这一方面是回应与他们做买卖和打仗的罗马人——当皇帝需要迅速的胜利时，罗马的军队就会定期蹂躏他们的土地，另一方面是因为他们在物质文化上真的变得更加相似，在政治和语言文化上很可能也是如此。

考古学显示，在该时期整个欧洲中部的军事化程度都提高了，这也许是战争的结果。可能与此有关的是，即使在距离边境非常遥远的地方，获得罗马人的技术也变得更方便了，特别是高质量的刀剑。领导着400—600名武士的酋长越来越有能力袭击好几百英里以外的地方，而不一定想要征服某片土地，或者在那里定居。有的学者认为，从易北河地区前来定居的战士团体提供了领导者，在边境地区的不同蛮族中间营造了身为阿拉曼尼人的统一意识。这当然是可能的，尽管广受争议。不过，可以完全确定的是，3世纪时该地区的社会层级化越来越明显了，出现了越来越多的高规格墓葬和奢侈的陪葬品：这是新的精英统治阶层留下的痕迹，他们掌握的人力和财力部分来自他们与帝国的关系。在3世纪期间，特别是当帝国政府面对接连不断的政治危机时，这些酋长或边境地区的国王对他们的农业人口取得了越来越大的控制权，反过来又成了对帝国而言更有价值的藩属——以及更危险的潜在敌人。我们在下面的几章中将越来越多地看到阿拉曼尼人和法兰克人，但这里的重点是，罗马帝国在其众多边境线上的每一处与广大得多的世界产生的相互联系，从欧亚大陆的一端到另一端。随着3世纪的深入，这种相互联系将变得更加清晰。

第 9 章

从戈尔狄安三世到瓦勒良

　　至少在意大利，238 年夏天的喋血过后迎来了相对稳定的和平。12 岁的皇帝戈尔狄安三世于 2 月被封为恺撒，然后在 5 月或 6 月成为奥古斯都，他受到一个以骑士等级官员为主的军人集团的监督，后者决定了帝国的政策。这些人的领导者是近卫军长官盖乌斯·弗里乌斯·萨宾尼乌斯·蒂莫西特乌斯（C. Furius Sabinius Timesitheus），他权倾朝野，在 241 年 5 月将自己刚成年的女儿特兰基利娜（Tranquillina）嫁给了皇帝本人。不过，事实证明，内战结束时的稳定都是虚幻的。新政权刚刚站稳脚跟不久，接替了老戈尔狄安担任阿非利加代执政官一职的马尔库斯·阿西尼乌斯·萨宾尼亚努斯（M. Asinius Sabinianus）就发动了叛乱。他是个资深的塞维鲁王朝官员，在 225 年担任过执政官，可能对普皮埃努斯和巴尔比努斯政权失败后执政官精英遭到排斥感到不满。萨宾尼亚努斯的暴动失败了，被毛里塔尼亚的代理官法尔托尼乌斯·雷斯提图提亚努斯（Faltonius Restitutianus）所镇压。他的代执政官职务被卢基乌斯·恺索尼乌斯·卢基鲁斯·马克尔·鲁菲尼亚努斯（L. Caesonius Lucillus Macer Rufinianus）取代，后者曾与巴尔比努斯和普皮埃努斯同为二十人委员会的成员，这表明我们不能从宫廷中的元老派和骑士派出发来解读这些事件，而是应该着眼于骑士和元老等级内部的对立派系。

不过，以蒂莫西特乌斯为中心的政府仍然具备官僚等级的专业化和系统化外表——在该时期春风得意的骑士中，我们看到了诉状官马尔库斯·格奈尤斯·李基尼乌斯·鲁菲努斯（M. Gnaius Licinius Rufinus）；盖乌斯·阿提乌斯·阿尔基姆斯·菲利基亚努斯（C. Attius Alcimus Felicianus），他的生涯始于埃拉伽巴鲁斯统治时期，所担任的财政职务显然让他成了该领域的专家；格奈乌斯·多米提乌斯·菲利普（Gnaeus Domitius Philippus），他在戈尔狄安的统治开始时担任消防队长官；镇压了阿非利加的萨宾尼亚努斯叛乱的法尔托尼乌斯·雷斯提图提亚努斯；来自阿拉伯的两兄弟尤利乌斯·普利斯库斯（Julius Priscus）和尤利乌斯·菲利普（Julius Philippus），后者几年后成为皇帝：到了3世纪40年代初，曾经那个因为马克里努斯不是元老而抵制他登基的世界已经不复存在。

238年，政权的头号大事是波斯问题。就像我们在第8章中所看到的，在波斯和美索不达米亚取代了安息王朝的萨珊国王们远比他们的前辈更热衷于扩张，并降伏了美索不达米亚和高加索的半独立总督辖区，这在一定程度上是安息王朝在亚美尼亚的存续所引发的，像梯里达底二世（Tiridates Ⅱ，217—252年在位）这样的亚美尼亚国王试图召集其他边境王朝（远至印度）一起对付阿达希尔。等到年轻的戈尔狄安的政权站稳脚跟时，罗马治下的美索不达米亚的许多地区都受到了波斯人的入侵，尼西比斯、卡莱和哈特拉都已陷落，而像辛加拉这样的其他要塞城市也无法得到增援。如果能够稳固东方边境（马克西米努斯完全没能做到这点），那么新政权在罗马的威望将会大大提高。

242 年，蒂莫西特乌斯把阿尔基姆斯·菲利基亚努斯留下管理罗马，并任命了尤利乌斯·普利斯库斯为自己的近卫军长官同僚，然后带着年轻的皇帝开始东征，他显然发现，征集一支作战军是很难的。他们打开了罗马城的雅努斯神庙大门，以显示自己意图的严肃性，这可能是历史上最后一次举行这种古老的宣战仪式。接着，他们经由陆路行进，穿过默西亚和色雷斯。可能是在242 年夏初，为了纪念从欧洲进入亚洲，他们向重要朝臣颁发了金牌，上面刻着"跨越"（traiectus）的字样。和往常一样，叙利亚的安条克成了对波斯作战的补给站，但在那里的耽搁很普遍。他们在叙利亚度过了 243 年，直到 243—244 年冬天，我们才看到有军队在幼发拉底河沿岸作战。蒂莫西特乌斯在 243 年的某个时候去世可能是耽搁的原因之一。接替他担任近卫军长官的是尤利乌斯·菲利普，另一位长官尤利乌斯·普利斯库斯的弟弟。两兄弟共同担任近卫军长官闻所未闻，但在当时的情况下，这两个人变得不可或缺：他们来自阿拉伯的沙巴（Shaba），通过骑士等级的职务一路晋升（至少普利斯库斯曾经担任财政代理官），而他们在当地的人脉成了他们与该地区精英沟通的良好渠道，如果想要让战事顺利进行、军队得到应有的补给，与这些人合作是必不可少的。

起初，战况对罗马有利，文献中记载了一场对波斯军队的胜利，可能是在奥斯罗埃内的雷塞纳，敌方可能是波斯沙阿本人。当时在位的是沙普尔一世，他从 242 年阿达希尔去世后就独自统治，尽管实际上从 240 年开始他就作为父亲的共治君主而掌权了。相比阿达希尔，沙普尔甚至更加称得上萨珊势力的真正缔造者。

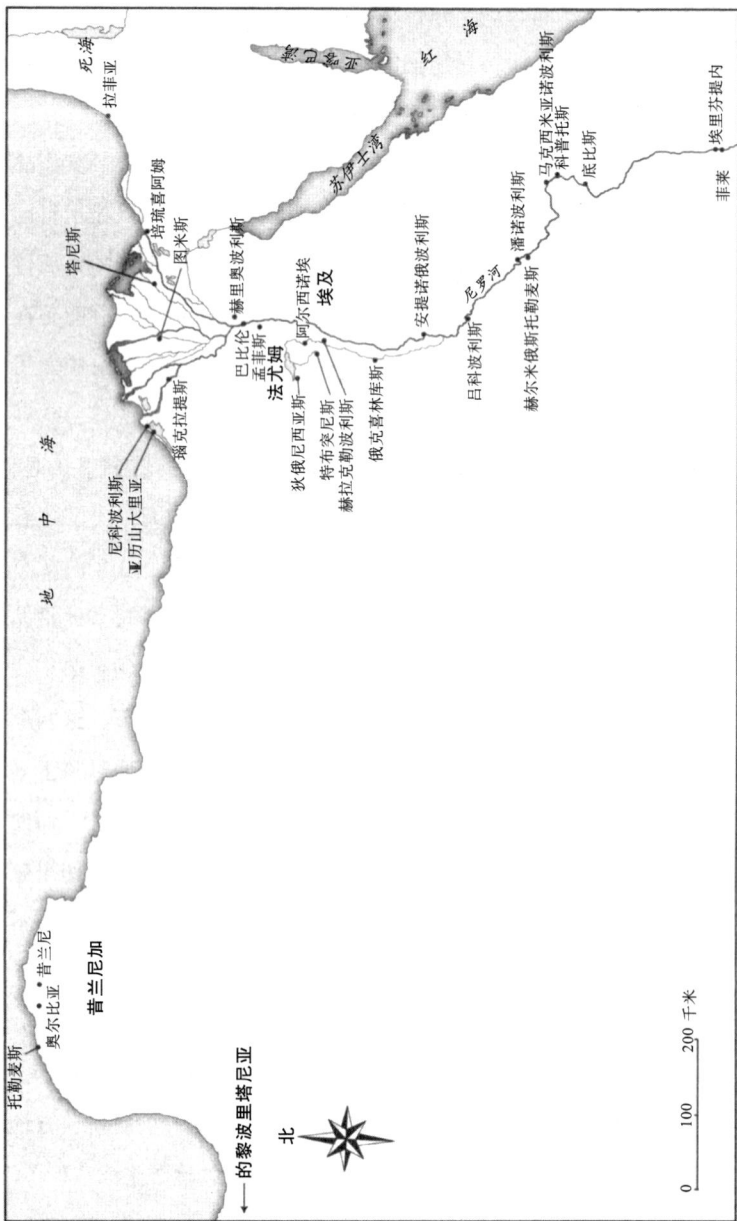

地图 11 埃及和昔兰尼

虽然他没有明确表达重建阿契美尼德波斯帝国的野心，但他无疑更青睐阿契美尼德王朝的，而不是帕提亚人的展示模式。此外，他还把父亲的好战欲提升到新的高度，在帝国的各处边境作战，并任命萨珊王朝的总督（经常是他自己家族的成员）。

我们对沙普尔早期统治的许多了解来自他在纳科谢鲁斯塔姆的纪功铭刻。这处遗址非常重要，因为它位于古代阿契美尼德王朝的波斯波利斯城外几英里处，那里有在岩石上凿出的几位阿契美尼德国王的墓室，包括大流士大帝和薛西斯一世的。沙普尔可能通过把上一个来自法尔斯的征服者王朝的陵墓变成对自己的展示，从而暗示了对他们的传承，他无疑是在坚定地以波斯，而非美索不达米亚或帕提亚的方式展示自己。

在纳科谢鲁斯塔姆最早的两处萨珊王朝浮雕中，有一处描绘了沙普尔坐在马背上，罗马皇帝跪在他面前乞求的场景。另一处浮雕描绘了琐罗亚斯德教的最高神明奥尔马兹德为沙普尔的父亲阿达希尔加冕。沙普尔纪念碑的一个更加精细的版本出现在毕沙普尔（Bishapur），这座城市是萨珊王朝的中心伊斯塔赫尔与美索不达米亚的帕提亚旧都泰西封之间的补给站。在纳科谢鲁斯塔姆，阿契美尼德王朝岩石墓的对面矗立着一座方塔，称为琐罗亚斯德的克尔白（Ka'aba-i Zardusht），从阿契美尼德王朝的大流士统治时期开始就供奉着琐罗亚斯德教的圣火。沙普尔的儿子奥尔马兹德一世在塔上用 3 种语言——帕提亚语、中古波斯语和希腊语——的铭文刻下了他的父亲在其漫长统治的最后岁月里撰写的文章，概述了他荣耀事迹和虔诚之举的官方版本。这处铭文中称沙普尔为"马兹达般的沙普尔陛下，伊朗人和非伊朗人（或者雅利安人与非雅利安人）的众王之王，他的血统来自诸神"。沙普尔的父亲阿达希尔已经获得了"众王之王"（shahanshah）的称号，并称与奥尔马兹德有个人关系，但现在沙普尔明确宣称自己是世界的统治者，就像罗马皇帝那样。文本的剩余部分向我们展示了波斯人所描绘的沙普尔与邻邦的战斗，与我们在希腊语和拉丁语文献中所看到的内容往往截然不同，有时完全矛盾。铭文还在一定程度上证实，沙普尔非常重视与罗马人的冲突，甚于他王国的其他部分发生的冲突，因为他在铭文中纪念的都是对抗罗马人的战斗，而不是在东部和东北部边境进行的那些。

不过，我们还知道沙普尔同样继承了他的安息王朝前辈们在东部边境上所面临的问题。在其统治早期，他可能降伏了花剌子模，那是中亚绿洲中最北面的一个，位于阿姆河三角洲，毗邻当时的咸海，即便那里从未成为萨珊帝国的行省。尽管不清楚具体时间，沙普尔还把贵霜王国变成了他的王朝的藩属，一系列我们称之为贵霜—萨珊的钱币证明了这点。和其他地方一样，我们在这里也继续从钱币证据中获得大量对萨珊历史的新了解（可悲的是，这些钱币很多是在今天阿富汗和巴基斯坦的战乱背景下，通过私自发掘和劫掠而面世的）。更重要的是，在木鹿和东部的其他地方发现了大批集中的萨珊铸币，有的显然出自在泰西封的都会铸币场受过训练的铸模工人之手。这显示了在沙普尔统治时期，控制东部需要投入大量兵力，以及他在那里无疑打过很多仗。

在铭文中，他宣称自己占有了信德和"直到白沙瓦，直到喀什噶尔、粟特和塔什干山脉的贵霜王国"，但没有向我们谈及控制这些地区显然必须经历的战斗。相反，他专注于对罗马人的胜利——呼应了罗马皇帝对他们东方邻国的那种专注。萨珊王朝对罗马的这种专注标志着他们改变了安息王朝把注意力更加平衡地分给东部和西部边境的做法，尽管沙普尔的确延续了安息王朝的政策，将叙利亚和阿拉伯沙漠北部的控制权分包给藩属，特别是希拉的拉赫姆王朝的国王伊姆鲁尔卡伊斯（Imru'ulqais），他在若干年前继承了父亲的王位。作为伊拉克和汉志（Hijaz）的总督，他不仅为沙普尔，也为其继承者奥尔马兹德一世和巴赫拉姆一世（Varahran I）效劳。

对研究罗马帝国的历史学家来说，萨珊王朝对罗马的这种兴趣是对罗马帝国方面证据不足的宝贵补充。在纳科谢鲁斯塔姆的纪念碑上，沙普尔宣称在幼发拉底河中游的米西克［Misiche，波斯语中叫作米什克（Mishik）］打败和杀死了戈尔狄安皇帝。在纪功浮雕上所描绘的 3 个罗马皇帝中，一个横尸在地，一个在乞和，还有一个成了俘虏——分别是戈尔狄安、菲利普和瓦勒良。沙普尔还把米西克改名为佩罗兹-沙普尔（Peroz-Shapur），意为"胜利者沙普尔"。与沙普尔的言之凿凿形成反差的是，罗马的史料语焉不详，都没有直截了当地证实戈尔狄安死在战场上。相反，最翔实的罗马证据暗示，戈尔狄安死在比米西克更北的扎伊塔（Zaitha），时间是 244 年 1 月中旬到 3 月中旬之间。他无疑被埋在了那里的一个大墓丘中（至少是暂时的），一百多年后，当另一支罗马军队入侵那里时仍能看到它。

究竟发生了什么永远不得而知了，但戈尔狄安是个十多岁的孩子，几乎没有军事经验。很少有人会期待他在战场上有多么了不起的表现。可能是在仲冬时节，他的军队在波斯领土的边缘被沙普尔打败，皇帝本人可能受了重伤，促使不满的士兵在扎伊塔刺杀了他。哲学家普罗提诺曾随皇帝的军队出征，进行了某种对神秘知识的研究之旅，他的传记中的一个晦涩的段落暗示，戈尔狄安被杀时，罗马军营发生了骚乱。不出我们的意料，许多史料——从差不多同时代的末世预言《西比尔预言书第十三篇》（*Thirteenth Sybilline Oracle*），到 4 世纪的拉丁语简史传统——都指责从戈尔狄安之死中获利的那个人造成了他的死亡，那就是尤利乌斯·菲利普，接替蒂莫西特乌斯的近卫军长官。但戈尔狄安死亡时，菲利普（通常被称为阿拉伯人菲利普）并不在军中，尽管他的哥哥普利斯库斯可能在。这个事实可以解释为什么身为兄长而且想来地位更高的普利斯库斯没有自己登上皇位——在整个晚期罗马历史上，军官会议选择的能让他们达成共识的皇帝人选有时恰恰是那些没有在场讨论继位问题的。

无论戈尔狄安是怎么死的，把军队从交战土地上解救出来都需要大量的谈判，新皇帝不得不在和谈中扮演乞和者的角色。双方达成的协议——在当时的情况下，这是菲利普所能期望的一切了——为波斯和罗马君主未来无休止的冲突埋下了祸根。根据罗马文献的说法，菲利普把亚美尼亚"出卖"给了波斯人，这无疑表示他承认沙普尔有权决定那个王国的继承人选，就像几个世纪以来安息王朝所做的。在纳科谢鲁斯塔姆的胜利铭文中，沙普尔宣称菲利普将向自己纳贡，需要赔偿 50 万奥里斯金币。这个数字看似不可能，但与实际数目至少在规模上是相近的。为了让军队安全地离开波斯，菲利普用皇位做了抵押。除了承认萨珊王朝在亚美尼亚事务中的霸权，他很可能还把传统上支付给亚美尼亚人，用于守卫高加索山口阻止游牧民族入侵的费用转给了波斯人，从而让那位"众王之王"可以宣称菲利普向其纳了贡——也因为如此，罗马文献中对这些细节讳莫如深。

菲利普则尽可能地摆出一副笑脸。回到安条克后，他铸造了安敦尼银币（antoniniani）①，上面刻着"与波斯缔结的和平"（pax fundata cum Persis），给自己加上了伟大的帕提亚征服者和波斯征服者的头衔，并开始营造自己家族的王朝形象。他的妻子马尔基娅·奥塔基利娅·塞维拉（Marcia Otacilia Severa）被封为奥古斯塔，获得了"军营之母"的名号，这直接宣示了他的政权对士兵的关心。然后，菲利普安排自己的亲属担任他在两处关键边境上的代表：他的哥哥尤利乌斯·普利斯库斯被派往叙利亚，他的妻舅（奥塔基利娅的兄弟）塞维里阿努斯（Severianus）则驻守默西亚的多瑙河边境。他本人尽其所能迅速地返回罗马，沿着小亚细亚的海岸线向北航行，于 244 年夏初抵达帝国的首都。对塞维里阿努斯的任命表明，在那些年里，相比莱茵河边境的军队，多瑙河边境的军队变得越来越重要。这可能也是当地日益强烈的罗马自我意识的早期信号，在帝国说拉丁语的部分中，该地区是最后几个大规模获得罗马公民权的地区之一——当然，来自多瑙河地区的人们将在那个世纪的下半叶主导政坛。

与此同时，任命尤利乌斯·普利斯库斯担任叙利亚指挥官的决策表明，菲利普决心监视波斯人的动向，并维持自己家族与所出身的东方的密切联系。将王朝的故乡沙巴（Shahba）以菲利普波利斯（Philippopolis）之名重建是一项真正浩大的工程，部分资金来自普利斯库斯监督下的更严格的征敛。普利斯库斯的角色同样重要：他不仅是叙利亚总督，还是"节度使"（corrector），这个含义模糊的词表明他的地位要高于其他官员。换句话说，他拥

---

① 价值两个第纳里，最早由卡拉卡拉（马可·奥勒留·安敦尼）铸造，故得名。原为银币，后来逐渐贬值，加入了大量铜和锡。

有对其他东方总督的跨区域管辖权,这是 3 世纪后期的政府实验的重要先例。实际上,普利斯库斯是菲利普在东方的共治者。塞维里阿努斯在巴尔干可能被赋予了类似的权威,尽管他的头衔并不像普利斯库斯那样有明确的证明。

在以这种方式巩固自己的家族权力的同时,菲利普也着手确保自己的合法性不会受到挑战——他没有忘记年轻的戈尔狄安多么受罗马人民欢迎,于是让人传言说戈尔狄安是病死的,还将其遗体带回罗马并隆重安葬。他还请求元老院将那个死去的男孩封神,并如愿以偿。尽管特兰基利娜从历史记录中消失了,但她可能过上了尊荣的退隐生活,因为她和戈尔狄安没有能带来麻烦的子嗣。菲利普自己的儿子被封为恺撒,他生于 237/238 年,当时年仅 5 岁。由于该时期的档案很少,我们不知道这种相对的平静持续了多久,或者菲利普在罗马城多受欢迎。然而,边境的麻烦成了他统治的中心。

正如 3 世纪初莱茵河和多瑙河上游发生了蛮族政体的剧变一样,在那个世纪的中期,多瑙河下游和黑海北岸以外的地区也发生了重要的文化和政治变化。传统上,学者们把这些变化与哥特人的到来联系起来,他们是从今天的波兰迁徙到该地区的。这种叙事是围绕着我们在约达内斯(Jordanes)的《哥特史》(Getica)中所看到的说法形成的,这本书中的民族起源故事是在数百年后,由一个说拉丁语的哥特裔罗马人在 6 世纪的君士坦丁堡编纂的。为了迎合关于大规模迁徙起源于斯堪的纳维亚的传说,考古学证据一直遭到歪曲。然而,这种简单化的模型从来就没有好的证据支持。

诚然,3 世纪下半叶,在喀尔巴阡山和顿涅茨河(Donets)

之间出现了一个相对同质的新的考古文化，而到了 4 世纪 20 年代，该地区被一系列主要语言是哥特语的部落政体所统治，他们的军事精英在罗马史料中被统称为"哥特人"。这种考古文化被我们称作桑塔纳-德-穆雷斯 / 切尔尼亚霍夫（Sântana-de-Mures/Černjachov），得名于两座墓地，一座位于今天的罗马尼亚，另一座位于今天的乌克兰，都有着独特类型的陪葬品和埋葬习惯。3 世纪下半叶，该地区还出现了新类型的定居点，其特点包括聚集在可耕作河谷沿线的农庄，统治当地的精英阶层的大院落，对高价值的罗马进口商品的偏爱，以及在农耕区与草原接壤的地方同游牧民的共生关系。我们在陪葬品中看到的装饰和服装风格与约一个世纪前发现于波兰北部的那些有一定的相似之处，但它们也显示出起源于中欧的元素，以及来自欧亚草原的游牧民族艺术的大量影响。

　　负责任的学者没有把上述证据硬塞进关于来自北方的大规模迁徙的叙事中，以使其符合我们后来的书面证据，而是认可了本地的发展，这一发展包括来自草原和北欧部分地区的迁徙，之前更加分散和等级性不那么明显的农业社会由此得到了重塑。在帝国边缘，往往会形成具有更复杂结构的新社会，这一点已经由于比较证据而广为人知了，无论这些证据是来自古代——比如第 8 章讨论的阿拉曼尼人，还是现代——比如扩张阶段的沙皇俄国或英国统治时期的印度边境。存在于此的帝国力量不仅让部落军事首领有了与之作战的强大结构，同时也是他们学习的榜样和资源的提供者——无论是通过劫掠、补贴或贸易——他们可以通过分配这些资源来提升自己的力量。随着时间的推移和新的部落政体的巩固，从无数不同的旧政体中发展出了或多或少统一的新文化，而哥特语成了精英人群的共同语言。

稍带讽刺意味的是，我们关于哥特人及其同罗马帝国关系的最早的证据之一是纳科谢鲁斯塔姆的沙普尔纪功铭文，其列出的被打败的罗马军队里的各个民族中，哥特人也是其一，这显示在那个世纪中叶，皇帝会从多瑙河对岸招募士兵，把他们编入所谓的哥特人部队。尽管如此，哥特人对多瑙河下游和黑海地区的霸权直到4世纪时才明显得到巩固，那时他们的霸权已经实现。3世纪时，我们看到的都是其副产品——来自多瑙河和黑海之外的入侵是3世纪的皇帝们始终面临的问题，无论领导入侵的是谋求劫掠的自信的新统治者，还是他们想要寻找更好机会的手下败将。在下文中，我们不会把来自该地区的3世纪入侵者称为哥特人，而是按照希腊语文献中对他们的统称叫他们"斯基泰人"，因为我们不能假定他们认为自己是哥特人，这一时代对哥特人的霸权也尚无记载。从菲利普的统治时期开始，这些多瑙河流域的"斯基泰人"与波斯人和阿拉曼尼人一样，也是罗马最可怕的邻居。

245年年中，菲利普率军出征达契亚，我们知道他在当年11月抵达阿夸埃（Aquae）。图拉真的达契亚行省始终是个实验，非军事的罗马式生活从未像多瑙河以南地区从马可·奥勒留时代开始的那样在达契亚扎根。随着时间从2世纪末转入3世纪，潘诺尼亚、默西亚乃至更广大的巴尔干地区开始变得越来越像其他拉丁行省。非军事群体追随马尔科曼尼战争的庞大军事投资而来，三代人后，到了3世纪中期，无论是在从阿尔卑斯山到亚细亚的军事重镇，还是地形适宜耕作的富饶庄园中，平民生活都变得欣欣向荣。相反，达契亚行省是在图拉真打败最后的达契亚国王德塞巴鲁斯之后匆忙建立的，只有几座纪念碑式的城市，以及主要为保护行省矿产资源的驻军服务的道路和供给站网络。

虽然相比更强大的阿拉曼尼人，该行省东西两边的邻居萨尔玛提亚人和卡尔皮人相对容易控制，但罗马式生活似乎没有深入达契亚行省的文化结构，除了满足军事和采矿的直接需要外，民用基础设施并没有发展出来。当然，情况可能已经有了改变——潘诺尼亚和默西亚直到奥勒留的时代，也就是被征服了百年或更久之后，才真正开始发展成完全罗马化的行省——但达契亚以东地区的动荡，特别是它对卡尔皮人在当地霸权的挑战，意味着达契亚矿场的真实收入很难弥补在该地区维持驻军的支出。

也许是被黑海以北的"斯基泰人"之间的事件所侵扰，卡尔皮人于 245 年开始在达契亚边境制造麻烦，菲利普在 246 年继续在那里作战，很可能远远超出了帝国边界。247 年夏末，他回到罗马，举行了凯旋式，获得最伟大的卡尔皮征服者（Carpicus Maximus）的正式头衔，可能还被称为最伟大的日耳曼征服者。皇帝一家在罗马度过了 247—248 年的冬天，下一年春天，在 4月 21 日那天，菲利普庆祝了罗马建城一千周年。就像我们在第 6章中对之前的世纪赛会所做的讨论，罗马人自己对他们的世纪赛会也存在一些混乱，于是发展出了两种截然不同的排定方法。其中一种是所谓伊特鲁里亚人的古老庆典，被奥古斯都在公元前 17年复兴，每 110 年举行一次，由官方祭司组成的十五人委员会监督，从 5 月 31 日晚上到 6 月 3 日举行为期 3 天多的庆祝。另一种是为了纪念从罗马建城开始的每个百年（Saecula）而举行的，时间是它的生日 4 月 21 日——牧神节（Parilia），在本书所涵盖的时期也一直被称为建城日（Natalis Urbis）。两种"世纪"赛会以不同的方式公开展示了罗马国家的过去与现在的联系，宣示了罗

马身份在那么多年来根本的延续性。图密善和塞普提米乌斯·塞
维鲁都举行过奥古斯都排定的第一种赛会，安敦尼·庇护则举行
过第二种，菲利普将延续庇护的选择。

　　毫无疑问，菲利普的千年赛会在这些方面的象征意义更为
重大。我们没有对菲利普赛会的相关描绘，但一份（不太可靠
的）史料表示，他使用了原本准备用来庆祝戈尔狄安对波斯人胜
利的角斗士和野兽，那场胜利当然从未到来。不过，我们有铭文
证据证明这场千年赛会的重要性，而且古代晚期的各种希腊语和
拉丁语编年记录中也提到了它。菲利普的钱币上出现的这场赛会
的元素特别丰富。这些钱币包括纪念性的奥里斯以及普通的安敦
尼和塞斯特斯银币，不仅以菲利普本人，也以年轻的菲利普二世
和奥塔基利娅·塞维拉的名义发行，钱币上描绘了在大竞技场被
杀死的各种动物——狮子、羚羊、河马、羱羊、牡鹿和瞪羚，还
有罗马女神神庙的图像，柱子之间有女神的塑像。我们还看到了
对赛车（ludi circenses）的描绘——从哈德良开始，这是每年建
城日庆祝的固定组成部分。不过，在猎兽和赛车之外，菲利普还
增加了奥古斯都排定的"真正"世纪赛会的仪式，包括在战神校
场举行的 3 天戏剧演出，以及歌唱比赛和其他项目，现存的铭文
中记录了它们的胜利者。这些形形色色的证据——特别是与安敦
尼·庇护的赛会相比——标志着庆典作为千年纪念的重要性。

　　这方面最让人意外的证据可能也是最奇特的，那就是上面装
饰有菲利普赛会图案圆形浮雕的普通雕饰陶器（terra sigillata），
每张罗马餐桌上都有这种红釉餐具——这很像今天纪念王室婚礼
或总统就职的彩绘餐具（可能那时和现在一样显得很俗气）。在遥
远的行省显然也能感受到菲利普赛会的排场和场面，但对于在菲

利普的时代是否能像在公元 1000 年左右的基督教欧洲一样感受到那种"千禧年热",学者仍然存在分歧。拉丁语文献充其量只是模棱两可,但一份东方史料似乎确实证明了这点,那就是一批来自所谓《西比尔预言书》(*Oracula Sybillina*)的希腊语文本。它们与原本的共和时代西比尔预言书没有任何关系,而是对 3 世纪政治危机所做的回应和真正的末日展望——在其中称得上最著名的第十三篇预言中,庆祝罗马建城千年所做的千年展望遭到了罗马帝国将要终结的强烈感受的冲击。

不过,尽管有这些不安的潮流,菲利普的奢华庆祝似乎在宣传上取得了成功。一个千年的终结也可以被视作另一个同样辉煌的千年的开始:直到菲利普的赛会结束整整 5 年后,他的继任者们无疑还在铸造世纪赛会的钱币。但总而言之,菲利普的统治并不安稳。248 年,在卡帕多奇亚或叙利亚,一个来自科马吉尼(Commagene),名叫约塔皮亚努斯(Iotapianus)的贵族被拥立为皇帝,可能是为了保护行省免受尤利乌斯·普利斯库斯高压手段的征敛。莱茵河畔可能也发生了叛乱,领导者是某个叫马里努斯·希尔巴尼库斯(Marinus Silbanniccus)的人,尽管叛乱的日期不确定,只发现过两枚这位篡位者的钱币。更危险的是,可能是在 248 年 4 月,默西亚的前执政官总督克劳狄乌斯·马里努斯·帕卡提亚努斯(Claudius Marinus Pacatianus)被拥立为皇帝,地点很可能在维米纳基乌姆,那里铸造了他的钱币。不过,当邻近行省的总督率军进入默西亚后,他很快就被自己的士兵所杀。

元老帕卡提亚努斯可能代表了他的等级对菲利普周围的官僚小团体的敌意,他对像塞维里阿努斯和普利斯库斯这种人所获得的跨区域指挥权充满了憎恶。菲利普对罗马千禧年的庆祝和其中承载的隆重的传统含义可能也促成了他的起事。无论如何，帕卡提亚努斯的叛乱都被镇压了。对菲利普来说不幸的是，镇压了叛乱的指挥官自己很快也被拥立为皇帝。盖乌斯·梅西乌斯·昆图斯·德基乌斯·瓦雷利努斯（C. Messius Quintus Decius Valerinus）45 岁左右，是来自该地区（生于西尔米乌姆附近）的元老等级的指挥官。他在塞维鲁·亚历山大时期担任过默西亚和下日耳曼尼亚的总督，在马克西米努斯时期又担任了近西班牙行省指挥官这一声望很高的职务，当元老院叛乱时，他仍然忠于那位皇帝。249 年，他成了默西亚和潘诺尼亚的特使，这是菲利普偏爱的一个特别指挥官职务。德基乌斯正是在潘诺尼亚宣布反叛的，维米纳基乌姆的铸币场几乎马上以他的名义打造了钱币。他还把自己的名字改为盖乌斯·梅西乌斯·昆图斯·图拉扬努斯·德基乌斯（C. Messius Quintus Traianus Decius），反映了曾经征服达契亚人的图拉真皇帝的荣耀，这可能指涉了德基乌斯本人的巴尔干血统。

　　一个更大的谜团围绕着菲利普本人的去处和举动。他可能留在了意大利，募集了一支军队来亲自对付这位最新的篡位者；他也可能在色雷斯内陆，率军东进对付约塔皮亚努斯的叛乱，认为让德基乌斯应对多瑙河边境是安全的。无论是哪种情况，德基乌斯在镇压了维米纳基乌姆的短暂哗变后，可能率领巴尔干军团从潘诺尼亚出发，翻越尤利乌斯阿尔卑斯山（Julian Alps），于 249 年 9 月在维罗纳打败了菲利普；他也可能沿着巴尔干的主要公路，朝相反的方向而行，在色雷斯的贝罗埃亚（Beroea）打败了菲利普。菲利普被自己的士兵所杀，而当其父战败的消息传来时，小菲利普被近卫军杀死在罗马。再没有人听说过皇帝其他亲戚的情况。

　　无论是在哪里做到的，打败菲利普后，德基乌斯向罗马进发，于 9 月被承认为大祭司和祖国之父。他马上发起了野心勃勃的计划。他从一开始就展现出明显的传统主义，首先是决定改名，在自己的名号中加入了一位不仅因为善战，也因为美德而受人铭记的征服者皇帝的名字。他的妻子是罗马主妇赫雷尼娅·库普雷森尼娅·伊特鲁斯基拉（Herennia Cupressenia Etruscilla），他给他们的孩子们取的名字同样让人联想起过去：昆图斯·赫雷尼乌斯·伊特鲁斯库斯·梅西乌斯·德基乌斯（Q. Herennius Etruscus Messius Decius）和盖乌斯·瓦伦斯·霍斯提利亚努斯·梅西乌斯·昆图斯（C. Valens Hostilianus Messius Quintus）。他在钱币上的创举也不同寻常。钱币无疑是源自宫廷和皇帝圈子里的东西中最广为人知和人们接触最多的。虽然我们不应认为钱币符号的每一个改变和动向都是皇帝本人的意思，但当钱币上出现了有计划的重大新方案，明显有别于之前的情况时，我们便应该加以关注，就像德基乌斯的例子。

　　新皇帝抵达意大利后，米兰和罗马的铸币场不仅开始发行那些意料之中的钱币，即纪念达契亚、潘诺尼亚和"伊利里亚部队之灵"（genius exercitum illyriciani）的那些，还史无前例地发行了一系列颂扬被封神的罗马皇帝的安敦尼银币。这些钱币的背面图案是祭坛，刻着"封神"（consecratio）的字样。正面则是被封神的一系列皇帝的肖像，从奥古斯都开始，包括了韦斯巴芗、提图斯、涅尔瓦、图拉真、哈德良、安敦尼·庇护和马可·奥勒留。选择这些皇帝神明是标准做法，也是预料之中的，但随后的一些选择就更有意思了：康茂德、塞普提米乌斯·塞维鲁和塞维鲁·亚历山大。没有佩蒂纳克斯和神圣的戈尔狄安，后者的封神发生在仅仅 5 年前。当然，在本书中我们对虚假的谱系和对之前王朝的攀附已经司空见惯了——从塞维鲁对于选谁作为"祖先"来纪念的不停更换的决定，到精心编织的关于卡拉卡拉与接替他的两个年轻表外甥之间有父子关系的传言。同样地，希腊和罗马的观众已经习惯了周期性地把皇帝从官方记忆中抹除。从纪念碑上实打实地凿去名字既抹除了记忆，同时又让人更加牢记，像这样遭到除名的人的名誉最好也要毁掉。但我们在这里看到的"虚拟"抹除记忆却与之不同，是前所未见的做法。因为它如此明目张胆地试图篡改的记忆如此之新，只能被看作对之前十年的有意否定。德基乌斯主张自己直接继承了塞维鲁·亚历山大，略去了两人之间的所有皇帝，甚至是最年轻的戈尔狄安，后者的封神是鲜活的公共记忆。这想要表明的是，可怕的十年入侵和内战已经结束了。

　　最终，德基乌斯的统治没能长久。但他是 3 世纪最有名的皇帝之一，不是因为他非同寻常的铸币，而是完全因为另一项举措：为了罗马国家的福祉，他下令所有人向神明献祭。与新的钱币模板一样，此举旨在标志全新的开始，盛世回归帝国，但想要实现这点，每个人都需要献祭。执行新皇帝命令的方案效法了收税和人口登记，其证据在很大程度上保存在埃及的纸草中。这些纸草是"备忘录"（libelli），记录了公民在官员面前向"祖先的神明"献祭的行为。档案中提到了监督献祭行动和祭品消耗的官员的名字。与为了征税而进行的人口登记一样，各行省的居民都被指定在某一天出现在城市长官面前，通过焚香来向神明献祭，然后会获得一张凭条，证明他们已经完成了——不服从者将面临严重的后果。皇帝像这样向地方当局下达命令完全是帝国初期地方行政管理的特有方式，但相比其他，我们对德基乌斯敕令的了解要多得多，其原因有二：首先是埃及"备忘录"的留存；其次是它对基督徒的影响。

虽然敕令措辞模糊，并没有明示所指的是哪些或谁的祖先的神明，但基督徒似乎把这个命令解读为要求他们向罗马国家的诸神献祭。作为一神教，基督教拒绝对信仰和崇拜行为进行任何区分。基督徒被禁止崇拜他们自己的唯一之神以外的任何神明，而且把在自己周围看到的其他许多神明视作魔鬼。也就是说，大部分基督徒完全相信罗马国家的众神存在，知道他们是非常真实的，但认为这是真实的魔鬼而非真实的神明。按照德基乌斯敕令的要求献祭只会给他们出难题。选择服从不仅意味着罪孽，而且会让他们的灵魂遭受永远的诅咒。反之，拒不服从意味着让每个人各自面对罗马国家更加直接的肉体报复。因此，无论是不是德基乌斯的本意，基督徒都无法不把他的敕令解读为对他们和他们信仰的有意攻击。所以，德基乌斯在基督徒的记忆中成了仅次于尼禄的罗马第二大迫害者，他的迫害行为的程度被大大夸张了。

德基乌斯的意图早就引起过争议。他的计划中的某些要素没有争议。他显然相信，统一的单一仪式对于取悦神明和确保国家安康是必要的。可能他主要关心的是巩固自己相当薄弱的称帝基础。可能他是在回应菲利普对罗马建城千年的庆祝所引发的千禧年狂热。他还可能受到了正在帝国东部蔓延的新一波可怕疾病的影响：这种传染性严重的疾病会引起高烧和结膜出血，它于249年从亚历山大里亚开始流行，然后在帝国境内传播开来。疫情在盛夏退潮，在秋天卷土重来，最晚在251年传到罗马和迦太基，并在此后的至少 10 年里周期性复发。无法确定这究竟是什么病毒造成的,但近年来学者们开始认识到它有多么严重,疫情影响了城市和乡村、富人和穷人,在一些城市夺走了多达 2/3 的市民的性命,如果我们那些较为翔实的材料可信的话。有人猜测这种瘟疫是类似埃博拉病毒的出血热:季节性、高致病率和高致死率的组合让那种丝状病毒成为可能的候选者。正如近年来的埃博拉病毒暴发所显示的,新疫情的突然冲击可能引发歇斯底里的反应,要求领导者采取极端措施来拯救我们。如果不具备现代传染病学知识的古人认为有必要安抚被激怒的神明,担心那些总是拒绝尊敬神明的人要对引发了他们的怒火负责,我们不应感到意外。

无论德基乌斯的举动背后结合了几分深谋远虑、几分对现状的反应,或几分理性、几分歇斯底里,我们都需要将其理解为帝国骑士化的一个早期结果——担任职业官僚的骑士等级成员,以及由此产生的那种“治理心态”,越来越占据主导。德基乌斯无疑记得卡拉卡拉的公民权敕令,该敕令采用了普遍化的修辞,而且通过让罗马法适用于帝国的全部人口,产生了更加普遍化的影响。安敦尼敕令颁布将近 40 年后,整整一代人——他们的父母出生时是非罗马公民的外邦人——不得不努力遵守完全超出了他们所在地区习惯行为的罗马法律。像德基乌斯这样经验丰富的行政管理者在之前和之后都意识到了这点,他可能看到了这种普遍统一性的意识形态价值。因此,我们应该考虑到政府的两种并行不悖的动能:一是卡拉卡拉的宏大敕令,它让人们可以把整个帝国想象成单一的世界,在其中所有人都能够和应该以同样的方式行事;二是骑士化和政府例行程式的不断扩大,它让推行这种统一性的愿望变得既有可能又可实现。

　　早期罗马统治因地制宜的性质源于这样一种认识，即让当地的习惯以及当地维护和平和征收捐税的方式维持下去，是最廉价、最和平以及最有效地统治帝国的方式——也因为以奥古斯都的"家族"（familia）和"门客"（clientela）为基础的政体无法按照统一的规则治理如此规模的帝国。但两个世纪以来，政府的扩张和结构的稳定改变了这种情况，因此曾经无法想象和没有必要的东西现在变得既可行又值得一做。无论我们在德基乌斯的献祭敕令中看到了什么别的东西——显然，后来的皇帝在下令对基督徒进行蓄意迫害时，把他的敕令当成模板——我们都应该把它视作晚期帝国特有的统治方法在发展过程中的一个重要阶段，这种方法在 4 世纪得到了最完全的表达，此后在西方维持了一个世纪或更久，在东方则维持了整整 3 个世纪。

　　德基乌斯的自信不仅限于宗教举措或者国家权力。他似乎还想要自诩为比菲利普更加能干的军事领袖。我们已经看到，黑海以北和喀尔巴阡山以东的变化如何大大改变了那里的权力平衡，一个新的军事精英集团统治了这个定居农业社会，他们在文化上结合了中欧的服饰和语言元素，以及来自草原的作战风格和装饰图案。到了 249 年，罗马的军事规划者已经充分意识到了这些改变，德基乌斯派士兵前往博斯普鲁斯海峡，以汇报当地的动态：当周围的世界发生改变时，希腊化的博斯普鲁斯王国的残余仍在坚守。与此同时，在多瑙河下游，菲利普停止了对卡尔皮人的传统补贴并向其开战，声称他们破坏了与罗马的和约，导致局面雪上加霜。在边境管理上，取消帝国的补贴很少能取得成功：德基乌斯不得不亲自率军征讨下默西亚的蛮族，有一定真实性的史料中对这些蛮族有各种称呼，包括卡尔皮人、波拉尼人（Borani）、乌洛贡多伊人（Ourogundoi）和哥特人，同时代的古典风格的作者则统称他们为斯基泰人。史料中看到的名字的混乱是一个极具历史重要性的事实：当时边境两边的人都不太清楚发生了什么。只有在事后，我们才能把这些事件理解为在整个地区正在发展起来的哥特霸权的副产品，因为4世纪时多瑙河沿岸的蛮族政体与3世纪时的那些几乎没有可追溯的关系。

我们应该抵御住诱惑，不要试图把我们支离破碎的证据拼凑成统一和有条理的叙事，但可以确定的一点是，当德基乌斯率军进入下默西亚时，他面临的是真正灾难性的局面：入侵的斯基泰军队已经包围了马尔基安诺波利斯（Marcianopolis）。新发现的雅典历史学家德克西波斯（Dexippus）的残篇证实了来自时间晚得多且真实性存疑的史料中的细节。现在我们知道，在名叫奥斯特罗哥塔（Ostrogotha）和克尼瓦（Cniva）的指挥官率领下，几队斯基泰人在贝罗埃亚重创了皇帝本人率领的军队。这场惨败的消息可能在罗马引发了一场短暂的政变，由元老尤利乌斯·瓦伦斯·李基尼亚努斯（Iulius Valens Licinianus）发起，但看上去政变几乎马上就被镇压了（可能由近卫军），因为没有铸造过带瓦伦斯名字的钱币。随后，在巴尔干，经历了色雷斯总督提比略·尤利乌斯·普利斯库斯（T. Julius Priscus）的短暂篡位后，菲利普波利斯于250年年底或251年年初被克尼瓦率领的入侵者攻陷。最终，在6月上旬，德基乌斯在马尔基安诺波利斯西北的阿布里图斯（Abrittus）遭遇了入侵者，一场激战以他的惨败告终。他的对手藏身在险恶的沼泽地带，这里很不适合罗马军队普遍擅长的大规模步兵战法。德基乌斯愚蠢至极地亲自率军冲入沼泽作战，导致士兵难以脱身，遭到屠杀。皇帝本人阵亡，尸体始终没有找到，他的儿子也战死了。后来的基督教作者们可以幸灾乐祸地把这想象成迫害者应有的下场："就像上帝的敌人所应得的，他赤身裸体，成为野兽和食腐禽类的食物。"

这场灾难的消息在 6 月中旬传到罗马，同时传来的消息还有军队已经拥立下默西亚总督盖乌斯·维比乌斯·特雷波尼亚努斯·伽卢斯（C. Vibius Trebonianus Gallus）为皇帝了。他通过谈判让斯基泰人撤回到多瑙河对岸，尽管他们似乎带走了德基乌斯皇帝金库的很大一部分：帝国边界以北曾经以白银为基础的经济很快变成了以黄金为基础的，在阿布里图斯缴获的德基乌斯奥里斯金币成了其主要模板。斯基泰人一离开，伽卢斯就急忙赶回罗马，于夏末抵达那里。伽卢斯是个地位很高的意大利人——我们甚至知道他父亲（此人在塞普提米乌斯·塞维鲁统治时期已经担任公职了）的名字，这在该时期非常罕见，足以证明其家族的显赫。尽管东部前线正在遭遇麻烦，伽卢斯匆忙返回罗马仍然是明智之举：如果被拥立的皇帝想要被长久接受，那么对元老院和平民的象征性安抚就是必尽之责。伽卢斯发行了"入城式"钱币来纪念他的到来。元老院迅速将死去的皇帝封为"神圣的德基乌斯"，而伽卢斯起先接受德基乌斯的小儿子霍斯提利亚努斯和他自己的儿子沃鲁西亚努斯（Volusianus）一同成为恺撒。我们不清楚这种情况维持了多久或者是否维持过：有些证据显示德基乌斯和他的儿子们一起遭到了除名毁忆，但证据并不广泛，不足以让我们确信这点，而且这反映的可能是后来的基督徒在抹去这个他们深恨的迫害者的名字。可以确定的是，幸存的那个儿子霍斯提利亚努斯无疑在那年年底前就被处决，或者死于自然原因。无论如何，251 年年中前，得到元老院承认的就只有两位皇帝了，即盖乌斯·维比乌斯·特雷波尼亚努斯·伽卢斯，以及他的儿子，身为恺撒和青年元首的盖乌斯·维比乌斯·沃鲁西亚努斯。不过，确保了元老院的首肯或默认后，他们还有更紧迫的事需要关注。

约塔皮亚努斯的叛乱在菲利普统治的末期或者德基乌斯的统治之初已经被镇压，具体情况我们并不了解，但在一个有着马里亚德斯（Mariades）这个叙利亚名字的安条克显贵的领导下，新的叛乱又爆发了。等到忠于意大利政权的帝国军队真正参与进来后，马里亚德斯决定逃到波斯，向沙普尔寻求庇护。沙普尔在自己的胜利铭文中宣称，罗马人违背了 244 年菲利普签订的和约，因为他们收留了亚美尼亚的安息王室继承人梯里达底，后者在他的父亲胡斯劳二世（Khusrau Ⅱ）遇刺后（很可能是沙普尔主使的）向罗马人寻求庇护。作为回应，沙普尔吞并了亚美尼亚，罢黜了那里的安息王室统治者，改由自己的儿子奥尔马兹德统治。

关于这些事件的详细得多的版本留存在亚美尼亚的传统中，并加入了颠覆、背叛和屠杀的民间传说元素。其中保留的一个细节可能有些价值，它展现了老梯里达底和胡斯劳被阿达希尔和沙普尔视为眼中钉的程度有多么深，他们在远到贵霜王国这样的地方煽动叛乱——这有助于解释沙普尔为什么花那么长时间在东方作战。现在，随着沙普尔掌握了具有战略价值的山地王国亚美尼亚，并稳固了东部边境，他再次把矛头对准罗马人，还得到了反叛者马里亚德斯的协助。252 年或 253 年，这位众王之王袭击了叙利亚诸行省，他没有选择经由辛加拉、雷塞纳和卡莱的惯常路线，而是从一条意想不到的路线突袭了叙利亚的整个罗马驻军，后者正被召集在一起，等待与波斯人作战。

沙普尔宣称，在幼发拉底河畔的巴尔巴里索斯（Barbalissos）

的这场胜利中，他打败了足足 6 万名罗马人——这个数字即便是被大大夸张过的，也能够说明波斯人取得了大胜。在这场战役或这些战役中，安条克本身和诸如希拉波利斯等其他重要的叙利亚城市都沦陷了，波斯军队一直打到卡帕多奇亚，意大利的特雷波尼亚努斯·伽卢斯政府对此无能为力。沙普尔把一大批俘虏流放到胡齐斯坦（Khuzistan），在那里建立了一座新城，称之为维安条克沙普尔（Veh Antiok Shapur，意为"沙普尔建立此城，胜过安条克"），后来被讹为贡德斯沙普尔（Gundeshapur），这是扎格罗斯山和底格里斯河之间区域的重要城市。沙普尔的动机不仅限于军事荣耀：胡齐斯坦将成为萨珊国家的经济引擎，那里分布着产业中心，生活着许多被流放的俘虏，专门从事生产以增加皇室收入并为进一步的征服提供资金。通过压制有独立统治传统的老城市（最重要的也许是苏萨）以及对帝国行政当局直接管理的王国中心施以恩宠，沙普尔开启的长期政策让萨珊波斯成为最富有和最强大的古代近东帝国。

不过，在 3 世纪时，罗马皇帝的无能为力意味着当地的东方人被迫把事情掌握在自己手中。可能正是在此时，奥代纳图斯（Odaenathus）登上了历史舞台，他是一个来自繁荣的商队城市帕尔米拉的贵族，在东方事务中时不时地扮演重要角色，直到他于 267 年遇刺。但该时期的事件年表混乱到令人绝望：有的把打败一部分波斯军队归功于这位奥代纳图斯，有的则将其归功于埃梅萨的乌拉尼乌斯·安敦尼。后者是个身份不明的人物，其全套名号——尤利乌斯·奥勒留·苏尔皮基乌斯·塞维鲁·乌拉尼乌斯·安敦尼（Iulius Aurelius Sulpicius Severus Uranius Antoninus）——显然宣示了他与塞维鲁家族有亲戚关系。他可能是埃梅萨的神明埃拉伽巴尔的信徒和祭司，这样的话，他就可能是尤利娅·多姆娜家族的亲属。鉴于他铸造了钱币——那是我们所掌握的对其存在和活动范围的最好证明——乌拉尼乌斯看上去显然在主动挑战伽卢斯的皇位。6 世纪的作者约翰·马拉拉斯（John Malalas）讲述了很多可靠性不一的安条克当地传说，在他的浪漫化版本中，沙普尔本人在埃梅萨的这场战斗中阵亡，尽管篡位者乌拉尼乌斯不见踪影，被一个名叫桑普西格拉姆斯（Sampsigeramus）的贵族祭司取代。虽然这个故事显然是虚构的，但在纳科谢鲁斯塔姆的铭文中，沙普尔宣称征服的城市名单上却引人注目地少了埃梅萨，因此，他很可能在那里遭到了重大失利。做到这一点的是一名地方统治者，而不是一支哪怕只是被推断忠于合法皇帝的军队。这个事实提醒我们，西部的皇帝在保持对东部的控制时一直存在困难，部分原因是他们无法保护东部行省免受波斯人的威胁：并非他们不想行动，而是受制于其他的威胁。因此，在 253 年，特雷波尼亚努斯·伽卢斯即便想，也无法对来自东部的灾难性消息做出回应，因为他正面临着另一场叛乱的威胁，后者离罗马更近，因此危险也更迫在眉睫。

引发这场新挑战的是读者现在应该已经司空见惯的事件：某个驻边的将军对一些蛮族取得了胜利，披上紫袍，向在位皇帝进军，双方宁可让行省人民受苦，也不愿让对手坐大。就像经常看到的那样，史料的状态让我们需要对细节展开猜测，但显而易见的是，虽然伽卢斯与占领菲利普波利斯和杀死德基乌斯的那群斯基泰人已经议和，但这些只是更大问题的一小部分：因为多瑙河对岸尚无可以与之打交道的有组织政体，没有可以为帝国所面临的问题负责的单一民族或部落群体，平息一个挑战无法解决其他的许多挑战。因此，与伽卢斯打交道的斯基泰人很可能遵守了与他的条约，但这让几十个机会主义袭击者团体高高兴兴地利用了帝国的分心和虚弱。252 年，来自黑海的大批袭击者从海上向爱琴海发动攻击，这些蛮族可能联合了博斯普鲁斯的希腊人，或者征服了后者并夺取了其资源。袭击者既成功又难以捉摸，尽管很难衡量损失的真正规模，但他们所做的一些事令当时的人非常震惊，比如焚毁了最著名的古代圣所之一，小亚细亚以弗所的阿尔忒弥斯神庙。

253 年，下默西亚遭到了另一群斯基泰人的入侵。这一次，他们受到了一个名叫埃米利乌斯·埃米利亚努斯（Aemilius Aemilianus）的将军的有效抵抗。我们对此人的了解少之又少，他很可能生于那个世纪的第一个十年，在塞维鲁·亚历山大统治时期开始军旅生涯，并一路获得晋升，但我们所能说的就只有这些了。现在，他展现出一个所有人都能看到的事实——行省军队对身在远方的皇帝的忠诚是无法保证的。埃米利亚努斯打了胜仗的军队拥立他为皇帝，尽管巴尔干边境远远称不上安定，他还是马上向意大利进军。如果想要把皇位抓在手里，就必须这样做。进入意大利后，他在翁布里亚的河间遭遇了伽卢斯，并将其击败。伽卢斯和沃鲁西亚努斯恺撒被自己的军队所杀，埃米利亚努斯获得了元老院的认可，后者还授予了他的妻子科尔内利娅·苏佩拉（Cornelia Supera）奥古斯塔的头衔。但事实证明，埃米利亚努斯的统治是短暂的。伽卢斯一获悉叛乱的消息，就马上派人去高卢向普布利乌斯·李基尼乌斯·瓦雷利亚努斯（Publius Licinius Valerianus，通称为瓦勒良）求助。瓦勒良在赶往意大利的途中获悉了伽卢斯的死讯，他在莱提亚被拥立为皇帝。253 年 9 月，在称帝的同一个作战季中,埃米利亚努斯便在意大利中部的斯波莱提乌姆(Spoletium)与瓦勒良军作战时阵亡。皇位的迅速更迭让人眼花缭乱。瓦勒良的统治时间将稍长些,但对帝国高层政治的伤害一样大。

第 10 章

瓦勒良和将军们

新皇帝瓦勒良是个资历很深的重要人物——正是他把老戈尔狄安称帝的消息带到了罗马，并促成了元老院的接受。他无疑来自一个古老的元老家族，尽管提到了其出身细节的唯一史料显然伪造了这些信息。虽然如此，我们可以确定他在238年前第一次成为递补执政官，当埃米利亚努斯反叛伽卢斯时，他正在高卢担任某种军队指挥官职务——他可能是当地某个有驻军行省的代执政官特使，但同样有可能的是，德基乌斯和伽卢斯沿袭了菲利普的做法，任命他们信任的人担任管辖大片地区的"节度使"，就像瓦勒良无疑也会做的。不过，我们对于瓦勒良称帝时担任何种指挥官职务的不确定反映了3世纪中期的几十年间的一个现象，那就是帝国传统军事组织的瓦解，划分明确的军团和辅助军这样的作战单位不复存在了。我们看到，取代它们的是多支作战军，由来自不同部队的分遣队组成——这种做法随着那个世纪的深入而变得更加常规化。在许多方面，瓦勒良以及他的儿子和继承者伽利埃努斯的统治时期——尽管史料中提供的证据很少——是3世纪晚期政府，乃至更普遍的晚期帝国政府的摇篮。

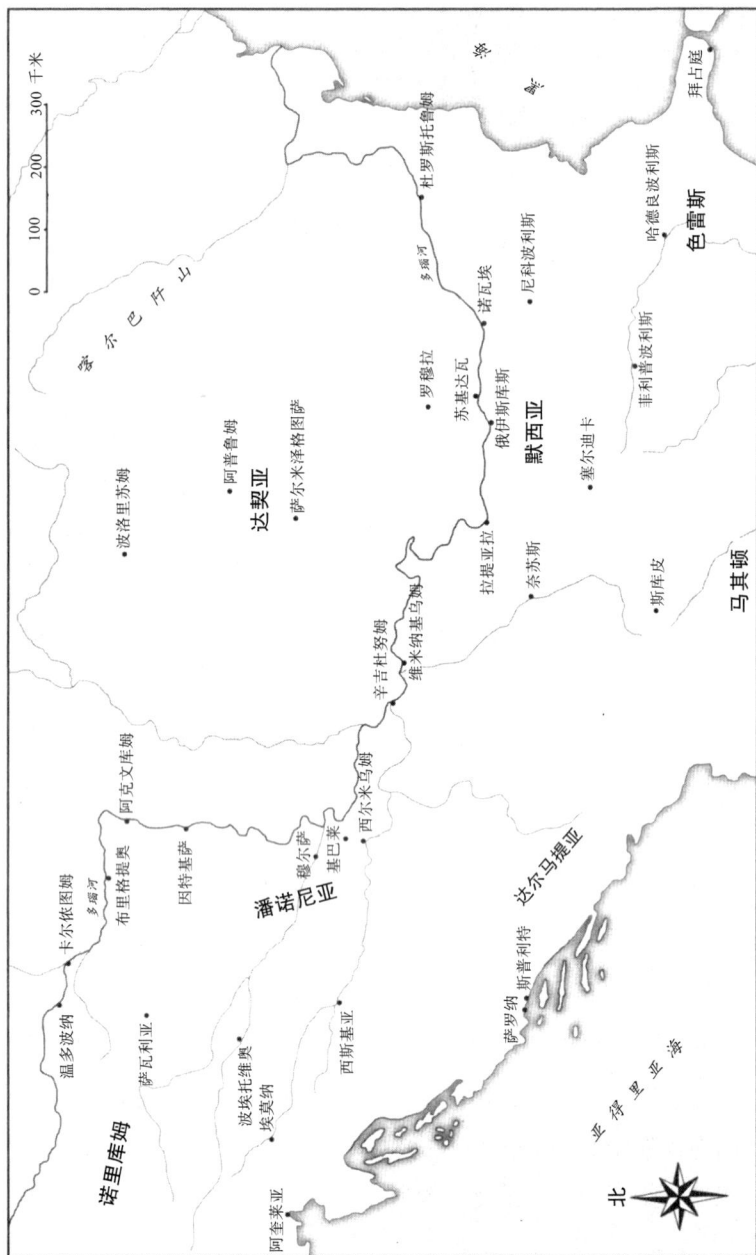

地图 12　多瑙河行省

彩图 1　哈德良长城

彩图 2　里布切斯特头盔

彩图 3　卢多维希战斗场景石棺

彩图 4　萨尔玛提亚骑士

彩图 5　塞尔苏斯图书馆

彩图 6 大莱普蒂斯的剧场

彩图 7 罗马的退伍证明

彩图 8 赫罗德斯·阿提库斯

彩图 9　密特拉

彩图 10　帕提亚贵族

彩图 11 弗尔维乌斯·普劳提亚努斯

彩图 12 塞普提米乌斯·塞维鲁

彩图 13 塞维鲁圆盘画

彩图 14 李基尼乌斯宝石

彩图 15 马克西米努斯

彩图 16 普皮埃努斯钱币

彩图 17 巴尔比努斯钱币

彩图 18 罗马短袍

彩图 19 努比亚人形象的油灯

彩图 21　贵霜（犍陀罗）佛像

彩图 22　菲鲁扎巴德的阿达希尔王宫

彩图 23　沙普尔的胜利，纳科谢鲁斯塔姆

彩图 24　罗马的奥勒良城墙

彩图 25　祭司卡尔迪尔的功绩，纳科谢拉贾布

彩图 26　马克西米安

彩图 27　限价令

彩图 28　福斯塔

彩图 29　四帝共治

彩图30 沙普尔二世狩猎野猪

彩图31 萨珊国王像

彩图 32　君士坦提乌斯二世

彩图 33　尤里安

彩图 34　海伦娜的斑岩石棺

彩图 35　帕里斯的评判（细部），
来自安条克的中庭之家

彩图说明

1. 哈德良长城

与斗兽场和罗马广场一样，哈德良长城是罗马世界最有辨识度的古迹之一，无疑也是不列颠最著名的罗马古迹。从泰恩河口到索尔韦湾畔的鲍内斯，城墙绵延70多英里，现在是联合国教科文组织的世界遗产。公元2世纪20年代建造时，罗马军队的工程师们尽可能地利用自然地形特征，在必要之处用草皮、木头和石头工事加固。长城旨在发挥的作用就像其他不那么著名的罗马边防体系——日耳曼的界墙（在3世纪后期之前一直将莱茵河和多瑙河上游的突出部分围起），北非半沙漠深处的壕沟（fossatum），帝国晚期叙利亚沙漠中的戴克里先大道，以及多瑙河下游岸边的"方堡"和前线哨所链。实际上，一道穿越如此大片土地的长城——即便上面分布着数百座瞭望塔，在战略要点安排了大型的驻军营地——也无法真的阻止决心穿过它的人群的流动。但它可以控制这种流动，为罗马军队提供有利的监控和监督点，无论是对于城墙之外（今天的苏格兰低地）潜在的敌对人群，还是城墙之内有反叛可能的人群：在被罗马征服许多世代之后，坎布里亚和奔宁山脉的北方不列颠部落仍然有反叛倾向。

2. 里布切斯特头盔

里布切斯特头盔发现于兰开夏郡的里布切斯特（Ribchester），是18世纪出土的一小批金属器物窖藏的一部分，现藏于大英博物馆。里布切斯特头盔是罗马骑兵在军事演习中所戴的几种独特的头盔之一。这类头盔重约3磅，用青铜制成，有时镀有一层厚厚的银，没有多少在战场上的实际用途，但在游行时会营造出炫目的印象，模式化的面具会掩盖骑兵的个性，把他们变成罗马军事能力的纯粹象征。这类头盔可能用在游行和典礼上，或者在皇帝现身检阅军队时佩戴，比如2世纪初时，哈德良在北非的要塞城市拉姆拜西斯检阅了骑兵训练，他对他们的评价铭刻在石头上，保存至今（见第2章）。

3. 卢多维希战斗场景石棺

2 世纪和 3 世纪流行用非常精美的战斗场景装饰罗马精英的石棺。角斗士表演长久以来都是罗马葬礼的一个特色，但描绘罗马军队用暴力降伏刻板化的蛮族身体的图像是帝国盛期的墓葬装饰中所特有的，它吸收了希腊化胜利纪念碑流行的艺术主题。1621 年，在罗马提布提纳门（Porta Tiburtina）附近发现了卢多维希石棺，现藏当地的国家博物馆。这是已知的大约 20 个 2 世纪和 3 世纪的带战斗场景的石棺之一，均由罗马作坊中技艺高超的雕塑师制作。在上面的构图细节中，我们可以感受到深凿出的人物（有的几乎脱离了大理石主体）可以达到的深度和流畅度。其效果就是让罗马的敌人和罗马的将军们形成反差，前者落魄地倒在地上挣扎，而后者稳稳地置身于画面右侧，威严镇定（他可能是 3 世纪的军人皇帝之一，但确定他身份的所有尝试都不真正令人信服）。除了是一件不同寻常的艺术品，这个石棺还强调了罗马人对于帝国军队优越性的永恒意识，像阿布里图斯战役（见第 9

章）这样的例外很少，这对生活在罗马北部边境上和边境外、遭受过罗马帝国主义劫掠的农业民族来说太真实了。

4. 萨尔玛提亚骑士

萨尔玛提亚人是一群最初生活在黑海以北的关系松散、过半游牧生活的武士。不同的部落在那里建立过一系列疆域不定的国家，在整个古代，直到公元 4 世纪都是如此——4 世纪时，罗马最重要的萨尔玛提亚对手来自多瑙河和喀尔巴阡山之间的匈牙利大草原（称为普斯陶或奥尔弗德）。萨尔玛提亚人是欧洲唯一主要依赖重甲骑兵的军事贵族，这一点在波斯的伊朗贵族身上也很典型。这幅相当粗糙的壁画发现于 1872 年，来自克里米亚博斯普鲁斯（黑海和亚速海在那里交汇）边的刻赤（Kerch）的一处墓葬。在许多个世纪里，黑海海岸上一直分布着希腊定居点，而直到 3 世纪中期，潘提卡彭（Panticapaeum，位于今刻赤境内）城的希腊化王国都十分繁荣，它一直存在到了 4 世纪开始后很长时间。壁画描绘了一名博斯普鲁斯步兵面对冲来的萨尔玛提亚人时坚守阵地，后者身着全副链甲，手持长矛。在令人生畏的敌人面前，这可谓英勇之举。

5. 塞尔苏斯图书馆

现为联合国教科文组织世界遗产的以弗所城曾经是小亚细亚爱奥尼亚沿岸的重要港口城市。它在古风时代就已经很重要，是罗马统治下经历复兴的许多希腊城市之一：在小亚细亚各地，希腊城市中的当地精英利用罗马时代的自由与和平创造出了一种古典城邦的复制品，竞逐当地的官职，大规模地资助艺术。塞尔苏斯图书馆反映了希腊头面人物的这种热爱家乡的热情，他们在罗马统治下事业成功，成了罗马公民。图书馆由盖乌斯·尤利乌斯·阿奎拉（Gaius Julius Aquila，110年的执政官）为了纪念他的父亲提比略·塞尔苏斯·波列麦亚努斯（Tiberius Celsus Polemaeanus，92年的执政官）建造，他是最早践行自己作为罗马公民的特权而进入元老院的希腊人之一，在图拉真皇帝统治下担任过亚细亚的代执政官总督

（105—107年）。这座图书馆旨在发挥多种功能——作为给以弗所公民的礼物，它将收藏数千卷包含了希腊文学瑰宝的书籍；作为陵墓，主建筑的地下室将安放一名伟人的遗骸；作为公共纪念碑，它将为塞尔苏斯扬名，为他活着的后人增光，确保他们继续在城市生活中保持重要地位。图中的立面是在20世纪70年代的考古工作的成果，在11世纪的地震中被毁后就一直废弃的遗迹由此得到了重建。许多建筑元素没有完整的考古脉络，这意味着重建工作可能无法准确地反映建筑原先的立面，尽管它是罗马统治下的希腊文化的标志性形象。

6. 大莱普提斯的剧场

大莱普提斯是北非的黎波里塔尼亚行省的主要城市，该行省是说拉丁语的北非行省中最东面的一个（见第5章）。该城最初由布匿人建立，在该地区被并入帝国之前很久就是罗马的盟友。它在公元1世纪成为自治市（帝国早期一种享有特权的法律地位），后来被图拉真提升为公民殖民市。在哈德良统治期间，大莱普

提斯诞生了当地的第一位元老。那里的头面公民——像塞普提米乌斯·塞维鲁和弗尔维乌斯·普劳提亚努斯的祖父这样的人——当时已经在意大利拥有产业。该城非常富裕，在城市设施建设上十分奢华。我们在这里可以看到城中的剧场，视线从看台穿过舞台的柱廊背景（scaena frons）望向地中海。剧场始建于公元 1 或 2 年，在整个 2 世纪被一遍遍翻新，可以容纳至少 3 万名观众。因为该城在古代之后并不总是有人居住，帝国时代的城市面貌保存得特别好，而且似乎也没有受到最近利比亚混乱局势的影响。

7. 罗马的退伍证明

我们发现了数以百计的从克劳狄乌斯统治时期到 3 世纪的罗马帝国的退伍证明。它们中绝大部分是发放给辅助军成员的，即从帝国的非罗马人群中招募的军队。3 世纪之前，帝国军队的组成一方面是从罗马公民中招募的军团，另一方面是来自非公民（被称为 peregrini，在大部分行省中是主要人口）的辅助军。在辅助军中服役是获得公民权的主要途径之一，还有它向非公民行省居民所承诺的社会资本：在辅助军中服役 25 年后，光荣退伍的士兵能够获得罗马公民权和它带来的各种法律特权。为了纪念这一时刻，新获得公民权的士兵会被颁发一份青铜证明，记录他们的服役，为他们新的法律地位提供证据，这种地位在从帝国一端到另一端的法庭上都会得到承认。数以百计颁发给辅助军士兵的证明留存了下来，有的完整，有的只有残片，但插图中的证明（现藏于波恩的莱茵州立博物馆）更加不同寻常。尽管形状和大小都与辅助军的退伍证明类似，但这份 3 世纪的文件记录了一名军团士兵塞普提米乌斯·布巴斯（Septimius Bubas）的光荣退伍，由下日耳曼尼亚总督颁发。将缩写补充完整后的拉丁文本是 Aufidius Coresnius Marcellus, legatus Augusti pro praetore, dedi honestam missionem Septimio Bubati, militi legionis I Minerviae Severiane Alexsandrianae candidato（后文缺失），意思是"奥菲狄乌斯·克雷斯尼乌斯·马尔凯路斯，拥有代法政官权的皇帝特使，准许塞维鲁·亚历山大的'密涅瓦'第一军团的塞普提米乌斯·布巴斯光荣退伍，他是候选人……"。军团成员的退伍证明比辅助军成员的要相对少见，我们不知道如何解释这点：也许前者只在特殊情况下才会颁发，或者它们的使用仅限于很短的历史时期。

8. 赫罗德斯·阿提库斯

赫罗德斯·阿提库斯是2世纪初雅典最富有的人之一克劳狄乌斯·阿提库斯之子（见第1章）。当时，雅典已经成为古代希腊文化的某种博物馆，希腊文化的爱好者纷纷前往那里，沐浴许多个世纪的历史所反射出的荣光。雅典还是座彻头彻尾的罗马城市，当地的精英一只脚站在传统过去，另一只脚站在更广大帝国的政治生活中，他们中最显赫的成员加入了元老等级。在被认可为图拉真的继承人之前，哈德良皇帝（名副其实地获得了爱希腊的名声）在年轻时曾作为克劳狄乌斯·阿提库斯的客人在雅典待过一段时间。124年，当他作为皇帝回到这座城市时，他利用皇帝可以授予个人元老地位的特权把赫罗德斯"特批"（"读进名单"）进了元老院。这意味着赫罗德斯拥有了一名低级别元老（即担任过财务官这一元老阶序中最低一级行政官员之职）的所有特权，不必像出身元老等级的年轻人通常要做的那样，先去担任获得元老资格所必需的低级别职务。后来，他成了2世纪文化界中很有影响的人物，甚至在安敦尼·庇护治下担任了公元143年的执政官。在这尊胸像中，他披着希腊人的长方形外衣，而不是臃肿得多的罗马托袈，胡须修剪得整整齐齐，就像长期以来希腊男性的惯例那样。

9. 密特拉

密特拉崇拜以关于救赎和启示的秘仪为中心。虽然密特拉神以琐罗亚斯德教的神明密特拉为基础，但我们今天所知的密特拉教是在罗马帝国境内发展起来的，而且在罗马士兵中特别流行。密特拉教神话或神学的系统论述没有保存下来，很可能从未存在过，但文献中的零星提及，这位神明的信徒留下的众多铭文，以及特别统一和一致的考古记录都让我们对这种崇拜有了大量了解。这位神明的地下神庙［密特拉庙（mithraea）］中的形象都围绕着"屠牛像"（戴着弗里吉亚帽的密特拉宰杀神圣公牛的场景）呈现，就像图中那样。还有其他几种密特拉事迹的固定形象存世（他从一块石头中诞生的场景，他的崇拜者们的宴席的场景），但这种宗教的吸引力似乎来自它对信众秘密集会的强调，他们被分成不同的启悟等级，在帝国各地的信徒都承认彼此，可以参与获得密特拉带来的救赎。这种"国际主义"让这种宗教对于士兵和其他不断旅行的帝国公务员特别有吸引力。

10. 帕提亚贵族

帕提亚帝国在纪元前后的数百年间主宰着伊朗和美索不达米亚世界，从叙利亚沙漠的边缘延伸到今天的土库曼斯坦和阿富汗。帕提亚历史的书面记录少得让人失望，但艺术品和考古学显示，帕提亚的统治精英（最初是草原上半游牧的武士）很快接受了他们所征服的定居文明的习惯。除了

波斯人的军人气质和美索不达米亚精密的统治传统，帕提亚人还对希腊化宫廷生活产生了浓厚的兴趣。不过，在许多个世纪中，安息王室和与他们最亲密的臣属都保留了同草原的意识形态联系，那里是他们的兴起之地。这种联系可以从这尊帕提亚王族或贵族的塑像中看出来：他身着裤子和紧身短上衣，而不是帝国的大部分人口穿的披风和长袍。虽然塑像的正面视角和僵硬姿态符合传统的近东造型艺术，但飘垂长袍的铸造以及对头发和面部特征的写实描绘都是受到希腊化影响的证据。

11/12. 弗尔维乌斯·普劳提亚努斯和塞普提米乌斯·塞维鲁

这两位的黎波里塔尼亚行省大莱普提斯的子弟在2世纪90年代共同征服了帝国。两人来自的黎波里塔尼亚这个偏远行省唯一重要的城市，塞维鲁进入了元老院，普劳提亚努斯则一直是骑士。当塞维鲁在佩蒂纳克斯遇刺后称帝时，普劳提亚努斯站在他的一边，在夺取了意大利之后成为他的近卫军长官。事实上，他

们是帝国的统治伙伴，普劳提亚努斯的女儿弗尔维娅·普劳提拉嫁给了塞维鲁的儿子卡拉卡拉。但塞维鲁对普劳提亚努斯的特权感到嫉妒，当后者的雕像在大莱普提斯与皇帝的雕像平等展示时，两人之间产生了裂痕，最终导致普劳提亚努斯在 205 年被处决（见第 6 章）。这两座雕像是典型的塞维鲁时代风格，毛发很厚，目光避开观者；在整个 3 世纪初期和中期的几十年里，类似的鲜明刻画一直出现在雕塑作品中，到了四帝共治时期，它让位于越来越抽象和不带个人特征的形象。

13. 塞维鲁圆盘画

作为最著名的罗马艺术品之一，这是罗马世界留存下来的很少几幅木板蛋彩画中的一幅。现存于柏林的国家博物馆，作品来源不明，很可能是从不同形状，或许更大的画作上割下的。圆盘画描绘了塞普提米乌斯·塞维鲁皇帝一家，右边是皇帝，左边是皇后尤利娅·多姆娜，还有他们的两个儿子卡拉卡拉和盖塔。盖塔曾经站在画面左侧尤利娅的下方，

但在他被卡拉卡拉谋害，死后遭到除名毁忆后，他的面容被抹去了。除名毁忆是帝国处置统治者想象中或真实的敌人的常用策略。将被除名者的名字和形象从铭文和公共纪念碑上抹去，既让他们从过去的官方记录中消失，同时一直提醒世人，不能承认他们曾经存在过这个事实是真实的。由于没有现代安全部门这样的机构，帝国当局永远无法像理论上想要的那样完全抹除某一个体的记录，但对盖塔的除名毁忆的彻底程度不同寻常：在许多上面曾经同时出现卡拉卡拉和盖塔形象的钱币上，盖塔的肖像被凿去了，在这幅画上，他成了幽灵般的缺席者（见第 6—7 章）。

14. 李锡尼浮雕宝石

这块用金色珐琅镶边的缟玛瑙浮雕宝石在 16 世纪就被法国王室收藏，从 1851 年开始藏于法国国家图书馆。它被通称为"李锡尼凯旋式"或李锡尼浮雕宝石。宝石描绘了一位凯旋游行的 4 世纪罗马皇帝，尽管他是不是李锡尼仍不确定。无论如何，这块浮雕宝石展现了正式的罗马凯旋式

庆祝中所用图像的各个方面。皇帝坐在4匹马拉的战车上，手拿圆球和权杖，6个敌人被踩在脚下。他的两侧是两个长着翅膀的胜利女神，左边的扛着战利品（从被征服者那里夺得的盔甲），右边的拿着军旗，上面有两位皇帝的胸像。在皇帝的上方和背后，左侧是佩冠持火炬的日神，正把一个天球交给皇帝，右侧的月神亦是如此。每当皇帝进入一座城市时，会举行名为入城式的隆重公共仪式，但正式的凯旋式（其礼仪可以追溯到共和时代）的规模完全不同。

15/16/17. 马克西米努斯、普皮埃努斯和巴尔比努斯

235年3月，随着日耳曼尼亚的军团哗变，杀害了塞维鲁·亚历山大皇帝，盖乌斯·尤利乌斯·维鲁斯·马克西米努斯被拥立为皇帝（见第7章）。他出身寒微，在军队中一路晋升成为骑士，尽管元老院和军队承认了他的继位并将其合法化，但他的统治从未得到臣民的太多欢迎。238年，在代执政官总督马尔库斯·安东尼乌斯·戈尔狄亚努斯（戈尔狄安）的支持下，阿非利加代执政官行省的一些元老发动叛乱。尽管这个戈尔狄安和他的儿子很快被镇压，但罗马元老院承认了他们，并宣布马克西米努斯为公敌。他们做出了一个体现非常古老的元老寡头统治传统的堂吉诃德式的奇特举动，任命了一个由20名元老组成的"二十人委员会"领导国家来反对他；这二十人中的两位，富有的贵族凯利乌斯·巴尔比努斯和职业军人克洛狄乌斯·普皮埃努斯被共同拥立为皇帝。马克西米努斯入侵了意大利，但在哗变中被杀。在罗马，近卫军发动叛乱，杀死了巴尔比努斯和普皮埃努斯，拥立戈尔狄安的孙子为皇帝。这三个对头的肖像可用于对比研究，就像图中的雕像和钱币所显示的：马克西米努斯阴郁，留着短胡楂，是个彻头彻尾的军人；巴尔比努斯肥胖，下巴宽厚，展现出文官的样子和旧式的公民气质；普皮埃努斯留着胡楂，表情严肃，但穿得像共和时代的行政官员，不自然地处于前两者之间。他们的不同肖像几乎可以作为对变化中的塞维鲁帝国的隐

喻：巴尔比努斯和元老院的旧贵族越来越被像普皮埃努斯这样的军人夺走了风头，后者受到塞普提米乌斯·塞鲁政权的青睐，但真正的未来掌握在像马克西米努斯这样的普通军人手中，他们通过长期服役、才干和适量的运气掌握了权力。

18. 罗马短袍

这件 4 世纪或 5 世纪的短袍来自埃及，现藏于莫斯科国立普希金视觉艺术博物馆，是完整的晚期罗马服装的罕见例子。尽管罗马人有一系列用于不同特殊场合的服装，但从帝国盛期开始，大多数人的日常穿着就是简单的短袍，系腰带，里边穿裤子。图中的例子相当昂贵，这件短袍用羊毛和亚麻制成，上面绣了常见的古典主题装饰——阿尔忒弥斯、阿波罗、萨梯和酒神的女祭司。

19. 努比亚人形象的油灯

对于罗马人在多大程度上有我们今天所谓种族的意识，学者们意见不一。他们无疑意识到了民族差别，而且普遍认为人的性格和外貌是由他们家乡的气候决定

的；此外，他们也很清楚人的肤色有很大差别，撒哈拉以南的非洲人（他们称之为努比亚人）的皮肤很黑，而北欧人（他们称之为凯尔特人或日耳曼人）的肤色往往很白。然而，没有站得住脚的证据表明，古代世界像现代西方人那样把肤色同种族联系起来。不过，异域民族的形象是罗马艺术固定主题的一个基本部分。这盏油灯发现于雅典广场，很可能来自 2 世纪，灯的形状是个坐着的非洲人，有着突出得夸张的鼻子和嘴唇，卷曲的头发，以及罗马劳动阶层特有的带帽披风（cucullus）。

20. 贵霜壁画

公元 1 世纪到 4 世纪，贵霜帝国是欧亚大陆的十字路口，当时它占领了巴克特里亚、犍陀罗和信德地区的大片土地（位于今天的阿富汗、巴基斯坦和中亚的苏联共和国）。处于伊朗、欧亚草原、印度和中国文化之间的贵霜帝国融合了不同传统，特别是亚历山大大帝及其在巴克特里亚和印度的继承者的希腊化遗产。这幅 3 世纪的壁画现藏于纽约大都

会美术馆，可以作为对整个贵霜文化的隐喻：按照波斯人的风格，神明和崇拜者被画得一样大小，他们并排站着，图中没有其他的人物。右侧长胡须的神明被不同的观点认作希腊的宙斯、融合了多位神明的希腊化神祇塞拉皮斯，或者伊朗宇宙学中的最高神明奥尔马兹德（阿胡拉·马兹达）。画面左侧的崇拜者穿着伊朗短袍，崇敬地双手合十，而神明身穿南亚风格的服饰，竖起指头，姿势很像印度图像中的。不过，对神明和崇拜者的描绘都很写实，他们的服装并不是程式化的，而是自然地垂落，拥有真正的动态人体的姿势——这种表现风格完全是希腊式的，不同于伊朗传统下的静态姿势。

21. 贵霜（犍陀罗）佛像

早期佛教的定年是个充满争议的话题，但毫无疑问的是到了公元1世纪，这种宗教已经在今天的巴基斯坦和印度西北部站稳了脚跟。在该地区的贵霜统治下诞生的佛教艺术被通称为"犍陀罗艺术"，得名于靠近今天白沙瓦附近的犍陀罗城。正如图中的例

子，它的特点是用独特的鲜明希腊化风格表现南亚和东亚的宗教主题——面部特征和姿态非常自然，雕塑的服饰逼真地落在人物身上。多种欧亚传统的和谐交融是贵霜文化的特点，这也解释了为何贵霜帝国能够成为商品和思想在东西方之间双向交融的通道。

22. 菲鲁扎巴德的阿达希尔王宫

这座萨珊王宫位于一处要塞的对面，离菲鲁扎巴德城不远，后者是萨珊家族对安息王朝发动反叛的地点之一（见第8章）。王宫本身并不作为可以据守的要塞，而是一处宏大的会场，它模仿波斯波利斯古城用灰泥做了华丽的装饰，还有一个波光盈盈的水池，这在古老得多的波斯建筑中是典型特征。图中带有巨大拱门的会议厅位于遗址的东北边，曾经俯瞰那个水池。菲鲁扎巴德城在整个萨珊王朝一直是个要地，尚未被发掘，使得阿达希尔王宫成了现存最重要的王朝早期遗迹。事实上，我们可以想象这位国王在此处同其他的波斯显贵家族谈判，以确保他从统治王朝手中接管帝国。

23. 沙普尔的胜利，纳科谢鲁斯塔姆

阿达希尔的儿子和继承者沙普尔一世巩固了自己王朝的权力，控制了中亚和南亚的广袤土地，吞并了贵霜帝国的大片领土，还征服了叙利亚沙漠的阿拉伯人中剩余的挑战者。不过，在他的纪念碑展示中，他最感兴趣的是展现对罗马人的优胜，他曾经多次击败后者（见第9—10章）。他把纳科谢鲁斯塔姆的阿契美尼德王朝圣所据为己有，让人刻下对他的伟大事迹和征服的记录，以及这幅描绘了他战胜两位罗马皇帝的石刻图像——菲利普跪在他面前乞和，瓦勒良站着，手腕被沙普尔抓住，这是传统的被俘姿势。毕沙普尔有这一浮雕的更为复杂的版本，增加了戈尔狄安三世的尸体躺在沙普尔马下的画面。

24. 罗马的奥勒良城墙

3世纪70年代，当意大利本土在几个世纪以来第一次遭遇外敌入侵时，奥勒良皇帝下令在罗马城周围建造一道巨大的城墙（见第11章）。城墙不仅把传统的罗马七丘环绕在内，还囊括了战神校场，以及台伯河对岸的雅尼库鲁姆山和今天特拉斯提弗列的部分地区。城墙周长将近12英里，由厚10英尺的砖面混凝土筑成，每百英尺有一座方形塔楼。该工程是为了震慑攻击者，向罗马公民保证皇帝在关心他们。不过，如此长度的城墙事实上无法长时间固守，无论有多少驻军。它的主要价值是作为象征，在古代剩下的时间里，如果不能在阿尔卑斯山或意大利北部平原阻挡住入侵的军队，那么半岛的其余部分都会门户大开。

25. 祭司卡尔迪尔的功绩，纳科谢拉贾布

琐罗亚斯德教祭司卡尔迪尔是在萨珊王朝的专制统治下唯一竖立了刻有铭文的纪念碑的非王族成员（见第12章）。他在沙普尔一世统治期间得势，随国王四处出巡，但这位宽容的国王不愿将卡尔迪尔偏爱的严格的正统教义强加给别人。不过，沙普尔死后，卡尔迪尔的影响力大大加强，被任命为"众祭司之祭司"（模仿"众王之王"）。这处纪念碑是卡

尔迪尔在所侍奉的四位国王中的最后一位，即巴赫拉姆二世时期竖立的，他在铭文中告诉观者，他不遗余力地兴建圣火庙和支持祭司，以便敬奉善神奥尔马兹德，打击恶神阿里曼。为此，他强迫像基督徒和犹太人这样在神圣秩序中扮演一定角色的非琐罗亚斯德教徒服从，并迫害了在沙普尔统治下繁荣一时的摩尼教徒，以及那些他认为行为异端的琐罗亚斯德教徒。

26. 马克西米安

这尊令人印象深刻的四帝共治时期的奥古斯都马克西米安的头像来自希拉冈（Chiragan）的别墅遗址，它位于加龙河畔，距离图卢兹西南大约 30 英里。别墅发现于 17 世纪，在 19 世纪得到了发掘，其中藏有数量庞大的雕塑，使其成为罗马西部已知的最令人印象深刻的乡村遗址之一。除了一批相当标准的著名希腊雕塑的罗马复制品之外，希拉冈还装饰有精美的浅浮雕，描绘了赫拉克勒斯的功业，以及迄今发现的最大一批皇帝胸像。这尊马克西米安的头像现藏于图卢兹的圣

雷蒙博物馆，很可能是他的现存雕像中最不模式化的——对比钱币上抽象而刻板化的形象（彩图 29）——也不像标准的四帝模型那样试图让他们看上去尽可能地彼此相似。尽管鼻子损坏，但依然可以看出马克西米安被描绘成一位 3 世纪的军人皇帝，肌肉发达，块头很大，留着浓密的短须。他的五官也特意被描绘得让人想起赫拉克勒斯的传统形象，后者的功业是别墅主要的装饰主题之一。赫拉克勒斯也是这位皇帝的守护神明，据称还是他的神明父亲。

27. 限价令

戴克里先在 301 年 11 月或 12 月颁布的限价令是为了遏制他无意中引发的剧烈通货膨胀。他试图改革货币，在 3 世纪 70 年代（当时奥勒良皇帝对流通中的货币重新定值，意外地或多或少导致罗马经济去货币化，见第 11—12 章）的混乱之后恢复一定的秩序。限价令试图对数量多得惊人的商品和服务限定最高价格，而且在帝国的东部行省中非常广泛地推行，尽管其在说拉丁语的西

部的实行范围要小得多——在君士坦提乌斯控制的高卢行政地区可能完全没有实行。无论戴克里先多么热切地想要实施限价，限制他认为会对罗马国家造成伤害的套利和投机，他都无法控制买卖双方的实际行为，限价令几乎从颁布开始就是一纸空文。尽管如此，我们可以通过帝国东部行省留存下来的大批支离破碎的副本，重建出该法令几乎完整的文本。图中是因为被希腊耶拉基（Geraki）的"金口"约翰教堂重复利用而保存下来的 4 块残片之一，这一块是门柱的一部分。

28. 福斯塔

这尊皱着眉头、目光犀利的头像属于四帝共治晚期或君士坦丁时代的一位公主（注意它和图 32 中君士坦提乌斯二世像在风格上的相似）。传统上认为这是马克西米安之女、君士坦丁的第二任妻子福斯塔的雕像。她还是个小女孩时就被许配给了君士坦丁，当时后者和她的父亲结成了权宜的同盟，她在未来丈夫的宫廷中被养大，直到年纪足够完成婚约，并经历了马克西米安的失势

和死亡。她成了 3 位未来皇帝的母亲，但在 326 年被处决或被迫自杀。她败亡的原因不明，但她显然卷入了导致克里斯普斯垮台的阴谋。克里斯普斯是君士坦丁的长子，他的第一任妻子密涅维娜所生，在 4 世纪 10 年代的后期是他的恺撒（副皇帝）。福斯塔和克里斯普斯可能有了私情，两人年纪相当，或者克里斯普斯阴谋挑战父亲的皇位，得到了她的默许。真相已经无从查证，但对克里斯普斯的记忆从未获得恢复，尽管当福斯塔的儿子君士坦提努斯、君士坦提乌斯二世和君士坦斯在 337 年瓜分帝国时，她在死后被恢复了名誉。

29. 四帝共治

从 3 世纪 50 年代后期开始，钱币上皇帝形象的个体特征只剩下了最模糊的暗示，但戴克里先和他的共治者们进一步推动了这种趋势，把具有高度艺术性的模具雕工（celatores）的消失当成一件好事：他们在钱币上的头像的完全一致强调了他们兄弟般的亲密，他们共同的目标，以及他们共同统治的不可分割。毕竟，钱

币也许是帝国政府最常见的形象展示，每天被整个帝国数以万计的人使用。无论是否有意识，人们都会吸收钱币传达的信息。这些钱币不是为了让人看到戴克里先或马克西米安，君士坦提乌斯或加莱利乌斯，而是为了让人看到单一的帝国权力，它无处不在，在所有的敌人面前团结一致。只有钱币上的铭文告诉我们上面刻画的是哪位皇帝（从左上角起顺时针依次是戴克里先、马克西米安、加莱利乌斯和君士坦提乌斯）。从风格上说，我们只能通过铸币市场来分辨四帝共治钱币，而不是上面的皇帝头像。在30多年的时间里，四帝共治风格的钱币头像是整个罗马世界的惯例，直到君士坦丁确立了抽象和理想化的新模板：年轻、不留胡子，而不是四帝这种成熟、留胡子的军人形象。

30. 沙普尔二世狩猎野猪

萨珊王朝的银器是该文明的荣光之一，在复杂程度上达到了非同寻常的水平。狩猎场景在古代近东文化中长久以来就与国王的特权和威严有关，在现存的大批银盘上，这一场景也占据多数。在这幅图中，骑马的沙普尔二世（可以从他的王冠辨认出）用弓箭射倒了一头野猪。更为朴素的银盘用两层银片打造而成，一层为盘底，另一层锻压出浮雕，但本图这件由19层不同的银片组成，有的采用淬火镀金（水银和金的混合物会留下色彩斑斓的镀层，在淬过火的雕花装饰周围渗出），而下方那头野猪缺失的臀胯部显示了它周围的其他银片是如何拼接的。奇怪的是，一大批萨珊银器流入了遥远的俄国东北部，很可能是被来自高加索的劫掠者卖给西伯利亚部落的，那是他们从波斯抢来的赃物，用于交换北方的毛皮。这个盘子现藏于史密森尼博物馆，19世纪时由斯特罗加诺夫（Stroganov）家族收藏，该家族在躲避1917年俄国革命时将它带到了美国。

31. 萨珊国王像

这尊银头像现藏于纽约大都会美术馆，来源不明，可能是独立作品，也可能曾是更大的塑像的一部分。头像用一整块银片打造而成，还镶着金片雕饰，是现存最精美的萨珊金属制品之一。虽然很多人认为它表现的是沙普尔二世（见第17—18章），但并不能确定。我们通常通过统治者王冠上的图像来区分萨珊国王的肖像，因为每一代统治者的王冠都不相同。不过，图中王冠上的新月和圆球在钱币证据中没有找到相似的，无法提供可靠的认定。因此，它想要描绘的可能是一般性的君主威严，而非某个具体的萨珊统治者。

32. 君士坦提乌斯二世

希腊和罗马的公共空间曾经到处矗立着青铜塑像，虽然现存的雕塑的数量很难体现出这一点——绝大部分在古代或后来被熔化，用于其他用途了。这尊头像是15世纪发现的，现藏于罗马的卡皮托山博物馆，是现存最逼真的君士坦提乌斯二世像。从中可以看到所有君士坦丁王朝人像的基本相似点——独特的鼻子，僵硬的眼神，胡子刮得干干净净，不同于蓄须的四帝。君士坦提乌斯（见第16—18章）的像可以从独特的小发卷刘海辨认出来。

33. 尤里安

这尊现藏于卢浮宫的尤里安像，以传统的方式将其刻画为哲学家，这是他一生钟爱的姿势（见第17—18章）。他身上围着希腊的长方形外衣，姿势很正式，就像即将开始长篇演讲的演说者那样，僵硬地抬起一只被衣褶裹住的胳膊。有意与不留胡子的其他君士坦丁王朝成员形成反差的是，他蓄着须，并且不是四帝那样的短胡楂，而是像超脱世俗且不关心自己外貌的哲学家那样留着不修剪、乱蓬蓬的面部毛发。尤里安本人有大量作品存世，显示了这不仅是摆样子：他对自己非常较真，以至于许多同时代人觉得他有点可笑。

34. 海伦娜的斑岩石棺

这具斑岩石棺长久以来都被和君士坦提乌斯一世的第一任妻子、君士坦丁的母亲海伦娜联系起来。石棺现藏于梵蒂冈的庇护-克雷芒博物馆，是从城外的拉比卡纳大道（Via Labicana）旁的一处陵墓中搬到那里的。我们无法完全确定这是给海伦娜本人准备的石棺，但它无疑是给某个皇室成员准备的：在古代，这种紫红色的斑岩是以巨大的成本从埃及东部沙漠中唯一的一处采石场中开采的，然后沿着所谓的斑岩大道（Via Porphyrites）运到尼罗河畔的马克西米亚诺波利斯[Maximianopolis，今基纳（Qena），该地仍然是从东部沙漠通往红海边的旅游地的主要路径]。由于斑岩的稀缺以及紫色和皇室的联系，在帝国时期它几乎仅用于皇家纪念碑。因为斑岩非常坚硬，加工起来要比大理石困难得多，所以这具石棺上非同寻常的高浮雕人物细节代表了4世纪最高水平的工艺。虽然在主题上与卢多维希战斗场景石棺（彩图3）不无相似，但它的象征手法更加抽象，场景似乎发生在时空之外的某个平面上。

35. 帕里斯的评判（细部），来自安条克的中庭之家

在整个罗马世界，希腊-罗马精英的乡间和郊区的别墅以及城里的宅子都铺着马赛克地面，从帝国的一头到另一头都是如此，数量可以十万计。许多中产家庭能够负担得起一两幅简单几何图形的马赛克，但富人可以用精致的人像画面铺满一个又一个房间。本图是一幅大得多的马赛克的细部，描绘了帕里斯担当3位奥林匹亚女神竞美的裁判，无意中引发了特洛伊战争的场景。我们看到奥林匹亚诸神的天后赫拉坐在中间，左边是戴着头盔的智慧和战争女神雅典娜，右边是自信地在石头上自娱自乐的爱神阿芙洛狄忒。这幅画现藏于卢浮宫，来自安条克的一所宅邸（所谓的中庭之家），安条克是东地中海的第二大城市，也是最富有的城市之一。马赛克画制作于2世纪，用来装饰宅邸的餐室（triclinium），即主人和客人用餐的接待厅，他们会斜倚在榻上，欣赏脚下的艺术品。

253 年，几乎刚一称帝，瓦勒良就把自己已经成年的儿子普
布利乌斯·李基尼乌斯·埃格纳提乌斯·伽利埃努斯（P. Licinius
Egnatius Gallienus）提拔为共治皇帝。伽利埃努斯年约 35 岁，已
经有了一个儿子，他让瓦勒良不仅有了一个具有同等权威的成年
统治者可以依靠，而且还为王朝延续多代提供了现实的可能。理
论上说，这能让两位皇帝在帝国的不同部分受到威胁时分别应对。
新的统治者计划了一系列活动。他们在意大利度过了 253—254
年的冬天，在那里确立了家族权威。瓦勒良已故的妻子埃格纳提
娅·马里尼亚娜（Egnatia Mariniana）被封神，而伽利埃努斯的
妻子科尔内利娅·萨洛尼娜（Cornelia Salonina）则成为奥古斯塔
和军营之母，他们的长子小瓦勒良被擢升为恺撒和青年元首。无
论近些年来尝试建立王朝之举的下场多么糟糕，人们总是本能地
认为建立王朝对成功的统治至关重要。对这段历史时期来说，钱
币总能提供特别多的信息——瓦勒良抛弃了德基乌斯和伽卢斯喜
欢的模板，选择回归塞维鲁王朝钱币的背面和文字，就算不是为
了宣传延续性，那么至少也暗示了他本人偏爱那个现在已经消失
的世界。

随着冬天的过去，皇帝们开始了忙碌的活动期。伽利埃努斯
坐镇巴尔干，可能把维米纳基乌姆和西尔米乌姆变成了自己的大
本营，这预示了那些城市在接下来两百年的帝国历史上的巨大重
要性。当初奥古斯都把征服和巩固巴尔干作为其担任元首期间的
主要任务之一，之后罗马人就在此建立了城市，这两座就包括在
内。萨瓦河（Sava）、德拉瓦河（Drava）、摩拉瓦河（Morava）
和多瑙河是贯穿伊利里亚北部和西部地区的主要通道，它们之
间的道路上点缀的城镇当初是罗马作战军的补给站。在德拉瓦

河畔，该河即将注入多瑙河的地方，有上潘诺尼亚的波埃托维奥［今普图伊（Ptuj）］以及下潘诺尼亚的穆尔萨［今奥西耶克（Osijek）］。在上潘诺尼亚的更南面，位于萨瓦河边的是西斯基亚［Siscia，今锡萨克（Sisak）］，而在下潘诺尼亚的则是西尔米乌姆和辛吉杜努姆，萨瓦河和多瑙河在后者汇合。在上默西亚，有多瑙河畔的维米纳基乌姆［今科斯托拉茨（Kostolac）］以及位于尼沙瓦河（Nisava）畔，该河即将汇入摩拉瓦河处的奈苏斯［今尼什（Niš）］。奈苏斯是巴尔干西部最后一座大城市，正如位于下默西亚，靠近伊斯卡（Iskar）的塞尔迪卡［今索非亚（Sofia）］是通往巴尔干东部和色雷斯的门户一样：位于该城以南不远处的苏奇山口（Succi Pass）在帝国的后期将成为巴尔干东部和西部之间的军事枢纽。

这些城市大多是尤利乌斯-克劳狄乌斯王朝时建立的，但该地区的绝大部分行省人口直到212年才通过卡拉卡敕令成为罗马公民。可能正是从征服、早期的帝国城市化到获得完全的公民权之间这种长得异乎寻常的间隔，让该地区有了一种独特的本地公民身份感。在罗马帝国的大部分地区，人们认为自己的"家乡"（patria）是"行政区"（civitas）的法律中心，但在巴尔干，却通常会提到"行政区"内的"村子"（vici）。这种对地域身份的考虑以及3世纪时来自该地区的人在帝国政府中的显赫地位，可能有助于我们理解4世纪时帝国政府内部的地域派系的发展，在本书及其续篇中，我们将经常回到这个话题。

由于下级指挥官绝大多数都出身巴尔干，瓦勒良由陆路通过奇里乞亚前往叙利亚，可能在安条克度过了254—255年的冬天。东部边境非常动荡不安，既有沙普尔的入侵，又有入侵所激起的篡位，需要不止一个冬天的重视。但 256 年，瓦勒良和伽利埃努斯都移师阿格里帕殖民市，在那里与阿拉曼尼人交战。可能他们觉得最好让帝国的各个角落都能见证皇帝们有效工作和相互合作，即便那只意味着做出解决问题的姿态，而不是真正解决它们。256 年秋，两位皇帝回到罗马，好让伽利埃努斯在 257 年 1 月 1 日第一次担任执政官。可能在同一年，或者第二年年初，伽利埃努斯的长子小瓦勒良恺撒去世，被封为"神圣的瓦勒良恺撒"，他在王朝体系中的位置被弟弟萨洛尼努斯·伽利埃努斯（Saloninus Gallienus）取代，后者在 258 年成为"最尊贵的恺撒"（nobilissimus Caesar）和青年元首。

不过，仅仅是瓦勒良两年前在安条克驻扎过这个事实就引发了波斯人新的反应。256 年或 257 年，罗马人在幼发拉底河畔的最东南的驻防地，长期受到争夺的杜拉-欧罗波斯要塞被波斯军队攻占。那里从此沦为鬼城，作为最重要的早期帝国边境遗址之一留待现代考古学家发掘（最近也成了伊斯兰劫掠者的牺牲品）。为了回应东部的这最新一次受挫，瓦勒良离开罗马前往安条克，这将是一次不归的旅程。随后几年的事件难以确定：257 年或 258 年发生了又一次斯基泰人的进犯，这次是经由黑海沿岸进入了本都和卡帕多奇亚。这些入侵者现在变得足够有组织，特意把当地的铸币场当作目标，夺走了希腊城市用于铸造铜币的模具，用它们铸造了在黑海以北发现的那些金币。瓦勒良所率领的去迎战入侵者的军队遭遇了疾病的重创，这次疾病在一份文献中只是被模糊地描述为"瘟疫"，可能是德基乌斯时代的出血热卷土重来了。260 年春天，瓦勒良带去迎击波斯人对美索不达米亚的又一次入侵的，正是这支已经元气大伤的军队。我们不清楚双方军队的规模、组成和行军路线，但虽然 252/253 年沙普尔在马里亚德斯的帮助下实现了战略性的奇袭，260 年的波斯人和罗马人却似乎都选择了穿越美索不达米亚平原的惯常行军路线。

从战场的位置——位于卡莱和埃德萨之间——可以推断出波斯的众王之王和罗马皇帝都亲自率军参加了那场决定性的战役。瓦勒良在战斗中被俘。从古代流传下来的最著名的萨珊艺术品之一是一块纪念这次战役的浮雕宝石，上面描绘了皇帝和波斯沙阿策马奔向对方，一个穿着罗马军服，另一个穿着全副波斯链甲，沙普尔伸出手抓住了瓦勒良的手腕，这是波斯人表示俘获的标准图像。我们在纳科谢鲁斯塔姆和毕沙普尔的浮雕上也看到了同样的姿势：作为被俘的皇帝，瓦勒良与死去的戈尔狄安和乞和的菲利普站在一起。但与戈尔狄安不同的是，各种史料在此容不得其他说法：一位罗马皇帝在战场上被俘虏了。

在 4 世纪时拉克坦提乌斯（Lactantius）骇人听闻、堪称东方主义前身的描绘中，被俘的皇帝余生都充当了波斯沙阿的脚凳，供其上马时使用。皇帝死后，他的皮被剥下并染成红色，挂在马兹达的圣火庙中。众王之王本人在纳科谢鲁斯塔姆的铭文中的描述更加可信：他俘虏了皇帝——这本身已经是足够的羞辱——而皇帝的军队面对如此重大的打击也投降了，他们被送到伊朗东部，为波斯人建造新的城市。在该时期的许多萨珊城市中都能找到罗马军团工程技术的建筑学证据，而流放被打败的敌人是古代近东历史悠久的传统，因此利用罗马战俘充当技术劳动力要比罗马史料中所描绘的任何东西都更合理。

面对这场灾难，帝国官员和当地世袭权贵领导下的东部各行省陷入了彻底的混乱。260 年 4 月，瓦勒良战败的消息传到西部，那里也出现了与东部同样的混乱。唯一感到兴奋的群体是基督徒。259 年年底离开罗马前，瓦勒良颁布了与德基乌斯类似的敕令，要求实行全体献祭，但根本上的不同在于他特意和专门针对了基督徒，并为控诉、谴责和算旧账留下了很多空间。按照这份敕令，已知的教会领袖——不仅是主教，还有基督徒元老和其他重要的平信徒——将被逮捕和被要求献祭。他们没有被禁止进行自己的宗教活动，而是被允许选择在自己的正常宗教活动之外做出自己参与到了罗马国家之中的姿态。不从者将被罚没财产，拒绝时正担任帝国职务的人将沦为奴隶；反复抗命者将被处决［的确出现了一些殉道者，包括罗马主教西斯图斯（Xystus）］。

　　这份迫害敕令——与德基乌斯的不同，它无疑是有意的迫害之举——显然在大多数人看来，它之前无迹可寻也出乎意料。事实上，罗马元老院还询问瓦勒良，敕令的意思是否真像看上去那样，以及它将如何执行，这暗示罗马元老院精英对自己内部的基督徒成员实际上多么宽容。基督教无疑被视作怪异的——在罗马人看来，它就是非常怪异的——但看上去受其威胁更大的是追求统一和控制的帝国官僚体系，而非帝国的整个统治阶层。仿佛是为了确认这种解读，父亲被俘后，伽利埃努斯几乎马上恢复了教会的自由以及它曾经拥有的巨大财产权。与此同时，瓦勒良的命运让基督徒有了更多令人满意的证据，证明他们的迫害者会在他们的唯一真神手中遭受悲惨的结局。

　　不过，很少有其他人会乐见像罗马皇帝被俘这样史无前例和恐怖的事。曾经有过皇帝在战场上阵亡——有时甚至像德基乌斯那样在与蛮族战斗时倒下，尽管更多是死于对抗篡位者和竞争者的战斗。但被俘更加糟糕，而外敌在不到 10 年内摧毁了两位皇帝意味着什么呢？突然间，一个没有罗马帝国的世界无疑也是可能的了。尽管同样可以认为，现在任何人都能当皇帝，因为表面上的合法性也没有什么区别了。于是，到处都爆发了叛乱，或者至少在中央看来很像是叛乱或篡位的地方行动。

在东方，一个名叫马克里亚努斯（Macrianus）的官僚和一个名叫卡里斯托斯（Callistus）的军官组织了一些力量来抵抗沙普尔的继续入侵，但这种自救行动很快变成了篡位：马克里亚努斯的儿子马克里亚努斯和奎埃图斯（Quietus）于260年夏天在叙利亚被拥立为皇帝。在更南面和更东面的地方，帕尔米拉的奥代纳图斯自称塔德摩尔（Tadmor，这座城市的叙利亚语名字）之主，这个称号可能更多针对波斯而非罗马。此举让他在当地获得了前所未有的权威，他还在沙普尔的军队撤离罗马领土时对其取得了一场大胜。在巴尔干，当瓦勒良被俘的消息传开时，行省总督因格努斯（Ingenuus）和雷佳利亚努斯（Regalianus）先后自称皇帝，因格努斯在潘诺尼亚的西尔米乌姆，雷佳利亚努斯在默西亚，尽管他的钱币是在潘诺尼亚的卡尔侬图姆铸造的。两人在当年年底以前就被伽利埃努斯优秀的骑兵指挥官奥雷奥卢斯（Aureolus）打败。这个奥雷奥卢斯现在成为伽利埃努斯的伟大元帅中的第一位，这些元帅的职业生涯（和对皇位的觊觎）将主导3世纪的下半叶。同样在帝国混乱的鼓励之下，又一拨斯基泰入侵者深入了半岛腹地。就像新发现的德克西波斯残篇所显示的，一支蛮族军队在261/262年袭击了塞萨洛尼卡，被击退后又前往了希腊南部。亚该亚的元老总督马利亚努斯（Marianus）与当地的雅典和波伊提亚官员一起组织了抵抗，用一支临时军队加固和守卫温泉关山口。

当政的王朝尽其所能做出了回应。伽利埃努斯的儿子萨洛尼努斯于 260 年夏天在阿格里帕殖民市从恺撒被提拔为奥古斯都。但当时，父子俩正面临离罗马甚至更近的叛乱，那就是下日耳曼尼亚的总督波斯图姆斯（Postumus）发起的反叛。获悉瓦勒良被俘的消息时，伽利埃努斯正在意大利北部或莱提亚与尤通吉人交战，这个民族是我们在第 8 章末提到的各个阿拉曼尼人群体之一。这些入侵者可能带着大批的战利品和许多战俘，在梅狄奥拉努姆附近被皇帝本人打败。伽利埃努斯可能是通过谈判让他们撤出帝国的，他的胜利可能不像我们寥寥无几的史料中所说的那么彻底，不少尤通吉人在战斗中毫发无伤，并保住了自己的战利品。在经由莱提亚向北撤到多瑙河上游对岸时，尤通吉人遭到了来自莱提亚和下日耳曼尼亚的罗马部队（得到一支未具名的民兵帮助）的攻击和屠杀。这场胜利显然让数以千计的意大利俘虏重获自由，于是，取得胜利的军队拥立了他们的一位将军波斯图姆斯为皇帝。

如果萨洛尼努斯在父亲不在场的情况下在阿格里帕殖民市称帝是对波斯图姆斯篡位做出的直接反应，那这个举动就不难理解了。此举由近卫军长官西尔瓦努斯（Silvanus）策划，他当时正在该城监督年轻的恺撒。出于某种原因——鉴于证据的混乱，无法弄清是什么原因——年轻的皇帝直接统领的军队哗变了，倒向了波斯图姆斯而非萨洛尼努斯，并包围了阿格里帕殖民市。他们发动猛攻占领了该城，处死了萨洛尼努斯和他的近卫军长官，卢瓦尔河和阿尔卑斯山以北的地区由此完全被篡位者所统治。由于东部同样掌握在篡位者手中，伽利埃努斯的帝国只剩下了意大利、巴尔干和安纳托利亚，以及埃及、北非和西班牙大部。伽利埃努斯能做的很少——他不可能同时出现在两个地方——但帝国后期对他有骇人听闻的评论是不足为奇的。

这不仅是因为他的军事失利。他和他的父亲在他们生活的世界里显得不合时宜。他们的塞维鲁王朝元老形象早就失去了作用，在 238 年的杀戮中被毁于一旦。我们只需看一下伽利埃努斯的肖像就能明白这点——他被描绘成年轻的亚历山大，与其说是英雄化，不如说是女性化。虽说亚历山大是个征服者，但他的肖像是一个年轻美貌，极具希腊色彩的形象。与正在崭露头角的蓄须士兵相比，伽利埃努斯仿佛来自另一个世界。在那个世界里，出身帝国精英阶层的人被认为做什么事都擅长，仅仅因为他们是精英。元老们因为自己的地位而与众不同，他们深谙一种共同的希腊-罗马文化，希腊语称之为"教化"（paideia），拉丁语称之为"人文"（humanitas）。他们适合在需要的地方进行领导——作为行省总督意味着款待智术师、统领军队和确保司法公正。当然，有人作为军人比别人更优秀，也不能要求每位元老都有司法才华，但早期元老院的公民和反专家色彩从未受到质疑；至少作为理想，它在早期塞维鲁王朝统治者的骑士化政府中得以保留，这种理想还被戈尔狄安父子和二十人委员会灾难性地付诸实践。除了日暮途穷的普皮埃努斯和巴尔比努斯，二十人委员会的每个成员后来都仕途得意，元老院内部圈子的家族还巩固了他们对财富和地位的掌握。但到了瓦勒良的时候，这些人真正统治罗马帝国的时代已经结束了。新皇帝的失败之处在于认识不到这么多。

瓦勒良和伽利埃努斯并非想要用旧有的方式统治——他们无法逆转帝国体系的结构性变化，就像他们无法让时间倒流。瓦勒良的敕令体现了骑士等级新思维的普遍化的实用性。伽利埃努斯创造性地使用了他的军队，加快了现有的改变，即用更加多功能的作战部队（由来自较大部队的分遣队组成）取代了过去的军团和辅助部队的组合，同时不断提高骑兵在战场上的重要性。但两位皇帝都没有对骑士化所必然包含的等级崩溃做好准备，即存在这样一种可能：人不会因为出身就适合指挥，无论家族、恩庇关系和地位拥有怎样的价值——它们的确仍拥有价值——才干、制度、专业化和经验可能更加重要。大家族可能仍然掌握着亚细亚、阿非利加和亚该亚的代执政官职位，并有权在相对和平的西班牙行省担任指挥官。但在所有权力真正集中的地方，占据主导的是骑士等级的元帅，出身并不重要。具有历史讽刺意味的是，开启了骑士军人统治的胜利的，正是最后一个自诩与安敦尼和塞维鲁时代的元老贵族有真正联系的帝国王朝。但事情就是那样，代表未来的是在行伍中锻造的人，他们的职业生涯是由伽利埃努斯绝望的统治中无休止的战争所造就的。伽利埃努斯的军官团体留着硬胡楂，出身非常不起眼，这是晚期帝国统治的熔炉——非常有意思的是，伽利埃努斯，最后一位元老出身的皇帝，在 4 世纪时却作为将元老院排除在政府之外的那个人而被铭记。

　　伽利埃努斯的整个统治是在挑战不断、哪里都无法确保忠诚的情况下，为了保持对帝国的控制和维系其统一而做出的一系列尝试。261 年，称帝的叙利亚人马克里亚努斯（原本是为了对沙普尔作战）变得更加危险，因为马克里亚努斯父子已经穿过小亚细亚进入欧洲，试图以惯常的方式在罗马建立王朝。打败过因格努斯和雷佳利亚努斯的奥雷奥卢斯现在又打败了马克里亚努斯父子，并将他们杀死。对伽利埃努斯来说幸运的是——在当时的历史背景下简直令人意外——奥雷奥卢斯的不断成功并没有促使他本人反叛。但他也没有被派去东方对付奎埃图斯和卡里斯托斯。相反，伽利埃努斯与帕尔米拉的奥代纳图斯结盟，授予他"全东方的节度使"（corrector totius orientis）的头衔，效仿了菲利普统治时期在同一地区授予尤利乌斯·普利斯库斯的统治权。倚仗这种地位超过任何行省总督、拥有跨行省管辖权的指挥官是旧有统治制度崩溃的又一表现，但这是对持续不稳定的合理反应。奥代纳图斯马上向埃梅萨进军，那里的士兵哗变，杀死了奎埃图斯和卡里斯托斯，没有与这个帕尔米拉人交战。

这是奥代纳图斯第一次证明自己是中央皇帝强大而可靠的盟友。他毫不犹豫地接受了伽利埃努斯任命的行省官员，但他毫无疑问也是东部罗马帝国实质上的独立统治者。在西部，在 261年，也就是马克里亚努斯父子被镇压的同一年，波斯图姆斯取得了巨大成功，将西班牙和不列颠置于自己的控制之下。波斯图姆斯的皇帝身份是个有趣的现象，与东部那个帕尔米拉领袖的象征性服从但实为霸主的地位没有关系。波斯图姆斯毕竟使用了皇帝的头衔。他的完整名号是英白拉多·恺撒·马尔库斯·卡西亚尼乌斯·拉丁尼乌斯·波斯图姆斯，虔诚、幸运和不可战胜的奥古斯都，大祭司、祖国之父、代执政官（Imperator Caesar M. Cassianius Latinius Postumus, pius felix invictus Augustus, pontifex maximus, pater patriae, proconsul）。

260年，波斯图姆斯在登基时宣布自己成为执政官。261年，他第二次担任执政官，这一年意大利以西的各行省不仅承认他是一位合法的皇帝，而且是唯一的合法皇帝，他的头衔也重申了这种唯一的合法性。他和其他篡位者一样，但有一个重要区别——成功的篡位者（比如曾经的马克里亚努斯父子）认为，游戏规则是保住自己的后方，然后向在位皇帝进军以便打败他，因为同一时间只能有一位皇帝。面对此类叛乱，在位皇帝将不得不去消灭这种挑战，并不可避免地把它放在自己可能面对的其他任何威胁之前——或者说过去的情况总是如此。作为罗马历史上绝无仅有的例子，波斯图姆斯既没有攻击伽利埃努斯的意大利领地，也没有寻求将自己的地位合法化为共治皇帝，就像 2 世纪 90 年代克洛狄乌斯·阿尔比努斯和塞普提米乌斯·塞维鲁那样，以及在 4 世纪将变成常态的做法。相反，他满足于统治那些在 260 年和 261 年宣布支持他的行省，泰然留在阿尔卑斯山、孚日山脉和黑森林背后。伽利埃努斯不得不把波斯图姆斯视作敌人和心腹大患，但这仅仅是因为他自称皇帝，而不是因为受到了后者的任何主动挑战。

因此，说波斯图姆斯建立了一个独立的"高卢帝国"是很正常的。这个帝国在他几任继承者的统治下得以维持，直到 3 世纪 70 年代被奥勒良消灭。不过，这种观点存在问题，因为它暗示了分裂意味——该政权的德语称呼"高卢分裂帝国"（gallisches Sonderreich）让这一点更加明显，但很难找到分裂的证据。在意识形态上，波斯图姆斯和他在阿格里帕殖民市的继承者都无视伽利埃努斯作为敌对皇帝的存在，他们拒绝按照政治剧本行事，无意打败和消灭他。出于同样的原因，他们也一直只称自己为罗马皇帝。他们只是不愿费事去试图控制罗马。实质上的结果就是欧洲出现了两个帝国政体，两者都认为自己是真正的罗马帝国。不过，只有其中一个视对方为关乎存亡的挑战，因此伽利埃努斯在其统治的随后几年里将数次试图消灭高卢的皇帝。

其中最重要的一次发生在 265 年。伽利埃努斯当时已经圆满地解决了巴尔干事宜，他巡视了亚该亚，在 264 年担任了雅典执政官，还称赞了当地人两年前在抵抗斯基泰人入侵时表现出的英勇。做完这些后，他可以把自己的人力集中起来挑战波斯图姆斯了。他亲自率军翻越阿尔卑斯山，取得了对波斯图姆斯的胜利，后者逃到一座不知名的城市，然后被包围了。围城过程中，伽利埃努斯被守军击伤，取消了攻势。波斯图姆斯的政权又得到了很长一段时间的喘息之机，但由于这次战事，西班牙的总督们重新效忠伽利埃努斯了。266 年的记录几乎是空白，而 267 年秋天，东方的情况发生了意外的变化。奥代纳图斯在北伐本都的赫拉克莱亚（Heracleia Pontica）时遇害，地点可能是埃梅萨。他的儿子，已经被提拔为共治者的赫罗狄亚努斯（Herodianus）一同被杀。从混乱的史料中，我们无从知道凶手的动机和身份，但这显然是带着些怨恨意味的家族事件。谋杀的直接受益是奥代纳图斯的遗孀泽诺比娅（Zenobia），她与丈夫生了几个孩子，但得宠的长子赫罗狄亚努斯却并非她所生。在她的儿子瓦巴拉图斯（Vaballathus）的名义上的统治下，泽诺比娅发动了对罗马东部的进攻，她超越了篡位的经典模式，特别是在成功程度上。

　　这场行动筹备了好几年，我们要注意避免把一个显然近乎独一无二的政权浪漫化。泽诺比娅本名尤利娅·奥雷利娅·泽诺比娅，叙利亚语中称为巴特-扎巴依（Bath-Zabbai），父亲是帕尔米拉的贵族尤利乌斯·奥勒留·泽诺比乌斯。她在丈夫生前建立了强大的权力基础，但无疑对丈夫前一段婚姻中所生的赫罗狄亚努斯的地位高于自己的儿子塞普提米乌斯·哈伊拉内斯（Septimius Hairanes）和塞普提米乌斯·瓦巴拉图斯感到不满。奥代纳图斯死后，7 岁的瓦巴拉图斯获得了他父亲"众王之王"（rex regum，波斯国王头衔"shahanshah"的拉丁语版）和"全东方的节度使"的头衔，但没有证据表明，伽利埃努斯接受了一个乳臭未干的孩子接替他能干而忠诚的父亲。泽诺比娅则开始自称女王，名号为塞普提米娅·泽诺比娅。沙普尔统治后期的混乱让她的政权大为得益，当时这位波斯国王面临着自己的继承人之间的冲突，以及东部边境出现的新的乱局（我们将在本章后文中谈到）。因此，沙普尔无法像曾经一定会做的那样从叙利亚的混乱中渔利，泽诺比娅几乎没有了任何约束。

我们无从知道伽利埃努斯对东部的这些事件可能会做出什么反应，因为他没有机会做出反应了。268 年，巴尔干再次陷入暴力，"斯基泰人"[这次的入侵者叫作赫鲁利人（Heruli），该群体在后来的历史上将广为人知] 再次坐船侵入小亚细亚和希腊半岛。与此同时，伽利埃努斯的著名元帅奥雷奥卢斯也叛变了，显然是他自己发动的，尽管他自称是作为波斯图姆斯的盟友，并以后者的名义在梅狄奥拉努姆铸造了钱币。当时奥雷奥卢斯可能正在指挥一支野战军，为巴尔干或高卢的新一次行动做准备。梅狄奥拉努姆在很长时间里都将是发动此类冒险行动的中心，因为它扼守着穿越意大利北部平原的所有要道。奥雷奥卢斯的行动不够快，没能在战场上与伽利埃努斯相遇，而是被包围在了城中。随后发生的事记录得很不清楚，对于伽利埃努斯如何在围城过程中遇害，各种史料中给出的版本相互矛盾。这些不同的叙述把凶手指认为帝国历史随后几年里的几乎每一个有重大作为的人：伽利埃努斯的近卫军长官奥勒留·赫拉克利亚努斯（Aurelius Heraclianus）；将军马尔基亚努斯、马可·奥勒留·克劳狄乌斯（Marcus Aurelius Claudius）和奥勒留·奥勒利亚努斯（Aurelius

Aurelianus）；以及一个名叫科克罗皮乌斯（Cecropius）的普通军官，除了名字，我们对其一无所知。事实上，我们的各种故事中唯一没有提到的伽利埃努斯的重要元帅是马可·奥勒留·普罗布斯（Marcus Aurelius Probus）。其中一个版本表示，他们是被奥雷奥卢斯诬骗才参与了他的阴谋的；另一个版本说，赫拉克利亚努斯诱骗伽利埃努斯把自己暴露在危险中；还有的试图为这个或那个关键参与者脱罪。我们无法辨别各种正反方说法，没有哪种主张可以用这样或那样的方式证明，与奥代纳图斯的遇害一样，我们只能承认自己不知道答案，或者让"谁获益最大，谁的嫌疑就最大"这一原则来指导我们的选择。如果事实果真如此的话，那么无论是谁策划了真正的谋杀，幕后主使都会是克劳狄乌斯，因为伽利埃努斯死后，军队在梅狄奥拉努姆城门前拥立他为皇帝。

奥雷奥卢斯不久之后死在了战场上，胜利的克劳狄乌斯摆出向前任致敬的姿态，把伽利埃努斯的遗体运回罗马，埋葬在阿皮安大道的家族陵墓中。他还说服元老院将伽利埃努斯封神。不过，在回到罗马前，他挥师北上，在意大利北部的加尔达湖（Lake Garda）取得了对一些阿拉曼尼人的胜利，这些人趁着罗马内战重燃的机会发动入侵。克劳狄乌斯很可能在罗马度过了268—269年的冬天，在那里他第一次担任执政官，同僚是元老院中伽利埃努斯的长期支持者阿斯帕西乌斯·帕特尔努斯（Aspasius Paternus）：不论是诚心诚意还是形势所迫，一些罗马的元老显贵满足于与这个新的元帅政权握手言和。

对克劳狄乌斯来说，269年无疑将经历大量战事。他唯一能选择的是优先对付内部还是外部的敌人。巴尔干仍在遭受破坏，无论是前一年的赫鲁利突袭者，还是来自多瑙河对岸的更多入侵——中央的不稳定总是会促使边境地区出现这种活动。我们还恰好了解到，就在这个时候，北非的昔兰尼加行省发生了大规模的游牧民袭击。雅典也在该年的某个时候（可能是在春天）遭到了洗劫。克劳狄乌斯派他的将军同僚尤利乌斯·普拉基狄亚努斯（Julius Placidianus）进攻高卢南部，授予其某种超乎常规的指挥权。克劳狄乌斯本人则出发前往巴尔干，而他的同谋赫拉克利亚努斯前往东方，可能是为了对付泽诺比娅。尽管材料中没有明言，但我们应该把所有这些活动视作军人集团对抗所面临的多重威胁的决心：可能参与了谋害伽利埃努斯的 3 位元帅现在采取协调一致的战略，每人负责伽利埃努斯无力应对的 3 条战线中的一条。不过，结果并没有达到预期。

普拉基狄亚努斯在高卢面临着混乱的情况，波斯图姆斯的一名官员乌尔皮乌斯·科尔内利亚努斯·莱利亚努斯（Ulpius Cornelianus Laelianus）反叛，在上日耳曼尼亚的莫古恩提亚库姆称帝。波斯图姆斯迅速击败了莱利亚努斯，但在阻止自己的军队洗劫这座城市时，他立即遭遇了哗变。波斯图姆斯被自己的军队杀害，死前宣布马可·奥勒留·马里乌斯（Marcus Aurelius Marius）接管他的皇位。马里乌斯随即又被波斯图姆斯的近卫军长官马尔库斯·皮亚沃尼乌斯·维克托里努斯（Marcus Piavonius Victorinus）攻击和杀害。根据其名字判断，维克托里努斯很可能是一位高卢贵族。他曾与波斯图姆斯共同担任 268 年的执政官，现在他成功地控制了事态，维持局面的时间比他极其短命的几个前任都要长。克劳狄乌斯的同僚帕卡提亚努斯（Pacatianus）的进攻一直深入到库拉罗 [Cularo，4 世纪的格拉提亚诺波利斯（Gratianopolis），也就是今天的格勒诺布尔（Grenoble）] 村，但没能继续。也许是受克劳狄乌斯军攻势的鼓舞，奥古斯托杜努姆〔Augustodunum，今欧坦（Autun）〕城反叛了维克托里努斯，但由于没有得到帕卡提亚努斯的支援，它被维克托里努斯包围并洗劫，这个曾经繁荣的高卢城镇从此元气大伤。尽管遭受了这些损失，维克托里努斯还是在 270 年未受打扰地第二次担任执政官。

与此同时，在巴尔干的奈苏斯，克劳狄乌斯大胜斯基泰人，这为他赢得了"最伟大的哥特征服者"的头衔，而前一年他刚刚获得"最伟大的日耳曼征服者"的头衔，以庆祝他战胜阿拉曼尼人。我们不知道克劳狄乌斯在巴尔干的什么地方度过了 269—270 年的冬天，但从第二年伊始，他就展开了对斯基泰人的扫荡行动，为了方便起见，我们现在可以开始称他们为哥特人了——"哥特征服者"的胜利头衔表明，罗马人就是这样开始把多瑙河下游对岸与他们交战的敌人称为哥特人的。

在东部，泽诺比娅对赫拉克利亚努斯的到来反应强烈。自从奥代纳图斯死后，她就一直宣称瓦巴拉图斯是"全东方的节度使"，仿佛那是世袭称谓一样。她现在开始以瓦巴拉图斯的名义铸造钱币，这一行为只能被视为反叛、篡位和叛国。钱币上模糊的铭文也许表明，瓦巴拉图斯开始自称"执政官（或最有名望的人）、国王、英白拉多（和）罗马人的统帅"〔vir consularis/clarissimus，rex, imperator (et) dux Romanorum〕。如果是这样，那几乎可以算称帝了，但又留下了足够的辩解空间——称号中的每个头衔都可以用相对无辜的方式解释。但无法辩解的是，270年，泽诺比娅的军队在一个叫扎布达斯（Zabdas）的人率领下入侵了阿拉伯和埃及。埃及总督特纳吉诺·普罗布斯（Tenagino Probus）在守卫自己的行省、抵抗这次入侵时战败被杀。泽诺比

娅任命他的副手尤利乌斯·马尔克里努斯（Julius Marcellinus）
来接替他，因此在接下来将近 5 年的时间里，埃及都将处于帕尔
米拉的霸权统治下。

赫拉克利亚努斯被证明无力动摇帕尔米拉对叙利亚和阿拉伯
核心地域的控制，而泽诺比娅的支持者们更加大胆地向安纳托利
亚挺进。与此同时，在巴尔干，克劳狄乌斯对哥特人刚刚取得的
胜利并不能使他的军队免于被一个更可怕的敌人摧毁：冬天，军
队中瘟疫暴发，夺走了许多人的生命——然后是皇帝本人的生
命。几十年来唯一没有死于刀剑之下的皇帝竟然只统治了这么短
的时间，这个事实有些令人心酸。但死亡拯救了他的名誉——当
4 世纪的人回忆戴克里先和君士坦丁之前的黑暗岁月时，克劳狄
乌斯是唯一受到各种不同的历史传统交口称赞的皇帝，以至于编
造自己是他的后裔也成了值得一做的事。从塞维鲁和卡拉卡拉以
来，还没有哪位皇帝的记忆得到这样的认可。

克劳狄乌斯死后，他的弟弟昆提鲁斯（Quintillus）继承已故
皇帝的衣钵，在意大利北部的阿奎莱亚称帝，但不怎么成功。帝
国的作战军必须要有皇帝的领导，而克劳狄乌斯的巴尔干军团堪
称帝国最强大的军队。他们只愿接受自己做出的选择，并推举了
已故的克劳狄乌斯的骑兵统帅（dux equitum）马可·奥勒留·奥
勒利亚努斯（奥勒良）。和克劳狄乌斯一样，他也与推翻伽利埃努
斯的暴乱有牵连。奥勒良开始回师意大利，刚刚统治了 17 天、还
没有离开阿奎莱亚的昆提鲁斯被杀（也可能是自杀），从而避免了
另一场内战。

奥勒良继续向意大利进军，驻扎在梅狄奥拉努姆。270 年年
末，他在那里击退了尤通吉人的一次进攻，于 270—271 年的冬

季又击退了汪达尔人的来犯。271年春，尤通吉人再次入侵。阿拉曼尼亚地区内部权威的巩固，以及莱茵河-多瑙河突出部分对岸的德库玛之地的罗马行政机构的撤离，似乎让当地的一些部落在进入罗马境内牟利时变得大胆得多了。不过，汪达尔人是新生事物：与奥勒良的短暂交战标志着他们第一次走进了真正的历史范围，不再是作为来自中欧的模糊的民族名字出现在我们的史料中。与完全由罗马边境地区所造就的哥特人不同，汪达尔人似乎是来自日耳曼尼亚中东部的移民——也可能是一个特别大胆和成功的战团，他们跋涉了足足400英里，前来寻找掠夺的机会。直到好几十年后，我们才会听说汪达尔人对罗马历史产生的持续影响，而在好几十年内，夸迪人和萨尔玛提亚人都将一直是罗马军队在多瑙河中游主要担忧的对象。

不同于汪达尔人，尤通吉人继续构成威胁。虽然270年的战事进行顺利，但271年伊始，形势对奥勒良而言很糟糕，罗马军队在普拉肯提亚［Placentia，今皮亚琴察（Piacenza）］附近遭遇大败。皇帝尾随胜利的突袭者，迫使他们在法努姆（Fanum）和提基努姆［Ticinum，今帕维亚（Pavia）］与自己交战，并在后一场战役中击溃了入侵者：此后的几十年间，我们再也没有听说过尤通吉人。但在南归罗马后，奥勒良遭遇反叛——帝国铸币场的工人暴动。史料中没有提到他们不满的原因是什么。镇压他们是件棘手的事，导致数千名罗马人横尸街头。此事提醒我们，罗马的民事部门已经变得多么军事化，像铸币场工人这样的技术工匠也可以像哗变部队一样有效地组织叛乱。

镇压了这次暴动后，奥勒良为了安抚罗马人民，在帝国岁调（annona）业已向该城平民供应的油和面包之外，又增加了补贴的猪肉份额。对元老院的安抚则使用了高官职位：一个名叫庞波尼乌斯·巴苏斯（Pomponius Bassus）的罗马大贵族在 271 年成为奥勒良的执政官同僚，皇帝还指定另两名罗马显贵担任 272 年的执政官。尽管奥勒良的前任并未有意将元老排除在执政官职务之外，但皇帝的频繁更迭和王朝数量的激增（新皇帝们至少会在掌权的第一年里和自己的潜在继承人共同担任执政官），还是意味着非皇室成员很少有机会任职。同样地，骑士等级的职务在行省行政体系中的扩大是以元老等级的职务的萎缩为代价的，这又反过来意味着不必再像在过去安敦尼和塞维鲁王朝时那样，出于行政原因而提供足够多的执政官级别的人员来统领行省。结果，递补执政官或多或少地消失了，而正选执政官的地位提高了，因为罗马的文官精英担任此职的机会越来越少。奥勒良明白执政官对这些人的价值，尽管他和 3 世纪后期的所有皇帝一样出身卑微的军人背景，但他知道如果得不到旧贵族的一定支持，他就无法统治。

在罗马期间，奥勒良还启动了规模史无前例的营建计划：一道围绕该城的巨型新墙，这不仅是有效的防御工事，也是他个人雄心的纪念碑。修建工程将贯穿他的整个统治时期，但到了 275 年，城墙已经将罗马的全部山丘，以及战神校场和台伯河对岸的部分城区囊括在内，包括雅尼库鲁姆山（Janiculum）和今天的特拉斯泰韦雷（Trastevere）的许多地区，其整个周长将近 12 英里。这道厚 10 英尺，由砖面混凝土筑成，每百英尺有一座方形塔楼的城墙高耸于地面之上，其留存下来的部分至今仍然如此。事实上，鉴于驻守在罗马的实际兵力很少，而且守卫 12 英里长的城墙也是不可能的，它无法抵挡真正的围攻。不过，这并非修建城墙的初衷。建造奥勒良城墙是为了让敌人放弃进攻和震慑攻击者，并为意大利人民提供心理安慰，他们的半岛刚刚被陌生而讨厌的入侵者盯上，这些人并非篡位者，而是蛮族军队。

为奥勒良城墙建造计划的宣传胜利增色的是，高卢也传来了好消息——维克托里努斯在政变中被另一名高卢贵族盖乌斯·埃苏维乌斯·忒特里库斯（Gaius Esuvius Tetricus）所杀，后者像他的高卢前辈一样无意进攻意大利。随着意大利局势的平静，皇帝终于可以计划如何消灭瓦巴拉图斯和泽诺比娅了，不仅因为他们自诩拥有皇帝的权威，更因为他们对埃及的征服，现在已经没有必要再像曾经不得不做的那样容忍他们了。奥勒良率领一支作战军穿越巴尔干，顺势击退了又一次蛮族袭击（很可能是哥特人）。他还从达契亚行省撤走了罗马的行政当局。

这可能是明智之举，因为他可以在东部战争在即的关键时刻拥有更多的军队，但这在意识形态上也是有风险的——放弃行省不是罗马皇帝经常做的，也不是他们会承认的。然而，正如大多数考古和历史研究所表明的那样，达契亚从来就不值为了维持它所花的钱，而且在多瑙河中下游边境不断变化的情况下，完全无法确定喀尔巴阡山盆地是否真能继续守住。不过，为了稍微掩饰一下这一可能不得人心的举动，奥勒良创建了两个新的行省，分别命名为上达契亚和下达契亚，为此他割裂了从前的下默西亚行省。达契亚的居民似乎没有被疏散，离开的只是他们周围的帝国行政机构。但随着时间的推移，该地区的罗马文化基础还是凋零了。与默西亚不同（相比潘诺尼亚更是如此），达契亚从未发展出与其军事、行政和采矿部门相配套的民用基础设施。无论当地的罗马人口中有哪部分选择不离开，他们都缺乏能力或意愿来维持该行省的罗马文化，而是被我们称之为桑塔纳-德-穆雷斯 /

切尔尼亚霍夫的新出现的考古文化所吸收，我们也把该文化与哥特人在该地区霸权的真正开始相关联。

随着达契亚政府的撤离，军队得到加强，皇帝终于可以向东挺进了。泽诺比娅和瓦巴拉图斯现在已经做好全面战争的准备，他们铸造的钱币终于抛弃了一面是奥勒良、另一面是瓦巴拉图斯的双面头像。有实无名的篡位已经变成了对皇位的公开挑战。奥勒良本人还没有来到，关于他精力无限和在战场上取得一系列重大胜利的消息无疑就已经传来了，还有关于他久负盛名和名副其实的冷酷无情——在 269 年和 270 年明显站在泽诺比娅和瓦巴拉图斯一边的帝国官员现在转而支持奥勒良。其中包括亚细亚总督维里乌斯·卢普斯（Virius Lupus），后来他将与普罗布斯皇帝一起担任执政官，并在 278 年至 280 年间担任城市长官；还有斯塔提里乌斯·埃米利亚努斯（Statilius Aemilianus），他毫不犹豫地让埃及重新向瓦勒良效忠，得到的奖赏是继续担任该行省的总督，尽管某个名叫菲尔姆斯（Firmus）的人——显然是某个骑士等级的官员——被任命为比他地位更高的行省节度使。奥勒良没有遇到任何抵抗，只有卡帕多奇亚的提亚纳拒绝让他入内——据说他在那里看到了行神迹的圣人阿波罗尼乌斯（Apollonius）显灵，才没有摧毁该城和屠杀城中的公民。

该地区的其他城市没有表现出像提亚纳那样的敌意，奥勒良的军队没有遇到更多阻力就穿越奇里乞亚的门户，进入了叙利亚。但在叙利亚，他与泽诺比娅的将军们在安条克城郊的达芙内（Daphne）展开大战，那里很快将成为 4 世纪和 5 世纪时东方最时髦的地区之一。随后，奥勒良继续向南和向东进发，在埃梅萨又打了一场胜仗，那里的崇拜因为与塞维鲁家族广为人知的联系而受到泽诺比娅的尊重。在这个问题上，她通常是这个东方宗教大熔炉的多重赞助人——从奇里乞亚的塞琉西亚的萨尔佩冬祭司，到萨莫萨塔的基督教主教，再到波斯先知摩尼，当时后者的启示正得到宣扬。但现在这些对她都没什么用了——埃拉伽巴尔神似乎站在奥勒良一边，当时奥勒良开始发行的一系列向不可战胜的太阳神致敬的钱币同样暗示了这点。

从埃梅萨出发，这位征服者继续向帕尔米拉进军，并于272年夏天占领了该城。泽诺比娅和瓦巴拉图斯的一些关键支持者被处决，但该城及其居民大体上得到了饶恕。泽诺比娅被俘，被带回罗马参加了凯旋式。与她在宣传中常常用来自比的克娄帕特拉七世不同，泽诺比娅选择了被俘而非死亡。胜利的奥勒良获得了"最伟大的帕提亚征服者"和"最伟大的波斯征服者"的头衔，尽管他完全没有与萨珊王朝交锋：在短命的奥尔马兹德一世（272—273年在位）和巴赫拉姆一世（273—276年在位）统治期间，萨珊宫廷忙于自身的权力斗争，焦点是琐罗亚斯德教祭司——特别是其首要人物卡尔迪尔（Kardir）——应该在国家中占有多么显赫的位置，以及应该多么宽容或不宽容像基督教和摩尼教这样的其他宗教。

不过，尽管萨珊王朝一时虚弱，但奥勒良选择不打这场战争。相反，在打败一个篡位者（或分裂政权）后，他把注意力转向了在高卢的另一个。奥勒良认为对东部的重新征服已经完成，随即开始西征。当来自帕尔米拉，报告该城叛变了的消息传来时，他已经抵达了博斯普鲁斯海峡欧洲一侧的拜占庭。同样糟糕的是，喜欢闹事的埃及城市亚历山大里亚再次发生暴动，想必是觉得菲尔姆斯重新确立的中央控制不如斯塔提里乌斯·埃米利亚努斯的统治那么舒服。

273 年 1 月，奥勒良回师穿过小亚细亚进入叙利亚，这一次他让手下洗劫了帕尔米拉。这座帝国盛期的伟大商队城市在下一个世纪里将成为罗马叙利亚驻军分遣队的寒酸哨所。但事实上，帕尔米拉政权的终结在欧亚历史上的意义更为重大：在仅仅 30 年的时间里，叙利亚和美索不达米亚平原上最重要的 3 个城市——哈特拉、杜拉-欧罗波斯和帕尔米拉——不是被毁，就是全面衰落。无论罗马和萨珊政权各自的军队多么频繁地在这个地区征战，它们都无法接手这些城市的本土精英在那里曾经扮演的角色。结果就是接下来的几个世纪中阿拉伯沙漠更南面新建立的阿拉伯同盟的崛起。在本书的故事结束后的那些年里，这些阿拉伯人将不断出现在与拜占庭和波斯人的关系中，从中将会诞生古代最后一次重大的宗教运动，以及由其信徒创建的伊斯兰哈里发国。相反，在短期内，东部遭遇的 40 年劫难看上去已经被奥勒良终结了。

第 11 章

最后的军人皇帝

273 年在帕尔米拉被毁灭后平安无事，奥勒良用这一年剩下的时间表明了他准备对付高卢的忒特里库斯的意图，因为东部似乎已经平定了。274 年，他率军进入高卢，忒特里库斯决定投降。他这样做的时候，他的军队已经在今天的香槟做好了战斗准备。如今，让这片卡塔隆平原更出名的是近两个世纪后在那里发生的另一场战斗，也就是击溃匈奴人阿提拉的那场。而这场公元 3 世纪的卡塔隆平原战役同样是毁灭性的，但失败的一方是高卢军队，他们遭到了奥勒良军队的屠杀。考虑到他们长期以来的反叛习惯，这可能是明智之举。控制了高卢后，奥勒良回到罗马，举行了一场奢华的凯旋式，忒特里库斯和泽诺比娅为其增色。与共和时代的战败者（victi）不同，他们没有在凯旋式结束时被处决。相反：泽诺比娅嫁给了一位罗马贵族，4 世纪时她家族的一个后裔骄傲地称她为祖先；忒特里库斯则在意大利南部担任了一个小行省的长官，让他不会再造成麻烦。

奥勒良的成功看上去的确是绝对的，几十年来，还没有一个皇帝在没有挑战者的情况下统治过帝国。奥勒良相对容易地做到了这点，而且流血相对较少。更重要的是，在镇压高卢和帕尔米拉的政权之后，没有出现新的军事挑战者。但在他的凯旋式之后，在一座被宏伟城墙包围的城市里，情况急转直下，一件富于象征意义的事发生了。罗马的帝国铸造币场工人的暴动是奥勒良统治期间面临的最早的挑战之一，尽管没有理由将这一事实与他的下一个创举联系起来，但有趣的是，制造罗马货币的人竟然在一段相对较短的统治时间内第二次占据如此突出的位置：重新统一了整个帝国后，奥勒良于 274 年推出了新货币，取代已经使用了几个世纪的旧奥里斯金币。虽然在流通中的旧金币重量和纯度各不相同，但它们与第纳里银币的额定兑换率始终是 1 : 25，在重量和纯度的波动中也一直保持这一比例，这可能导致有的金币在某些地方不是作为钱币，而是作为金属进行交易。与之形成对比的是，奥勒良的新金币纯度极高，显然是为了将其他不那么纯的钱币从市场上驱逐。它也不再正式与银币挂钩，实际上是带印记的金条。此举本身可能不会产生任何大的影响，但奥勒良的货币举措不止于此。当时所谓的安敦尼银币已经几乎不含银了，奥勒良用 5% 标准纯度的新银币取而代之。新的奥勒良铸安敦尼银币上标有 XXI 或 XX，可能意味着它们与铜币的兑换率为 1 : 21 或 1 : 20。皇帝的意图无疑是用他自己的新钱币取代他的前任及其对手们当时正在流通的所有钱币，向全世界宣扬他恢复帝国统一的伟业。

可悲的是，此举的影响是灾难性的，罗马经济已经深受疫情影响，而此举几乎使货币陷入了瘫痪。银币的贬值——从大约 40% 的纯度下降到 270 年的不到 5%——是整个 3 世纪的特征，并没有对帝国的经济稳定产生太大影响（根据现代经济理论，这很令人惊讶）。也就是说，自从卡拉卡拉引入（理论上）价值 8 个塞斯特斯的安敦尼银币以来，虽然银币自身的价值年复一年地下降，却没有证据表明这导致了普遍的通货膨胀。钱币上的皇帝形象和熟悉的兑换率意味着即使它们自身的价值已经几乎是零了，它们还是作为信用货币存在了下去，而且在动荡时代还被囤积，特别是在 3 世纪 50 年代和 60 年代，发现的该时期的钱币窖藏数量多到不成比例。奥勒良的改革——显然他的本意确实是发起一场在新统一的帝国实行统一铸币的改革——改变了这一切，而且非常痛苦。贬值没有引发能够切实衡量的通货膨胀，奥勒良将黄金与早期帝国的白银和贱金属货币的信用体系脱钩的做法反而做到了。物价开始飞涨。我们可以衡量这一点的一个地方是埃及，那里的纸草能够让我们追踪到货币脱钩几乎马上造成的损害。由于奥勒良的新钱币是从罗马流出，进入各个行省流通的，似乎可以肯定各处都发生了同样的事情，尽管更难以找到记录。

奥勒良的新钱币确实将各地的许多旧钱币赶出了流通市场，却不能彻底做到这一点，这可能仅仅是因为他无法足够快地供应上需求。更糟糕的是，黄金和白银之间比价的浮动使得白银和自身并没有价值的铜币之间的联系变得毫无意义。如果不是买家和卖家都相信，在世界上的某个地方，一小堆带有皇帝形象和名字的贱金属能够换到一定数量的黄金，那么信用体系就会崩溃。早期帝国复杂的银行体系也随之崩溃。现在，钱币的价值是当地市场所认定的，这个价值总是比额定兑换率低得多。直到 20 年后，才有人开始努力控制奥勒良的改革所引发的混乱。在此期间，罗马经济近 500 年来前所未有地由实物支付驱动了，以至于下一位伟大的改革家皇帝戴克里先（284—305 年在位）被迫将实物支付纳入他的行政系统中。讽刺的是，恰恰是在政治形势似乎有明显好转的时候，帝国开始面临广泛的经济问题。但事实证明，奥勒良既没有活着看到他的军事成功的影响，也没有活着看到他的经济改革的影响。

275 年，他冒险进入高卢，目的地很可能是莱茵兰和阿格里帕殖民市地区，以便在这个几十年来都没有见过意大利皇帝的地区重申自己的存在。然后，他和自己的军队经由莱提亚——他在那里对付了尤通吉人的一次规模不大的劫掠——前往巴尔干。我们不知道奥勒良在巴尔干做什么，没有证据表明"斯基泰人"或哥特人造成了麻烦；他去东部行省可能是为了"标记地盘"，就像在高卢之旅中所做的一样。无论如何，275 年夏末或秋初，在佩林托斯和拜占庭之间的帝国补给站凯诺弗鲁里乌姆（Caenophrurium），他成了一场类似于推翻伽利埃努斯那样的政变的牺牲品。似乎可以肯定的是，整个军队对皇帝的领导是发自内心满意的，这场谋杀是令人不快的意外：某个宫廷官员出于私人的原因伪造了一封书信，暗示皇帝下令处决一些下级军官，后者随即杀害了他——一个名为穆卡波尔（Mucapor）的色雷斯卫兵被指为凶手。他的行为不可能是人们所乐见的，因为他和在场其他任何人都没有得到拥立，来接替奥勒良的皇位。这暗示了军官集团的沮丧，他们不想让自己的皇帝去死，换成其他人。最后接替奥勒良的克劳狄乌斯·塔西佗（Claudius Tacitus）是个神秘的人物，因为现存极少的资料都给他的继位蒙上了夸张的浪漫虚构的面纱。

只有两点是事实。皇位出现了 6 周的空缺，想必是因为内部分歧，现在已经无从再现对立派系之间的曲折谈判。最后，塔西佗受邀成为皇帝，他离开了位于意大利南部坎帕尼亚的退隐地，在罗马披上紫袍。他的名字让人想起了那位早期帝国的著名历史学家，因此 4 世纪的《罗马君王传》的作者炮制了一个纯属虚构的大杂烩故事：军队让元老院做决定，元老院又推给军队，后者再次表示听从元老院的意见，于是那位历史学家的一个远亲后代继承了皇位，成为最后一位元老皇帝，并在他的敕令中要求抄写和传播他祖先的作品（如果这则神话是真的，那么传承塔西佗现存作品的那条细链——大部分来自唯一一份抄本，更多的内容永远失传了——本应更粗才对）。这个皆大欢喜的故事魅力如此之大，甚至像吉本这样的人都被骗了，而更晚近的注疏家们也免不了相信其中的一个或另一个部分。但现实平淡无奇，塔西佗只是另一位来自多瑙河地区的将军，年龄比大多数人都大，当时已经退休，因此是一个安全的妥协人选；他很可能也是伽利埃努斯的一位元帅，我们碰巧没有他之前的记录。显然，他是一个众所周知的人物，受到巴尔干士兵的信任，而且他离奥勒良被杀的现场太远，所以不可能与此有任何关系。这一解释至少能与我们现存仅有的少量可靠证据相符，这些证据表明在 6 周后，人们普遍同意塔西佗当皇帝，可以让他出发前往巴尔干军队那里。整件事最不寻常的地方是，当奥勒良的巴尔干军队陷入瘫痪时，没有其他的前线军队敢拥立自己的皇帝。这无疑表明了奥勒良受到了怎样的尊敬——以及畏惧。

塔西佗指挥先帝的野战军进入亚细亚，沿途与从黑海以北发动海上进攻的斯基泰人交战，他们可能是哥特人，也可能是 7 年前做过同样的事的赫鲁利人。他表面上的目标是将谋杀奥勒良的凶手绳之以法，其中一些逃到了东部。杀害了奥勒良的色雷斯人穆卡波尔（此外我们对其一无所知）被逮捕并被拷打而死。接着，塔西佗把一个名叫马克西米努斯的亲戚派到安条克，自己准备回到西部。但这个马克西米努斯极其令人憎恶，以至于安条克的头面人物与杀害奥勒良的漏网凶手合谋杀死了他。然后，他们集结了一支军队追击塔西佗，在提亚纳将其一并杀害。这个城市不久前刚刚被奥勒良赦免，尽管它支持泽诺比娅。虽然是猜测，但我们在这件事中看到的可能是安条克上流社会对奥勒良进行的报复，后者 272 年在达芙内获胜时对那里造成了严重破坏——罪魁祸首已经死了，但自称为他复仇的人还是可以杀的。奥勒良的军队——曾经短暂地是塔西佗的军队——现在选择了后者同母异父的弟弟，近卫军长官马尔库斯·阿尼乌斯·弗洛里亚努斯（M. Annius Florianus）作为他的接班人。但叙利亚军队——想必是安条克人反对塔西佗的同谋——选择的是马可·奥勒留·普罗布斯。

普罗布斯是伽利埃努斯的另一位老元帅，事情似乎回到了十年前极为熟悉的情况——政变和反政变，暴动和反暴动导致两败俱伤，没有谁是长久的赢家。弗洛里亚努斯（我们对其几乎一无所知）开始带领他的军队向叙利亚进发，以迎战挑战者，但瘟疫来袭，他不得不在奇里乞亚的塔尔索斯（Tarsus）停了下来。在疫情困扰之下，军队缺乏战斗的意愿，也许是因为这一点，他们发动了哗变，宣布支持普罗布斯，而不是继续战争。弗洛里亚努斯退位，但被指密谋夺回皇位，并很快被杀。弗洛里亚努斯死后，普罗布斯便在一次宴会上处决了杀害奥勒良的漏网凶手。

尽管开局充满希望，普罗布斯却没有奥勒良那样的人格力量。他的统治时期是罗马帝国历史上记录最少的 6 年，其间似乎充斥着从帝国的一端到另一端的一系列持续不断的叛乱。事实上，最令人惊讶的是他居然把皇位成功地保住了整整 6 年而没有被刺杀。虽然那时的大事年表用最好听的话说也是不准确的，但他的统治才刚开始，底比斯地区的埃及人群体就与生活在该行省沙漠边缘的游牧民布莱米斯人（Blemmyes）一起攻击了科普托斯（Coptos）城。这反映了上埃及南部独特的政治和社会状况，那里位于行省主要中心的上游数百英里处，局限于尼罗河上游一片相对狭窄的土地上，最远端是就在尼罗河的第一个大瀑布下游的驻军城市埃里芬提内（Elephantine）。科普托斯是真正繁荣的尼罗河城镇中最靠南的一个，也是从红海港口贝勒尼刻经由穿过草原和沙漠的军用道路到达尼罗河走廊的补给站。因此，它成了吸引游牧民进行周期性掠夺的目标，但既有意思又无法完全解释的是，当地的行省居民竟和游牧民一起攻击了一座重要城市。我们的证据只是碰巧留存下来的关于一次当地争斗的零星一瞥呢，还是说它代表了某种更加系统化的事件呢，目前尚不清楚：也许它显示了奥勒良的货币改革甚至在帝国的偏远角落里也造成了破坏和混乱。

多瑙河一带则有对抗哥特人和萨尔玛提亚人的战斗，但这已经成为一个慢性而非急性的问题，需要很多年才能有效解决。事实上，萨尔玛提亚人对巴尔干各行省的新威胁几乎肯定是哥特人扩张的结果，因为在过去的好几十年里，他们被证明是相对顺从的邻居。当普罗布斯在多瑙河畔作战时，叙利亚总督萨图尔尼努斯（Saturninus）叛变称帝，此人后来被自己变节的部下杀死在阿帕梅亚。随后，皮西迪亚（Pisidia）的克雷姆纳（Cremna）也发生了暴动，暴动由一位名叫利迪奥斯（Lydios）的当地名流领导，该城经受了总督泰伦提乌斯·马尔基亚努斯（Terentius

Marcianus）的大规模围困，最终投降（围城工具的遗迹是我们关于罗马军事工程的最好证据之一）。

　　可能在同时，莱茵河的军队先后在阿格里帕殖民市拥立普罗库鲁斯（Proculus）和博诺苏斯（Bonosus）为皇帝。士兵们有充分的理由感到不满，因为自从高卢政权垮台后，高卢和日耳曼尼亚似乎遭受了袭击者的重创，但帝国中央给他们的帮助却很少，或根本没有。另一方面，有人认为普罗布斯在返回巴尔干之前在日耳曼尼亚进行了一系列军事行动，篡位发生在他离开后。但史料太过零散，我们无从确定。最后，姓名不详的不列颠总督也被他的军队拥立为帝——这非同寻常，因为该行省在整个世纪里大体上平安无事。在所有这些事件中都没有出现钱币证据，这极不寻常，它表明了奥勒良的货币改革对货币经济的破坏是多么严重。

　　尽管如此，奥勒良至少让帝国实现了统一和一定的和平。而现在，所有这一切看起来都仿佛正在消失。普罗布斯可以铸造描绘赫拉克勒斯功业的金币，但无法应对他面临的赫拉克勒斯般的挑战。长期的边境战争（又反过来推动了内战）使得帝国的军事化地区与大体和平的地区之间差距扩大，那些总是有帝国军队通过和有士兵驻扎的土地也是这样。正如刚才描述的普罗布斯统治时期的事件所显示，这些士兵极易发生暴力叛乱。普罗布斯本人最后也遭遇了这种结局，尽管他掌权的时间甚至比奥勒良还要长。不过，就像他的许多前任一样，高级军官集团的敌意将被证明是致命的。281 年，普罗布斯在罗马举行了凯旋式，次年返回东部，他刚一到达潘诺尼亚的西尔米乌姆就遭到了谋杀，死前刚刚知道他的近卫军长官马可·奥勒留·卡卢斯（M. Aurelius Carus）已被拥立为皇帝。

卡卢斯唯一的有趣之处在于，他是 3 世纪那一长串军人皇帝中唯一没有多瑙河背景的——相反，他来自高卢南部的纳尔波高卢，不清楚他与高级指挥官世界的关系。我们对他的权力基础，以及他如何能够在一个竞争激烈且似乎把他这样地域背景的人排除在外的环境中取得成功一无所知。虽然他登基的原因和情况不明，但卡卢斯至少有一个具备王朝潜力的家族：他有一个成年的儿子卡里努斯（Carinus），一个小儿子努梅里阿努斯（Numerianus），还有一个孙子：卡里努斯之子尼格里尼亚努斯（Nigrinianus）。这个家族的王朝野心从一开始就很明显：卡里努斯在潘诺尼亚与夸迪人作战，并于 282 年在梅狄奥拉努姆举办了凯旋式，卡卢斯则试图通过率领普罗布斯的军队与波斯开战来提高自己的个人声望。时机对他有利，因为统治波斯的萨珊政权已经分崩离析，陷入了内战，和几十年来罗马国家一直深受其害的状态非常类似。沙普尔一世强化了他的父亲阿达希尔的做法，即让诸子成为其帝国各个地区的国王。长子奥尔马兹德被派到亚美尼亚，其他儿子则分别统治着波斯湾尽头的梅塞内（Mesene）；今天俾路支省的沙漠中的信德、锡斯坦和图兰（Turan）；里海西南山区的吉兰（Gilan）；以及克尔曼和阿迪亚贝内。这导致了沙普尔一旦去世，就会出现大量争夺王位的竞争者，而在他于 272 年去世后，这一切就真的发生了。他之所以从未利用击败和俘虏瓦勒良的机会，是因为相比瓦勒良的罗马继任者们，他对自己国家各处边境要重视得多，而罗马皇帝则会立即将东部边境的重要性置于任何其他边境之上，并优先考虑篡位者的挑战，而不是行省居民可能遭受的任何损害。

和他的父亲阿达希尔一样——萨珊书面史料的欠缺使我们

无法分析原因——沙普尔似乎也是通过挪用阿契美尼德王朝的墓地，并广泛宣传他降伏 3 位罗马皇帝的事迹，来在法尔斯的核心支持者中寻求威望和意识形态上的合法性的。但在实际战略方面，他将更多的时间和军事注意力放在了中亚：萨珊王朝从未完全控制的粟特；在他统治期间落入波斯之手的马尔吉亚纳和巴克特里亚；以及兴都库什山以外的喀布尔、犍陀罗和斯瓦特，萨珊人赶走了那里最后的贵霜统治者。从此，贵霜王国成为萨珊王室主支的藩属，通常由后者的一个旁系统治，并偶尔成为叛乱的发源地，那里还铸造了我们所谓的贵霜-萨珊钱币（因为它是按照贵霜的金本位制铸造的，而不是采用伊朗本土的银德拉克马）。正如 4 世纪的历史将再次向我们展示的那样，往往是钱币证据向我们提供了其他任何史料中都缺乏的信息。曾经，我们认为萨珊王朝对中亚和印度西北部腹地的征服发生在此时的将近一百年后，但新发现的银币，特别是对铸币场的正确识别（包括流动铸币场），明确表明这一征服是沙普尔一世的功绩：在沙普尔统治后期，东部边陲地区的萨珊银币的铸造越来越多，其中一些是出自伊朗腹地的雕工之手，这无疑表明沙普尔为了支付多支征战军队的费用而创设了流动铸币场。

　　272 年沙普尔去世后，其长子奥尔马兹德一世继承了王位，有记录显示他在中亚作过战。然而，奥尔马兹德只统治了一年。他的继任者都是孩子，他们的宫廷由马兹达祭司卡尔迪尔主导，此人在沙普尔统治的最后几年里获得了显赫的地位，他优先考虑的似乎是巩固琐罗亚斯德教的地位，并将对奥尔马兹德的崇拜变成萨珊国家的官方崇拜。尽管沙普尔本人坚信琐罗亚斯德教是真理，但他对其他宗教也是宽容的。琐罗亚斯德教的世界观中给不信教者留下了空间，这的确有必要，因为这种宗教是与伊朗民族身份非常紧密地联系在一起的。具体来说，基督徒和犹太人可以以自己的方式践行他们合法但更加低级的信仰，从而在善与恶的永恒较量中出一份力。这些宗教不能在伊朗贵族中寻求皈依者，它们的社群领袖被认为应该在负责组织自己社群的经济事务和确保纳税时扮演类似于拜火教祭司的角色。沙普尔的宽容不止于此；他甚至鼓励先知摩尼的新启示，后者的诺斯替和二元论信仰后来将在罗马社会中造成分歧。一些人认为，沙普尔从摩尼的启示中看到了一种信仰体系，相比他自己的马兹达信仰，这种体系更能引起他帝国中的众多非伊朗人的共鸣，无论是美索不达米亚的基督徒和犹太人，还是东部和东北部的佛教徒。

沙普尔去世后，琐罗亚斯德教祭司抓住机会扼杀了他们认为会对其社会和宗教统治地位构成有力威胁的一切。巴赫拉姆一世和巴赫拉姆二世（276—293 年在位）统治下的少数信仰者似乎一方面被马兹达祭司，另一方面被波斯贵族所统治。正是在他们统治期间，我们发现了一个其他时候没有见过的现象，在公开和王室的背景下，有个非王室人物（又是卡尔迪尔）记录了自己的功绩。同样是在那段时期，摩尼被捕，并死在狱中，时间可能是276 年。3 世纪 80 年代，巴赫拉姆二世和他的堂兄弟奥尔马兹德的支持者之间爆发了内战。奥尔马兹德依靠的是游牧民族萨卡人（Sakas）和从贵霜王国招募的士兵，他铸造了自己的钱币，甚至可能获得了贵霜国王的头衔。堂兄弟之间的战争也导致了帝国上层贵族的分裂，波斯和帕提亚背景的大家族现在开始展示出一种将一直延续到萨珊王朝崩溃的态度：虽然萨珊家族的统治权没有受到挑战，但贵族们保留了在潜在的王位争夺者中做出选择的权利，如果看上去有这个必要，他们就会罢免某个萨珊家族的成员并选择另一个。波斯一边经历着内部的宗教动荡，一边要为东部边境分心，两者结合在一起，让罗马在 3 世纪 70 年代和 80 年代几乎不必害怕这个敌对帝国的军队，这在两个帝国的历史上是第一次，但不是最后一次。

也许是意识到了这点——尽管罗马对波斯事务的军事情报从来都不太全面——卡卢斯在 283 年夏天进军美索不达米亚，沿着幼发拉底河直达其治所泰西封。战事进行得如此顺利，以至于有传言说，泰西封实际上已经落入皇帝手中，有一个系列的史料保留了这个故事。而底格里斯河畔的塞琉西亚（当时是泰西封的郊区）的确被洗劫了，阿米亚努斯·马尔克里努斯（Ammianus Marcellinus）证实了这一点，他在尤里安皇帝的波斯作战中亲自考察过这些废墟，其作品是优秀的 4 世纪史料。

卡卢斯在军事上的成功并没有换来军队的忠诚：他像自己的许多前任一样被谋杀，尽管有一个肯定是传奇的故事说，他的帐篷被闪电击中。他的遇害使军队被困在波斯腹地，当务之急是让他们脱身。无论是谁造成了卡卢斯之死，都没有人称帝，皇位被传给了他的儿子卡里努斯和努梅里阿努斯，后者还是个小男孩，在父亲率军进入波斯时跟随在其身边。卡卢斯称帝后，接替他担任近卫军长官的是他的亲家阿佩尔（Aper）。军队在回到叙利亚之前，很可能实际上都是由他主事的。波斯的乱局帮助他们完整地撤出了军队，大体上未受损伤——阿佩尔和他的军官们很幸运，在撤退时没有出现新的沙普尔来骚扰他们。

284 年 3 月，罗马军队到达了叙利亚的埃梅萨，并于同年晚些时候抵达比提尼亚的库奇科斯和尼科美底亚。11 月，阿佩尔宣布了努梅里阿努斯的死讯。虽然这男孩得了病，但他的死几乎肯定是谋杀。现在，只有留在西部的卡里努斯这一位皇帝，但卡卢斯的作战部队不太可能愿意臣服于一个西部的对手。作为卡卢斯的亲家，阿佩尔相信自己应该继承皇位，但军队并不同意。相反，他们选择了一个地位相对较低的军官盖乌斯·瓦雷利乌斯·狄奥克莱斯（C. Valerius Diocles）。此人大约40岁，是内卫卿（comes domesticorum），也就是与皇帝同行的主要卫队的指挥官。狄奥克莱斯接受了拥立，改名为狄奥克莱提阿努斯（Diocletianus，戴克里先）。相比原先的希腊语（而且显得出身卑微）名字，这个名字听上去更有拉丁味道。在一次全军会议上，他在众目睽睽之下亲自处死了阿佩尔，声称以此为努梅里阿努斯的遇害报仇。然后，他宣布自己为正执政官，副执政官由卢基乌斯·凯索尼乌斯·巴苏斯（L. Caesonius Bassus）担任，后者是罗马元老贵族的一员。究竟发生了什么永远不得而知。努梅里阿努斯可能是自然死亡的，阿佩尔和戴克里先都想从他的死中获利，但也可能是他们中的一个人杀了他（有故事说，凶手谋杀了努梅里阿努斯后，把他的尸体放到轿子里随军队同行，以掩人耳目，并放出话说他得了眼病——但我们不必相信这种故事）。没有保护人的幼帝是待宰的羔羊，早已难逃一死，但戴克里先在尼科美底亚称帝无疑意味着内战。没人会以为卡卢斯剩下的儿子卡里努斯皇帝能默许东方军队的篡位，自封执政官并任命了同僚后，戴克里先开始真正向卡里努斯宣战。

戴克里先在亚洲过冬，然后进入巴尔干，意图向卡里努斯发起攻击。后者从罗马向东进军，知道他需要在巴尔干对抗戴克里先，但他没有父亲卡卢斯的个人权威，而且也没有建立王朝的前景，因为他的儿子尼格里尼亚努斯已经死了。近卫军长官萨宾努斯·尤利亚努斯（Sabinus Iulianus）曾被卡卢斯留下来照看自己的儿子，现在反叛了，可能认为卡里努斯不太可能挡得住戴克里先久经战阵的军队。这场叛乱在维罗纳被镇压，但随后威尼托节度使（corrector Venetiae）马可·奥勒留·尤利亚努斯（Marcus Aurelius Julianus）也在潘诺尼亚叛变，还在西斯基亚铸造了钱币，直到 285 年初才在卡里努斯向巴尔干进军时被击败。在那里，在马尔古斯（Margus）河，卡里努斯的军队遭遇了更强大的对手，他新任命的近卫军长官提比略·克劳狄乌斯·奥勒留·阿里斯托布卢斯（Tiberius Claudius Aurelius Aristobulus）马上背叛了他。当时正在延期担任达尔马提亚和巴尔干内陆指挥官的马尔库斯·弗拉维乌斯·君士坦提乌斯（M. Flavius Constantius）同样叛变。君士坦提乌斯可能曾经在戴克里先的手下做过亲兵扈卫（protector domesticus）的队长；他将成为后者新政权的主要支柱。正如我们多次看到的那样，3 世纪的士兵抛弃前景黯淡的指挥官的速度是很快的，因此卡里努斯马上就被自己的人刺杀了。他和妻子马格尼娅·乌尔比卡（Magnia Urbica）遭到了除名毁忆，卡卢斯和努梅里阿努斯也是一样，他们的名字都从铭文中被凿去了。

马尔古斯战役以戴克里先相对轻松的胜利而告终，但过去几十年的历史表明，如果没有持续不懈的努力，最初的胜利几乎没有意义。戴克里先率领他的军队进入意大利北部，驻扎在梅狄奥拉努姆。285 年 7 月 25 日，他在那里将另一位没有高贵血统的将军封为恺撒。这位将军就是马可·奥勒留·马克西米亚努斯（Marcus Aurelius Maximianus，马克西米安），他是西尔米乌姆附近的一位店主之子，这个家族是在卡拉卡拉的敕令下才获得公民身份的。戴克里先和马克西米安一起从行伍中获得晋升，两人都参加过卡卢斯对波斯人的战争。当时，两人都不愿回罗马——北方边境有太多的问题要处理。285年秋，马克西米安在高卢作战，卡里努斯之死在那里引发了一个名叫阿曼杜斯（Amandus）的人的反叛，他自称奥古斯都。卡卢斯来自纳尔波高卢，阿曼杜斯可能是他的亲戚；后来的史料中还提到有个叫埃里亚努斯（Aelianus）的人也参与了叛乱，但此人仍然是一个谜，因为从未发现以他名义铸造的真正的钱币，只有现代的赝品。马克西米安似乎相当高效地镇压了叛乱，后来的传统将阿曼杜斯和埃里亚努斯塑造成乡下土匪，虽然他们其实是行省显贵。尽管如此，他们的反叛不出意外地在边境引发了动荡，马克西米安还与来自莱茵河对岸的法兰克人或阿拉曼尼人交了手。与此同时，戴克里先正在多瑙河弯与萨尔玛提亚人作战，那里现在战火不断，一边是帝国，另一边我们猜测是哥特人的势力，他们正沿着多瑙河，也在从前的达契亚行省中扩张。我们不知道戴克里先在哪里度过了285—286年的冬天，但他在286年3月回到了小亚细亚。由于高卢的局势过于动荡，马克西米安无法离开。

奥古斯都待在某个地方，而与他年龄和资历相仿的恺撒待在另一个地方，这种权宜之计是个创新。没有人认为马克西米安会永远居于从属地位，特别是他的士兵。286年4月1日，他不出所料地正式宣布成为奥古斯都，戴克里先并不在场，但明确表示完全同意。比较阴暗的解释是，显然戴克里先想要自己取得最高权力，他先将其授予老战友，之后就会将其据为己有，并会因此引发一场内战；而更崇高和高尚的解读则认为，戴克里先和马克西米安开始了一场大胆的权力分享实验，两人各自保住自己赢得的皇帝宝座对双方都更好。可以肯定的是，他们（或者说戴克里先）现在开始炮制一种复杂的意识形态体系，用来解释这种每个人都看得出来是前所未有的关系。戴克里先开始把自己塑造成朱庇特的孩子或伙伴，那是最能代表罗马的神明，是卡皮托山三神中的主神，因此也是罗马众神中地位最高的。马克西米安则成了赫拉克勒斯，是朱庇特的儿子和忠诚的下属。两位皇帝是平等的奥古斯都，两位奥古斯都同样神圣，但戴克里先地位更高，就像朱庇特比赫拉克勒斯地位高。这一体系展现了罗马传统的父权主义，但在谁会成为皇帝的问题上注入了神明的选择。在这里，我们可以看到自安敦尼时代以来，情况发生了多么大的变化：在戴克里先的一百年前，康茂德因把自己等同于赫拉克勒斯而受到无情的嘲笑；五十年前，埃拉伽巴鲁斯因相信自己是神灵化身而直接遭到了刺杀。相反，当奥勒良宣传他与不败的太阳神的个人关系时，人们却认为那是完全合理的，如今戴克里先和马克西米安对朱庇特和赫拉克勒斯的等同也是一样。

在两个没有王朝联系的人之间进行这种大胆的权力分享实验是否会奏效还有待观察，特别是因为马克西米安有一个即将成年的儿子，而戴克里先只有女儿。地位较低的奥古斯都有假定的继承人，这无疑让对现在和未来权力平衡的预期变得复杂。不过，两人暂时都有很多工作要做。

286 年，一位名叫卡劳修斯（Carausius）的将军在不列颠反叛，自称奥古斯都，并开始铸造钱币。他是梅纳皮亚人（Menapian），来自莱茵河和斯海尔德河（Scheldt）之间的地区，曾是英吉利海峡舰队的指挥官，保护海岸线不受撒克逊和法兰克海盗的袭击。他的反叛是个严重问题：不仅是不列颠的军队，而且许多高卢本土的驻军也站在他一边，他还开始在罗托马古斯〔Rotomagus，今鲁昂（Rouen）〕铸造钱币。整个 3 世纪 80 年代后期，马克西米安都忙于在高卢的东部边境作战，没有去应付这场叛变。这点令人意外，因为篡位对皇帝的威胁几乎不证自明地超过蛮族入侵。马克西米安往来于在莱茵兰的主要城市——特里尔、莫古恩提亚库姆和阿格里帕殖民市——这一事实可能表明他怀疑自己是否有能力成功挑战篡位者，也可能是因为高卢西部的很大一部分地区承认卡劳修斯，而不是戴克里先和马克西米安的新政权。马克西米安没有直接与篡位者对峙，而是在边境展开了巡查行动，以巩固自己的权威。他越过莱茵河，在蛮族中散布恐怖情绪，并在那里的一些法兰克人中间立了一个名叫格诺鲍德斯（Gennobaudes）的人为王。这场胜利给了他勇气，288 年，他率军征讨卡劳修斯，在罗托马古斯打赢了一场战役，重新控制了高卢西北部。然后，他开始建造一支舰队，花了大半年才完成，但还没有来得及发动进攻，舰队就在北海大风中被摧毁了。卡劳修斯立即夺回了他刚刚被马克西米安抢走的高卢城镇。这一切看上去就像 3 世纪中期的致命节奏又回来了。

　　马克西米安在高卢期间，戴克里先则在巴尔干作战，并于 286 年和 287 年前往叙利亚视察波斯的动态。除了卡卢斯的短暂出征，波斯十多年来一直无人在意。奥勒良摧毁了反叛的帕尔米拉，导致叙利亚边境政局不稳：在 289—290 年，我们看到戴克里先在这座古老的商队城市与沙漠部落作战，还造访了塞维鲁家族的重要基地埃梅萨。在更北面的地方，沙普尔软弱的继任者们已经失去了对亚美尼亚的控制，戴克里先得以任命安息王族梯里达底三世为国王，后者在几十年前还是个孩子时逃到了罗马人那里。

　　总体而言，戴克里先在他的活动范围内取得的成功要远远超过马克西米安的。290 年，戴克里先在前往意大利北部的途中视察了巴尔干的作战军，并于 290—291 年冬天在那里与马克西米安会面。不管两人之间还有什么别的恩怨——无论两位奥古斯都可能多么需要对方，他们之间都没太多好感——在梅狄奥拉努姆的会面还是显示了两人的团结。他们接见了来自西部城市和来自罗马元老院的使者。这重新确立了早前的军人皇帝争取帝国首都的贵族支持的传统，尽管戴克里先和马克西米安都没有表现出丝毫去那里的意向。虽然罗马及其元老院仍然掌握着象征性的权力，但在伽利埃努斯到戴克里先之间的 25 年里的某个时刻，皇帝和永恒之城之间的传统联系已经全面断裂了。事实上，不再有真正的帝国首都，只剩下一系列重要性或高或低的皇帝驻所：在戴克里先和马克西米安共同统治的这个阶段，最重要的是特里尔、梅狄奥拉努姆、尼科美底亚和西尔米乌姆，而且还会有其他的。帝国盛期那个旧有世界的轮廓变得非常模糊，我们——从事后看来——可以看到一个晚期帝国的新秩序开始形成。

　　在米兰会面后不久，马克西米安放弃征讨卡劳修斯的指挥权，将其交由一位下属将军接管。此人正是弗拉维乌斯·君士坦提乌斯，他在 284 年及时背叛了卡里努斯，为戴克里先的掌权铺平了道路——作为奖赏，他已经在 289 年娶了马克西米安的女儿忒奥多拉（Theodora）。291 年下半年和 292 年全年的事件都极其模糊，对历史学家来说几乎像普罗布斯的统治一样不明，但当史料在 293 年重新出现时，我们看到了一系列重大的，堪称史无前例的改革。可能这些在 291 年的梅狄奥拉努姆会面上就达成了；也可能戴克里先在随后的几年里一直在研究如何才能让一个即使有两名合作的联合统治者领导也仍然摇摇欲坠的政权维系下去。公元 293 年初发生的事绝对非同寻常——戴克里先发现，即使是两位皇帝也不足以确保政权的稳定，而且自己的统治不知怎么地已经比伽利埃努斯以降的任何皇帝都要长久了。于是，他和他的同僚对帝国的统治形式做了彻底改造——从货币到军队，再到行省的行政管理，甚至是皇帝的职位本身。293 年 3 月 1 日，两位新的恺撒得到任命，戴克里先和马克西米安的共治皇帝变成了皇帝四人团，由两名地位较高的奥古斯都和两名地位较低的恺撒组成。随着这种四帝共治的确立，罗马历史上一个新的阶段开始了，它将重塑帝国的本质。

第 12 章

戴克里先、君士坦丁和晚期罗马帝国的诞生

　　理解四帝共治最快捷的方式是看该时期的钱币。随着 3 世纪的推移，自立为帝者的更迭速度越来越快，钱币上头像的复杂程度和特征的表现都不如从前了。在那个世纪中叶，特别是在塞斯特斯铜币上，德基乌斯等皇帝的肖像显示出我们可以一直追溯到希腊化时期自然主义钱币头像的那种个体性，但在此之前，卡拉卡拉和塞维鲁·亚历山大的安敦尼镀银币已经显得更简略和格式化了；到克劳狄乌斯、奥勒良和普罗布斯的时代，塞斯特斯已经消失，安敦尼银币上的头像看上去不是在描绘真人，而是对统治地位的格式化表现。这种格式在不同皇帝的统治时期略有差异，但从胡须、头盔和铠甲来看，它们都只是皇帝权力和权威的抽象图像。戴克里先的早期头像差不多也是如此。但到了 293 年，他和马克西米安不仅提拔了两名新的副皇帝，而且改革了铸币场，引入一种全新的钱币，我们不知道它在古代叫什么名字，但我们称之为弗里斯（follis）。此类中等大小的铜币——约 10 克，重量是安敦尼银币的两倍，旧塞斯特斯的一半——在帝国各地都得到了铸造，包括一系列新的铸币场和不同行省。在这些弗里斯上，4 位皇帝——戴克里先和马克西米安奥古斯都，君士坦提乌斯和加

莱利乌斯恺撒——无法分辨。某些模具中，他们身着军服，在另一些中则穿着文官服装，但头像都是一样的：典型军人风格的络腮短胡须和唇髭；壮实，甚至下颌粗犷的脸；目光注视着中距离处，没有为作画摆样子；脖子更像公牛的而不是人的。很难有什么东西能比四帝共治的钱币更好地描绘出帝国意图的整齐划一和无处不在了。

　　但这些新的钱币只是戴克里先通过四帝共治所开展的更大规模的改革计划的一小部分。这些改革是4位皇帝对自己在伽利埃努斯之后的几十年间，从不安分的军官等级体系中一路晋升所经历的政治创伤做出的持续的反应，当其中有什么东西看上去不管用时，戴克里先也有足够的想象力去修改它。新的四帝共治方案（我们在第11章的结尾提到）的首要元素是将皇帝的人数翻倍，创造了我们所谓的皇帝集体。293年3月1日，很可能在梅狄奥拉努姆，曾经担任过马克西米安的近卫军长官、从289年就与其家族结亲的弗拉维乌斯·君士坦提乌斯被封为恺撒。他马上对卡劳修斯的高卢要塞发起进攻，并打败了后者，甚至拿下了海军要塞博诺尼亚［Bononia，今布洛涅（Boulogne）］，该处是舰队前往不列颠的主要补给站。293年3月的同一天，很可能是在巴尔干的西尔米乌姆，戴克里先同时宣布盖乌斯·加莱利乌斯·马克西米亚努斯（C. Galerius Maximianus）为恺撒，并于6月将自己的女儿瓦雷利娅嫁给了他。君士坦提乌斯是地位较高的恺撒，就像戴克里先是地位较高的奥古斯都。为戴克里先和马克西米安所建立的虚构的神明亲属关系被扩大，君士坦提乌斯加入了戴克里先的"朱庇特"一系，加莱利乌斯则加入了马克西米安的"赫拉克勒斯"一系。两位恺撒还把瓦雷利乌斯这个新名字加入了自己的称号，确认了他们与戴克里先的关系。这种政府的分立，以及它公开表明了的意识形态，让皇帝可以更容易地出现在可能需要他的任何地方。东部的两位皇帝将开始对波斯采取行动，西部的则继续稳定边境和镇压篡位者（卡劳修斯不是最后一个）。事实上，卡劳修斯的战败导致他被一个名叫阿莱克图斯（Allectus）的人所杀。我们对此人所知甚少，只知道他篡夺了卡劳修斯的皇帝称号，开始以自己的名义铸造钱币。

一旦篡位者出现就将其消灭，这本身并不足以确保稳定，戴克里先意识到了这点。他新创的四帝分立就是为了让篡位企图在未来比在过去更难实现。这方面的一个关键步骤是重新划定行省的边界，从而增加帝国行政人员的数量，这样做既是为了改善监管，也是为了削弱任何一位总督的实力，让他们无法制造麻烦或建立用以挑战在位皇帝的大本营。正如我们在整个第 11 章中看到的，随着 3 世纪的推移，帝国政府的军事方面变得越来越重要，而且越来越专业化。尤利乌斯-克劳狄乌斯王朝和安敦尼王朝的帝国盛期模式——所有统治阶层的成员至少在理论上能够同时胜任文职行政官员和军队指挥官——被军事指挥权属于职业军人的制度所取代，他们中的许多是从行伍中一路晋升上来的，大部分凭借能力而非出身得到提拔。这是伽利埃努斯之后所有皇帝的背景。四帝中的至少三人——戴克里先、马克西米安和君士坦提乌斯——正是经历了这条职业道路。至于加莱利乌斯，尽管除了他的出身［他的父母是多瑙河畔的罗穆里阿努姆（Romulianum）附近的农民，他的本名是马克西米努斯］，我们对其所知甚少，但他无疑也曾在军中服役。

这种职业轨迹如此盛行，以至于 4 世纪的作家们可能会想象在 3 世纪时，有人曾经刻意决定把元老排除在高级职位之外（他们把这种选择归于伽利埃努斯，这很讽刺，因为他比该时期的其他任何皇帝都更加按照元老院的传统表现自己）。当然，这实际上是自然的过程，是为了处理 3 世纪各种短期危机的需要而产生的。戴克里先明白职业军队的价值，并将过去几十年间出现的一些趋势规范化了。他从一开始就完全区分了军人和文职指挥官，从而把军官和文职行政官员的职业道路分开。这样做的直接价值不仅在于肯定了相关官员的专业能力，还确保了指挥部队作战的人不会同时负责支付他们的军饷。戴克里先认为，通过将这两种职能分开，并利用士兵和官僚之间的对立，任何想要篡位的人都将很难向军队支付报酬；鉴于得不到报酬的军队不会忠诚，公元 3 世纪长期存在的篡夺威胁将被大大限制。

　　尽管这一举措很重要，但改革不止于此。戴克里先彻底修订了帝国行政版图，将塞维鲁时代的旧行省分割成 100 多个小得多的行省（例如，卢格杜努姆高卢和比尔及高卢都被一分为二，从而让高卢中北部的行省数量翻倍）。这些行省由不同等级的文职总督管理，各个行省的声望会随着时间的推移发展出非常明确的等级。此举的意图是对地区事务有更多监督，在其与帝国政府之间建立更强的直接联系，这是旧有的奥古斯都时代——甚至是塞维鲁时代——的行省体制做不到的，因为当时的行省非常广阔，帝国政府几乎完全依靠地方市政当局和当地的大人物作为中介来实现其利益。在必要的情况下，戴克里先政府会向这些行省派出另外的中级军事指挥官，也就是督军（duces），从而进一步将军事与民事治理分开。297 年到 305 年间的某个时候，出于财政管理和征税的目的，这些新的行省被帕拉丁山的国库和近卫军官员组合成了更大的单元。这种单元名为大区（dioceses），似乎是采用临时的方式监管，由近卫军长官本人或他的代理人负责。最晚到 314 年，每个行政区都有了自己的负责官员，称为大区长官（vicarius）。

近卫军长官的数量在戴克里先的体系下也成倍增加了，皇帝数量的增加让这变得必要。但现在他们也失去了大部分军事职能，而是成为文官体系中最高级的行政人员，该过程在 4 世纪的第二个十年里最终完成。每个奥古斯都（每个恺撒可能同样如此）都被委派了一名近卫军长官，与皇帝的宫廷同行。由于这些宫廷的流动性如此之大，近卫军长官的活动范围也与他所服务的奥古斯都（或恺撒）相一致，没有固定的驻地。通过把最高级别的行政长官留在身边，然后将若干行省固定成可以由较低级别的官员代表近卫军长官进行监管的行政区，四帝既保持了共治的灵活性和适应性，又保证了分级和地区监督。

其他政府部门的变革也加快了。我们已经提到，在卡拉卡拉的公民权敕令颁布后，法学家和律师变得更加重要，因为罗马法扩展到了那些没有使用它的实际传统的人身上。即使在皇帝迅速更迭的最黑暗的日子里，指导公民应该和不该如何使用他们现在必须服从的新法律的日常工作也在继续。随着时间的推移，层层处理和回应这些问题的帝国部门也都发生了变化。到了卡卢斯的时代（如果不是更早的话），司信官和诉状官等昔日安敦尼王朝的官员已经改称秘书长官（magistri epistularum）和诉状长官（magistri libellorum），正是担任这些职务的官员对规范罗马民法在整个帝国的应用最感兴趣。

在实行四帝共治的那十年之初，这些长官中有几个人花了很大功夫将上个世纪或更久之前的皇帝颁布的法律编纂成法典。分别以马克西米安和戴克里先的诉状长官命名的所谓《格里高利法典》(codex Gregorianus)和《赫尔默格尼阿努斯法典》(codex Hermogenianus),就收集了皇帝诏令,将其整理成有条理的册子。他们的目标是为该国的现行法律提供更易理解的表述,而不是在某时某地随机查阅任何文件所得到的信息。《格里高利法典》在四帝共治之前的皇帝的诏令中,收集了那些编纂者认为当前(法典发布的时间是 291 年)仍然有效的。几年后,《赫尔默格尼阿努斯法典》收集了戴克里先的诏令,其中一些显然是赫尔默格尼阿努斯本人起草的。这些法典在当时的传播相当广泛,尽管只有《格里高利法典》留存了下来——保存在 5 世纪的 17 个羊皮纸小残片中,它们是在一本中世纪图书的书脊中找到的。相反,这两部法典中收集的诏令大部分都保留在 6 世纪由查士丁尼皇帝编纂的大法典中,这部大法典最终取代了它们,让它们的继续保存变得毫无意义。

除了帝国政府的法律部门,财政管理部门也发生了相应的变化。公共财库和小金库的旧有区分早就不复正式存在,德基乌斯的小金库在阿布里图斯被夺走一定也加速了这种区分的失效。相反,出现了"私库"和"圣库"(sacrae largitiones)这两个新机构,尽管它们是否在四帝共治结束前就发展到了最完整的形式这个问题还存在争议。"圣库"的官员与皇帝宫廷同行,负责管理帝国各地的矿产开发,并支付军饷和各种特别捐赠;他们对贵金属征税,还监督帝国的武器和服装工厂。"私库"由过去的"公共财库"和"小金库"合并而成,该机构负责监督整个帝国的皇帝产业,打理它们的租赁和收取租金,也监管出于各种原因被皇帝罚没的财产。

就像我们在本章开头所看到的，这些官员处理的钱币也同帝国的其他功能一起经历了彻底的改革，大批铸币场开始铸造这种新钱币。在帝国盛期，罗马的铸币场为整个帝国提供官方铸币；为了满足额外的经济需求，东部行省直到 3 世纪的最后几十年里还在铸造本地的城市钱币。因此，在罗马城之外铸造皇帝钱币几乎总是篡位或政治危机的标志。当然，这两种现象在 3 世纪大大增加，而如果形势需要，不仅是地方上的篡位者，合法皇帝也会在像安条克、西斯基亚或维米纳基乌姆这样的地区治所铸造官方钱币。于是，帝国铸币场的激增多少变得常态化了，四帝共治时期的铸币场分布之广是惊人的：伦迪尼乌姆、特里尔、卢格杜努姆、阿莱拉特（Arelate，今阿尔勒）、提基努姆、罗马、迦太基、阿奎莱亚、西斯基亚、赫拉克莱亚、塞萨洛尼卡、库奇科斯、尼科美底亚、安条克和亚历山大里亚都有铸币场，西尔米乌姆在四帝共治结束后马上也将加入名单。这些铸币场并非每一座都会铸造所有种类的钱币，四帝共治时期的铸币场也没有在该时期结束后全部留存下来，但许多在戴克里先统治时建立的铸币场继续运行到 5 世纪和更晚。它们的目的是允许更严格地控制货币供应以及想要引入的税收。

因此，难怪戴克里先在 296 年构思并在 297 年创建了一种新的人口登记制度，目的是在整个帝国内实现统一。普查将以 5 年为周期，登记的人作为人口和土地［人头税（caput）和财产税（iugum）］的统一单位，为纳税而接受财产评估。3 个为期 5 年的征税周期组成了 15 年的"定额税"（indiction）周期，而这 15 年的征税周期又成为一种历法体系，在说拉丁语的西部的许多地方直到罗马统治终结后仍在沿用。税收一直是帝国政府与臣民互动的最明显方式之一，现在，税收变得不那么随机，可预见程度大大提高了。它还变得更加统一，而新的财政制度在东方和西方产生了非常不同的长期影响，我们将在第 15 章中讨论这点。

在许多方面，戴克里先改革是我们在之前各章中看到的不断发展的骑士化过程的顶峰。它们涉及加强控制和监督的意愿，认为系统不仅吸引人，而且必要。最重要的是，系统是可以实现的。在四帝共治后来的历史上，在试图协调税收和固定物价的财政背景下，以及在推行宗教实践（如果不是信仰的话）统一的尝试中，我们将看到这一主题一再上演。与戴克里先的许多改革一样，我们可以在之前的统治者那里寻找和找到先例，特别是在 3 世纪，但那些是为了应对特定时刻的紧急情况而采取的权宜之计。戴克里先的实验如此令人惊讶，并令人对其产生持久兴趣的地方在于，它想要创造一个整体系统，可以用其解释大多数的可能状况，并允许在每一个意外情况的发源地附近对其做出反应，即便那种反应还要交由近卫军长官或皇帝之一来做出决断。对整体性的追求提供了真正的灵活性，但同时也带来了关于国家及其权力的日益整体化的修辞，这种修辞越来越多地被表述为一系列善 / 恶二元对立。激烈的修辞和排外的语言是 4 世纪帝国的鲜明特征，这种语言显然常常决定了使用它的人的行动。作为文化倾向，它在君士坦丁皈依基督教后被进一步扩大，但其源头是在这里，在戴克里先影响广泛的改革中。

戴克里先的许多改变要过许多年才显现出其全部影响。而直接的结果不是社会和文化上的，而是政治上的：它对四帝的活动带来了革命性的影响，让他们可以在多线开展多重行动。因此，随着刚刚获得提拔的君士坦提乌斯对卡劳修斯取得了胜利，他着手于马克西米安之前没能做到的事——组建一支能对不列颠发动进攻的舰队，镇压谋害和继承了卡劳修斯的阿莱克图斯。该计划用了将近两年，显示了海战在古代有多困难，并提醒我们罗马人对不列颠的控制一直是比预想更大的挑战。

296 年，君士坦提乌斯已经准备好了两支舰队，一支由他亲自指挥，另一支由他的近卫军长官阿斯克勒皮俄多图斯（Asclepiodotus）执掌，后者为君士坦提乌斯所做的事似乎就是君士坦提乌斯曾经为马克西米安做过的。阿斯克勒皮俄多图斯的舰队在汉普郡登陆，君士坦提乌斯的则可能在埃塞克斯郡或肯特郡登陆。当皇帝前往行省治所伦迪尼乌姆时，阿斯克勒皮俄多图斯与阿莱克图斯交战并击溃了他的军队，篡位者死在了战场上——这是记录中近卫军长官最后一次指挥军队。然后，君士坦提乌斯和阿斯克勒皮俄多图斯得以在不列颠实行四帝共治的行省划分模式，创建了 4 个行省，而塞维鲁王朝体系下只有 2 个。我们虽然知道 4 个不列颠行省的名字［不列颠一省（Britannia Ⅰ）、不列颠二省（Britannia Ⅱ）、恺撒弗拉维乌斯行省（Flavia Caesariensis）和恺撒马克西姆斯行省（Maxima Caesariensis）］，但不清楚它们的边界和各自的位置。尽管如此，我们还是可以看到四帝共治的模式是如何对环境做出反应的。随着 4 位统治者将控制权和稳定的统治扩大到新的地区，他们实行了新的行事方式。现存唯一的卡劳修斯铭文是一个很好的象征，这块来自卢戈瓦里乌姆（Lugovalium，今卡莱尔）附近的里程碑在 297 年被倒了过来，在上面重新刻上了君士坦提乌斯恺撒的名字。

作为四帝中军事成就最小的一个，293 年后，马克西米安在意大利和北非度过了大部分时间，这两个大区的行政配合将日益成为 4 世纪和 5 世纪初帝国的特征。3 世纪的皇帝相对忽视了非洲，但那里也相对没有受到军事危机的影响。卡拉卡拉授予全体帝国人群公民权之前，非洲更多地由地位不同的社群拼凑而成：殖民地、自治市以及外邦人群体彼此交织，相比其他的更为城市化的地方，比如西班牙或高卢南部，这里的不同群体彼此更近。3 世纪期间，从前拥有特权较少或没有特权的非洲社区竞相让自己加入迦太基和希波雷吉乌斯（Hippo Regius）这样历史悠久的公民殖民市的行列。到了四帝共治时期，毛里塔尼亚、努米底亚以及的黎波里塔尼亚的肥沃飞地（那里的沙漠要比北非其他地区更靠近地中海）的风貌，与城市化和拥有公民权的阿非利加代执政官行省变得越来越相似。在西部，里夫（Rif）仍然是几乎无法逾越的交流屏障。比起到北非其他部分的距离，廷吉斯——今天摩洛哥的尖端——到直布罗陀海峡对面的西班牙要近得多，戴克里先把它变成了西班牙，而非阿非利加大区的一部分。但阿非利加大区中新的戴克里先诸行省——从西到东依次是恺撒利亚毛里塔尼亚、西提菲斯毛里塔尼亚（Mauretania Sitifensis）、努米底亚、阿非利加代执政官行省、比扎克纳（Byzacena）和的黎波里塔尼亚——将在下一个世纪里成为思想和经济的动力源之一。

不过，就像在人口较为稀疏的罗马边境经常发生的一样，这一繁荣的罗马文明在其边界催生了模仿和竞争的动力。就像我们在北部边境看到阿拉曼尼人、法兰克人和哥特人变得日益精明和有组织一样，在阿非利加的近沙漠地区和沙漠边境，毛里人部落——他们还没有被纳入帝国统治体系，但已经与更靠近海岸的城市世界有了各种非正式的关系——在 3 世纪后半叶和 4 世纪变得更加活跃。在君士坦提乌斯为四帝共治政府重新征服不列颠的同时，马克西米安出现在阿非利加，与身份不明的毛里人作战，他们可能是"五族部"（Quinquegentanae，一份不可靠的材料中同样提到了这个部落，说他们支持过一个叫尤利亚努斯的篡位者，但此人很可能不存在）。更可靠的史料是一首保存在某份纸草中的残缺不全的诗歌，似乎是对马克西米安的摩尔战事所作的史诗描绘。不过，与罗马的大部分边境战争一样，被诗人写进史诗的其实不过是许多无止无休、来回来去的巡查行动。除了很少的情况（几乎总是在帝国军队为内战分心时），莱茵河、多瑙河和非洲近沙漠地区的部落政体永远无法组织起规模足够大的力量，能在战场上威胁罗马作战部队。

东部边境的情况就完全不同了。在那里，萨珊国王只要不必分心对付内部的挑战者或攻击东北部的总督，就常常可能是罗马军队在战场上的劲敌，他们指挥着伊朗贵族的重甲骑兵、来自臣服部落的大批弓箭手、来自草原的骑兵弓箭手和征发自农业区的农民兵组成的军队。在普罗布斯和卡卢斯统治时期，以及戴克里先的统治初期，波斯深陷内斗。就像我们在第 11 章中所看到的，沙普尔一世的长子奥尔马兹德一世只统治了 1 年，他的继任者巴赫拉姆一世也只统治了 3 年。后者的儿子巴赫拉姆二世继位时只是个孩子，他的统治从未稳定。他不仅受到以东部总督辖区为基地的堂兄弟奥尔马兹德的挑战，而且一直受到心怀不满的叔公纳塞赫（Narseh）的威胁。纳塞赫是老沙普尔唯一在世的儿子，曾经担任过亚美尼亚国王：他对一个毫无经验的男孩坐在父亲的宝座上感到耿耿于怀。不过，因为有足够的大封建领主支持年轻的巴赫拉姆，这个问题暂时被搁置，而马兹达祭司在国家中的权力是3世纪80年代最重要的主题。作为巴赫拉姆的"众祭司之祭司"（mobad mobadan）——这个头衔模仿了"众王之王"——的卡尔迪尔，是前者政权中的主导人物。

我们在第11章中已经提到过卡尔迪尔，但在这里需要更仔细地讨论此人，因为他迫害波斯帝国的非琐罗亚斯德教徒的方式与罗马的事件进程直接相关。从美索不达米亚的历史伊始，近东的神庙祭司就享有巨大的权力。伊朗世界很早就接受了这些美索不达米亚的传统，从阿契美尼德王朝起就把许多帝国行政职能交给了祭司。阿达希尔和沙普尔（虽然后者本人相对宽容）精心扶植了马兹达祭司，随着沙普尔的老去，祭司们积累了越来越多的财富，还左右了王室的决策。特别是卡尔迪尔，他是唯一一个在纳科谢鲁斯塔姆的纪念碑上刻下了自己的形象和事迹的非王室成员，他在铭文中夸耀自己保护了罗马人土地上的琐罗亚斯德教徒。沙普尔死后，他凭借个人在巴赫拉姆宫廷中的主导地位施行了迫害波斯的基督徒和其他非琐罗亚斯德教徒，特别是摩尼教徒的政策。

作为古代晚期最有趣的宗教大杂烩之一，摩尼教是某人一己的奇特灵感的产物。摩尼于216年出生在美索不达米亚的玛第奴（Mardinu），他的父母都是波斯人，很可能是诺斯替曼达派（Mandaean）的信徒。他在12岁获得启示，一对"双子"神明现身，敦促他离开自己出身的社群。240年，他在24岁时看到了同样的异象。从此，他致力于传播新揭示的真理，并在开始传道的那年，即阿达希尔统治的最后一年持续经历启示。他的第一个目的地是贵霜，他在那里接触到了犍陀罗的佛教艺术和佛经，然后回到法尔斯，说服沙普尔的亲弟弟米尔沙（Mirshah）皈依他的新信仰。在沙普尔统治的第四年，摩尼为众王之王本人讲道，此后在帝国的西部行省到处宣教。虽然马兹达祭司对此感到愤怒，但沙普尔许可了这种改变信仰的行为，并把摩尼变成了自己宫廷的一员；摩尼后来随同国王参加了在罗马东部行省打响的战争。他派出自己的一个主要追随者前往美索不达米亚诸城，说服当地的基督徒改变信仰，又派另一个追随者前往伊朗东部，摩尼教将从那里开始在中亚广泛传播。272 年沙普尔去世，其继任者奥尔马兹德不久也死了，马兹达祭司认为这是复仇的机会，并果断下手。当时摩尼在美索不达米亚，他被召回巴赫拉姆的宫廷，受到国王的亲自审讯，被指控有各种反社会行为。276 年初，身戴镣铐的他在被囚禁了一个月后死于饥饿和衰竭。

不过，他的教义没有消亡。与其他许多拯救式的信仰一样，摩尼教的吸引力在于让信徒有可能通过那种信仰所提供的秘密智慧得到救赎。他的教义主要用叙利亚语写成（部分采用帕提亚语），试图解释由善恶"两个原则"组成的二元世界，人们必须生活其中。这类似于马兹达教徒对奥尔马兹德和阿里曼永恒斗争的信仰，但包含了泛神论元素，以及一个非常复杂的关于人之堕落的神话。这与基督教很类似——也让摩尼的教义对基督徒特别有吸引力，他们的世界观已经具备了摩尼宇宙论的许多特征。最终，通过苦行和启示的到来，堕落的人可以与他更崇高的自我重新结合，升入光的王国。摩尼承认佛陀、查拉图斯特拉和耶稣都是自己的先驱，但他超过了他们，因为他写的是自己的启示。

他的信徒分为"选民"和"听者"。选民过着比听者严格得多的生活：他们必须在思想和语言上保持纯洁，严格素食，不伤害动物，并完全禁绝性行为。这种严格的苦行主义和自我否定是摩尼教士的魅力来源，很像基督教的圣人。而为了保持自己在信仰中的位置，听者需要每周日斋戒，每年还要进行整整一个月的斋戒。正是这种夸张的彼世色彩与救赎的承诺的结合，让摩尼的启示不同于琐罗亚斯德教，而他的体系中秘传的诺斯替元素和跻身选民的等级上的承诺，对许多基督徒有强烈的吸引力。我们将看到，罗马皇帝认为摩尼的启示与马兹达祭司的威胁一样大，但两者的敌意都无法阻止摩尼教神学从欧亚大陆的一头到另一头的传播和发展，后来甚至远至中国，许多已经失传的摩尼教文本现在保存在汉语译文中。

摩尼之死虽然稳固了马兹达祭司在萨珊政治生活中的地位，却没有在实质上让巴赫拉姆的王位坐得更稳。事实上，直到3世纪90年代初，当与巴赫拉姆抗衡的奥尔马兹德政权最终被消灭后，波斯统治阶层内部的混乱才稍稍好转。现在，巴赫拉姆在自己的其他头衔之上又加上了锡斯坦之王，以示帝国东部的臣服。293年，巴赫拉姆去世，据我们所知是自然原因。如果巴赫拉姆的对头奥尔马兹德在失败后活下来了的话，无论多么短暂，现在都是由他独自统治了，但范围只有帝国中部。与此同时，巴赫拉姆年幼的孩子也被一群波斯贵族推上了王位，其首领是某个叫瓦胡纳姆（Vahunam）的人。不过，在一部分贵族对这个孩子登基成为巴赫拉姆三世感到高兴的同时，另一部分贵族却感到愤怒。他们可能料到了卡尔迪尔及其祭司们将继续占据主导地位，或者众王之王的基本职能——其统治能力的定义就包括出类拔萃的军事才能——无法由这么小的孩子履行。结果，他们行使了在萨珊家族的王位竞争者中做出选择的权利，开始寻找替代者。

在古代伊朗流传下来的另一段引人瞩目的铭文中——这份铭文来自帕伊库里（Paikuli）——推翻了年轻的巴赫拉姆三世的国

王解释了他是如何上台的。那位国王正是前亚美尼亚国王纳塞赫，沙普尔大帝唯一在世的儿子，当时是中年晚期。纳塞赫的铭文并非纳科谢鲁斯塔姆的沙普尔铭文那样的战功簿，而是解释了他夺取王位的举动，或者说是一大段辩解之词，向他的受众保证，他的篡位之举事实上完全合法。铭文所在的地点和它的内容几乎一样说明问题，因为帕伊库里位于亚述斯坦这个处于幼发拉底河下游的帕提亚和波斯行省，是城市化的美索不达米亚的中心，那里生活着绝大部分众王之王的臣民（尽管亚述斯坦这个地名从词源上来自"亚述"，但该地是古巴比伦尼亚，位于古亚述腹地以南很远的地方，后者在古代晚期被称作阿迪亚贝内）。虽然这段铭文是用中古波斯语，而非帕提亚语或希腊语写成，但它显然是为了在尽可能广大的受众面前申明纳塞赫统治的正当性。

该文本非常支离破碎，专家们花了很大力气用各种方式将其复原，并且对复原存在分歧，但故事的大意是清楚的。纳塞赫记录了一个贵族代表团来亚美尼亚找到他，请求他坐上本该属于他的王位。他罗列的那些人非常有趣，因为他们代表的显然是萨珊帝国的边缘而非核心：我们在其中看到有里海西南沿岸的吉兰，还有最东部的全部地区，那里不久前还支持奥尔马兹德反对巴赫拉姆二世。既没有提到世袭的帕提亚大家族，也没有提到来自法尔斯、胡齐斯坦和亚述斯坦这些核心地区的人。甚至在故意为之的语焉不详背后，我们还是可以猜到年幼的巴赫拉姆三世是一个强大的宫廷派系的人选，而纳塞赫则为在巴赫拉姆二世统治时期被排除出权力中心的人提供了诱人的替代选择。

纳塞赫似乎是从亚美尼亚向伊朗进军，然后率军进入亚述斯坦的。在后来他刻下铭文的帕伊库里，许多"既有波斯也有帕提亚"的大领主站到了他的一边，包括瓦拉兹、卡伦和苏伦等氏族的成员，以及"众祭司之祭司"卡尔迪尔。巴赫拉姆三世的支持者开始冰消瓦解，纳塞赫向泰西封进军，并在那里打败了瓦胡纳姆，巴赫拉姆本人也被杀。虽然纳塞赫已不再年轻了，但事实证明他的精力充沛。他似乎得到了帝国所有行省与总督的臣服——铭文中提到了远至阿姆河畔的贵霜王国、图兰和花剌子模，以及阿拉伯的拉赫姆家族——但事实上，在纳塞赫统治的大部分时间里，萨珊帝国的内部历史是一片空白。不过，与罗马接壤的边境的情况就不是这样了，因为在泰西封取得胜利和坐稳王位两年后，他向罗马帝国发起了进攻。

295 年或 296 年初，纳塞赫首先入侵了亚美尼亚，赶走了 5 年前戴克里先扶植的安息王室成员梯里达底。然后，他向南进军，进入罗马的美索不达米亚。296 年年末或 297 年年初，他在那里遇到了由加莱利乌斯恺撒（从 295 年起就一直在当地）直接指挥的四帝军队。虽然细节寥寥，但显然加莱利乌斯一败涂地，纳塞赫控制了底格里斯河上游和幼发拉底河上游之间已经掌握在罗马人手中长达几十年的土地。加莱利乌斯的失利是个坏消息，戴克里先急于把这一切讲清楚：回到安条克与自己的被打败的恺撒见面时，他在自己和加莱利乌斯的作战军面前举行了游行，他本人坐在皇帝马车上，全副皇帝打扮的加莱利乌斯则在他前面步行开道。这显示了戴克里先对自己的士兵和恺撒的权威，像加莱利乌斯这样后来被证明非常骄傲和危险的人也不得不接受这种待遇，他的士兵也只能忍气吞声。但戴克里先没有因为失利而责备军队——皇帝主导一切，他们的权力无处不在，如果年轻的"赫拉克勒斯"让年长的"朱庇特"失望了，那么按照罗马人的典型做法，他就要接受神圣的父亲施加的惩罚。

现在，加莱利乌斯内心深处埋下了对戴克里先的仇恨，有朝一日将让他为这次羞辱付出代价。但在短期内，团结的信号显而易见，被打败的恺撒加倍努力，于 297 年在多瑙河畔集结了另一支军队，准备第二年向纳塞赫发起新的行动。他的四帝同僚们也同样忙碌。就像我们在上文提到的，戴克里先改革计划的一部分是引入新的征税制度，采用统一的人头税和土地税。收税首先需要进行新的人口登记，这对帝国许多部分的旧做法产生了巨大的破坏。其中一例就是埃及，新的人口登记程序直接导致了篡位者的出现。有个名叫卢基乌斯·多米提乌斯·多米提亚努斯（L. Domitius Domitianus）的人在 297 年 8 月和 12 月之间称帝，同时铸造当地的亚历山大里亚四德拉克马银币和以戴克里先的帝国钱币为模板的弗里斯。戴克里先率军征讨篡位者，尽管多米提亚努斯本人在 297 年年末就已经死去，但他的一名节度使奥勒留·阿喀琉斯（Aurelius Achilleus）在亚历山大里亚继续叛乱。他无疑是以多米提亚努斯的名义这样做的，因为他没有铸造自己的钱币。他面对着亚历山大里亚遭到的围城，一直坚持到了 298 年春末。

298 年，戴克里先在埃及作战的同时，加莱利乌斯重启了波斯战争。他入侵亚美尼亚，然后沿着底格里斯河前进，穿过米底和阿迪阿贝内进入亚述斯坦。激烈的战斗贯穿了战争的整个过程，罗马人至少有两次在与纳塞赫的激战中取得了胜利。在第二次战役中，加莱利乌斯实际上夺去了众王之王的大营，俘虏了他的后宫和一些家人，以及大批财宝。国王的妻子被送回了安条克城郊的达芙内，并得到了王后应有的礼遇。纳塞赫撤回泰西封以寻求支持和重整旗鼓，如此惨败都没有引发针对他的政变，由此可见他惊人的权威。

纳塞赫没有继续作战，而是与罗马人展开谈判，在美索不达米亚度过了 298—299 年的冬天。299 年春天，纳塞赫在阿迪亚贝内会见了戴克里先本人。代表罗马方面参加谈判的是西科里乌斯·普罗布斯（Sicorius Probus），此人担任了戴克里先新设立的备忘官（magister memoriae）这一宫廷职务。备忘官主持着一个叫秘书室（scrinium）的机构，负责处理皇帝本人特别感兴趣的请求和诉状的回复工作，而其他长官则负责更加常规的政府事务。在波斯方面，参加谈判的是纳塞赫的亲密谋士阿法尔班（Apharban）和一位名叫哈尔格贝德（Hargbed）的伊朗大贵族。他们表示罗马帝国和波斯帝国是人类的两盏明灯："就像两只眼睛，它们应该被对方的明亮所装点，而不是永远寻求毁掉对方。"

作为对政治理论的陈述，这可以被认为是真的，但西科里乌斯的和约明显对一方有利。纳塞赫迎回了自己的妻子和家人，但几乎没有得到其他让步。罗马收回了长久以来任命亚美尼亚国王的特权，这一次扶植的是另一个梯里达底。和约还要求纳塞赫交出波斯和罗马从塞维鲁时代就开始争夺的一大片土地——不仅是底格里斯河和幼发拉底河之间的美索不达米亚草原，还有扼守进入亚美尼亚通道的索法内内（Sophanene）、阿尔扎内内（Arzanene）、科尔杜埃内（Corduene）、扎布迪凯内（Zabdicene）和因吉勒内（Ingilene）等山区。尼西比斯是两大帝国间贸易往来的唯一商业接触点，它在随后半个世纪中的繁荣广为人知。并非所有这些行省都能长久地留在罗马人的手中，但美索不达米亚草原成了罗马军事防御的焦点，并被改造成了一条要塞城市链，从幼发拉底河对岸不远处的埃德萨和卡莱开始，经过哈布尔河

（Khabur）畔的雷塞纳、阿米达（Amida）和尼西比斯，一直到辛加拉。在 4 世纪的很多时候，罗马人与波斯人的对峙都集中在这片广阔的战略要地上，罗马依靠这些大城市阻挡波斯军队，让对方在消耗性的包围战中深陷困境。但这些冲突要到未来才会发生，加莱利乌斯的胜利开启了这两个世界大国之间 40 年的和平。

在更南面的叙利亚沙漠中，戴克里先创建了名为戴克里先大道（Strata Diocletiana）的复杂防御工事体系。该体系沿着军事公路，从幼发拉底河畔的雷萨法（Resafa）出发，经过帕尔米拉（这座城市已经完全失去了往昔的荣光），一直延伸进阿拉伯沙漠的北部。迄今已知最早的阿拉伯语铭文便来自差不多这个时期，发现于阿拉伯半岛西北部的波斯特拉（Bostra），戴克里先大道旁。它完全出于偶然地揭示了加莱利乌斯对纳塞赫胜利的另一个后果：希拉的拉赫姆王朝的国王伊姆鲁尔卡伊斯改换了支持对象。他长期以来都为沙普尔及其继承者效力，现在则投向罗马人一边，并把自己的权力中心向西移到了波斯特拉。在拉赫姆王朝的其他国王统治下，希拉本身仍然是波斯的藩属，但一些阿拉伯人习惯性地忠于罗马，另一些则忠于波斯，这将在古代更晚期阶段成为主要的政治动态之一。

3 世纪末，在加莱利乌斯取得大捷后，四帝共治的实验看上去无疑实现了它的大部分明确目标，即便不是全部：虽然戴克里先的雄心并非没有受到挑战，但他协调和统一帝国行政的宏大计划看上去不仅可行，而且非常接近完成。但显而易见，戴克里先认为他做得还不够。在世纪之交，宫廷颁布了更多对经济和国家宗教进行中央统一管理的规定。

从戴克里先在 301 年到 303 年之间颁布的 4 项法案中，我们可以更清楚地看到他重塑罗马政府的雄心有多大。每项法案都以辞藻宏大的风格写成，现在他宫廷中的职业法学家在这方面已经臻于完美。301 年 9 月，他重新规定了钱币价值，就像卡利亚的阿芙洛狄西亚斯（Aphrodisias，小亚细亚一座经过仔细发掘的重要城市）的一段残缺不全的铭文所证明的。宣布这项法案的敕令称，从当年 9 月 1 日开始，帝国钱币的价值将变为面值的两倍；这个日期之前拖欠帝国国库的债务可以按照旧价偿还，而之后产生的需要按照新价。这些看上去都没问题，想必此举是为了应对当时经济所面临的通货膨胀。不过，戴克里先法案的第二部分要更有独创性，问题也更多。301 年 11 月末或 12 月初，他颁布了一项影响广泛的法案，即我们所称的限价敕令，它恰好是来自希腊语东方的最可靠的拉丁语文件。被保存下来的法令是在尝试对帝国经济进行革命，而事实证明它是一次近乎疯狂的尝试。限价敕令采用了晚期罗马敕令中流行的夸张语言，致力于对范围极大的各种商品的价格做出规定，包括各个具体的生产阶段。这样做是因为一些邪恶分子的贪婪已经伤害了那些以保护他们为本职的人，即国家公职人员和士兵。也就是说，我们在这里又一次看到了，四帝政府尝试在多元性惊人的整个政体中用单一和系统化的方式，对帝国事务进行规范化和做出调控。这类尝试有的成功，有的失败。而这一次的结果是灾难性的。

　　长久以来，当地的条件让某些商品在帝国的一个部分比在另一个部分更加便宜。鉴于运输成本，特别是陆路运输成本，在商品最终的价值中占了那么大的一部分，这是不可避免的。这意味着许多东西在一个地方的价值本来就要高于在另一个地方，除非是像新鲜食物这样非常易腐的东西，在冰箱没有出现的时代，因

为变质的危险，它们的流通范围是很有限的。因此，回报丰厚的
套利机会无处不在。像戴克里先的敕令规定的那样，要求所有物
品在帝国内具有统一的最高价格，实际上是不可能的，特别是当
我们能够算出真实的价格——主要是在埃及的价格——并将它们
与敕令中给出的价格进行比较时，我们会发现敕令中的价格要低
得多。当然，我们可以将此解释为政府想要以更低的价格购买其
必须不断采购自用的许多东西，尽管对于一个以整齐划一为目的
的政权来说，这样想是高估了其理性经济思维。但无论动机如何，
这次尝试最终都失败了。限价敕令保存在大量的碑铭副本中，有
的完整，有的残缺不全，但我们只有一份文献材料（来自基督徒
拉克坦提乌斯，他对戴克里先只有憎恶）提到了它。作为一位怀
有敌意的证人，拉克坦提乌斯声称，敕令导致人们为了"廉价的
小东西"而施加暴力，并导致了物价的持续上涨。我们很有理由
相信它的确加剧了通胀，并引发了广泛的骚乱，但尽管拉克坦提
乌斯这样说，却很难确定为了实行该敕令而采取的措施有多么广
泛。在理论上，四帝共治政府的法律是以四位皇帝的名义颁布的，
在整个帝国都有效；但实际上，它们的施行依赖四帝中不同的成
员是否愿意批准其他成员的法案，甚至更多地依赖行省总督是否
愿意执行它们。这意味着，尽管传播范围很广，但限价敕令发布
时就很可能已是一纸空文。一些含糊的证据表明，敕令在颁布当
年就被不声不响地撤销了。但它造成的破坏和带来的混乱是持久
的。帝国的经济和帝国货币本身的价值用了几十年才稳定下来。

　　限价敕令反映了四帝想要控制一切的渴望，但另一项法案甚
至更加重要。众所周知，戴克里先发动了最后一场对基督徒的全
国迫害，被恰如其分地称为"大迫害"。自从伽利埃努斯在其父被

波斯人打败后对基督徒采取宽容政策以来，信仰基督教的人数量大大增加。我们无从确定数量，尽管学者们对此做了自由的讨论，而证据也薄弱到让争议变得无穷无尽和无法解决。有可能在帝国说希腊语的一部分地区，基督徒能代表人口多数，在说拉丁语的西部的几个城市化地区也可能构成了可观的少数群体。到了4世纪初，有证据表明东部出现了社区自行隔离的现象，有的村子全部是基督徒，有的则完全是异教徒，就像现代美国的郊区居民按照种族和党派政治倾向而自行隔离。

在基督徒共同体内部开始出现了层级分明的各个教士等级，领导每个共同体的主教会与帝国各地的其他主教广泛通信。公元300年之前不久，第一次有决议（canons）保留下来的主教大公会在西班牙南部的埃尔维拉（Elvira）召开，裁决了当基督徒需要与一个有许多其他宗教的世界相处时所产生的各种问题。在帝国受过教育的人群中，基督教只是众多选择之一，而且肯定不是多数人的宗教，即便某种一神教信仰当时已经是精英中的主流了。虽说如此，证据并不支持曾经被普遍认同的想法，即基督徒大体上仅限于社会下层。事实上，信仰基督教的人范围足够广泛，在军队和公职人员中都有公开的基督徒，据说戴克里先的妻子和女儿也是他们的同情者。正是这种显眼招致了迫害。

从299年的一次宫廷事件开始，戴克里先就在他的恺撒加莱利乌斯的怂恿下，对政府中的基督徒实施了日益严厉的惩罚。这些惩罚最终变成了一道敕令，要求所有人向国家的神明献祭，并特别取缔了基督教崇拜。鉴于后来的基督徒护教文章的分量，以及君士坦丁统治以降对反基督教书籍的大批禁毁，很难弄清安条克和尼科美底亚的宫廷这种歇斯底里的——显然如此——反基督教行为的真正原因是什么。不过，我们知道，和之前许多皇帝一样，戴克里先的宫廷是学术场所，基督徒和非基督徒知识分子在那里交流和讲学，担任这些人的庇护者是皇帝职责的重要部分。在帝国的其他地方，如安条克、亚历山大里亚、恺撒利亚和罗马，帝国官员也会参加著名思想家的社交聚会，把他们的辩论作为适合自己这样社会地位的人的消遣来享受。哲学和宗教辩论一方面是有文化的娱乐，但另一方面也是极为严肃的，特别是在哲学与宗教发生交集的地方。当真诚的信仰也是知识分子中间出现对立的原因时，学术辩论中产生的怨恨可能会渗入更加危险的语境中，意外但突然地转向政治。自从尤利乌斯-克劳狄乌斯王朝和弗拉维乌斯王朝统治时期，斯多噶派哲学被等同于反对专制以来，哲学家和神学家就偶尔能够影响政府，或者招致其怒火。

　　在一定程度上，四帝政府对基督徒的迫害可能正是由知识分子的这种带有政治意味的辩论引起的。关于迫害如何开始的基本故事非常简单。299 年，在安条克总督府举行的一次例行的肠卜中，基督徒官员给自己画了十字，而那次肠卜没能从牺牲的内脏中获得征兆。加莱利乌斯本人出席了此次活动，后来一条达芙内的阿波罗神谕表示，"义人"（基督徒）强迫他给出虚假的神谕。加莱利乌斯怒不可遏，他早已是基督徒的敌人。戴克里先马上做出反应，下令鞭笞任何拒绝向诸神献祭的朝臣。300 年年初，这项命令被扩大到整个东部军队。其他反基督教的神谕——来自多多那（Dodona）的宙斯神谕所和几处赫卡忒的巫术神谕所——也开始流传，这正是利用了皇帝的恐惧。和所有人一样，皇帝相信国家的安定掌握在神明手中。加莱利乌斯继续花很大的力气说服戴克里先发动大规模的迫害，但直到 303 年，当迪迪玛

（Didyma）的阿波罗神谕再次发出反对基督教的宣言时，戴克里先才被说服。那年 2 月，他命令基督徒"回归祖制"。戴克里先让所有的法庭放置火盆和祭坛，希望以此确保包括基督徒在内的全体帝国居民都能参与向诸神献祭，在他们的祭坛上焚香。不参与的人将受到惩罚。

上述粗略的大事年表没有提及事件的思想背景。3 世纪 90 年代，基督徒护教者们显然正忙于在针对他们信仰的哲学攻击面前为自己辩护。攻击的大概内容记录在了一些史料中，特别是恺撒利亚的优西比乌（Eusebius of Caesarea）的作品，他引用了敌对的异教徒作家的问话，鉴于基督徒否定诸神，背叛了国家和他们的祖先的神明，"有什么惩罚是他们不应当接受的呢"。这句话的作者显然是新柏拉图主义者波菲利（Porphyry），此人在希腊知识分子中以哲学家普罗提诺的真正继承者自居，后者是公认的 3 世纪最出色的希腊思想家。普罗提诺是新柏拉图主义者，与后古典时代的大部分哲学派别不同，晚期柏拉图哲学总是有教条的一面，认为通往真理的道路只有一条。波菲利的攻击既针对自诩具有类似师承的哲学家对手，也针对基督徒，它们得到了广泛阅读，似乎在更有文化的东部文职官员中流传，其中一些人成了迫害的坚定支持者。我们知道，在 303 年的大迫害开始前，帝国官员索西亚努斯·希罗克勒斯（Sossianus Hierocles，当时的真正职务不明）和一位哲学家在戴克里先面前控诉了基督徒，后者可能就是波菲利本人。

加莱利乌斯有充分的理由去挑起戴克里先的恐惧与担忧，因为与他同为恺撒，身处帝国另一头的君士坦提乌斯即便本人不是基督徒，至少也非常同情他的宫廷和家庭中的基督徒。君士坦提乌斯有个女儿名叫阿娜斯塔西娅（Anastasia），一个典型的基督徒名字，如果能确定这是她的本名，我们对君士坦提乌斯本人的倾向就可以确定得多。无论如何，君士坦提乌斯在他的统治区域内只实施了迫害令中最温和的条款。攻击基督教可能会有效地削弱君士坦提乌斯，这对加莱利乌斯很有利，因为虽然他和戴克里先没有儿子，但马克西米安和君士坦提乌斯都有。两人的儿子分别叫马克森提乌斯（Maxentius）和君士坦提努斯（Constantinus，我们接下来将按照传统称其为君士坦丁），正在被培养成接班人，因此，如果某位奥古斯都去世，作为地位更高的恺撒，君士坦提乌斯就将接替他，然后提拔两位继承人之一——想必是他自己的儿子君士坦丁——填补恺撒的空缺，而加莱利乌斯本人仍然只能担任副职。但如果基督徒无法担任公共角色，那么君士坦提乌斯父子就将退出争夺，为加莱利乌斯铺平道路。于是，对国家安全的担忧、哲学分歧、知识分子的琐碎争执、皇位继承的极其严肃的政治，这一切催生了仇恨、误解和故意歪曲的毒瘤。

　　由此出台的敕令——303 年 2 月末在尼科美底亚颁布，3 月在东部的许多地区颁布，5 月开始在阿非利加和西部其他地方颁布——除了糟糕就没别的词能形容。它下令推倒基督教堂、烧毁基督教经文，把皇帝释奴中的基督徒变成奴隶，剥夺基督徒公职人员的官阶，从而让他们也可能面对同样可怕的结果。在法律事务上，基督徒在针对自己的诉讼中失去了依靠，也不能对攻击者提起诉讼。总而言之，这道敕令旨在让身为基督徒这件事变得无法忍受，让他们面对指控无能为力，让邻居对邻居发难，就像告密政权一直做的。告密变得有利可图，这是敕令中的一个要点。事实上，带着某种恶意的幸灾乐祸，最初的敕令是在城界节

（Terminalia）的宴席上颁布的。这个节日是为了称颂保护罗马国家安全的城界，传统上要举行献祭黑羊羔的仪式——对于一个常常以牧羊人或干脆是羔羊的样子表现自己核心形象的宗教来说，这是个可怕的笑话。

一如既往，这道敕令的成功取决于帝国官员的执行，而执行情况在帝国各地大相径庭。君士坦提乌斯恺撒只是尽可能做了最基本的，摆出了一副参与了他的上级同僚们的动议的样子，他推倒教堂，但没有焚毁经文和执行其他禁令。在马克西米安的地盘上，只有北非的地方官员努力确保了对执行的认真关注。相反，在东部，敕令的执行是积极和暴力的，特别是因为在尼科美底亚，敕令一张贴出来就被基督徒撕掉，基督徒还火烧了皇帝行宫。纵火案引发了第二道敕令，要求逮捕教会领袖，但只在东部颁布——西部完全无视它。

当然，到处都有受害者，留存下来的几件真的殉道者事迹表明，帝国行政官员的执行有的热情，有的完全是在例行公事。一些城市的官员务必要迫使他们中间的所有基督徒坦白身份；另一些则以有名无实的顺从尽可能地放基督徒过关，比如把某个已知基督徒交给他们的任何书籍投入火堆，但不核实其内容。在官员严格执法的地方出现了许多死者。巴勒斯坦和叙利亚——离加莱利乌斯所在地不远，并由忠于他的人掌管——出现了类似血腥屠杀的情况，以致叙利亚和科马吉尼的部分地区可能爆发了公开叛乱。北非的总督盖乌斯·阿尼乌斯·阿努利努斯（C. Annius Anullinus）怀有像加莱利乌斯一样的反基督教情感，这让当地陷入苦难。面对迫害，北非基督徒的行为加剧了他们教会内部的分裂，其影响延续了一个多世纪。相反，在意大利，敕令中较为致命的那部分可以被规避，而在不列颠、高卢和西班牙大部，失去团体财产的情况无疑要远远超过丧生和伤残的。

虽然基督徒无疑是人数最多的，但他们绝非四帝共治时期唯一受到迫害的群体：302 年 3 月 1 日，戴克里先发布了针对摩尼教徒的敕令，这项法令不仅是为了统一性考虑，也与排外有关。法令被完整保存下来，包括整个言辞浮夸的序言，而该时期的大部分法令只是以经过编辑的形式保留在后来的法典中。一部从 16 世纪开始被称作《犹太和罗马法比较》(*Collatio legum Mosaicarum et Romanarum*) 的作品——更恰当的名字应为《主交给摩西的上帝律法》(*Lex dei quam praecepit dominus ad Moysen*)——是 4 世纪初的一份犹太文本，把《妥拉》中的段落以及来自 2、3 世纪法律文本中的罗马法和来自《格里高利法典》中的皇帝敕令汇编到了一起，形成对照。其中关于占星术士、巫师和摩尼教徒的部分保存了责罚摩尼教的戴克里先敕令。

摩尼教信仰是东方波斯世界文化多样性的产物，它还得益于像沙普尔这样的君主愿意为其提供支持。纳塞赫成为众王之王时，他在宗教事务上采用了类似的宽容方式统治，允许遭到卡尔迪尔和马兹达祭司多年迫害的摩尼信徒们自由地践行自己的信仰。在罗马人看来，这意味着摩尼教看上去不仅是外来的，而且是波斯特有的——是不折不扣的敌国宗教。摩尼信徒们可以被视作波斯国王的"第五纵队"，他们的"堕落"宗教是对罗马国家的威胁。戴克里先的敕令中明确提到了这种关联：摩尼教被称为新的宗教，"刚刚从我们的敌人波斯人中兴起"，把"波斯人受诅咒的法律和制度"带给纯真的罗马人。作为该法令的接受者，尤利亚努斯总督应该把摩尼教领袖活活烧死，连同他们的圣书一起，他们的追随者应该被处死，财产应该被没收，而担任帝国公职的摩尼教徒将被发配到法埃嫩索斯（Phaenensian）或普罗克尼索斯（Proconnesian）的矿场①，相当于判处死刑。据我们所知，该敕令从未被取消，整个 4 世纪都不时有对摩尼教徒的迫害，无论是在异教徒还是基督徒皇帝的统治下。

虽然许多罗马人继续与这种宗教打交道，它的二元主义和救赎承诺与基督教一样神秘和有吸引力，但帝国法律从未停止将摩尼教徒视作对国家的固有威胁，就像行黑魔法的人。

现代历史学家习惯于弱化四帝共治时期这些迫害的宗教色彩，而是将其视作加莱利乌斯损人利己的政治手段，或者是后来的基督徒作家在回顾时夸大的一场短暂风暴。但这是不对的。加莱利乌斯的确仇恨基督教，而相比许多皇帝，戴克里先更加重视对国家传统宗教方面的意识形态投入。不过，两人最后都不情愿地停止了迫害，因为他们意识到基督教事实上已经传播得太广，有权势者中的基督徒代表已经太多，无法消灭了。并非加莱利乌斯和戴克里先站在了历史的错误一边，尽管一些忏悔主义历史学家至今仍持这种观点。相反，只是因为他们的集权狂热无法驾驭基督教这样影响巨大的现象。303 年年末，整个帝国宣布大赦，这无疑让那些更加尽职的迫害者感到不快。但有一个节日需要庆祝：奥古斯都们登基二十周年庆典期间不能流血。

303 年年末，随着整个帝国暂缓了对基督教的迫害，戴克里先和他的宫廷前往了他的奥古斯都同僚马克西米安的地盘。然后，

---

① 法埃嫩索斯可能是佩特拉阿拉伯行省的菲农（Phynon），即今天约旦的塔菲勒（Tafileh）。普罗克尼索斯岛位于普罗庞提斯海，盛产大理石。

两人一同前往罗马，于 303 年 11 月 20 日庆祝他们共同统治二十周年：通过改写过去的历史这一后期帝国典型的做法，马克西米安和戴克里先的统治年份被算作是相同的，尽管事实上马克西米安成为奥古斯都要比戴克里先晚了足足一年。这次庆典的意图是一场欢庆，对在场的许多人来说无疑如此：四帝共治为帝国带来了两代人都没有见过的稳定。我们不清楚在罗马的两位奥古斯都之间发生了什么，但他们肯定为未来做了决定。尽管现代人对四帝共治的"统治理论"做了很多讨论，但一切都是根据后来的事件所做的推论，它们很可能更多出于偶然而非计划。有一点是清楚的，四帝在一段时间内（可能是从 293 年开始）达成了共识，即两位奥古斯都将在某个时候退休，由两位恺撒继任，再任命两位新的恺撒。

　　我们不知道退休日期是否早就确定，或者戴克里先在 302 年还是 303 年决定已经是时候了，现在需要把这些告知马克西米安。但从四帝建造的宏伟宫殿中可以看到，退休计划已经进行了一段时间。宫殿中保存得最完好和被理解得最透彻的是戴克里先在达尔马提亚的斯普利特（Split）的宫殿，鉴于其与帝国政府主要中心的距离，它无疑是被设计为退休后的居所。加莱利乌斯的宫殿位于罗姆利亚纳（Romuliana），即今天塞尔维亚的加姆济格勒（Gamzigrad），规模类似。今天西班牙科尔多瓦的高速铁路站下发掘出了第三座四帝宫殿，火车站毁坏了大部分遗迹，不过对它属于马克西米安的猜测存在疑问。因此，他们早就打算由新的皇帝集体继续从安条克、尼科美底亚、西尔米乌姆、梅狄奥拉努姆和特里尔统治帝国，新皇帝的前同僚们则在足够远，不会引起麻烦的地方过尊荣而低调的退休生活。戴克里先井井有条的退休计划旨在防备皇帝意外死亡，或者死后出现混乱，但它并没有显示出正式的统治理论，也没有像有人声称的那样，对王朝继承表现出敌意。

戴克里先是个聪明人，他不相信能干的男性继承人（如果真有的话）是可以被忽略的；他们一定会试图夺取自己没有被给予的权力。所以，按照计划，一旦戴克里先和马克西米安卸任奥古斯都，君士坦提乌斯和加莱利乌斯成为两位高级皇帝，那么马克西米安成年的儿子马克森提乌斯和君士坦提乌斯成年的儿子君士坦丁就将成为新的恺撒。因此，3世纪90年代，君士坦丁和马克森提乌斯在戴克里先的宫廷里度过了很多时间，为掌权做好准备。不过，当皇帝退休的消息在305年5月1日，也就是二十周年庆典一年多后宣布时，接班计划已经有变——变得对加莱利乌斯完全有利。

我们不清楚发生了什么，但戴克里先在罗马庆祝登基二十周年期间得了重病。303年12月20日，他离开了罗马，这是他第二次也是最后一次造访这座永恒之城。在途经拉文纳返回巴尔干途中，他遇到了加莱利乌斯，后者没有去罗马参加庆典。第二年春天，戴克里先显然已经康复得足够好，并和别人一同指挥了沿着多瑙河下游对卡尔皮人的一场惩罚性战争。几个月后，戴克里先前往亚细亚之后，马克西米安同样去了巴尔干，在西尔米乌姆与加莱利乌斯见面。两人发生了激烈争执，这可能表明马克西米安已经知道了变更继承人的计划，而且为之不快。在整个过程中，君士坦提乌斯始终刻意保持着沉默，这或者表现出他在政治上的老谋深算，或者是后来被他取胜的儿子所洗白。无论如何，西部的恺撒在305年5月那个决定性的日子里将出现在他的神明父亲马克西米安身边。后者在与加莱利乌斯不欢而散后回到了罗马，在那里庆祝了 304 年的世纪赛会。同年 8 月，戴克里先身处尼科美底亚，除了这些事实，我们对这一时期所知寥寥——除了在东部发布了第四道迫害敕令，下令全体臣民进行献祭，恢复了为登基二十周年庆典而中止的政策。

迫害重启很可能是加莱利乌斯所为，他在戴克里先生病后获得了对其的支配。305 年 5 月 1 日在尼科美底亚城外，他站在戴克里先身边，军队被召集起来聆听一个非常特别的公告。在向朱庇特致敬的柱子前面的讲坛上，戴克里先眼中含泪，以年事已高和精疲力竭为由宣布退休。他将把政务的主导权留给其他人，并任命新的恺撒。君士坦提乌斯的儿子君士坦丁也在场，聚集的人群期待的下一步一定就是他被宣布为恺撒。但戴克里先宣布的人选是塞维鲁和马克西米努斯，两人是加莱利乌斯的亲戚和密友。同样身在尼科美底亚的马克西米努斯被带上前，他脱下了平民披风，戴克里先给他披上了自己的紫袍，相当于辞去皇位，将其交给了别人。同一天，在梅狄奥拉努姆上演了类似的一幕，马克西米安和君士坦提乌斯给塞维鲁披上紫袍，马克西米安下台隐退。像这样自愿辞职，统治者之间和平交接权力的情况在罗马历史上前所未有。它的特异性无论怎样夸大都不为过。

第 13 章

四帝共治的失败

取得了这么多成就后，和平的权力交接本该是戴克里先最大的荣耀。但这没有发生，也许并不意外。将君士坦丁和马克森提乌斯排除在外是个愚蠢之举，而加莱利乌斯致命地高估了自己控制局面的能力，就像他之前在波斯战争中所做的，以及他在接下去的 5 年中将会不断重复的。但短时间内，帝国政治的脚步慢了下来，因其制度受到的冲击而跟跟跄跄。戴克里先离开了尼科美底亚城外集结的军队，坐着皇帝的马车回到宫殿。然后，他又从那里去了达尔马提亚的归隐地，决心从此远离政治。加莱利乌斯则把自己的驻地移到巴尔干，主要是西尔米乌姆，把东部留给马克西米努斯统治。君士坦提乌斯现在成了高级奥古斯都，他离开梅狄奥拉努姆前往高卢，计划在不列颠北部发动一场对皮克特（Pictish）部落的军事行动。塞维鲁留在了梅狄奥拉努姆，看上去仿佛不存在。

不过，表面之下却危机重重。新的奥古斯都们进入了我们只能称之为冷战的状态。加莱利乌斯僭取了高级奥古斯都的权力，向帝国处于他势力范围外的部分颁布敕令；君士坦提乌斯完全无视他，并把君士坦丁当作自己事实上的恺撒。君士坦丁很快就离开了东部，很可能就在春末宣布塞维鲁和马克西米努斯接班之后。他在博诺尼亚与父亲会合，陪同后者去了不列颠。当时很可能身在戴克里先宫廷的马克森提乌斯返回罗马，我们将于 306 年年末在那里再次见到他。当年年末之前，在不列颠，君士坦提乌斯和君士坦丁一起在哈德良长城之外皮克特人的土地上取得了胜利。之后，306 年 7 月 25 日，君士坦提乌斯在埃伯拉库姆去世，军队拥立他的儿子为皇帝。

从戴克里先取消原先的继承计划的那一刻开始，像这样的事就不可避免，但君士坦提乌斯的意外去世加速了事态的发展。如果他和加莱利乌斯关系更好，那么君士坦丁的称帝看上去就可能不那么像是篡位。令人惊讶的是，加莱利乌斯没有立即宣战；更令人惊讶的是，君士坦丁把自己变成了皇帝集体的合法成员。这提醒我们，君士坦丁是历史上最非凡的人物之一：无论修正主义者多么努力地想要证明他在许多方面的行为就像其他任何塞维鲁王朝之后的皇帝一样（他在许多方面的确如此），但他的能力之强大和能力之全面仍然令人吃惊。就像尤利乌斯·恺撒的继承人奥古斯都一样，他有一种非凡的能力：形势需要他怎样，他就能做到什么样——他表现出实用主义，甚至是自私自利的态度，而并行不悖的是，他又总是真正相信自己是正确的。他与奥古斯都的相似之处还包括，他出于形势需要而不断努力改写自己的过去，这些努力在历史记录中只能找到部分痕迹。不幸的是，君士坦丁无法与奥古斯都相比的一点是现存史料的质量：较之他那位显赫的前任，我们对君士坦丁在统治期间的生活、举措甚至仅仅是大事纪年的了解都要少得多。因此，我们常常只能猜测他究竟是如何完成他所做到的每一件事的。

已故的君士坦提乌斯是塞维鲁王朝的典型产物。此人来自巴尔干，出身极其低微，是从行伍中一路晋升上来的，可能是在导致伽利埃努斯丧命的那次政变前后成为军官团体的一员的。他与短命的皇帝克劳狄乌斯的任何家族联系都是后来君士坦丁编造的，但他肯定在 3 世纪 70 年代奥勒良和普罗布斯的主力野战军中担任过皇帝的扈卫（protector），后来很可能成为一个卫队的队长。在卡卢斯统治时期，他成了一个中等地位的行省的总督［达尔马提亚总督（praeses of Dalmatia）］。他刚刚步入青年的时候就已经熟悉了塞维鲁王朝军官阶层的不忠和背叛，就在戴克里先即将打败卡里努斯前，他足够机敏地转投前者一方。在戴克里先和马克西米安统治时期，他开始不声不响地青云直上，在平淡无事地担任了后者的近卫军长官后，他于 293 年被提拔为恺撒。他的运势走高伴随着离婚和再婚，288 年左右，他成了马克西米安的女婿。这次与忒奥多拉的婚姻将为君士坦丁带来许多同父异母的弟弟和妹妹——当父亲为了和皇帝联姻而与母亲海伦娜离婚时，君士坦丁已经是个成年人了。

君士坦丁的出身在很大程度上被皇帝本人神话化了，他爬到那个位置后立刻就那样做了。他的母亲海伦娜的卑微程度被夸大，她与君士坦提乌斯婚姻的真正状况存在疑问，而几乎从她去世的那一刻起，人们就为她美化出了"发现"圣地的基督教遗迹这一圣徒般的角色；她的传说从此长盛不衰，启发伊夫林·沃（Evelyn Waugh）写出了其唯一一部并不幽默的小说《海伦娜》（Helena，1950 年）。据我们从君士坦丁本人的宣传迷雾中所能提炼出的信息而言，关于他的真相要简单得多。海伦娜并非传说中那个清理马厩的卑微少女，而是负责小亚细亚帝国驿站（mansio）

的站长（stabularius）之女。君士坦提乌斯无疑是在随奥勒良前往帕尔米拉作战时遇到她的；对于一名下级卫兵而言，这段婚姻让他得以与 3 世纪时分布在帝国各地的下级官员阶层联系起来，已经算得良配了。可能是在 273 年，他们的儿子在默西亚的奈苏斯出生，他得到了合宜的教育——这显示他的父亲在军队官阶中变得日益成功——希腊语和拉丁语都过得去。

作为军官之子，君士坦丁注定将经历成功的军旅生涯，早早地进入精英卫队，并被迅速提拔为指挥官——君士坦提乌斯被提拔为近卫军长官和娶了忒奥多拉后，这些前景无须发生大的改变。但当君士坦提乌斯成为恺撒后，情况就不同了。正如我们所看到的，四帝都是务实和野心勃勃的人。他们更愿意分享权力，而不是将其挥霍在自取灭亡的无休止争斗中。不过，这并不意味着他们喜欢或信任彼此。君士坦提乌斯是马克西米安的重要资产，但作为明显更出色的将领，也是后者潜在的对手。另一重风险是，他和马克西米安一样有个成年的儿子，父辈的成功会不可避免地激发他们的野心。于是，君士坦丁没有经历传统的军旅生涯，而是被派到戴克里先的宫廷接受进一步教育，既作为有特权的继承人，也作为确保其父忠诚的人质。

戴克里先的主要驻所在尼科美底亚，这是比提尼亚的大城市之一，也是君士坦丁母亲的家乡，她在儿子搬到东部宫廷后很可能也退居到了那里。君士坦丁在宫廷中服务了将近 10 年，无疑融入了那里的知识分子圈子，基督徒学者拉克坦提乌斯是那里的教师，新柏拉图主义哲学家波菲利则是个活跃的发言人。不过，君士坦丁在宫廷接受教育的说法只是后来编造的神话，这位未来的皇帝后来把自己的年龄改小了 15 岁。事实上，君士坦丁继续着自己的军旅生涯，作为军政官担任过多个指挥官职务，与戴克里先一起在多瑙河边作战，还参加了加莱利乌斯对泰西封的成功战斗，深入波斯领土。正是在那段时间，他娶了密涅维娜（Minervina），和她生了一个儿子，就是未来的恺撒克里斯普斯（Crispus）。我们对密涅维娜一无所知，尽管有人猜测她是戴克里先的亲戚，可能是姐妹或姻亲的女儿。

我们不知道君士坦丁在波斯战争之后做了什么，但在305年令人震惊的消息被宣布前，人们普遍认为他将会接班。谁都没有对他在埃伯拉库姆称帝感到意外。不过，他接下来的行动引人瞩目：他接受了士兵的拥立，但拒绝自称奥古斯都，而只是以恺撒自居。这种装模作样的谦虚让加莱利乌斯很难给其贴上篡位者的标签，而且君士坦丁派人散布信息，称君士坦提乌斯临终时指定其为恺撒——作为高级奥古斯都，他拥有这么做的毫无争议的权利。而作为新的高级奥古斯都，加莱利乌斯找不到可行的方法来反对这种策略，并接受了君士坦丁送给他的皇帝肖像。现在，君士坦丁可以用不止一种，而是两种方式证明自己皇帝身份的合法性——既由前任高级奥古斯都指定，而随着新任高级奥古斯都加莱利乌斯接受皇帝肖像，他又获得了后者的批准。军队的角色被弱化，不像306年7月那么至关重要，而戴克里先坚持的想法也得到了重申，即只有高级奥古斯都才有权决定皇帝集体的构成。

君士坦丁搬到高卢，在他父亲的旧驻所特里尔安顿下来，耐心地等待着事态发展，但已经显示出独立的想法，这将永远改变四帝共治的统治模式。307年，他在特里尔下令归还基督徒的财产，那是在君士坦提乌斯短暂实行大迫害一些措施的那年里没收的。追溯君士坦丁如何一步步地重写自己的过去是件吃力不讨好的工作——基督徒论战家拉克坦提乌斯是最早的证人，尽管他的《论迫害者之死》（De mortibus persecutorum）包含了君士坦丁的宣传，但至少是早期的君士坦丁宣传：它表明早在 306 年，君士坦丁就已经在改编其父生命最后几个月里的故事了。虽然事实上在那年的大部分时间里，两人都在一起作战，但君士坦丁现在开始声称，由于担心自己的安危，他逃离了加莱利乌斯的宫廷，赶到临终父亲的床前，为了逃避追捕还割断了驿马的腿筋。这是个好故事，却是胡说八道。更可靠的证据来自钱币上的肖像，它为新皇帝的计划提供了佐证。当时处于塞维鲁控制下的罗马铸币场以君士坦丁恺撒的名义铸造了钱币，其图案展现了标准的四帝形象——脖子粗壮、严肃和蓄须。但特里尔的铸币场——它与伦迪尼乌姆铸币场是仅有的两处直接处于君士坦丁控制下的铸币场——引入了一种新的类型，君士坦提乌斯的鹰钩鼻（该特征展现在一些更有他个人特色的钱币上）和完全不同于四帝标准形象的样子结合在一起。四帝特色的胡子消失了，他们的粗脖子和粗犷的五官也不见了。取而代之的是引人瞩目的年轻肖像，胡子刮得干干净净，脸部棱角分明。只有凝视一处的目光保持不变。君士坦丁表明，他可以尊重一部分四帝共治的模式，只要它们让他觉得合适和对他的合法性主张有帮助，但如果他愿意，也可以无视它们。

　　另一位被排斥的继承人马克森提乌斯也表现出类似的灵活性。君士坦丁的成功不出意外地触痛了他，因为他曾经也被认为将成为皇帝。于是，他发动了政变。306 年 10 月 28 日，城市长官，一个名叫阿尼乌斯·阿努利努斯（Annius Anullinus）的罗马贵族确保了元老院的支持。与此同时，在近卫军营地，马克森提乌斯在几名卫队长的默许下披上了紫袍，并处死了支持塞维鲁的意大利大区长官。就像我们所看到的，近卫军的反叛很少需要理由，但他们在近年来已经变得安分。现在，他们对加莱利乌斯及其政权削减他们的人数感到愤怒，并（正确地）认为他们会在意大利人民中获得支持，后者甚至更有理由仇恨新秩序：加莱利乌斯把意大利降格到了普通行省的地位。

306 年年初，加莱利乌斯下令对帝国人口进行全面登记，以此为基础给下一个纳税周期设定税率。在这个过程中，他把意大利与其他行省一同包括在内，这降低了前者的地位。加莱利乌斯的做法既是一种创收机制，很可能也是对君士坦提乌斯的故意挑衅。作为高级奥古斯都，后者本应是唯一有权颁布敕令的人。从公元前 167 年开始，多个世纪以来，意大利都享受着豁免人头税和土地税的特权。在共和制晚期和帝国早期，这是顺理成章的结果，因为罗马人统治的帝国主要由非罗马人组成，而且帝国的存在显然是为了罗马人的利益。即便当行省在法律和文化上变得更加罗马化，行省财富中被抽取供意大利使用的比例也减小时，半岛仍然保有过去的特权。就像我们看到的，长久以来，皇帝被拥立后习惯于径直前往意大利，同时慷慨地赐予当地荣誉和好处。剥夺意大利的特殊地位是不可想象的。但到了 3 世纪中期，对立的皇位争夺者不再直接前往罗马。有的根本不屑于去。到了 3 世纪末，罗马和半岛大部已经失去了它们在结构上的重要性。加莱利乌斯的敕令实际上将意大利变成了行省，这一点只有放在最近的那段历史中考虑才能理解：在刚刚被重新缔造的戴克里先帝国中，意大利实际上只是另一个行省，拥有米兰这个重要的皇帝驻所，以及罗马这个象征性的首都——在半岛上，只有那里保留了特权。

马克森提乌斯带来了让意大利恢复重要性的希望，他的篡位——显然那就是篡位——将获得广泛的支持。君士坦提乌斯死后，塞维鲁成为西部的合法奥古斯都，获悉马克森提乌斯反叛后，他马上从梅狄奥拉努姆向南进军。不过，他率领的那支军队直到约一年前还是由马克森提乌斯的父亲马克西米安指挥的。他们拒绝同老领导的儿子交战，这可能并不意外，特别是他们获悉，马克西米安已经结束在卢卡尼亚的退隐生活，正在前往罗马——马克森提乌斯已经给他送去了皇帝的紫袍，封其为"二度的皇帝"（bis Augustus）。一些部队抛弃了塞维鲁，投向叛军一边。塞维鲁试图撤退，但最终在拉文纳被马克西米安包围，交还了马克西米安给了他还不到两年的紫袍。塞维鲁被囚禁在罗马以南的阿皮亚大道旁，直到一年后被处决。

现在，为了自己的利益而改变戴克里先继承计划的加莱利乌斯要被迫面对由此产生的后果。被认为是他合法的奥古斯都同僚的塞维鲁成了阶下囚。在政治上比他棋高一着的对手君士坦丁正在巩固其在不列颠、西班牙和高卢等西部大区的权威。这样一来，意大利和阿非利加都落到了另一位获得前奥古斯都支持的挑战者手中。君士坦丁给加莱利乌斯留了面子，让他保留了假想的高级权威，但对意大利就不能这么客气了。马克森提乌斯称帝时，皇帝集体中并没有空位——他从第一天开始就是篡位者，事实上永远不会被加莱利乌斯承认为合法。但在短时间内，马克森提乌斯的成功令人担忧。他的姐姐忒奥多拉在 293 年嫁给了君士坦提乌斯，在这两个家族间建立了联系，并生下了君士坦丁同父异母的弟弟和妹妹们。306 年，忒奥多拉去世，但马克西米安在此之前已经有了更多的孩子，于是他将一个很可能年仅 8 岁，名叫福斯塔（Fausta）的女儿许配给了君士坦丁。君士坦丁与密涅维娜离了婚。307 年 8 月，当塞维鲁还身陷囹圄，加莱利乌斯还在巴尔干无法脱身时，马克西米安带着福斯塔向北前往特里尔。

8 月末或 9 月初，一篇为了庆祝这次联姻而发表的对马克西米安和君士坦丁的颂词试图将事件描绘成合法的。它暗示马克西米安从未真正退位，是他而非加莱利乌斯任命君士坦丁为恺撒的，这个职位也是后者从其父君士坦提乌斯那里合法继承的。现在，马克西米安在特里尔封君士坦丁为奥古斯都，仿佛他在戴克里先退位后成了高级皇帝。为了表明这点，君士坦丁开始承认当年的正执政官是马克西米安，而非加莱利乌斯。为了解释现实状况，这些思想上的歪曲是必要的。但令人惊讶的不是这些歪曲，而是四帝共治模式及其用来描绘统治合法性的语汇在帝国治理中已经变得如此根深蒂固，以至无法抛弃它们，代之以古老得多、直接易懂得多的世袭统治叙事。事实上，戴克里先关于合法的皇帝统治的概念从未被抛弃——4 世纪时，四帝共治政府的许多方面将被废除，但皇帝集体（能否加入取决于高级皇帝）的观念从未消失。

婚礼结束后，小女孩福斯塔可能在特里尔的皇帝行宫中被养育大，直到她达到可以圆房的年纪，马克西米安则回到了罗马。在那里，马克森提乌斯开始了雄心勃勃的公共营建计划，把四帝共治的宏大建筑风格带到帝国的首都。他还把对基督徒的宽容扩大到意大利和阿非利加，就像君士坦丁在其势力范围内所做的，但没有到下令归还被没收的基督徒财产的地步。与此同时，在东部，加莱利乌斯和马克西米努斯继续执行对基督徒的迫害，后者尤为卖力。迫害行为在西部的终止是东部和西部政权的主要区别之一，这加剧了双方相互的敌意。加莱利乌斯已经表明，他不会对意大利政权妥协，因此马克西米安和马克森提乌斯知道战争即将爆发：307 年 9 月，加莱利乌斯入侵意大利，一路进军都没有遭到抵抗，直到罗马附近的河间，他的军队就像塞维鲁的军队那样，开始拒绝战斗。不过，加莱利乌斯是比塞维鲁更优秀的指挥官，他没有坐视哗变，而是退到伊利里亚，允许他的士兵在所经过的意大利乡间进行劫掠，从而确保他们的忠诚和善意。作为对入侵的回应，马克森提乌斯处死了塞维鲁。现在，局面似乎可能要回到四帝共治前那样无休止的战争了，但加莱利乌斯随后打出了一张王牌。

新的一年（至少在东部如此）以加莱利乌斯和戴克里先担任执政官开始。通过让戴克里先结束隐退，加莱利乌斯提醒所有的重要参与者，戴克里先发明的那个角色的继承者并非旁人，而是他。君士坦丁已经在他那部分的帝国任命了自己的执政官，这个事实无关紧要：戴克里先可以迫使所有参与者做出妥协，可能马克森提乌斯除外，他在那年年初与父亲马克西米安闹翻了。马克西米安一直在推动通过谈判解决问题，无疑是戴克里先敦促他这样做的，后者在前些年里刻意避免采取任何行动：如果昔日的恩人和上级已经受够了混乱，那么马克西米安将乐意听命。也许是因为意识到如果马克森提乌斯掌权，就几乎不可能达成协议，马克西米安试图罢黜自己的儿子，但当初由他亲手交给儿子的意大利军队不会容忍这一政变企图。马克西米安逃到了在特里尔的女婿君士坦丁那里。

308 年 11 月，作为君士坦丁而非马克森提乌斯的代表，马克西米安前往了军队大本营卡尔侬图姆，该地位于多瑙河畔，今天的维也纳附近。11 月 11 日，协议达成，这可能要归功于戴克里先的斡旋，但他无意像昔日的同僚那样重新掌权。马克西米安和戴克里先承认对方是退休的奥古斯都，前者再次脱下紫袍，从而允许加莱利乌斯任命另一位盟友作为奥古斯都，以接替死去的塞维鲁：这个人就是瓦雷利乌斯·李基尼亚努斯·李基尼乌斯（Valerius Licinianus Licinius，李锡尼），一位经验丰富的将军。事实证明，此人的能力和耐久力要远胜于加莱利乌斯当初的任何一个人选。加莱利乌斯返回了西尔米乌姆，马克西米安退归高卢，戴克里先则回到了在斯普利特的宫殿，这一次永远远离了帝国的政治。在新的分工下，加莱利乌斯和李锡尼将是高级和次级奥古斯都，而君士坦丁和马克西米努斯仍然是恺撒，获得了"奥古斯都之子"的新头衔。马克森提乌斯仍然未获承认。这个结果远称不上完美，但至少有奏效的可能。

由于已经达成了某种平衡，他们在第二年忙于展开边境战争，在帝国经历了动荡后，这些行动总是必要的。打击蛮族是权威受到动摇的皇帝重申自己适合执掌指挥权的一种方便的方式。于是在307年，君士坦丁向莱茵河下游沿岸的一些法兰克族群发动进攻，甚至将他们的两位国王喂了特里尔竞技场的野兽。308年，他再次入侵法兰克人的土地。同年，加莱利乌斯击溃了多瑙河畔的卡尔皮人。史料中很少有关于接下去的两年的记载——310年，君士坦丁在阿格里帕殖民市建造了一座横跨莱茵河的永久性大桥；309年和310年，李锡尼在多瑙河畔作战，让卡尔皮人征服者的胜利头衔变得重复。308年在非洲，努米底亚总督卢基乌斯·多米提乌斯·亚历山大（L. Domitius Alexander）自称皇帝，迫使马克森提乌斯向其发动远征。在镇压了叛乱后，他又在309年与更南面的沙漠部落开战。310年，马克西米努斯在波斯边境作战，尽管细节极为简略，而且与波斯人的和平总体上保持得很好。所有人都试图确保对他们军队的个人权威，并做出在保卫自己行省的姿态。

政局的相对平静没有持续多久。君士坦丁忙于莱茵河事务让马克西米安有了想法——他总是缺乏戴克里先那样的克制力，觉得退隐生活难以忍受，决定要做些什么。在高卢南部——自从卡尔依图姆的会议后，他就把那里作为基地——他趁着君士坦丁前往莱茵河对岸作战的机会召集了一些军队，宣布君士坦丁已经被杀，他，马克西米安现在成为皇帝。他把马西利亚（Massilia，今马赛）作为自己的基地，但这座城市无法防御。当获悉叛乱消息的君士坦丁挥师南下前来镇压时，被马克西米安说服支持他的士兵们纷纷逃走。马克西米安在几天后死去。

关于他的死有两个版本，显然都是君士坦丁的形象营造的产物。在第一个版本中，马克西米安意识到自己的谎言即将败露，就自杀了。在第二个版本中，马克西米安请求他心爱的女婿宽恕，后者非常宽宏地同意了，甚至允许他住在宫中自己的房间里，直到这位好女婿遭到那个邪恶的老阴谋家背叛。据说马克西米安潜入了君士坦丁的房间，准备杀害他，但由于君士坦丁已经预先得到警告，马克西米安在皇帝的床上发现的是一个奴隶；被抓个正着后，绝望的他当场上吊身亡。在随后的 30 年里，君士坦丁将表现出类似的倾向：喜欢编造自己奇迹般地逃过了背叛的故事，用它们来解释自己无情地消灭亲属和对手的行为。不过，发动了第二次政变的马克西米安是绝不可能被允许活下来的了，而随着这位老人的死去，君士坦丁与马克森提乌斯岌岌可危的休战状态也可以重新考虑了。

第 14 章

君士坦丁与李锡尼

　　君士坦丁面临的第一个问题是，尽管马克森提乌斯是他的大舅哥，但他们不再可能同为马克西米安的儿子。君士坦丁还需要掩盖当初是马克西米安把他从恺撒提拔为奥古斯都这个事实，于是一个新的神话出现了：他是克劳狄乌斯二世的后裔，那是公元3世纪唯一一位拥有无瑕的身后名的军人皇帝。我们第一次发现这个故事是在发表于特里尔的一篇颂词中，当时马克西米安死去不久。从此，君士坦丁在他自我标榜的家世中再也没有抛弃过这一元素。它含蓄地否定了四帝共治的模式，即高级奥古斯都的任命是合法性的核心，而是声称世代继承是合法权力的适当保障。与克劳狄乌斯攀亲还有另一重价值，而且是带有威胁性的。4世纪初时，克劳狄乌斯的名字与击败"哥特人"——当时对于在3世纪时被称为"斯基泰人"的形形色色的民族的通称——深深地联系在了一起。通过自称为打败了哥特人的那位皇帝的后裔，君士坦丁也在主张巴尔干行省是他的合法遗产。

　　不过，那是未来的计划。紧接着马克西米安的政变之后的是另一场针对法兰克人的军事行动，也可能是君士坦丁在获悉马克西米安反叛的消息时正在进行的那场军事行动的继续。这次北伐将产生引人瞩目的结果。就像 310 年的颂词中也提到的，在回莱茵兰途中，君士坦丁在安德西纳［Andesina，今天孚日山区的格朗（Grand）村］的格拉努斯阿波罗（Apollo Grannus）^①神庙停留。在那里，这位神明在胜利女神的陪伴下向他显圣，亲自给他戴上了桂冠。君士坦丁可能是在神庙中住宿时^②看到了这种幻象的，但从此他养成了用神迹启示来解释自己行为的长期习惯。颂词作者可能重复了一个他知道在君士坦丁的宫廷中流传的主题，而君士坦丁的铸币场开始铸造向"不可战胜的太阳神"致敬的钱币也并非偶然，这位神明与阿波罗类似，而且是像奥勒良这样的之前的军人皇帝的最爱。太阳崇拜有强烈的一神教倾向，因此似乎与同样吸引了君士坦丁的基督教并不矛盾，尽管他还没有基督徒的行为。君士坦丁的随行人员中既有基督徒也有异教祭司，他显然愿意考虑他们对事件相互冲突的解读，特别是当这些解读——就像阿波罗所做的——向他许诺了未来的荣耀的时候。

在东部事态发展的鼓励下，他还采取了实际行动让自己的地位更加有利。310 年，马克西米努斯单方面自称奥古斯都，与加莱利乌斯公开决裂。后者当时正罹患严重肠癌，命不久矣。我们很少能确定古人自然死亡的准确原因，但得益于拉克坦提乌斯对加莱利乌斯病痛可怕的幸灾乐祸，我们可以判断出他患有转移性肠癌，病势已经非常沉重，大肠的很大一部分已经被吞噬，最后

---

① 阿波罗在罗马神话中是医疗之神，格拉努斯是凯尔特人的泉水和浴场之神。当地的泉水被认为有治病的功效，212 年，卡拉卡拉曾在那里乞求格拉努斯阿波罗治愈自己的病痛。

② 朝圣者或求助者可以在神庙中住宿，在梦中与神交流，达到治愈病痛等目的。

是感染和痛苦的死亡。拉克坦提乌斯的重点是，上帝会用罪有应得的不堪死法来惩罚迫害者——即便他们像加莱利乌斯一样忏悔。因为正是身染沉疴的加莱利乌斯撤销了迫害敕令，把对基督徒的宽容扩大到了东部。由于拉克坦提乌斯逐字逐句地引用了这份文件，我们可以看到加莱利乌斯的真正动机：迫害失败了，基督徒没有被消灭。更糟糕的是，从他的国家主义和异教徒的观点来看，许多人"坚持自己的生活方式，而且……无论是对诸神还是基督徒的上帝都没有恰当的崇拜"。因此，国家失去的不仅是恰当和真正的崇拜所本应带来的支持，还有基督徒（他们显然是受了蒙蔽）可能带来的帮助，不管那种帮助可能是什么。正如发布迫害敕令是为了国家的福祉，现在撤销它们也是出于同样的考虑。尽管显得奇怪，但其中包含了真正的逻辑。

拉克坦提乌斯当然不会宽恕他，但我们应该把加莱利乌斯的宽恕令视作真正政治家的作为。尽管加莱利乌斯犯下了许多错误，其中最主要的是致命地高估了自己的力量，不过他对戴克里先遗产的管理要比通常所认为的好得多。他坚持任命塞维鲁和马克西米努斯为恺撒，最终被证明是用错了人，但一旦意识到这个事实，他就非常努力地避免了那种会让国家回到 3 世纪状态的内战。仿佛他开始明白，尽管追求普遍一致性的意识形态上的雄心是四帝共治的理念核心，但在必要时也应该服从于实际控制的务实目标。马克西米努斯在 310 年违背加莱利乌斯的意志称帝是个问题，但如果必要可以通过协商解决，因为和君士坦丁一样，马克西米努斯的根本合法性没有任何疑问。前者已经证明他的可怕超过了任何合理的预期。通过扩大对众所周知受到君士坦丁青睐的那种宗教的宽容，加莱利乌斯消除了东西部政府的一个主要差异。这意味着君士坦丁少了一个与加莱利乌斯的朋友和选定的搭档李锡尼发生争执的理由，后者被选为他的马克西米安，就像加莱利乌斯的戴克里先。戴克里先和加莱利乌斯一次次证明，对他们来说，更重要的是新的四帝共治政权的延续，而不是它的个体人选。如果宽容能够降低内战的可能性，那就是值得的。

但它没能实现那种效果。藏身在普罗庞提斯海对面的东方（Oriens）大区的马克西米努斯至少有一定的资格主张成为奥古斯都，尽管 308 年李锡尼越过他直接获得了这个任命。从 310 年开始，马克西米努斯一直以奥古斯都自居，虽然加莱利乌斯和李锡尼都从未承认他有权称帝。他还故意在自己的势力范围内升级了对基督徒的迫害，以示对加莱利乌斯宽容敕令的反对。但他的行事方式让他可以否认自己在做任何这样的事。

四帝仍然在诉状-回应的传统帝国体制下工作，无论他们多么渴望普遍化的控制。于是，马克西米努斯开始鼓励想要将基督徒从自己的村子或城市中赶走的非基督徒提出诉状，然后他可以用自己中意的诏令来回应。铭文中保留了此类诉状的两个版本，它们的残篇验证了优西比乌的《教会史》中逐字记录的那个版本的文件。诏书的措辞如此一致，肯定有诉状书的模板，很可能是由马克西米努斯的诉状长官起草的，供希望向自己的基督徒邻居发难的社群使用。于是，马克西米努斯可以一边继续迫害，一边声称没有这样做。这种皇帝鼓励地方请愿以便出台自己中意政策的做法后来被君士坦丁用来推行明确的支持基督教的计划，不过那要等到他确保了自己在政治上取得了优势之后。而在 312 年，这还很遥远。

奥古斯都近卫
军殖民市

科里乌姆

布里克西亚

维罗纳

阿奎莱亚

埃莫纳

梅狄奥拉努姆
提基
努姆

普拉肯提亚

伊利里亚

奥古斯都
陶里诺鲁
姆殖民市

维莱亚

波河

穆蒂纳

博诺尼亚

达尔马提亚

卢卡

佛罗伦萨

阿里米努姆

亚
得
里
亚
海

北

阿尔诺河

安科纳

台伯河

罗马

奥斯提亚 阿尔巴

河间

贝内文图姆

拜亚

庞贝

那不勒斯

布伦迪西乌姆

第
勒
尼
安
海

爱
奥
尼
亚
海

西西里

雷吉乌姆

地
中
海

迦太基

阿非利加代
执政官行省

0   200   400 千米

地图 13　意大利

312 年，李锡尼看上去就像是戴克里先遗产的直接继承者。308 年，他在戴克里先最名副其实的继承者加莱利乌斯的主张下被任命为奥古斯都。不过，李锡尼面临着艰难的政治局面。他掌握着潘诺尼亚、上下默西亚和希腊——它们是帝国的十字路口和东西部之间的要道，戒备森严。不过，尽管这些地区很重要，尽管它们在超过半个世纪的时间里一直在为帝国产出军事领袖，但它们并不能自给自足。不同于其他驻有大军的帝国地区——意大利北部和莱提亚有阿非利加提供粮食；莱茵兰有高卢南部和西班牙；叙利亚有埃及和自己富饶的河谷——巴尔干没有足够大的富饶和平的农业腹地来维持其规模不成比例的民事和军事治理机构。对李锡尼来说雪上加霜的是，君士坦丁、马克森提乌斯和马克西米努斯都没有受到这种结构性的限制——他们都可以在最糟糕的情况下养活自己。李锡尼的宫廷也不平静：出于让我们的史料完全无法解释的未知原因，加莱利乌斯的遗孀瓦雷利娅和他们的儿子康狄狄亚努斯逃到了马克西米努斯那里，而不是留在李锡尼的地盘。到了那里后，他们受到了很糟糕的待遇，但年迈的戴克里先无力帮助自己的女儿和外孙（他再没有离开过斯普利特的宫殿，并将在 311 年末，最晚可能在 313 年去世——我们不清楚他的去世时间，这本身就很能说明问题）。如果我们能从瓦雷利娅逃到东部中推断出些什么，那就是巴尔干军队和宫廷当局的一些派系更青睐加莱利乌斯年幼的继承人康狄狄亚努斯，而不是他所指定的李锡尼。不过，在摆脱了王朝威胁后，李锡尼需要决定如何才能最好地保住权力，而随着马克西米努斯成了几乎公开的敌人，君士坦丁似乎是最好的可行选择。

史料中语焉不详，但似乎李锡尼和君士坦丁制订了瓜分帝国

地图 14 高卢和西班牙

的计划，君士坦丁将支持李锡尼对抗马克西米努斯，李锡尼则支持君士坦丁对抗马克森提乌斯。加莱利乌斯宽容救令的实行可能在他们的谈判中发挥了作用，因为就在那一年，它将成为君士坦丁关心的一个关键问题。现在，马克森提乌斯开始向马克西米努斯求援，但君士坦丁早已抢先一步，显示出其标志性的不可思议的时机意识。312 年，他带着一支精锐骑兵入侵意大利，经由塞古西奥（Segusio，今苏萨）翻越阿尔卑斯山，然后转向奥古斯都陶里诺鲁姆殖民市（Augusta Taurinorum，今都灵），击溃了马克森提乌斯派来阻击他的两支野战军。战线一定很长，因为在意大利北部平原上到处都散布着恰好来自那段时间的军人墓地，很可能反映了书面证据中没有记录的散兵战和小规模战役。马克森提乌斯的第三支野战军由他的近卫军长官卢里基乌斯·庞培亚努斯（Ruricius Pompeianus）统率，驻扎在阿奎莱亚防备李锡尼的进攻，后者可能佯装向意大利边境进军，以阻止马克森提乌斯集中兵力。君士坦丁在维罗纳附近的布里克西亚（Brixia，今布雷西亚）与庞培亚努斯相遇，并击溃了他的军队。长久以来，如果不能在意大利北部平原阻挡住入侵的军队，半岛的其他部分是几乎无法防御的。马克森提乌斯的野战军在君士坦丁的攻势下被摧毁，他几乎别无选择，只能与罗马的近卫军和亲兵等待事态的发展。

312 年 10 月 28 日，他出城迎击君士坦丁。通行的说法告诉我们，他请示了西比尔的神谕，当神谕表示那天将有一支与罗马人民为敌的军队覆灭时，他重新有了信心。如果这个故事不是君士坦丁的宣传，那么马克森提乌斯就闹了笑话。就像对其作战部队一样，君士坦丁对马克森提乌斯的亲兵也取得了大胜，马克森提乌斯本人淹死在了台伯河中。尽管米尔维乌斯桥（Milvian

Bridge）的胜利在过去和现在都被大书特书，但那只是个骗局：
马克森提乌斯在他的第三支作战部队被打败的那一刻就已经输掉
了战争。尽管如此，虚假的胜利可能拥有真正的意识形态力量，
米尔维乌斯桥战役就是这样，君士坦丁宣称这场胜利要归功于与
基督教上帝的直接接触。描述的版本随着时间的推移而变化，有
时是故意的，有时则是因为君士坦丁对自身经历的心理理解也发
生了变化。对于有实证主义意识的历史学家来说，更令人不安的
是，君士坦丁宣称自己经历过的神圣启示的次数是会变的，决定
性的神明显现的性质和见证者的人数也是会有所不同的。

　　最还原主义的实证论解读是这样的：310 年，在镇压了马克
西米安的叛乱，但还没有结束对法兰克人的作战时，君士坦丁从
马赛返回莱茵兰，他和自己的一部分军队见证了一种名为日晕的
罕见天象。在合适的大气条件下，日晕看上去会有点像个十字，
上面悬挂着星星。除了君士坦丁，还有其他许多人看到了这幕景
象，它显然被认为预示着皇帝未来的胜利，也帮助解释了他的士
兵毫不动摇的忠诚。不过，与所有的天象一样，它的意义并不一
目了然，需要专家的解读。其中一种解读将其归于太阳神或阿波
罗，于是有了在安德西纳的神庙中住宿和阿波罗显灵的故事；另
一种是基督教的。在后一种分析中，天象是真的，所有人都认同
那是个征兆，君士坦丁最终更青睐于基督教的解读——因此在意
大利战争中，君士坦丁对这次异象的记忆显然是基督教的，然后
他梦见了与基督教上帝的相会，这促使他在基督教的旗帜下派出
军队参战。

　　从许多方面来看，这种简单的分析是最好的，但不同的分析
几乎数不过来：君士坦丁用基督教的意象讨好基督徒，他知道后

者是罗马的重要力量；也可能（近来的后现代说法）既没有梦也没有异象，或者有许多梦和异象，但重要的是皇帝对宗教比喻的话语的操弄，以便说服听众，他受到了神明的垂青——无论这个神明是他们想要相信的谁。我们可以理解为何学者们要坚持这样做，但无论多么努力，我们都无法真正进入君士坦丁的头脑，而且在某个层面上，那无关紧要。我们可以满足于一个事实——这的确是个事实——即 312 年之后，君士坦丁自认为是基督徒，他按照自己所理解的基督徒的方式行事，在自己控制的土地上大力推行基督教，并坚持要求自己势力范围以外的基督徒得到宽容。他的这个决定是西方历史上最重要的决定之一，因为它把一种排他和极为规范的信仰变成了世界上有史以来最大政体的享有特权的宗教，后来还将变成官方宗教。无论君士坦丁的信仰是什么，无论他在何时"皈依"，或者是否有过多次"皈依"，这些就历史后果而言都无关紧要，只有当我们想要从证据中推断出人的动机（这些证据使我们无法看到它们）时才是重要的。

　　总而言之，我们并不清楚君士坦丁在刚刚打败马克森提乌斯时究竟信仰或不信仰什么，只知道他取得了胜利，而且是决定性的。罗马元老院和人民在罗马广场（这座帝国城市最古老和最神圣的部分）边上为其建造的凯旋门证明了这点——元老院的领袖正是在马克森提乌斯政权中曾经身居高位的那些贵族。这些元老全是异教徒，他们非常重要，君士坦丁乐于留用他们，尽管他们曾经为"暴君"——这个词在君士坦丁那里被重新定义为"篡位者"，该用法在古代剩下的时间里一直沿用——服务。元老们在凯旋门上向君士坦丁致敬，因为"在神明的要求下，通过他伟大的才智"，他为罗马共和国向"暴君"报了仇。铭文的最后表示，这场胜利是正义的。值得注意的是，无论是在铭文中还是在几乎同时代的一篇颂词中都没有提到指引君士坦丁的神明是谁。人们显然知道君士坦丁相信自己受到了神明的启示，但他们还不知道他受到的神启是特指基督教的。与此同时，他足够明智地没有马上过于公开地澄清这些含糊之处，尽管基督徒至少把新皇帝视作自己的一员，而对立的基督教群体马上开始竞相争取他的认可。

基督教共同体派系林立。这在一定程度上是继承了第二圣殿晚期犹太教的极端的宗派主义，就像库姆兰（Qumran）死海古卷中的激烈论战所显示的。但这同样是一个更关心人们想什么、信仰什么，而非做什么的宗教的必然结果。在传统的罗马宗教中，为了皇帝的安康而向至善至大朱庇特献祭的人对自己行为的真实想法是不重要的；有效的是献祭行为本身。但对基督徒来说，效力来自信仰。信仰错误的东西意味着放弃救赎的机会，那些被任命或自封为真正信仰捍卫者的人有责任防止他们的守护对象遭受那种命运。不过，作为人类，他们当然会在许多事情上存在分歧，他们的争论中，很少有哪些是不能还原为突出的信仰问题的。因此，哪里有基督教共同体，哪里就可能有它们内部或相互之间的分歧，而哪里有分歧，哪里就有证明一方正确、另一方错误的迫切需要：信仰的救赎效力受到了威胁。作为四帝共治时代的产物，君士坦丁本能地明白，追求普遍的一致性肯定是好事；而作为基督徒，他是基督教派系斗争的理想新兵。君士坦丁还对自己理解最深奥问题的能力有着惊人的信心，因此对于他所介入的棘手神学问题的复杂性，他表现出难以置信的漠不关心。

312 年，几乎就在马克森提乌斯死去的同时，非洲基督徒的各个敌对派系开始给君士坦丁制造麻烦，他们拒绝相互沟通，理由是一些占据了教士或主教的权威地位的人曾向执行迫害敕令的四帝共治官员妥协。这关系到曾经将基督教经卷上交给市政或帝国当局的教会人员是否仍然是合法的教士：一些非洲基督徒团体称他们为"上交者"［traditores，英语中"叛徒"（traitor）一词的词源］，并拒绝做过"上交者"的人在君士坦丁新的宽容帝国中担任主教，也不承认"上交者"所做的祝圣是有效的。就在君士坦丁战胜马克森提乌斯前不久，一个名叫凯基利亚努斯（Caecilianus）的人被选为迦太基的新任主教。他的敌人坚称，为凯基利亚努斯祝圣的主教——阿普通吉的菲利克斯（Felix of Apthungi）——是"上交者"，因此凯基利亚努斯成为主教不合法。不愿妥协的派系选出了自己的主教，在他去世后，他们又选了一位。此人名叫多纳图斯（Donatus），他坚持反对凯基利亚努斯，最终以他的名字命名的分裂导致非洲教会在长达一个多世纪里分成了两个对立的派系。双方都向与他们有共同信仰的皇帝申诉，皇帝与罗马主教米尔提亚德斯（Miltiades）做了商谈，后者在 313 年做出了不利于多纳图斯派的决定。他们拒绝接受这个裁决，再次向皇帝申诉。314 年，君士坦丁在高卢南部的阿莱拉特召开教会大公会。大公会同样支持凯基利亚努斯，愤怒的君士坦丁下令镇压拒绝接受凯基利亚努斯合法性的顽固不化的多纳图斯追随者。

尽管出现了殉道者和被流放者，但帝国当局始终承认凯基利亚努斯一系是迦太基的真正主教。然而镇压只是悬置了争论，并未解决它。多纳图斯派和凯基利亚努斯派之间的冲突将在君士坦丁的统治后期重燃，并在整个 4 世纪和 5 世纪初一直是北非基督教的一个无法愈合的伤口，大多数时候，许多（如果不是大部分）

城镇都有两名对立的主教。但分裂的影响还是安全地主要局限于阿非利加诸行省，因为它很少涉及真正的神学问题：即使是最聪明和最有派系色彩的北非教会成员，也很难用涉及真正信仰的技术细节的术语来描绘他们的冲突。因此，虽然君士坦丁对多纳图斯派争论感兴趣，但他更关心的还是东部，马克西米努斯在那里无视他的对头们的宽容政策，加大了迫害的力度。出于意识形态和实用主义原因，君士坦丁和李锡尼想要终结那个东部政权，就像消灭西部的马克森提乌斯那样。

君士坦丁留下了一个井井有条的罗马，城中的贵族已经与他和解，牢牢地掌控着当地事务。虽然将长期离开这座城市，甚至是离开西部，但他在城市建设上投入了很多，重塑了罗马广场的一些部分，在马尔斯校场建起了新的柱廊，在戴克里先的浴场边建造了新浴场，还把马克森提乌斯的大巴西利卡①改造成了实际上属于他本人的胜利纪念碑；君士坦丁的巨大头像（现藏于罗马的卡皮托山博物馆，出现在上百万张照片上，广为人知）被安装在一尊体积相配的巨大雕像上，矗立在他名誉扫地的前任最引人注目的建筑中。不过，虽然君士坦丁延续了在城市中心修建巨型帝国纪念建筑的传统，但在城市的边缘，他开始资助修建基督教教堂，并将在不久后开始兴建圣彼得大教堂。作为同时采取的控制措施，他打压了近卫军，取消了这个已经存在了300多年的部队的独立地位。近卫军对马克森提乌斯的支持为他提供了借口，但此举同样是现实主义的，就像加莱利乌斯对意大利实行人口登

---

① 巴西利卡（Basilica），是古罗马的一种公共建筑形式，呈长方形，在大城市里用作法院、市场等。后来，基督教沿用了这种建筑布局来建造教堂。——编者注

记和征收行省税那样：罗马可能仍然重要，但与 100 年前不同，它的重要性体现在截然不同的方面。由于罗马城甚至不再是皇帝偶尔的驻所，这里的常备驻军也不再必要，反而成了负担。皇帝的卫队从此将仅限于那些与他同行的宫廷亲兵。这些亲兵扈卫出现在 3 世纪，起源不明，现在他们不再是军队指挥系统的一部分，不再由近卫军长官，而是由宫廷政务总管（magister officiorum）指挥。与其他许多地方一样，君士坦丁的统治将对 3 世纪的前辈和四帝共治时期的临时安排和实验进行规范化和永久化。

312 年年末，随着罗马变得稳固，君士坦丁和李锡尼在梅狄奥拉努姆会面。在那里，他们同意让君士坦丁同父异母的基督徒妹妹君士坦提娅嫁给李锡尼。之后不久，李锡尼致信马克西米努斯，要求他结束在自己领地内对基督徒的迫害。就像我们看到的，马克西米努斯可以否认自己参与了任何此类迫害，并声称自己只是在回应非基督徒社群希望打压他们中间的基督徒的请求。事实上，由于他的诏令给当地行省官员开了绿灯，有相当多的基督徒遭到迫害，而从小亚细亚的加拉提亚到埃及的亚历山大里亚都出现了殉道者，亚历山大里亚的主教彼得也被处决。实际上，在人们的记忆中，东部迫害的最后阶段总是最残酷的。

313 年 4 月，马克西米努斯试图突袭李锡尼，从小亚细亚派一支军队渡过赫勒斯滂，进入色雷斯。但李锡尼已经做好了准备，在色雷斯平原上的哈德良波利斯（Adrianopolis）严阵以待。这两位统帅之间的个人会面不欢而散。4 月 30 日，李锡尼让自己的军队向某个一神教神灵做了祈祷（拉克坦提乌斯等人认为是基督教），然后派他们出战。马克西米努斯的军队被击溃，他带着仅仅几个人仓皇逃离战场。接上留在尼科美底亚的家人后，他撤到了位于托罗斯山对面的东方大区。他还仿照加莱利乌斯发布了自己的宽容赦令，尽管他没有提到这份赦令的存在，但还是撤销了戴克里先时代的迫害赦令，并下令归还迫害期间从基督徒那里夺走的财产。由于李锡尼的军队紧追不舍，他在奇里乞亚的塔尔索斯自杀；他的妻子则投入奥龙特斯河自尽。

胜利者李锡尼进入小亚细亚，在尼科美底亚停留，然后致信东部的各位行省总督，提醒他们需要一视同仁地宽容对待基督徒和非基督徒，表示皇帝们也受到基督教上帝的保护。这份赦令中所颁布的一切内容没有一条不是已经在整个帝国中成为法律的，因而在法律和实际意义上都是完全多余的。但反讽的是，李锡尼的这份文件（在拉克坦提乌斯的作品中被逐字保留下来）至今仍然常常被归于君士坦丁，它被称为《米兰赦令》，颁布时间被说成是 312 年。但正如神圣罗马帝国既不神圣，也不罗马，且不是帝国，所谓的《米兰赦令》既不是赦令，亦不是在米兰颁布的，时间也不是 312 年，而是随着马克森提乌斯和马克西米努斯的败亡，李锡尼和君士坦丁达成的协议，也就是在当地执行（加莱利乌斯的）法律以结束迫害，在事实上可以执行了。尽管李锡尼的法令非常著名，而且以错误的名字广为人知，但它与此几乎无关。

313 年 6 月，李锡尼也在尼科美底亚谴责了马克西米努斯，下令对其进行除名毁忆，并处决了他手下那些与迫害行为关系最密切的高官。接下去是收尾工作，确保还存在的四帝共治王朝是只有君士坦丁和李锡尼本人的王朝。加莱利乌斯的儿子康狄狄亚努斯、塞维鲁的儿子塞维利亚努斯、马克西米努斯的两个孩子都被处决。一年后，戴克里先的女儿、加莱利乌斯的遗孀瓦雷利娅也被抓捕和杀害。李锡尼和君士坦丁都想要建立王朝，因此想要部分废除四帝共治的统治体系，这一点足够清楚。但在这方面，君士坦丁拥有明显的优势。313 年时，李锡尼仍然没有男嗣，而君士坦丁的儿子克里斯普斯——皇帝与密涅维娜的第一段婚姻所生，而不是来自后来与福斯塔的王朝婚姻——正在为登上皇位做准备，就像当年君士坦丁本人一样；考虑到年龄，他肯定会成为第一个接班的继承人。315—316 年时，他驻扎在特里尔，与法兰克人和阿拉曼尼人作战，收集作为皇帝形象关键组成部分的胜利头衔。

但在 315 年，君士坦提娅生下了一个叫李基尼亚努斯的儿子，他有朝一日可能会挑战君士坦丁家族的统治地位。这还导致西部发生了另一起王朝流血事件。316 年，君士坦丁故技重施，用干掉自己岳父的手段对付起了自己的妹夫巴西亚努斯。巴西亚努斯是君士坦丁同父异母的妹妹阿娜斯塔西娅的丈夫，也是君士坦丁的长期盟友。315 年，作为对李基尼亚努斯降生的回应，君士坦丁任命巴西亚努斯和克里斯普斯为恺撒。这样做是一种对王朝的保险，进一步拉拢可能因不满而变得危险的姻亲。不过，当福斯塔于 316 年 8 月 7 日生下一个起名为君士坦提努斯的儿子时，情况发生了剧变。巴西亚努斯不再是模棱两可的资产，而是毫无疑问的负债，最好用他来挑衅李锡尼。开始有传言流传，说李锡尼收买了巴西亚努斯的兄弟塞内基奥（Senecio），后者又把兄弟拉进了针对君士坦丁的阴谋中。巴西亚努斯遭到了处决，罪名是他在企图杀害自己的皇帝妻舅时被抓了个正着，而塞内基奥则逃到了李锡尼一边。这个说法与马克西米安的最后时光如此相似，而且两者都如此不可信，我们看到的一定又是君士坦丁典型的人格毁损和合法谋杀。

处决巴西亚努斯还让君士坦丁有了他所需要的向李锡尼发难的借口，后者拒绝交出塞内基奥，还允许位于这两人地盘交界处的埃莫纳推倒君士坦丁的塑像。君士坦丁马上入侵了李锡尼的地盘，这场战争经常被称作基巴莱［Cibalae，今克罗地亚的温科夫齐（Vincovki）］之战。316 年 10 月 8 日，君士坦丁在基巴莱赢得了对李锡尼的两场重要战役中的第一场，当时两位皇帝都亲自指挥他们的军队。后来，李锡尼把他的一名出色的军官瓦伦斯（Valens）提拔为奥古斯都，两人在色雷斯的哈德良波利斯同君士坦丁展开了第二场战役，后者再次胜出。李锡尼随即向西南撤退，威胁切断君士坦丁拉得过长的补给线和退路。结果，双方于 317 年 3 月在塞尔迪卡会面，重新缔结了盟约。两人再次瓜分了帝国，这次对君士坦丁更有利，新的分界线被设在了色雷斯行省的边界。就这样，李锡尼把几乎整个欧洲都交给了君士坦丁，只保留了对博斯普鲁斯海峡和赫勒斯滂的控制，这基本只剩现代土耳其的欧洲部分了。这是李锡尼一方不同寻常的示弱，尽管王朝野心得到认可让他挽回了一些面子——他的儿子李基尼亚努斯尽管还是个小孩子，却被提拔为恺撒，而君士坦丁与福斯塔所生的更年幼的儿子君士坦提努斯也和其成年的兄长克里斯普斯一样成为恺撒。倒霉的瓦伦斯则被处决，作为对其效劳的奖赏。

即使按照那个时代的标准，关于塞尔迪卡条约签订后的那些年的记录也少得可怜，但君士坦丁一直把西尔米乌姆作为驻所这个事实表明，他正在密切关注东部的机会。西部的防御被交给了克里斯普斯和福斯塔，前者始终留在西部，而后者则在罗马监督对克里斯普斯同父异母的弟弟们的抚养；这开创了一种一直延续到 5 世纪的传统，即皇帝的一名女性亲属通常会在罗马城居住，代表不在那里的皇帝同元老院与人民沟通，调解王朝与他们的关系。君士坦丁想要统治整个帝国的野心昭然若揭，他不断对李锡尼展开小规模的骚扰。

随着时间的推移，以及福斯塔被证明仍然可以生育，君士坦丁和李锡尼的关系恶化了。321 年，君士坦丁故意挑衅他的皇帝同僚，拒绝承认东部宣布李锡尼和李基尼亚努斯为皇帝执政官的决定，而是宣布他本人和克里斯普斯恺撒成为执政官。两位奥古斯都互不承认对方的执政官，直到 323 年最终决裂。那一年，君士坦丁在位于潘诺尼亚的瓦雷利亚行省，离边界不远的坎波纳（Campona）打败了一个名叫拉乌西莫德（Rausimod）的萨尔玛提亚国王，然后又在位于上默西亚的多瑙河与摩拉瓦河交汇处取得了第二场胜利。他发行了带有"萨尔玛提亚人被击溃"（Sarmatia devicta）铭文的胜利钱币，接受了萨尔玛提亚征服者的头衔，还新设立了名为萨尔玛提亚赛会（ludi Sarmatici）的角斗士比赛来庆祝自己的胜利。如此大张旗鼓地庆祝一次普通的帝国边防行动同样是为了激怒李锡尼，特别是因为在追击萨尔玛提亚人的过程中，君士坦丁侵犯了李锡尼的地盘。后者不出意外地拒绝"萨尔玛提亚人被击溃"钱币在他的那一半帝国流通。

君士坦丁可能真的担心多瑙河边境外的事态发展。3 世纪末，该地区在哥特人的领导下实现了整合，但直到现在才开始形成哥特人的王朝。315 年，李锡尼对哥特人取得了胜利，作为和约的一部分，有哥特人在他的军队服役。这是在帝国边境管理藩属国王的标准做法的一部分，但它似乎加强了有能力的哥特首领的力量，而卡尔皮人和萨尔玛提亚人长久以来都处于弱势。它还给了君士坦丁借口——他无疑也从边境以外吸纳支持力量，与李锡尼的做法如出一辙——声称自己是在保卫帝国，因为李锡尼没能或拒绝这样做。战争势在必行，君士坦丁在塞萨洛尼卡而非西尔米乌姆过冬，等待着开战。

战争在 324 年打响。7 月 3 日，君士坦丁再次在哈德良波利斯打败了李锡尼，东部皇帝撤到拜占庭，在那里等待着他的海军司令阿曼杜斯（Amandus）与克里斯普斯之间的一场短暂海战的结果。当阿曼杜斯被智取并击败后，李锡尼在陆上和海上都变得岌岌可危。拜占庭已经守不住了，他偷偷穿过博斯普鲁斯海峡，退到了亚洲一边的迦克墩。9 月 18 日，当君士坦丁追到那里时，他率领残部在克吕索波利斯（Chrysopolis）与对方开战，并再次溃败。李锡尼的军队投降，他逃到了尼科美底亚。他的妻子君士坦提娅找到自己同父异母的哥哥，请求保证她丈夫的安全。君士坦丁同意接受他的军队无条件投降，并向妹妹承诺，将允许李锡尼和李基尼亚努斯在软禁中度过余生。他们被送到塞萨洛尼卡保护起来，但就在当年，君士坦丁故技重施——李锡尼和李基尼亚努斯被指控阴谋杀害皇帝，双双遭到处决。

324 年，君士坦丁取得了完全的胜利。李锡尼留下的一切被重塑为暴君的余孽，他所有的法律和法令都被废除——事实上，这一切做得过于仓促，因为行省人民出于私利借机推翻了完全正常的法律决定。像以往一样，君士坦丁的形象又发生了一次转变。钱币上那个严厉的年轻人不见了，取而代之的是一个看不出年龄、皮肤光滑的英雄，目光朝上，仿佛在凝视上帝或诸神——因为这不是一目了然的基督徒肖像，对不同的观看者来说可以表示不同的意思。此外，皇帝现在戴着皇冠，这个特征不是罗马的，而是来自希腊统治者的，而且希腊风格只描绘皇帝的头部和颈部，而不是像罗马传统那样出现皇帝的胸像。相比仰视的目光，这一点显得不那么模棱两可：君士坦丁是一位希腊化国王，是亚历山大的继任者，是罗马世界的唯一主人。

君士坦丁很快会发现，统治东部时面临的各种压力远比在西部时复杂，他应对它们的方式变得更为极端。但他已经改变了罗马帝国。四帝共治的许多基础制度保留了下来，但已经被君士坦丁对独裁的坚持所完全重塑了。从 284 年戴克里先的政变到 324 年君士坦丁开始独裁，这 40 年是自塞维鲁以来罗马统治变革的顶峰。君士坦丁的独裁统治——他的次子君士坦提乌斯二世的统治甚至更加如此，尽管不那么广为人知——为一个新的罗马帝国奠定了基础，后来作为遗产被拜占庭、第一个伊斯兰哈里发帝国和中世纪的西欧王国所继承的就是这个罗马帝国。

第 15 章

君士坦丁之前和之后的帝国结构

君士坦丁对李锡尼的胜利让他占有了自己在那里成长，但自从 305 年就再也没有踏足过的那部分帝国。现在，他决心把那里变成自己的家园，用一座以自己的名字和形象创建的新城市来标志这个事实，那就是君士坦丁堡。君士坦丁堡坐落于古拜占庭的城址上，位于欧洲和亚洲的十字路口，新城市的奠基仪式和破土动工从 324 年 11 月 8 日开始：和往常一样，这位皇帝一旦知道要做什么，就会毫不犹豫。他宣称看到了神启，指点他在哪里建城，一位神明还帮助他划定了城界。直到 6 年后，该城才可供居住（奉献仪式在 330 年 5 月 11 日举行），但直到好几十年后，它才确立了第二罗马的地位。不过，到了 4 世纪末，君士坦丁堡已经是东部帝国无可争议的首都了。

在奉献新城的同时，君士坦丁还把自己与福斯塔所生的第二个儿子封为恺撒，这个孩子根据他祖父的名字起名为君士坦提乌斯，与克里斯普斯和君士坦提努斯一起成为皇帝集体的成员。君士坦提乌斯将是君士坦丁所有的儿子中活得最久的，他也最明确地巩固了父亲的遗产，后者缔造了一个与奥古斯都、图拉真或塞维鲁所统治的截然不同的罗马帝国。在回到对君士坦丁独裁统治

平面图 2　4 世纪的君士坦丁堡

的叙事之前，有必要理解他所创造的帝国的结构，因为它们是理解本书余下章节和续篇中的政治叙事的基础。

君士坦丁无疑创造了一个新的罗马帝国。一百年前，当古代晚期的概念还没有真正确立，人们还没认识到这一一个时期具有自身的历史机制之时，312 年常常被看作古代世界和中世纪世界的分界线。今天，我们不会再把那条分界线划定得那么清晰了，而且会把它划在靠后得多的地方，但分期问题并没有降低我们对君士坦丁在改变帝国统治方式中所扮演角色的评价。他直接在四帝共治奠定的基础上展开自己的工作，我们并不总能轻易地将君士坦丁的创举同戴克里先、加莱利乌斯和李锡尼的，或者同他的儿子君士坦提乌斯的区分开，后者将父亲的许多较为临时的举措变得系统化和标准化。一边是我们的故事开始时那个安敦尼王朝的世界，一边是新兴的君士坦丁帝国，本章将概述两者在帝国行政上的主要区别。

在许多方面，可以把晚期帝国理解为我们在叙事过程中已经很多次遇到的那个漫长的骑士化过程的自然结果，理解为官僚和官僚方法是以何种方式改变了统治的做法和理念的。它们意味着统治的一致性可以被真正设想为可能，这在 2 世纪或更早是做不到的。后来，随着 212 年卡拉卡拉授予了普遍公民权，帝国在法律上的罗马化使得对一致性的渴望大大提高。晚期帝国在意识形态上对帝国盛期的骑士等级的依赖程度源于 2 世纪时元老和骑士间力量平衡的改变。

共和时期，在拥有骑士等级所需的 40 万塞斯特斯财产的人中，选择和不选择谋求公职者之间的界限并不非常固定。奥古斯都为等级的区分设定了法律基础，他首先将对元老等级的最低财产要求从过去骑士等级的 40 万塞斯特斯提高到 100 万塞斯特斯（这个金额本身并不大，中等水平的富人的年收入可能就会超过它），但允许元老地位在家族内传承达到三代人。除了新的财产要求，奥古斯都又把元老的人数稳定在 600 人左右，还修改了《年秩法》（担任不同官职的最低年龄），并将元老院召开会议的规则正式化。通过这些举措，不仅可以维持旧有的共和国行政长官基本的官职阶序，还对其做了发展，使其适应一个权力来自唯一一人，而且元老未经皇帝允许不得离开意大利的新世界。

奥古斯都的改革确立的元老等级的基本规模和形态将或多或少地维持到 4 世纪这两个等级合并的时候。在整个帝国早期，特别是在我们的故事开始时的哈德良统治的时代，可用的元老的数量只够勉强满足等待他们去完成的众多任务。虽然每年会有元老的儿子和孙辈从二十人委员会的初级官职晋升上来，加入财务官行列，但元老家族消亡的自然趋势还是需要通过人为手段才能逆转，或者由皇帝把有经验的人直接提拔进更高的等级，或者将成功的骑士等级官员的儿子提拔进"最高等级"（amplissimum ordinem），让他们可以像出身元老阶层一样谋求公职。元老人数的压力既来自他们个人必须扮演的角色，也源于该机构作为集体必须发挥的职能的数量。帝国建立后的几个世纪里，元老院仍然是帝国的主要立法和司法机构，这意味着大批元老必须常驻罗马。与此同时，不断扩张的帝国需要元老——前法政官和执政官——来管理。"正选"执政官于每年 1 月 1 日就职后，年内每隔一段时间会任命"递补"执政官，这是为了提供足够的前执政官来满足帝国行政机构中执政官级别职务的需求。

在 10 个"公共"行省中，代执政官仍然通过抽签选派，任期一年，这是昔日共和时期的代理行政长官的正式化版本，他们负责司法和行政，以及依靠驻扎在行省的辅助军维护和平（公共行省没有军团驻扎）。但几乎每个皇帝行省都需要元老级别的总督，头衔是"拥有代法政官权的皇帝特使"，任期完全由皇帝决定。有超过一个军团的行省需要更多的军团长，因为如果允许一位总督完全控制几支军队，他的权力将大到危险的程度。担任这些职位都需要至少是法政官级别，更多的是执政官级别；对于职权最大的执政官级别的指挥官职务——塔拉科西班牙和卡帕多奇亚行省的——需要另外任命一名法政官级别的司法官来协助执政官级别的皇帝特使，因为后者用于处理行省内罗马公民的法律事务的时间非常有限。奥古斯都和提比略还为罗马和意大利创造了一系列元老等级的新职务，包括城市长官（总是仅限于杰出和特别受尊敬的执政官级别的人物担任），以及其他各种财政和司法方面的长官和保佐人。除了法政官和执政官这样级别的人，还有地位较低的元老，整个帝国，无论是公共行省还是皇帝行省，都需要他们来担任地位较高的行政长官的"助手"（adiutores）。

从 1 世纪末开始，希腊语行省公务所带来的压力——许多行省由大量独立和半自治的社群组成——导致需要频繁任命被称为"节度使"的特别官员来监督某个城市或地区的本地事务。早在尤利乌斯-克劳狄乌斯王朝末期，每年就需要至少 145 名元老等级的官员。161 年马可·奥勒留登基时，这个数字已经上升到超过 160人。此外，东部的元老往往只在东部任过职的倾向在整个 3 世纪都影响了可用的人力资源。换句话说，一边是元老院为了保持自己的尊贵而对成员资格做了一定的限制，一边是有效管理帝国的需求，两者间始终存在矛盾。

这一矛盾从未缓解，因为 2 世纪时，帝国疆域达到了将近200 万平方英里，有时每 35 万到 40 万居民只有 1 名元老等级（或高级骑士等级）的官员。因此，最早的皇帝们非常依赖"皇帝仆从"（familia Caesaris），特别是他们自己最为信赖的释奴，也依赖骑士等级。随着帝国体系的扩大，所需的管理它的职位数量也增加了。即便有足够的元老可用，也无法轻易地用元老来填补这些职位：新职位的声望不够，因为它们对皇帝的个人依附要比昔日共和时代的行政长官更加明显，所以违背了帝国并非独裁这一礼貌的虚构。此外，一些被交给骑士等级的职位（比如岁调长官）需要长期任职，与元老通过传统的官职阶序晋升相矛盾，这是地位较高的人们无法忍受的。因此，通过让骑士等级的人来担任新设立的职位，早期帝国小心翼翼的平衡术——君主制被藏在共和制的外表下——变得更容易实现。罗马人惯常的保守主义确保了一个之前由特定等级的人担任过的职位，不管其任职时间有多长，以后通常会继续如此。于是几个世纪以来，虽然帝国政府中几乎所有最有声望的职务一直掌握在元老手中，但政府的许多实际运作被交给了骑士等级。

在共和时期，希望加入元老院的年轻人——他们必然拥有骑士地位——会从军团中的下级军官（通常是军政官）开始自己的职业生涯。不过，当奥古斯都和提比略创造了新的元老阶层之后，绝大部分军政官和所有的辅助部队长官职务都仅限于骑士等级；在克劳狄乌斯统治时期，早期骑士生涯的所谓三大军职（tres militiae）——大队长（praefectus cohortis）、骑兵辅队长（praefectus alae）和军政官（tribunus militum）①——成为正式的规定。这些职位成了将要在日益扩大的帝国统治集团中任职的人的训练场，到了 2 世纪中叶，已经有了多达 550 个可供骑士担任的低级指挥官职务。两名近卫军长官的职务从创立开始，就由骑士等级的成员担任，而直到这个等级消失，埃及总督都是最高级的骑士职务。

我们在叙述过程中遇到了其他许多级别更低的骑士职务。在皇帝的身边负责皇帝书信的司信官；负责希腊城市使团的希腊人接待和回复官（ad legationes et responsa Graeca）；负责回复诉状的诉状

①　大队长统率 500 名步兵和骑兵的混合部队，骑兵辅队长统率 1000 名骑兵，每个军团（3000—6000 人）有 6 名军政官，分别指挥两个月。

官；调查需要皇帝加以关注的法律案件的调查官（a cognitionibus）；管理皇帝财务的内务官（a rationibus），其领导的机构的职责范围包括管理帝库和铸币场（moneta），管理皇帝所获遗产（procurator hereditatium），以及各种被统称为港口税（portoria）的间接关税。2世纪时，新创设的初级职务皇帝小金库助理（advocatus fisci）让骑士可以无须首先担任下级军事指挥官就能进入财政部门，还让修辞家和其他东部的有文化阶层的成员能够有幸进入罗马政府，即便这是他们唯一能担任的职务。某些此前由一名官员担任的职务此时也被切分——比如司信官被分成拉丁语和希腊语两部分，从而向希腊主要城市的有文化阶层提供了直接进入皇帝宫廷的通道。在哈德良或庇护统治时期，全新的私库部门得以创立，用以区分皇帝家族的私人财产和帝库，后者从尤利乌斯-克劳狄乌斯王朝末期开始就和皇位本身联系在一起，而不是皇位上坐的那个人。从此，这种新的帝库和私库管理职务都由意大利和行省的骑士官员担任，在193—197年内战期间，随着佩斯肯尼乌斯·尼格尔和克洛狄乌斯·阿尔比努斯被打败，没收的财产使得它们的管理人员数量激增。

罗马城也推动了骑士等级的壮大。除了近卫军长官，最重要的骑士等级官员是负责食物供应的岁调长官，以及警卫队长官（praefectus vigilum），除了负责消防，警卫队有时也会在近卫军抗命或力所不逮时维护治安。骑士们还担任帝国角斗士学校的代理官（procuratores ludi），帝国图书馆馆长（a bibliothecis），交通长官（praefectus vehiculorum），负责征收遗产税的代理官（procuratores vicesimae hereditatium）和征收释奴税的代理官（procuratores vicesimae libertatis），以及负责整理行省人口登记数据的核查官（a censibus），该数据对于这些税款的征收至关重要。

　　2 世纪时，元老等级的神庙维护官（curatores aedium sacrarum）和引水渠维护官（curatores aquarum）配备了骑士等级的幕僚长。在行省，埃及总督从奥古斯都统治时期开始就由骑士担任，他们掌握着与代执政官相当的治权，全盘接管了托勒密王朝建立的行政结构，在这一结构中任职的现在同样主要是骑士。许多小行省有骑士等级的代理官，他们扮演着其他地方由元老等级的总督（praeses）扮演的角色，尽管当这些行省在军事上变得真正重要时，它们就会被交给元老等级的皇帝特使执掌，就像在犹地亚、卡帕多奇亚、色雷斯、诺里库姆和莱提亚所先后发生的那样。驻扎在米赛努姆［Misenum，今那不勒斯湾的巴科利（Bacoli）］的第勒尼安海舰队和驻扎在拉文纳的亚得里亚海舰队的司令都是骑士，而行省总督麾下的行省舰队指挥官中，至少有 7 人可以被证明也是骑士。更加普遍的是，在皇帝行省有超过 10 名财政代理官管理皇帝的私库，而在公共行省中也有 10 名或更多。随着采矿在 2 世纪成为皇帝收入的重要来源，有必要任命代理官来监督来自达尔马提亚和潘诺尼亚，最后还有达契亚的矿场的皇帝收入，尽管在其他行省，这项任务依然由皇帝释奴承担。

　　然后，随着 2 世纪的深入和罗马公民权变得日益普遍，之前只在意大利运转的骑士等级机构现在需要延伸到行省了。这在当初没什么必要，因为一些工作要么并不存在，要么可以由总督部属完成；最明显的例子是代理官人员，他们是负责只有公民需要支付的遗产税和释奴税的。同样，作为官僚体系的自然趋势，许多此类层级关系变得日益复杂，需要加倍的工作量，于是从 2 世纪初开始，我们看到了越来越多的次长官（subpraefecti）和次代理官（subprocuratores）。从图拉真到塞维鲁时代，仅代理官的人数就翻了一番。此外，皇帝代理官在公共行省扮演了越来越多曾经由元老等级的财务官扮演的财政角色，有时还会介入与皇帝财产或行省税收管理完全无关的事务。

随着此类骑士职务的倍增，它们并不意外地开始形成自己的，能够与元老等级的官职阶序相提并论的职务阶序。尽管骑士的职务阶序要灵活得多，因为其结构并不依赖共和时期旧有的官职等级，但它们在康茂德时代无疑就已经定型为可以识别的等级体系，当时的骑士职务根据薪俸被分为六万级（sexagenarii）、十万级（centenarii）、二十万级（ducenarii）和三十万级（trecenarii），即每年的薪俸分别为 6 万塞斯特斯、10 万塞斯特斯、20 万塞斯特斯和 30 万塞斯特斯。此外，正如元老是"最有名望的人"（vir clarissimus），骑士也是"卓越的人"（vir egregius，希腊语作 ho krátistos），而从奥勒留的时代开始则变成了更显赫的"最完美的人"（vir perfectissimus，希腊语作 ho diasemótatos）。

尽管骑士职务在整个 1 世纪和 2 世纪有了非常大规模的增长，但很难考察其细节，因为我们的传世文献证据严重偏向元老院和皇帝的活动，而碑铭和纸草证据又不足以填补空白。因此，关于某个骑士职务的最早证据可能来自它真正创造时间的几十年后，这歪曲了我们对年代细节的理解，尽管没有改变骑士阶层的责任不断扩大的整体图景。这种扩大对整个帝国的精英社会的视野和看法都产生了影响。虽然骑士们，特别是那些深受皇帝信赖的盟友，被直接提拔进元老行列的情况变得愈发普遍，但元老等级首先是世袭的阶层。在整个安敦尼时代，元老身份都意味着与皇帝的个人关系，无论这位元老是某个古老家族的后裔，血统本身就不容小觑，还是引起皇帝注意并被提拔进该等级的：一旦获得提拔，法律就会要求元老将很大一部分财富转移到意大利并在那里定居，从而把这些新家族锁定在帝国的轨道上。事实上，在整个元首制时期，甚至当奥勒留放松了定居意大利的严格要求后，元老等级的职务的任命都需要由皇帝亲自签署，甚至委任状也可能是由他亲自拟就的。

相反，骑士等级一直是经济阶层，区分他们的是金指环，就像元老托袈上的宽饰带一样清楚。相比元老，通过骑士的职业生涯为帝国效力的人与皇帝本人的空间和社会距离可能要大得多——比如说，较低级的骑士职务是通过司信官的任命书，而不是通过皇帝的委任状任命的。骑士等级的底层是从普通士兵的行伍中晋升上来的人，这些是在自己的部队里担任过无委任状的高级职务［第一小队长（primipilarii）］的前百夫长，骑士职务对他们来说是漫长职业生涯的顶峰。而在骑士等级的顶端，最富有和人脉最广的骑士等级成员可以期待或憧憬被提拔进元老院，或者至少在他们的后半生，当他们进入二十人委员会后被允许谋求元老等级的职位。

绝大部分骑士位于两者之间，因为人口登记对骑士等级的要求——该等级一直以来的唯一条件——从未高不可及。部分出于这个原因，许多骑士从未离开他们家乡的城市世界或者为帝国服务；即便如此，如果他们被正确的人注意到，那么他们的儿子可能会被授予宽饰带，从而有权开始元老等级的官职阶序。不过，在最简单和最实际的方面，与皇帝个人接触的需要决定和限制了元老等级，使其在地理分布上远没有那么多样。高级的帝国元老往往集中在特定行省的特定地区——从尼禄时代开始是西班牙南部和纳尔波高卢；韦斯巴芗以后是亚细亚、亚该亚、比提尼亚和本都；从马可·奥勒留的时代开始则是阿非利加代执政官行省和像卡帕多奇亚这样的偏远的东部行省。骑士等级则更为密集地分布在帝国的所有"开化"行省中乃至它们之外，人数可能有数万。部分由于这种地理上的多样性和与皇帝宫廷的物理距离，骑士等级的成员更依赖垂直的恩庇关系（与皇帝常常相隔好几级）来获得晋升和垂青。元老等级的罗马上层意识形态——与共和时代的前辈一脉相承——淡化了将经验或专门技能作为任职先决条件的必要性，而骑士等级则因其人数和地域多样性而变得相对更加专业，他们的晋升至少可以相信是基于才干，而不是简单地根据出身。

长久以来，出身的确仍然是获得权力的首要因素：直到 2 世纪末，元老阶层一直占据着最高级和最显赫的帝国职务。最有权势的骑士可能获得了使用执政官标志的荣耀（consularibus ornamentis ornati）①——但他们本人就连递补执政官也没担任过。直到塞维鲁统治时期，我们才开始看到为后来的帝国奠定基础的变化。塞维鲁的帝国同安敦尼的帝国的主要区别之一，是前者会毫无避忌地承认骑士精英是国家的主要大臣。这可能是导致元老院分裂和人才凋零的残酷内战，以及伴随着塞维鲁的胜利而进行的大清洗的自然结果。不过，同样清楚的是，塞维鲁从未真正信任过他的元老同僚；塞维鲁的帝国见证了在政府最高层级上元老和骑士间权力平衡的真正剧变。为了管理从尼格尔和阿尔比努斯的前支持者那里没收的巨额财富，塞维鲁大大扩张了旧有的

———————

① 镶紫色宽边的托袈和象牙座椅。

皇帝私库及其管理部门。不久，私库又兼并了从前的帝库，成为 3 世纪国家最重要的财政机构，它的管理人员全部是骑士。现在，使用骑士等级的人口登记执行代理官（procuratores ad census accipiendos）的做法从皇帝行省扩大到了公共行省，在那里，开展人口登记曾经是当地共同体的特权。此外，就像从铭文中可以特别清楚地看到的，现金和实物税不再由包税商和当地的市议会征收，而是越来越多地由低级别的帝国官员征收——或者临时从部队抽调的士兵，他们代表财政部门执行，并向其汇报。

这种财政管理机构的扩张在行省生活中体现得最为明显，而军事指挥权的变化也同样巨大。塞维鲁为了发动战争而组建的"帕提亚"第一、第二和第三军团率先从创立伊始就拥有永久的骑士等级的长官（praefecti）而非元老等级的军团长（legati）。他的新的美索不达米亚行省是按照埃及的模式组织起来的，配备了骑士等级的总督和骑士等级的军团长官。就像我们已经看到的，小行省一直由骑士等级的代理官执掌，但塞维鲁开始把这种做法扩大到了重要的军事行省，冠冕堂皇的借口是这些直接任命的骑士官员仅仅是帮空缺的皇帝特使"代为行事"（vice agens）。卡拉卡拉更加直截了当，他把大批骑士提拔进了元老等级，从而让他们有资格担任元老职务，即便他们对元老的官职阶序完全没有经验或意识。不久，就连官方材料也开始不加分别地用 praeses 表示皇帝行省和公共行省的总督。

随着这些塞维鲁王朝的早期先例变得固定，并被其地位岌岌可危的继承者们所模仿，新近从骑士晋升为元老的家族数量也持续上升，而奥古斯都时代和弗拉维乌斯王朝的贵族几乎完全从《执政官名录》中消失了。从马克里努斯的失败统治到戈尔狄安三世之死，仅仅过了一代人的时间，一个菲利普这样的骑士就可以看上去颇有称帝的资格。同样是在那代人的时间里，为总督"代为行事"这种行政上的谎言被抛弃，随着骑士等级的长官取代了元老等级的皇帝特使，行省的地位也发生了改变。到了3世纪下半叶，阿拉伯、贝提卡、达尔马提亚、努米底亚、本都-比提尼亚和上日耳曼尼亚都转由骑士掌控，3世纪创立的行省中只有一个——249/250年创立的弗里吉亚-卡利亚（Phrygia-Caria）——被交给了元老等级的皇帝特使，而旧的大行省中也只有几个，比如塔拉科西班牙，仍然由皇帝特使执掌。

在任职于伽利埃努斯的时代，其他方面不为人知的维图拉西乌斯·拉伊提尼亚努斯（Vitulasius Laetinianus）和盖乌斯·尤利乌斯·撒路斯提乌斯·萨图尔尼努斯·福尔图那提亚努斯（C. Iulius Sallustius Saturninus Fortunatianus）之后，我们再也找不到有元老背景的军团长了。在伽利埃努斯时代，新的机动骑兵部队成了军队体系的核心，其指挥官均由骑士等级的队长（praepositi）担任。与之类似，到了伽利埃努斯时代，最高骑士职务的担任者——他们因此有了"最杰出的人"（eminentissimus）的级别——常常可以成为执政官，从而让他们达到元老的"最有名望的人"的级别，而不必在元老的官职阶序中担任过任何职务。成为"最有名望的人"后，这些人几乎不会继续担任更高的官职，但此类变化不可能不引起元老和骑士官职阶序的混淆，乃至最终元老和骑士等级的混淆。

在元老和骑士官职阶序的差别变得模糊的同时，文官和军事职业生涯的交集却越来越少，这预示着后来君士坦丁将文职官阶和军事官阶明确分开。直到塞维鲁·亚历山大的时代，在行伍生涯中达到顶峰的人随后都会被吸收进骑士等级的文官体系，但随着 3 世纪的推移，这种情况变得越来越少：升任第一小队长的士兵不会再成为文职的代理官，已知的最后一个有这样经历的人是奥勒留·萨宾尼亚努斯（Aurelius Sabinianus），他在瓦勒良和伽利埃努斯统治时期任职。相比 3 世纪初的前任们，伽利埃努斯甚至更习惯于让低级的骑士军官直接掌握曾经由军团长执掌的军团指挥权，头衔为军队长官，拥有"卓越的人"的级别。他还把一些经历类似的人任命为督军——这是拥有很大自由裁量权的战地指挥官的新的通用头衔。

以这种半临时的方式创造的军官团体最终导致了伽利埃努斯的败亡，因为几乎所有阴谋推翻他的高级军官——奥雷奥卢斯、赫拉克利亚努斯、马尔基亚努斯、克劳狄乌斯和奥勒良——都正是出身上述背景，后来成为戴克里先的高级恺撒的君士坦提乌斯一世同样如此。显然，在那个世纪中叶造成如此严重影响的多线军事危机需要实验性和权宜的举措，而伽利埃努斯——他在 4 世纪时被视作"元老院之鞭"——能够如此务实地任用骑士担任元老职务可能也正是因为他本人的元老背景无可指摘。不过，在其他 3 世纪的皇帝中，只有图拉真·德基乌斯经历过元老的官职阶序，而从我们可以确定的其早年生涯的证据来看，其他人都是通过军队体系升到了骑士等级的指挥官，然后再登上——或夺取——皇位的。

政府中骑士等级的专家的倍增带来了一种新的想法，那就是在各个行省采用完全可复制和非个人的方式来管理事务是可能的，不必像共和时期和帝国早期的行省治理那样采取因地制宜的方式。到了塞维鲁·亚历山大统治时期，可复制和普遍化的做法开始让行省治理中的参差多态变得同质，这在一定程度上是因为，卡拉卡拉赋予全体人口公民权意味着罗马法不得不被推广到此前鲜有人知道它的地区。3 世纪末，戴克里先和他的皇帝同僚们看到了把对于治理的实际的、管理上的愿望同意识形态的统一性结合起来的系统性的价值。到了四帝共治末期，在作为个人（privatus）的皇帝、作为元首的皇帝和他所领导的罗马国家之间做出区分的早期帝国体系的最后残余也已经消失。随之消失的还有大部分奥古斯都刻意推崇的共和制外表的遗存。那些次要的元老职务在 3 世纪更早的时候就已经开始消失：伽利埃努斯之后，二十人委员会、保民官和平民营造官再也没有了记载，此后象征性的财务官成了元老官职阶序的起点。在四帝共治时期，财务官一职几乎成了让元老的儿子正式加入元老等级的隐形税，而在君士坦丁打压骑士等级，用元老级别的等级体系取而代之之后，情况仍然如此。

3 世纪的另一项遗产是法政官职务减少，因为到了该世纪中叶，随着从前所有的法政官级别的总督职务都改由骑士担任，它们变得多余。在这一时期，我们也不再听说意大利还有旧有的元老级的节度使和司法官了，而在 1 世纪和 2 世纪，这些荣耀的临时任命曾为半岛的所有地区提供了元老等级的行政官员。取而代之的是新的永久性的节度使，最早的证据来自普罗布斯统治时期，它表明意大利正在经历行省化，该过程将在加莱利乌斯的第二代四帝共治时期正式化。四帝共治时期，最后的执政官行省——塔拉科西班牙、弗里吉亚和叙利亚-腓尼基——也落入了骑士手中，亚该亚、克里特和塞浦路斯这些硕果仅存的公共行省也都改由皇帝任命的人选执掌，而马其顿和吕基亚-潘菲利亚（Lycia-Pamphylia）早在普罗布斯和卡卢斯统治时期就这样了。

　　因此，君士坦丁继承的是发生了巨变的局面，3 世纪时的许多临时实验已经永久化。他本人的改革巩固了那个四帝共治开始制度化的广泛而强制性的状态。然而，四帝共治的模式先后将权力分散给两位和四位皇帝，以便让 3 世纪的政治暴力重新受到控制，但君士坦丁则确保了他对权力的掌控是绝对的。他保留了四帝共治时期日益侵入式的国家政府体系及其夸张的辞令、既包容又疏远的仪式。但他也认识到了更早的安敦尼王朝模式的皇帝的价值，即皇帝会与得以接近他们的臣民进行交流，优雅而大度地对他们的诉状做出回应。出于这个原因，虽然戴克里先统治的基调是坚持官员在帝国治理中的核心地位，君士坦丁却开启了一种威慑风格，承诺保护他的臣民不受他任命统治他们的那些官员侵扰。他对冒犯和掠夺臣民的官员施以严厉而示范性的刑罚，把这种冒犯视作对他本人尊严的攻击。他由此试图以一种戴克里先所没有的方式直接吸引臣民，而在这样做的时候又采用了戴克里先及其律师们开创的感情洋溢的风格。对君士坦丁来说，这是一个充满魅力的统治者的有意之举，他既利用四帝共治留下的制度进行统治，又作为臣民的斗士和保护人直接同他们对话。与治理他所代表的国家的官员高调地保持距离的做法是国家不断扩张的表现，这种扩张是他和他的继任者统治时期最明显的特征。

　　4 世纪体系的基础是行省的治理。塞维鲁时代的行省在戴克里先时代被分割开，数量大为增加。这些行省划分的主要证据是来自君士坦丁和李锡尼共治早期的一份官僚文件，名为维罗纳名单（Laterculus Veronensis），上面罗列了帝国被划分成的 100 多个行省。行省总督拥有不同的头衔——代执政官、执政官级别（consularis）、节度使——代表了不同的行省指挥官职组成的等级和威望的层次体系。作为最古老的共和国元老院行省的继承者，阿非利加、亚细亚和亚该亚代执政官行省的代执政官总督显得与众不同，因为这些行省总督享有特别的法律权利，可以直接向皇帝，而不是近卫军长官等更高级的官员汇报。大部分总督都发挥着类似的作用，管理着他们行省的整个文官行政体系，包括法律体系以及该行省向各个国家财政部门所需尽到的责任。行省的边界和数量相对多变，4 世纪和 5 世纪又有新行省被创建，其地位和边界也发生了各种变化。

大区——四帝共治时期由多个行省组成的更大行政单位——往往要稳定得多。大区的主要职能似乎首先是财政上的，将归属同一个税官机构的地区放到了一起。它们最初由近卫军长官的部属统治，这些人常常作为副长官或全权代表。不过，到了君士坦丁的时代，大区治理变得更加系统化，由名为大区长官的官员统治，他们有权代表皇帝（vice sacra）审判法律案件。这样做的目标既是为了满足皇帝心爱的行省人民的盼望，为他们提供更公正的待遇，也是为了确保日益复杂的有上诉管辖权的各个层级能够相互有交集，从而对官员和行省人民提供监管。可能同样是为了达到更强、更具条理性的监管，君士坦丁将戴克里先的默西亚大区分成了达契亚和马其顿，而瓦伦斯也在 4 世纪末将埃及从东方大区中分出，为其设置了自己的大区长官，称为皇帝长官〔praefectus Augustalis，东方大区的长官头衔也是独一无二的，称为"卿"（comes），而非 vicarius Orientis〕。在整个 4 世纪和 5 世纪开始后的很长时间里，大区一直是帝国的基石，不同的皇帝在这一行政层级上划分自己的势力范围。尽管如此，大区长官从未获得过不得上诉的法律权力：正如行省总督的决定可以被上诉到大区长官或长官那里，大区长官的判决也可以被上诉到皇帝或近卫军长官那里。

这些晚期帝国的大区长官是我们在整个故事中所看到的早期帝国官员的直系后代。在 4 世纪初，他们的确拥有过不得上诉的司法权力，其判决就像皇帝那样不可挑战。而在四帝共治时期，每位皇帝都有自己的近卫军长官，这种做法在君士坦丁那里得到延续，他让自己的孩子们在帝国的不同部分设立了下属宫廷。当君士坦丁在 312 年解散了近卫军后，近卫军长官失去了最后的军事权力，但他们仍然是帝国政府中最有权势的官员，可以代替皇帝进行审判，征收和分配归他们执掌的大区的收入，以及听取对下级地方官员的上诉。他们承担着巨大的财政责任，因为他们负责"岁调"——所有帝国公务员和军队的薪俸和配给。因为晚期帝国和早期帝国在本质上都是一台将各行省的税收以现金或实物的形式重新分配给皇帝的公务员和士兵的机器，所以负责这台机器的主要官员不可避免地拥有了最大的权力和责任。除了重新分配财富这个基本责任，近卫军长官还要监督帝国基础设施的维护，维持公共驿站系统和被雇佣来运送"岁调"的私人航运网络，并征收以现金、实物或无偿兵役的形式缴纳的税款，以确保这些职能的履行。

从史料中可以看到，在君士坦丁去世的时候，近卫军长官管辖权实质上已经地域化了，而在他的儿子君士坦提乌斯二世的统治时期，这一点更是显得非常清楚。虽然从属于近卫军长官的大区会不时改变（在 4 世纪末和 5 世纪初，由于内战和入侵，这种改变非常频繁），但在 350 年左右发展出了 4 个相对稳定的长官辖区：高卢辖区，治所通常在特里尔，管辖不列颠、两个高卢大区和西班牙；意大利和阿非利加辖区，管辖意大利、昔兰尼以西说拉丁语的北非地区、阿尔卑斯山诸行省，有时还包括潘诺尼亚；伊利里亚辖区，它有时与意大利和阿非利加共同管理，包括马其顿和达契亚，有时也包括潘诺尼亚；东方辖区，包括色雷斯、小亚细亚、黎凡特、美索不达米亚和埃及。亚该亚、亚细亚和阿非利加代执政官行省不受近卫军长官的节制，但在实践中，它们也需要在财政事务上同他的行政管理机构合作。罗马（或者359年之后的君士坦丁堡）同样是个例外，掌管它的是城市长官和供粮长官，前者是地位很高的元老职务，后者通常由与近卫军长官系统有关系的地位较低的官员担任。

除了行省总督、大区长官和辖区长官——各自都需要数十名，甚至是数百名下属官员——皇帝本人的身边还有所谓的随员（comitatus）机构，或者说是与他同行的政府部门。最接近皇帝的是他的内侍人员（cubicularii），由皇帝内侍总管（praepositus sacri cubiculi）统管。这些内侍总管和他们的大部分部属都是宦官，通常来自罗马和波斯交界的地方。他们负责皇室账目，满足皇帝夫妇个人和私密的需求，以及监督各种教师、文书和仆人，这些人被统称为宫廷侍从（ministeriales palatiorum 或 curae palatiorum）。另一批主要的宫廷官员则负责皇帝需要参与的公共活动。政务总管可能是随员中最有权势的部门长官，他主管着皇帝的公共角色所需的各个秘书室：他有3名次官作为其部属——备忘官、诉状长官和秘书长官，他们分别负责皇帝的书信、接受提交给皇帝的上诉和诉状，以及接受行省行政官员的报告（relationes）和起草对他们的回复。

这些部门维持着一支用于外交事务的翻译队伍，政务总管还控制着帝国政府的机密信使系统，交由所谓的"办事员"（agentes in rebus，希腊语作 magistrianoi）负责。这些办事员的数量可能始终都有 1000 人，他们拥有自己清晰的等级层次，其职业生涯从信使开始，但最终经常变成非常隐秘的间谍、特工或暗杀者，承担着那些无法被稳妥地变成定规，但皇帝常常需要在短时间内尽量不为人知地完成的临时任务。也许出人意料的是，在君士坦丁统治期间和之后，政务总管是唯一扮演着重要军事角色的文官，他是宫廷内务部队（scholae palatinae）名义上的指挥官，尽管这些部队各自都有皇帝亲自选定的军政官作为作战指挥。

政务总管的职能在很大程度上与另一个宫廷职务重合，那就是文书处（corps of notaries）。这个部门负责记录整个帝国的正式任命，以及向所有为皇帝效命的官员发布来自他的委任状。其负责人是首席文书（primicerius notariorum），他保管着记录所有帝国官员的"大名单"（laterculum maius），并发布告知官员对他们任命的附录。这需要大批文书（notarii），虽然严格说来是文员，但他们也常常负责各种专门事务，有时作为没有固定职责的行政官员，做着皇帝需要在某个时间完成的事，即便那是不诚实或不合法的。

虽然近卫军长官监督着在国家体系中流转的大笔金钱，但戴克里先新设立的财政部门在君士坦丁的整个统治期间和之后都在发展，而监管它们的主管（称为"卿官"）总是皇帝的高级随员。私库早在君士坦丁的统治之前很久就合并了帝库，私库卿（comes rei privatae）与高级皇帝同行，监督 5 个不同的秘书室，专门负责皇帝财产管理中的不同要素，从税收和租金到售卖和罚没。因此，私库在各个行省到处都有代表，并设有地区和行省层级的管理机构。

圣库部门控制着铸币场，包括君士坦丁在西尔米乌姆和塞尔迪卡的新铸币场，以及那些继续运作的四帝共治时期的旧铸币场。它还监督着属于国家的金银矿，以及国家兵工场（fabricae），那里负责为军官打造武器和盔甲，并在上面装饰贵金属。最后，所有以金银形式征收的税都以这个部门为目的地：包括各种历史非常悠久的通行费和港口税；代役金（aurum tironicum，用缴纳黄金代替服役）；加冕金（aurum coronarium，城市辖区在皇帝登基和每五周年时的"自愿"捐献）；捐献金（aurum oblaticium，由元老们在同样的日子支付）；土地税（collatio glebalis，元老每年支付的税金）；五年税［collatio lustralis，希腊语作 chrysárgyron（金银税），每 5 年向所有商人征收，最初以金或银为形式，后来仅限黄金］。圣库卿辖下有足足 10 个秘书室，与私库一样，它们常常有行省和宫廷两个层级。

除了另类的政务总管及其对宫廷内务部队的指挥权，君士坦丁将帝国的军事体系同文官系统永远地分开了。在整个帝国的层面上，军队指挥权要比文官体系简单得多。野战部队（comitatenses）和行省的驻防部队（limitanei 或 ripenses）之间逐渐出现了区别。虽然有一些证据显示了这两种类型的军队在作战水准上的不同，但显然没有固定的一等和二等士兵之分。野战军由两名高级将军指挥，他们通常是皇帝的随员，因此被称为亲兵长官（magistri militum praesentales）。两人中地位较高的是亲兵步兵长官（magistri peditum praesentales），较低的是亲兵骑兵长官（magistri equitum praesentales），但他们统率的其实都是步兵和骑兵的混合部队，并被统称为统兵长官（magistri militum）。如果多位皇帝以皇帝集体的形式统治，那么每个皇帝的随员中都会有这些指挥官职务，尽管随着时间的推移——与近卫军长官辖区的发展相似——这些野战军也开始有了地区指挥基地。

除了亲兵长官，4 世纪中期还出现了高卢长官（magister per Gallias）、伊利里亚长官（magister per Illyricum）和东方长官（magister per Orientem），他们各自拥有或多或少稳定的野战军核心部队，可能随着该地区的军情而波动。边境地区的永久驻军由掌握着不同边防军的卿官或督军统率，尽管这些边防军有时会四散分布在整个行省，并常常扮演警察和边境管理者的角色，不亚于他们的士兵身份。由有特权和人脉广的公务员和军官之子组成的亲兵扈卫听从皇帝本人的军事指挥，此外，对于来自截然不同的背景、加入了晚期帝国的军官行列的人来说，该部队充当了军官的培养所。统领亲兵扈卫的是皇帝的高级随员内卫卿，这支部队与普通扈卫有所不同，后者是在其生涯晚期获得提拔的野战军或边防军成员，并被委派了常常在偏远行省的各种特别的监督任务，作为对其长期和出色服役的奖赏。就像我们已经提到的，宫廷内务部队不受亲兵长官指挥，而是听命于政务总管。皇帝从这些特殊的内务部队中抽调个人侍卫，他们被称为"白衣侍卫"（candidati），因为他们的制服是白色的（candidus）。每支宫廷内务部队有大约 500 名士兵，由皇帝亲自挑选的队长指挥。

阿米亚努斯·马尔克里努斯是出身自安条克军人家族的一名亲兵扈卫，在 4 世纪中叶退役，他撰写了最后一部有相当大篇幅存世的伟大拉丁语史书。得益于这部著作，我们前所未有地了解了本章中所勾勒的这个极其复杂的行政体制是如何实际运作的。君士坦丁的帝国——它的军事和文官体系，宫廷、行省、财政和管理部门的相互重合——与我们的故事开始时的安敦尼时代的世界有着天翻地覆的区别。在那时，一层相对较薄的帝国权威笼罩着地方和行省的世界，后者在某些地方与罗马帝国开始时当地的样子相比，没有什么变化。但等到君士坦丁去世的时候，整个帝国已经被整合成了一个统治体系，无论谁担任皇帝都能运行——运行得常常并不顺畅，常常显得臃肿——它被帝国精英扛在肩上，这些精英的正当性并不依赖元老出身，而是其在维系国家机器运作中的角色。事实上，君士坦丁创造了一个全新的罗马帝国。

第 16 章

君士坦丁的帝国

324 年，君士坦丁完全控制了他的帝国。对李锡尼的胜利意味着再也没有值得一提的挑战者，除非他们来自他自己的家族。这场胜利还让君士坦丁控制了与萨珊波斯的边境，这为他的扩张想象提供了新的和更大的视野。当时的波斯正处于有意思的时期，年轻的众王之王沙普尔二世刚刚成年。尽管事实将证明他和他 3 世纪的同名者一样令人生畏，但他的青少年阶段并不是一段轻松的岁月。纳塞赫于 302 或 303 年去世，由儿子奥尔马兹德二世继位（302—309/310 年在位）。我们对奥尔马兹德二世统治时期的波斯所知寥寥，因为后来的阿拉伯语文献中很少有可靠的信息。他去世后（很可能经历了一场叛乱），沙普尔二世（309/310—379 年在位）继位，他在 309/310 年时还只是个婴儿。沙普尔二世的继位看上去像是反对奥尔马兹德更年长的儿子们的部分贵族和祭司发动的政变。尽管 4 世纪 10 年代在波斯历史上是一段空白，但到了 4 世纪 20 年代，沙普尔二世已经开始主张自己的权威。324 或 325 年左右，他的哥哥奥尔马兹德［罗马人称之为霍尔米斯达斯（Hormisdas）］逃亡到君士坦丁的宫廷。很可能在此后不久，沙普尔亲自率军深入阿拉伯，惩罚了那里的萨珊藩属，可能还试图削弱罗马对通往远东的贸易路线的控制。在那次远征中，或者至少与其相关，波斯人和罗马人沿着罗马在阿拉伯的边界（第12章中所讨论的戴克里先大道）发生了小规模冲突，罗马人似乎遭受了真正的损失。在大部分时候，沙普尔都首先专注于巩固他在自己帝国行省的权力，但未来他与君士坦丁将展开持续超过一代人的冲突。

君士坦丁发现东部是一个与他离开的西部帝国截然不同的世界。除了希腊和拉丁文化的明显差异，这两个地区在之前的十年中对迫害有着全然不同的经历。东部的基督徒数量不仅要比西部多得多，而且他们遭受的苦难更多，时间也更长。此外，希腊基督教要比拉丁基督教复杂得多。部分原因是语言——希腊语可以比拉丁语微妙得多，通过用现有的变位元素创造出新的词汇，希腊语能够表达出几乎无限的意思变化。拉丁语的词汇较少，对新词汇更为抵制，因此在表达神学或哲学的细微差别方面远不如希腊语，同一些词常被用来表示许多不同的东西。所以，在帝国早期，即便是以拉丁语为母语的人也常常会选择用希腊语来撰写哲学话题——我们看到，马可·奥勒留皇帝写给自己的斯多噶哲学备忘录就是这样的。出于同样的原因，希腊思想家很少觉得有必要学拉丁语。然而，这种语言上的复杂性对希腊基督教产生了影响。

就像我们看到的，君士坦丁的新信仰更多建立在信什么而非做什么之上，没能拥有正确的信仰会影响救赎。深奥的定义问题——这些东西本来会在哲学家，甚至是教条的柏拉图主义者之间引发热烈且互不相让的争论——对基督教神学家来说成了生死攸关的事，因为它们可能意味着基督徒灵魂的死亡。希腊语的微妙可以创造出含义的变化，这为不同的观点提供了几乎无限的空间。当然，正确的信仰不是等待被发现的东西，而是在喧闹的神学争论中形成的构想。在这场观念之战中失败的构想会被谴责为异端和错误的信仰，但这是有问题的：一来这个教士心目中的异端可能是那个教士心中的正统；二来当某个观点被接受为正统或者某个问题似乎得到了解决时，解决方案可能会带来新的问题，随之而来的还有常常同样具有分歧的新观点。

当君士坦丁打败李锡尼并控制了东部后，他发现自己卷入了一场这样的神学争论。问题围绕着基督教三位一体的三种位格——圣父、圣子和圣灵——之间的关系，特别是圣父与圣子的关系。有争议的观点是由一个叫阿里乌斯（Arius）的埃及教士提出的，由此开始的这场漫长的神学之争在今天被称作阿里乌斯争论。与对北非多纳图斯派非常有限的干预不同，君士坦丁对阿里乌斯争论的介入令人惊讶地果断，简而言之，也是决定性的；它将对罗马帝国的未来产生巨大的影响，无论是政治上还是文化上。

埃及及其主要的主教辖区亚历山大里亚经历过与阿非利加的多纳图斯派分裂类似的问题——在大迫害期间对罗马官方表现出一定的顺从的人中，能允许谁参加教会的领圣体仪式。但与阿非利加不同的是，在埃及，"上交者"的问题被争论的一方借机与真正的神学问题联系在了一起。在安条克求过学的阿里乌斯反对亚历山大里亚主教亚历山大的观点，即在基督教的三位一体中，圣父和圣子是同样的。阿里乌斯表示，如果圣子是圣父"所生"，那么圣子肯定在一段时间内并不存在，因此他们不可能拥有相同的本质，圣子必然不同于圣父，而且要服从后者。作为对这一挑战的回应，亚历山大流放了阿里乌斯，并把他革出教门，认为他不仅抗命而且是异端，而阿里乌斯则在其他东部教会中寻求并找到了强大的政治上的支持者。

在描述三位一体中圣父和圣子的关系时谁对谁错？这个思想问题一旦被政治化，它就变得不再是纯粹思想上的，而是取决于在任何一个社会里能够影响思想的朋友和恩庇网络中认识谁。这些网络从君士坦丁打败了李锡尼的那一刻起就包围了他的宫廷，人们不仅知道可以请求他做出可执行的裁决，而且知道他作为他们共同信仰的一员，会觉得自己有责任这样做。君士坦丁依靠大公会决议在西部解决了多纳图斯派争论，但在东部，这一手段却会加剧这个思想问题及其附带的政治色彩的严重性，因为它代表的是一种本质上充满危险的构建正统观念的做法：它让习惯于主宰自己所在的社群的主教群体在利害关系最大的问题上寻求妥协。在聪明而野心勃勃的人中，嫉妒、虚荣和身份等级失去了约束，他们可以声称——而且人们普遍相信——其他人的灵魂有赖于他们是否正确。在理论上，大公会的决定不仅有约束力，而且受到了上帝的启发。但在实践中，这些决定不仅是神学的，也同样是政治的，并伴随着怨恨和相互指责，就像一个有许多输家的过程中总是会出现的那样。在基督徒被罗马当局忽视或迫害的那3个世纪里，大公会或主教的决议只能通过信众共同体的相互共识才能得到执行。君士坦丁的皈依和他让罗马当局全力支持大公会决议的决定让教会政治马上变得激烈起来。

我们在尼西亚大公会上看到了这点，这次会议的召开是为了解决关于阿里乌斯学说的争议。君士坦丁长久以来都向西班牙科尔杜巴的主教霍西乌斯［Hosius，亦作奥西乌斯（Ossius）］寻求建议，很可能正是后者让他相信，他在高卢看到的异象是基督教的而非阿波罗的神兆。面对支持和反对阿里乌斯的主教们的对立，霍西乌斯建议召开大公会，帝国所有的主教都受邀参加。大公会在小亚细亚的尼西亚召开，这个地点对大部分东部主教来说都很方便。教会法规认可的参会主教人数是 318 人，但真正的人数无从知晓。恺撒利亚的优西比乌——他写了第一部教会史，其后来版本就是以尼西亚大公会为高潮的——不仅是我们最重要的史料作者，还是我们已知参会的数十名重要主教之一。参会者中不仅有德高望重、身上带有戴克里先大迫害的伤疤的基督教领袖，还有东部最神圣的两个主教区——亚历山大里亚和安条克的代表。安条克的尤斯塔提乌斯（Eustathius of Antioch）亲自参会，而亚历山大里亚的亚历山大则以年老为由，派了一位年轻的执事阿塔那修斯（Athanasius）代表自己参加。事实证明，鉴于大公会将要解决的主要争议与亚历山大本人属下的教士阿里乌斯有关，把事情交给一个政治上心怀不轨的年轻下属的决定将产生严重的后果。

　　不过，君士坦丁和霍西乌斯显然想要既达成一致，又确立真正的信仰。他们把网撒得很广：参会者中不仅有来自高卢、西班牙、阿非利加、达尔马提亚和意大利的西部主教，还有尼科美底亚主教优西比乌，此人的重要性既因为他资历老，也因为他是皇帝在小亚细亚主要驻所的现任主教。优西比乌是阿里乌斯的支持者之一，与后者师出同门，尽管在尼西亚显然是少数派，但他们在皇帝本人面前有力地主张了自己的观点：君士坦丁坚持作为与会主教中的平等一员进行辩论，这是一个大胆却典型的举动。

　　我们无须描绘尼西亚的神学辩论的细节，部分原因是准确且不带信仰偏见地还原这些辩论一直是几个世纪以来的工作。虽然如此，我们还是应该同时强调它们的重要性，因为即便是 21 世纪非常虔诚的信徒也很难想象古代晚期的基督徒对神学上的精准性的重视。我们只需指出，经过了大量的辩论、表达思想立场和寻求政治支持，大会否定了阿里乌斯的观点，即圣子是圣父的第一个造物，因而在"本体"（希腊语的 ousia，拉丁语的 substantia）上不同于圣父。相反，大公会认定，圣父和圣子是"同本体的"（homoousios，希腊语"同一"和"本体"的复合词）。尼西亚大公会的这一观点彻底排除了圣父子存在"本体"差异的可能性，尽管其中一个是由另一个创造的。如果读者觉得存在矛盾，那就肯定需要一次信仰的飞跃来克服它。虽然如此，这种观点暂时取得了成功：它迎合了那些认为阿里乌斯是不可救药的离经叛道者的人，以及那些想要确保定下一种他不可能接受的神学结论的人；它还满足了那些仅仅想要取悦新的东部皇帝和想要在争论中毫发无损的人，因为新皇帝明显认为尼西亚信经是胜出的主张；即便那些认为同本体论在思维上站不住脚的人——以尼科美底亚的优西比乌为首——也觉得它对于当时的需要来说已经够好了。在这点上他们被证明是对的。除了三人之外，所有的主教都接受了大公会提出的信经，阿里乌斯和其他顽抗者被流放，此事被认为会就此平息。

当然，与北非的多纳图斯派分裂一样，结果并非如此。不仅是那些真正认同阿里乌斯的人觉得尼西亚决议令人难堪。还有许多人认为阿里乌斯完全错了，但同本体论一样错误，虽然是以不同的方式。这种局面是持续不断的冲突的温床，它引发的也确实是冲突。对于亚历山大里亚的阿塔那修斯和胜出一方中认同他的人来说，保护尼西亚信经免遭任何挑战是重大的政治投资。328

年，阿塔那修斯接替亚历山大成为这个埃及大都会的主教后，永久麻烦的舞台就搭好了。尼科美底亚的优西比乌与皇帝的关系特别亲密，而且当君士坦丁逐渐老去时，他们的关系甚至变得更加亲近。随着君士坦丁统治时间的推移，他尽其所能地确保让其他认同阿里乌斯观点的人担任东部的主教。这些主教——被他们的反对者讥讽为阿里乌斯派，但更应该按照他们所倡导的观点称为"相似派"（homoians）——认为，圣父和圣子并不具有同一的本体，而是事实上在本体上相似（homoios）。到了君士坦丁快去世时，皇帝本人开始认为阿塔那修斯及其追随者不仅在神学上要比他们的对手更加错误，而且是更危险的碍事者。

我们在这里可以用足足几页篇幅来记述尼西亚大公会之后的政治和神学阴谋，而神学争论在晚期古代历史及其传世文献史料中也的确是首要的主题之一。但目前对我们来说，至关重要的一点是结构上的。尼西亚大公会及其后续影响让皇帝和他的官员们有责任支持某一种形式的基督教信仰，否定另一种，以此来推行一致性。这与德基乌斯时期的推行献祭截然不同，当时强制要求的是行为上的一致性，而不是信仰上的。君士坦丁本人和他的官员们致力于推行的东西是无法被证明的。基督教争论者们明白这点，并抓住了它在政治上的利用价值。长期来看，国家将被迫花费大量资源来界定和推行人们应该承认自己信仰什么，这个过程将创造出一整批被国家及其保护所排除的人，因为他们不愿接受皇帝认可的那种基督教信仰构想。

发现和推行正统并非君士坦丁采取的唯一有利于教会的措施。他向东部各地派出官员，对异教神庙的财宝进行编目和掠夺。神庙是巨型的财物存放处，长久以来一直作为希腊世界的银行和博

物馆，其中许多拥有 500、600 和 700 年前的礼物。君士坦丁拿
走了那里所有的黄金和其他财宝，用于支付他的两项最为雄心勃
勃的计划：建设君士坦丁堡，以及我们在本章稍后将会提到的货
币改革。这些没收并不是为了打压异教信仰而有意计划的。如果
是那样，君士坦丁就不会任命一位显要的异教徒，厄琉息斯祭司
长——雅典的尼加戈拉斯（Nicagoras of Athens）负责从埃及寻找
珍贵的纪念碑。不过，与君士坦丁对传统希腊化宗教采取的任何
其他措施相比，许多大神庙突然一贫如洗造成的破坏更大。这些
其他措施中有一项引起了极大的争论，因为有关它的证据出人意
料地难找：君士坦丁很可能禁止了公共的异教献祭，不仅是献祭
牲畜，还包括象征性地在神明的圣所焚香。同时代的文献没有明
确证明这样的禁令，但有一首异教希腊语诗歌暗示祭坛不再冒烟，
而君士坦丁的儿子君士坦斯（Constans）在 341 年颁布法律禁止
公共献祭时声称君士坦丁在过去已经这样做了。因此，权衡了各
种可能性后，我们认为君士坦丁确实禁止了公共献祭，但也同样
推测禁令的执行并不非常严格——与大迫害一样，它肯定在很大
程度上取决于在场官员的态度。作为对其基督教信仰的另一种表
现，公元 324 年，君士坦丁发明了主日制度，宣布在太阳日这个
神圣的日子里不进行任何公共事务（只有农业劳动者继续被要求
一周内每天都工作——这是对古老的希腊-罗马观念的有趣坚持，
即只有生活在政治上有明确定义的城市区域的人才是完全的人）。

　　在对基督徒表现出的各种恩宠中，尼西亚显然一直是君士坦
丁故事的轴心，不仅是因为其重要性，也因为现存证据的分布：
大公会结束后，除了零星的片段，很难勾勒出他的统治的叙事史。
最令人吃惊的时刻是克里斯普斯恺撒遭到处决，以及福斯塔要么

失踪要么被处决。326 年 5 月，克里斯普斯被召唤到波拉（Pola）回应某些不明的指控，并在那里被杀。由于君士坦丁能够如此完美地操纵自己的名声，我们无从知道究竟发生了什么。4 世纪末的异教徒欧纳皮俄斯［Eunapius，由年代更晚的异教徒佐西莫斯（Zosimus）在其《罗马新史》（*Historia Nova*）中转述］暗示，克里斯普斯和福斯塔通奸。克里斯普斯被处决后，悲痛驱使君士坦丁将福斯塔也杀了。在另一个版本的故事中，福斯塔被流放，在克里斯普斯死后几年去世。同时代的人似乎对此所知甚少，因此我们知道的就更少了。克里斯普斯和福斯塔的暧昧关系绝非不可能（他们差不多同龄），但更可能的是，君士坦丁害怕政变。克里斯普斯在与李锡尼的战争中表现出色，而且十年来，他一直被当作西部的帝国政府的代表培养。对于那些不满于有一个身处远方，而且可能是狂热基督徒的皇帝的西部人来说，克里斯普斯看上去像是一个有吸引力的替代者。君士坦丁怀疑儿子有危险的野心可能是对的，但也可能是在蒙蔽之下杀死了忠诚的副手。可以确定的是，326 年 7 月和 8 月，当克里斯普斯在波拉被杀时，君士坦丁正在罗马。对这位恺撒的记忆从未被恢复，但当福斯塔的儿子们继承了他们父亲的皇位时，她的名字最终被加回了皇室先祖的行列。

　　君士坦丁在 4 世纪 20 年代后期的活动可以从他颁布法律的地点中看出来。他在巴尔干度过了 326 年到 327 年的冬天。然后在327 年春末，他经由塞萨洛尼卡和君士坦丁堡前往小亚细亚，可能是为了检查他的新城市的修建进展。327 年 12 月和 328 年 1 月，他参加了在尼科美底亚举行的一次教会大公会，研究出了尼西亚决议的进一步后果。在此期间，他很可能将尼科美底亚附近的比提尼亚城邦（polis）德雷帕努姆（Drepanum）更名为海伦诺波利斯（Helenopolis），以向他的母亲海伦娜致敬，后者迄今为止都扮演着基督教庇护者的重要公共角色。不过，他在 5 月离开小亚细亚前往了巴尔干：那个月中旬，我们看到他出现在塞尔迪卡，然后前往奥伊斯库斯［Oescus，保加利亚普列文（Pleven）西北的一个小城，现在无人居住］，最后于同年秋天去了莱茵兰，可能是为了抚慰对克里斯普斯之死感到痛惜的当地精英。他在特里尔过冬，还在莱茵河对岸展开了一些军事行动，对手可能是某个法兰克群体。3 月，他回到了巴尔干，在那里度过了将近 3 年，包括在自己的新驻所君士坦丁堡（于 330 年 5 月 11 日正式落成）度过的整整一年。331 年，他在君士坦丁堡和尼科美底亚之间往来，主要是处理教会问题，但于 332 年初回到多瑙河地区，在那里发动了一场将对未来的事件产生重大影响的战争。

我们对君士坦丁的哥特战争的了解要超过大部分晚期帝国的边境行动，但我们所了解的东西在某些方面更多的是让人浮想联翩，而不是提供有用的信息。4 世纪 20 年代末，从古人所称的马伊奥提斯湖［Lake Maeotis，我们称之为亚速海（Sea of Azov）］到喀尔巴阡山的土地处于哥特霸权的统治之下，无论是这些人自己还是罗马人都把他们视作哥特人。四帝共治期间对卡尔皮人的最后一场战争之后，该地区的非哥特政体就连提也不再有人提到了，尽管这并不意味着当地的大部分人口都是"哥特人"。哥特人似乎一直是这个社会的主导群体，该社会中还包括了许多并不被认为是哥特人的臣民，尽管他们都属于名为桑塔纳-德-穆雷斯 / 切尔尼亚霍夫的独特文化。早前的人群——卡尔皮人、达契亚人、昔日的罗马行省居民和萨尔玛提亚人——并未消失，但现在被哥特人所统治，罗马文献中将他们分成两个主要群体：特尔文吉人（Tervingi）和格雷乌通吉人（Greuthungi）。就像我们所看到的，这些哥特人并不是来自其他地方的同一民族的移民，而是罗马边境居民和当地的各种边境文化融合的产物。该时期哥特人势力增长的真正证据是博斯普鲁斯海峡的希腊王国在君士坦丁统治末期的彻底衰败，以及其在 4 世纪中期的最终消失。难怪我们看到，恰在此时，多瑙河左岸被称作了"哥特岸"（ripa Gothica）。

　　并不完全清楚是什么驱使君士坦丁在 4 世纪 30 年代发动了哥特战争。他可能是想要惩罚哥特人在他和李锡尼最后的内战中站在后者一边，也可能是他对四帝共治时期支持哥特人打击卡尔皮人和萨尔玛提亚人，让特尔文吉人得以如此迅速地巩固权力感到警觉。君士坦丁的营建计划——4 世纪 20 年代末当地铜币的供应大幅增加可以显示出为其筹款的证据——包括了在铁门峡谷附近的波雷茨卡（Porecka）山谷中建造的庞大的防御墙体系，以及于 328 年完工的，从奥伊斯库斯到苏基达瓦（Sucidava）的雄心勃勃的新多瑙河大桥。苏基达瓦的基地在哥特岸建立了帝国的桥头堡，并延续了四帝共治时期用所谓"方堡"（quadriburgia）来防御多瑙河边境的计划。它们是占地不到 2.5 英亩①的小型要塞，四角有塔楼。罗马的第二默西亚（Moesia Secunda）和斯基泰行省以及河对岸也建起了"方堡"，君士坦丁还在特兰斯马利斯卡[Transmarisca，今图特拉坎（Tutrakan）]对面的达芙内也新建了一座。有记录表明，328 年和 329 年，他在多瑙河左岸作战。

---

① 1 英亩约合 4047 平方米。——编者注

330 年，一些泰法利人（Taifali）——一个在文献中被认定为"哥特人"的小群体——入侵了巴尔干各行省，他们可能是在逃离特尔文吉人，因为随后很快就有一个萨尔玛提亚人的使团到来，请求帝国帮助阻击后者。君士坦丁的哥特战争"在萨尔玛提亚人的土地上"继续，由他活着的儿子中最年长的君士坦提努斯指挥，后者接替克里斯普斯成为高级恺撒。战争以帝国的大胜告终，一个名叫阿里亚里克（Ariaric）的特尔文吉君主把自己的儿子也作为人质交了出来，这位君主显然统治着一个庞大的政治体，可能是哥特国王阿塔纳里克（Athanaric）的祖父，阿塔纳里克会在 4世纪 60 年代与瓦伦斯皇帝交战时不相上下。取得这场胜利后，罗马人又对他们的萨尔玛提亚盟友发起了军事行动，据说后者被证明破坏了与皇帝的协议。甚至在 20 年后，君士坦提努斯的胜利在人们的记忆中仍然特别激动人心，并在多瑙河畔确保了 30 多年的和平。

学者们根据极其匮乏的 4 世纪时的证据提出了关于和约条款的复杂假设，常常将无关的 6 世纪证据用于 332 年。在同时代的人看来，"哥特人终于学会了为罗马人效劳"。他们向皇帝进贡，为帝国的军事行动提供了兵源，整个多瑙河边境也向贸易开放。鉴于罗马人长久以来对罗马技术输出的限制，这是不同寻常的，但在河两岸发现的来自 4 世纪 30 年代到 60 年代的大量铜币暗示商业活动激增，哥特王国已经很好地融入了罗马的货币经济。与此同时，大批银币证明了罗马人与哥特精英的外交联系，这些银币大多发现于遍布哥特人全部领土的小窖藏。由于当时白银已经不再在罗马经济本身中扮演任何有意义的角色，它们可能是被铸成银条，作为赠给哥特酋长的补贴，或者是作为遣散费支付给在罗马军队中服役过的哥特士兵的：白银可以作为一种交易工具向东进入草原和萨珊世界，那里的经济完全以白银为基础。如果是这样，那将是罗马如何让自己的习惯适应欧亚世界背景的证据。

君士坦丁对哥特人感兴趣的最终结果是基督教在边境以外的传播。在帝国内部，君士坦丁采取了各种手段来对付异教徒，但没有主动鼓励他们皈依，而在帝国以外，他是个繁忙的传教者。他自认为是生活在帝国以外的人的主教，有责任让边境之外的各族接受福音，但也把皈依用作一种外交工具，把信徒同帝国和皇帝个人的宗教联系在一起。不过，完全可以预料的是，这种活动让基督徒在非罗马领土上看起来很像是"第五纵队"，不仅仅是在哥特人中间。君士坦丁支持基督教传教团前往帝国以外的多个王国。313 年或 314 年，在李锡尼统治时期，在卡帕多奇亚主教格里高利［Gregory，被称为"启蒙者"（Illuminator）］的启发下，亚美尼亚国王梯里达底三世皈依了基督教。亚美尼亚的影响很可能促使高加索伊比利亚也大规模皈依，后者位于拉齐察（Lazica）以南的黑海东海岸，是当时对希腊化时期的科尔喀斯（Colchis）古王国的称呼。

与总是处于罗马和波斯世界争夺中的亚美尼亚不同，伊比利亚长久以来一直完全属于伊朗的势力范围，它的统治精英通常像邻居安息王朝和萨珊王朝一样信仰琐罗亚斯德教。后来，随着伊比利亚国王在一个行神迹的基督教女圣徒影响下皈依——这位国王可能是罗马的忠实盟友梅里巴内斯三世［Meribanes Ⅲ，也作米利安（Mirian）］——他开始让自己的王国改变信仰：派到君士坦丁那里的使团受到了隆重欢迎，皇帝开始资助在伊比利亚的传教工作和教堂修建计划，这将导致 4 世纪后期与波斯的冲突。与伊比利亚结盟的重要性还体现在另一个方面：几乎可以肯定，在君士坦丁统治的最后十年里或此后不久，在伊比利亚发现了过去未知的质量很好的金矿；这批新发现的东方的金子将对4世纪的经济以及5世纪时东西部帝国各自的命运产生深刻的影响。

热情的皇帝的另一个传教地区是阿克苏姆（Axum），即古代的埃塞俄比亚。近来的研究表明，红海地区——包括位于其一侧的阿克苏姆和另一侧的希米亚尔（Himyar，今也门）——与罗马和波斯世界的联系要比之前所认为的紧密得多。事实上，希米亚尔那个长期存在的犹太王国对后来伊斯兰教的崛起和古代世界的终结意义重大。不过，在君士坦丁的时代，阿克苏姆的皈依与伊比利亚的非常相似：属于一个名叫梅洛皮乌斯（Meropius）的居无定所的哲学家的两名基督徒奴隶在阿克苏姆被释放，其中一人为那里的国王效命，另一人返回罗马帝国并成为提尔的主教，但保持了与昔日伙伴的联系。他这位名叫弗鲁门塔里乌斯（Frumentarius）的伙伴让国王埃扎纳（Ezana）皈依了，从此帝国的基督徒获得了与阿克苏姆进行贸易的特权。

亚历山大里亚的阿塔那修斯——我们在本章前文中看到的那位在尼西亚的专业争论者——承担了监督阿克苏姆人信仰正统的责任。就像君士坦丁在尼西亚的干预所证明的，信仰的正统事关帝国政治。正如萨珊人的崛起让罗马渐渐与更大范围内的欧亚历史产生了接触，充满扩张性的帝国基督教取代了早期帝国的务实崇拜也让帝国的目光延伸到了需要保护或规范管理基督徒的任何地方。

伊比利亚与阿克苏姆皈依的故事是通过虔诚者的虚构和传说的层层歪曲流传至今的，这种歪曲可见于希腊人和罗马人对遥远国度的所有描绘，我们对那些国度的主要了解混合了商人的故事、寥寥无几的外交使团的说法、古典神话和希腊化浪漫传奇的外表。相反，哥特人的皈依则有相当充分的证据：332 年的和约没有强制要求阿里亚里克的哥特人信仰基督教，但君士坦丁在去世前曾经资助过一位名叫乌尔菲拉（Ulfila，有时也作 Wulfila 或 Ulfilas）的哥特主教的传教团。我们对乌尔菲拉生平的了解来自两份史料：他的弟子奥克森提乌斯（Auxentius）写的一封书信，以及 5 世纪时菲罗斯托基俄斯（Philostorgius）《教会史》的一个大幅缩编的版本。乌尔菲拉是伽利埃努斯统治时期在斯基泰人的突袭中被俘虏的卡帕多奇亚人的后代，尽管他本人用的是哥特人的名字。他作为使者从哥特王国前来觐见皇帝——很可能是君士坦丁，也可能是君士坦提乌斯二世——并在 336 年或 341 年左右被尼科美底亚的优西比乌等主教祝圣。就像我们所看到的，优西比乌是后尼西亚相似派神学的支持者，君士坦丁晚年越来越倾向于这种观点。从为他祝圣的主教可以看出，乌尔菲拉属于相似派，因此哥特人中最早的布道者带来的基督教是相似派的。后来，哥特人的相似派信仰在瓦伦斯统治时期得到了加强，直到 6 世纪，相似派信条和哥特语的礼拜仪式将一直是区分罗马人和哥特人的要素。

经过祝圣后，乌尔菲拉成了哥特人土地上所有基督徒的主教。但我们不清楚那里有多少基督徒、他们中有多少人像乌尔菲拉一样是罗马俘虏的后裔、有多少人是在边境以外皈依的。但乌尔菲拉到来后不到 10 年，哥特人的首领们就开始对基督徒数量越来越多感到担心，并开始了他们的迫害。我们将在本书的续篇中考察哥特人皈依的后果，但在这里，我们要把乌尔菲拉的故事放在传教团前往阿克苏姆、亚美尼亚和伊比利亚的背景中来理解。它们都是 4 世纪帝国历史中一个新现象的表征：来自并不真正作为行省管理的地区的精英成了帝国精英的一部分，与受到帝国管理的地区的行省精英一样参与帝国的统治。我们将不止一次考察由君士坦丁开启的这一帝国政治的结构变化，它意味着在那个世纪的后期，无论是法兰克人和阿拉曼尼人、北非草原的毛里人、伊比利亚人和撒拉逊人，还是被流放的波斯王族和哥特人，都能在帝国政府中获得很好的职业生涯，有的在退休后会回到边境以外的故乡，还有的作为尊荣的显贵在帝国内定居下来。这与我们的故事开始时的安敦尼时期的元老精英已经是天差地别了。

回到我们对君士坦丁最后十年的支离破碎的叙述，皇帝取得哥特战争胜利的短期结果不过是把冲突的焦点转向了新一批蛮族敌人。就像我们所看到的，334 年，君士坦丁对萨尔玛提亚人发动了进攻，他们很可能就是当初请求他帮助阻击哥特人的那些人。我们被告知，萨尔玛提亚境内的奴隶反叛了他们的主人，许多萨尔玛提亚人——据一份文献记载有 3 万人——逃到了罗马管辖的地界。进入罗马领土后，他们被分别安置到巴尔干和意大利的行省。这提醒我们，罗马当局在管理人口的大规模迁移方面一直多么高效，即便这需要监督蛮族中旧有的统治阶层作乱，并为此做好准备。我们应该把这次萨尔玛提亚人的迁移理解为四帝共治时期哥特势力崛起的最后一个重要结果。事实上，直到 4 世纪 70 年代，多瑙河对岸的土地才再次发生类似的动乱。

334 年的战争结束后，君士坦丁接受了"最伟大的萨尔玛提亚征服者"的胜利头衔，此前他已经多次被称为"最伟大的哥特征服者"。他还接受了"最伟大的达契亚征服者"的头衔，这很可能表示他自诩恢复了图拉真的达契亚行省。那个昔日行省的喀尔巴阡山部分显然没有重新收归罗马的统治，但多瑙河两岸的"方堡"和其他小要塞中的新驻军为这一称号提供了正当性。在边界之外，君士坦丁是一股为人熟悉和畏惧的势力，335 年出席他登基三十周年庆典的大批蛮族使者证明了这点——目睹了这场庆典的恺撒利亚的优西比乌向我们描述了这一切。我们在这些蛮族使者中看到的不仅有意料之中的哥特人和萨尔玛提亚人，还有来自罗马上埃及行省以南的布莱米人（Blemmyes），以及埃塞俄比亚人和印度人。后者的出现并不像有些人可能认为的那样难以置信，因为就像我们将要看到的，君士坦丁的宫廷在其统治的末年非常关心印度。

这场庆典是一次重要事件，因为已经很久没有皇帝活到庆祝登基三十周年的时候了。在庆典过程中，君士坦丁和福斯塔所生的第二个儿子君士坦提乌斯举办了非常盛大的婚礼，新娘是君士坦丁同父异母的弟弟尤利乌斯·君士坦提乌斯（Julius Constantius）的女儿。不过，最值得一提的也许是庆典的举办地：君士坦丁堡。303 年，即便是对罗马城兴趣寥寥的戴克里先和马克西米安也觉得必须去那里庆祝自己登基二十周年。现在，仅仅 30 多年后，君士坦丁就已经觉得没有这种必要了。君士坦丁堡直到 4 世纪 80 年代才会被正式认可为新罗马，但没有什么比君士坦丁选择在那里庆祝一个如此重要的日子更能表明它作为帝国第二城市的地位了。

君士坦丁在他的登基三十周年庆典后将只会再统治两年，他在这段时间里对继承人做了安排，并计划了又一场对波斯的战争。324 年，君士坦丁为波斯国王沙普尔二世的逃到罗马境内的哥哥提供了庇护，从那时起，战争就开始酝酿了。在此后的许多年里，这位被希腊人和罗马人称为霍尔米斯达斯（奥尔马兹德）的王子一直是东部宫廷中的重要人物，但收留一位能干的成年王位竞争者是对沙普尔的严重冒犯。而且，火上浇油的是，在君士坦丁收留霍尔米斯达斯的差不多同时，波斯国王致信祝贺了他对李锡尼的胜利，欢迎他成为自己的君主伙伴。君士坦丁在回信中却用威吓的口吻要求沙普尔保护他的基督徒臣民，同时指责波斯宫廷的马兹达信仰是伪教。伊比利亚皈依基督教是对波斯势力范围的又一次侵犯，这加剧了沙普尔的怨恨，但直接引发与波斯战争的还是亚美尼亚继承危机，就像过去多次发生的那样。

330 年，基督徒国王梯里达底三世去世，他唯一的儿子还未成年。在许多次王位继承中都扮演了决定性角色的亚美尼亚贵族分成了支持罗马和支持波斯的两派，其中也有各种家族倾轧的影响。不出所料，倾向于罗马一边的那一派贵族选择了梯里达底年幼的儿子阿萨西斯，另一派则向沙普尔遣使，请求他为他们派来一位国王。亚美尼亚爆发了内战，阿萨西斯逃到了君士坦丁那里，沙普尔则入侵了亚美尼亚王国，还袭击了罗马帝国最东部的行省。君士坦丁向阿萨西斯提供了庇护，但没有试图帮他夺回王位；相反，他封自己同父异母的弟弟弗拉维乌斯·达尔马提乌斯（Flavius Dalmatius）的小儿子汉尼拔里亚努斯（Hannibalianus）为"众王之王和本都王国之王"。这道谕旨是战争的直接原因，但在登基三十周年庆典和在庆典上展示了世界统治权后，还有说法称沙普尔偷走了印度统治者送来的礼物，那是后者为了承认君士坦丁是他们 30 年来的统治者而奉上的。即便不考虑这则传言中典型的君士坦丁式宣传，我们也不应怀疑他觉得自己能够征服波斯。君士坦丁和许多罗马皇帝一样，幻想超越亚历山大，把征服的土地推进到东边的大海——无论那是哪里——而且他已经赢得了那么多次战斗，可能有理由认为自己能够实现这个幻想。他选择了沙普尔王国中基督徒的命运作为借口（和其他借口一样方便），而335 年的登基三十周年庆典上所勾画的王朝安排宣告了他的野心：把"众王之王"的头衔挪用给汉尼拔里亚努斯（他的拉丁语头衔rex regum 借译了波斯语的 shahanshah）的做法既野心勃勃，又带有挑衅的意味。

君士坦提乌斯的婚姻让君士坦丁的世系与他同父异母的弟妹们的旁支结合到了一起。除了这桩婚姻外，登基三十周年庆典还显示了皇帝想要留给后世的安排。至少从处决克里斯普斯开始，君士坦丁与福斯塔所生的 3 个儿子便被作为继承人培养，就像 40 年前的君士坦丁那样。4 世纪 30 年代初，君士坦提努斯就被允许用哥特战争的荣耀装点自己，而到了 335 年，君士坦提乌斯已经很接近可以被安排一个政治角色的年龄。君士坦斯还太小，无法指挥军队，但现在他是王朝在意大利贵族面前的代言人，他常驻梅狄奥拉努姆，与君士坦丁有权势的近卫军长官弗拉维乌斯·阿布拉比乌斯（Flavius Ablabius）的女儿奥林匹亚斯（Olympias）订了婚。

与福斯塔的孩子不同，君士坦丁同父异母的弟妹们和他们的孩子——君士坦提乌斯一世同忒奥多拉的儿子、女儿和孙辈——都被置于阴影之下。他们似乎明智地支持自己志得意满的异母兄长，同时避免对他造成障碍，直到登基三十周年庆典改变了政治考量。无论是出于自大狂或者仅仅是现实的野心，君士坦丁都认定只有征服世界才是自己应该做的；他只有 3 个活着的儿子，这对于他的计划来说人数太少了，另外，如果不想让他父亲的旁系子孙构成威胁，就必须把他们变成资产。直到登基三十周年庆典，他计划的内容才变得清晰：就像我们所看到的，君士坦丁同父异母的弟弟弗拉维乌斯·达尔马提乌斯的儿子汉尼拔里亚努斯被封为众王之王，并娶了君士坦丁的女儿君士坦丁娜（Constantina）。弗拉维乌斯·达尔马提乌斯的另一个儿子——和父亲一样也叫达尔马提乌斯，335 年时还是个学生，师从著名的高卢修辞家，纳尔波的埃克苏佩里乌斯（Exsuperius of Narbo）——现在被提拔为恺撒。于是，他和他的兄弟获得了与君士坦丁自己的儿子们同等的地位。小达尔马提乌斯很可能（即便不是肯定）娶了君士坦丁最小的女儿海伦娜。为了落实这个继承计划，君士坦丁的 4 位恺撒都被分配了自己的驻所和近卫军长官：君士坦提努斯在特里尔，君士坦斯在梅狄奥拉努姆，达尔马提乌斯很可能在西尔米乌姆，君士坦提乌斯在安条克。君士坦提乌斯将负责调集一支作战部队，君士坦丁则将去往巴勒斯坦，在约旦河中接受洗礼，然后继续前去实施征服——他准备凭借这场战争将沙普尔的王位交给年轻的众王之王汉尼拔里亚努斯。

　　337 年年初，君士坦丁离开君士坦丁堡前往安条克。他认为还要经过许多年的胜利岁月，自己如此大张旗鼓安排的继承方案才会真正变成现实，但事与愿违：他离开尼科美底亚后不久就病倒了，变得过于虚弱而无法继续旅行。他在皇家驿站的住处中拜伏于地，接受了长久以来他最宠幸的主教尼科美底亚的优西比乌主持的洗礼，然后在 5 月 22 日去世。皇帝的第二个儿子君士坦提乌斯获悉发生了什么，并以最快的速度从安条克赶来。与此同时，君士坦丁的遗体经过防腐处理，被隆重地送回了君士坦丁堡，君士坦提乌斯一赶到就举行了盛大的葬礼。

　　君士坦丁被埋在十二使徒陵墓中，这是一座他在以自己的名字命名的城市中亲自委托修建的纪念碑：至少在他自己的心目中，他是第十三位使徒。我们不知道葬礼最终何时结束，也不知道他何时真的下葬，但 9 月 9 日，君士坦提乌斯与他的哥哥君士坦提努斯和他的弟弟君士坦斯一起被宣布为奥古斯都。他们的堂兄弟汉尼拔里亚努斯和达尔马提乌斯没能分享这个快乐的结局，没有像他们伯父在登基三十周年庆典上所承诺的那样继位：两人都死了，他们的所有男性亲属也一起遇害，幸存下来的只有两个很小的孩子——伽卢斯和尤里安，一个是君士坦提乌斯二世的妻子的亲兄弟，另一个是她同父异母的兄弟。君士坦丁与福斯塔的 3 个儿子一同继位意味着，这位已故皇帝的计划只比他本人多存在了不到 3 个月。一场精心策划，被名副其实地称为"血腥之夏"的屠杀揭开了新时代的序幕。

第 17 章

君士坦丁的孩子们

君士坦丁于 337 年 5 月去世。直到 9 月 9 日，他严格说来都仍是在位的奥古斯都，因为他的儿子或将军们都没有自立为奥古斯都。他的儿子们只是作为恺撒行事。君士坦丁的遗嘱被皇帝内侍总管藏起。此人是个名叫优西比乌的宦官，长久以来一直对次子君士坦提乌斯二世忠心耿耿。这意味着相比他的任何一个兄弟，君士坦提乌斯更能在不必征求别人意见的情况下处理帝国事务。已故皇帝的儿子们通过屠杀那些与他们不同，不是由君士坦丁和福斯塔所生的男性亲属，巩固了自己的权力：君士坦丁同父异母的弟弟尤利乌斯·君士坦提乌斯和弗拉维乌斯·达尔马提乌斯都死了，后者的儿子达尔马提乌斯和汉尼拔里亚努斯也一样。尤利乌斯·君士坦提乌斯和不同女子所生的儿子伽卢斯和尤里安活了下来，但这并不表示他们受到信任：两人都被软禁在尼科美底亚的皇宫严加看管，在当地主教优西比乌的监视下成长，此人就是君士坦丁临终时在他身边的人。在那里，尤里安接受了一个名叫马尔多尼乌斯（Mardonius）的宦官文法学家的训练（伽卢斯可能同样如此），后者激发了这个男孩对古典希腊文学和神话的热爱，这之后将促使他非比寻常地皈依传统异教。

作为君士坦丁与福斯塔的第二个儿子，君士坦提乌斯二世是这次屠杀的主要发起者。事后，他证明自己几乎像父亲一样善于控制历史叙事。恺撒利亚的优西比乌于 338 年为他的英雄君士坦丁写了《君士坦丁传》，他完全将达尔马提乌斯和汉尼拔里亚努斯从历史记录中抹去，一同消失的还有君士坦丁同父异母的弟弟们，他甚至声称君士坦丁希望自己的帝国只由他的儿子们统治。提到这次屠杀的主要史料是奥勒留·维克托尔（Aurelius Victor）的作品，他在君士坦提乌斯二世还活着的时候写作了《皇帝传》（De Caesaribus，一部非常简略的罗马皇帝历史）。它滔滔不绝地讲述了一种无疑是官方的说法：军队坚持只有君士坦丁的孩子们才可以统治，并强迫他们处决了达尔马提乌斯。此外，它进一步以典型的君士坦丁的方式表明，达尔马提乌斯和汉尼拔里亚努斯在君士坦丁去世前策划过针对他的阴谋，甚至可能要为他的死负责。只有通过对一系列钱币的仔细研究才能发现真相。屠杀命令完全是君士坦提乌斯一人下达的，即便他得到了哥哥和弟弟的默许。9 月初，当三人被公开拥立为奥古斯都后，他们在默西亚的维米纳基乌姆会面——按照他们的父亲在 335 年的安排，那片土地本该归达尔马提乌斯——协商他们可以共存的方式。作为对王朝谋杀的回应，至少有一个东方要塞哗变，而在失去了预期中的国王汉尼拔里亚努斯后，亚美尼亚也公开反叛，因此新的安排的稳定性仍然存在一定的疑问。

当然，三兄弟也无法信赖彼此。因此，君士坦提努斯、君士坦提乌斯和君士坦斯都没有出任 338 年的执政官，而是把此职交由弗拉维乌斯·乌尔苏斯（Flavius Ursus）和弗拉维乌斯·波列米乌斯（Flavius Polemius）担任，这两位高级将领在政变中的默许帮助稳定了军队。但那只是象征性的，真正的权力仍然掌握在皇室手中。君士坦提努斯（有时亦称君士坦丁二世，特别是在钱币收藏家中）是大哥，他继续掌握着帝国的西部，那是按照335年君士坦丁原本的安排分配给他的。小弟君士坦斯还未成年，但他与君士坦提乌斯二世瓜分了本属于达尔马提乌斯的份额。君士坦斯把色雷斯让给了二哥，自己占有潘诺尼亚、马其顿和达契亚3个大区，后两者是君士坦丁从四帝共治时期的默西亚大区中分出的。这番变化的主要受益者是君士坦提乌斯二世，他的份额包括了君士坦丁新建立的基地君士坦丁堡和整个东部。他成为皇帝后的第一个举措是处决了弗拉维乌斯·阿布拉比乌斯，此人是君士坦丁政府的主要缔造者，当老皇帝在337年5月去世时还担任着近卫军长官。作为基督徒和君士坦丁的亲信，阿布拉比乌斯在皇帝去世后非常明智地退隐到了他位于比提尼亚的广阔庄园中，不过——也许因为他与被软禁在尼科美底亚的皇室成员伽卢斯和尤里安离得太近，也许因为他本人深厚的权力基础——做出低调姿态也是不够的。与阿布拉比乌斯有关的人，以及其他许多可能更支持335年的安排，而非君士坦提乌斯二世兄弟们的安排的人也遭到了清洗。

然而，君士坦提乌斯的无情还不足以维持和平。他本人的地位可能非常稳固，但在西部，君士坦提努斯和君士坦斯的关系岌岌可危，大哥企图把年轻的君士坦斯更多地当成恺撒，而不是独立的奥古斯都，他对君士坦斯的官员下达指令，却不敢以同样的方式对待君士坦提乌斯的官员。尽管具体事件不明，但特里尔政权和梅狄奥拉努姆政权从兄弟们在维米纳基乌姆的会议结束后就出现了摩擦。到了340年，情况已经如此糟糕，君士坦提努斯以某个我们不清楚的借口入侵了意大利。君士坦斯的将军们在阿奎莱亚迎战入侵者，君士坦提努斯死在了战场上。现在只剩下两位皇帝，君士坦提乌斯无疑是地位更高的一个，尽管君士坦斯掌握着帝国更大，而且稳固得多的部分。

对我们来说，接下去十年的故事要比想象的带有更多教会政治的色彩，尽管对于亲历者来说是否如此是另一回事。我们的视角是史料强加给我们的，而这些史料对公元 4 世纪 50 年代之前的世俗历史的记录几近空白。因此，我们只能对政治史做出非常简短的刻画。君士坦提努斯的死把他的西部政权完整地保留了下来，由于高卢的势力集团对君士坦斯一无所知，后者几乎别无选择，只能与君士坦提努斯的谋士和支持者合作。君士坦斯为此似乎竭尽所能，他在差不多 3 年的时间里把意大利和巴尔干抛诸脑后，并于 340 年到 342 年间驻扎在特里尔，随军参加了至少两次对法兰克人的军事行动，还巡视了不列颠的军队。他在特里尔和巴尔干两地度过了随后的两年，然后在对他来说最舒服的西尔米乌姆安顿下来——这个决定加剧了高卢和巴尔干高级指挥官之间业已存在的对立。这一对立在 4 世纪将一再引发致命的后果，但从短期来看，君士坦斯不得不置身巴尔干，来处理与他哥哥君士坦提乌斯的政权之间的紧张关系。

对于君士坦提乌斯的政权来说，337 年的王朝杀戮后，波斯就成了它面临的一个难题。沙普尔明白 337 年时君士坦丁的战争野心有多大，当君士坦丁去世时，他已经准备好迎战在安条克集结的军队了。沙普尔没有坐等罗马的入侵，而是先发制人，袭击了美索不达米亚的尼西比斯要塞城堡。就像未来会不止一次上演的那样，波斯军队在包围尼西比斯时陷入困境，没能一举攻占它，并于 338 年初退回波斯领土。君士坦提乌斯没有乘胜追击，而是仅仅派出一支军队进入亚美尼亚，平息了那里的叛乱，把一个听话的安息王室成员推上王位。他还与罗马和波斯领土之间的沙漠中的一些阿拉伯部落结盟。罗马和波斯双方都有佯攻和小规模的边境冲突——有史料表示，君士坦提乌斯和沙普尔之间爆发过 9 次战斗，其中 2 次是皇帝亲自指挥的——直到 344 年，罗马人在辛加拉遭受惨败，沙普尔的一个儿子也在那里阵亡。这次战斗尽管惨烈，却并非决定性的，而东部行省也为波斯人的再一次入侵做好了准备。事实上，对沙普尔的担心是许多东方主教避免参加 342 年在巴尔干的塞尔迪卡举办的大公会的借口——正是这场塞尔迪卡大公会引发了皇帝兄弟间的第一次重大危机。

由于君士坦提乌斯二世本人对神学问题很感兴趣，所以并不意外的是，我们对 4 世纪 40 年代的了解中最大的一部分是那时的宗教争端。他与君士坦斯都面临的难题是尼西亚大公会的决议没能得到贯彻：阿里乌斯在流放中死去（对他心怀敌意的证人声称，他死在厕所，原因是赤痢），但认同他对圣父和圣子关系的构想的主教们的回应是，发明一个新术语来对抗尼西亚大公会上阿里乌斯当初学说的反对意见——圣父和圣子在各方面都是"相似"的，但并不同一。这些人被诋毁者称为"相似派"，该派别以尼科美底亚的优西比乌为领袖，这位君士坦丁的宠臣是一个与尼西亚毗邻并在历史上长期对立的比提尼亚城邦的主教。晚年的君士坦丁明显支持"相似派"的构想，而且就像我们看到的，337 年他临终时，是尼科美底亚的优西比乌为他做的洗礼。极端的尼西亚派（最明显的是亚历山大里亚主教阿塔那修斯，他于 328 年接替其恩主亚历山大担任此职）则声称，优西比乌和支持他的主教们的教义只是改头换面的阿里乌斯主义，与真正的尼西亚信经格格不入——只有认为神性在实质上完全一样，即 325 年的"同本体论"才是可以接受的。

君士坦丁介入的最后的宗教争端之一是 335 年对阿塔那修斯的审判和流放。这位政治手腕出色的亚历山大里亚主教趁着君士坦丁去世的机会回到亚历山大里亚，在那里公开挑战现任主教、卡帕多奇亚的格里高利的权威，后者是已故皇帝在下令流放阿塔那修斯时任命的。诚然，亚历山大里亚城几个世纪以来一直以公共骚乱著称，但阿塔那修斯是主动鼓励自己的支持者发起暴乱、攻击他们的反对者的。这提醒我们，由于君士坦丁公开支持基督教，神学争议可以多么容易地被用作公共暴力的借口；事实上，在某个层面上，古代晚期的"神圣暴力"是某种流氓行径，它原本很可能表现为匪徒或强盗活动，却被宗教修辞合法化了。在 337 年的争斗中，阿塔那修斯和他的支持者们获胜，但这位主教没有考虑新皇帝的态度，后者是个像亚历山大里亚主教本人一样残忍的人物。

相比父亲，君士坦提乌斯是个更加坚定的"相似派"，在其漫长的统治期间，他将投入大量精力，试图找到能够将帝国的所有主教团结起来的某种"相似派"表述。为此，他召开了 7 次对所有基督徒有约束力的所谓大公会，地点分别是安条克（341 年）、塞尔迪卡（342 年）、西尔米乌姆（351 年）、阿莱拉特（353 年）、梅狄奥拉努姆（355 年）、阿尔米努姆和塞琉西亚（359 年）以及君士坦丁堡（360 年）。在这些会议上，他亲自介入起草他希望能够被普遍接受，因而得以普遍实行的信经。他的这一雄心每次都失败了，部分原因是他试图弥合的神学分歧太大了，部分原因是后尼西亚的主教们深陷派系政治。不过，君士坦提乌斯也要负部分责任，他不断迫害极端的尼西亚派，大肆流放拒绝接受他"相似派"观点的主教们。他最早的举措之一是用尼科美底亚的优西比乌取代尼西亚派的君士坦丁堡主教保罗。保罗被流放到本都，但之后，帝国军队逮捕这位主教时引发了街头骚乱，一位名叫赫尔墨根尼斯（Hermogenes）的帝国军官被私刑处死。然后，君士坦提乌斯又把矛头对准了阿塔那修斯。

337年，当阿塔那修斯从流亡中归来后，与他为敌的主教们在埃及召开了一场大公会，宣布他有罪。当阿塔那修斯拒绝接受当地大公会的这一有罪判决时，他的敌人们向皇帝申诉，后者同意在恺撒利亚接见阿塔那修斯。这位亚历山大里亚主教已经争取到了强有力的支持，其同情者不仅有来自希腊语地区的，也有来自说拉丁语的西部的，这一操作将对帝国政治产生命运攸关的影响。不过，君士坦提乌斯一直怀有敌意，他在安条克召开大公会审理此案：339年4月16日，阿塔那修斯再次被判有罪，这一次被流放到君士坦斯的宫廷。西部的皇帝不愿在宗教问题上支持哥哥，并在其统治期间一直支持尼西亚派。兄弟俩同意于342年在塞尔迪卡召开大公会，不仅是为了解决阿塔那修斯的问题，还将重新考虑尼西亚大公会对三位一体的表述。不过，君士坦斯毫不妥协地安排尼西亚派拉丁主教领衔西部的代表团，其首领是现在已经年迈的科尔杜巴主教霍西乌斯。他们甚至拒绝与东部主教坐在一起，大公会完全失败了。事后，君士坦斯给哥哥送去一封带威胁口吻的信，要求他允许被流放的主教们（指的就是亚历山大里亚的阿塔那修斯）回到他们的教区。君士坦提乌斯拒绝了，作为报复，两位皇帝为344年任命了不同的执政官。

345 年，君士坦提乌斯宣布与君士坦斯共同担任皇帝执政官，他本人是正职，但君士坦斯直到阿塔那修斯在夏末被允许回到亚历山大里亚时才承认：直到那时，即 10 月 21 日，西部才像东部一样宣布两人共同担任执政官。不清楚君士坦提乌斯为何改变了主意，也许是波斯边境无休止的冲突让他对内战没了胃口。与弟弟弥合矛盾至少让他可以安全地专注于波斯。君士坦斯没有对哥哥的波斯战事提供任何帮助，尽管他手握庞大得多的军事力量，本可以在东部边境大显身手。相反，他继续驻扎在西尔米乌姆，为潜在的冲突做好了准备。这些年里，君士坦斯常驻巴尔干，而君士坦提乌斯在东部边境，一场重大的行政转变正是在此时发生的：从前近卫军长官都与皇帝同行，因此长官辖区在地理上并不固定，但现在出现了一种地区长官的制度，他们代表皇帝行使着行政权威。

这一改变在政治上非常重要，部分原因是它部分导致了君士坦斯的败亡。在君士坦丁和君士坦提努斯的整个统治期间，高卢的军人和文官集团都为驻扎在当地的奥古斯都或恺撒效劳。但是，君士坦斯远在巴尔干，而且显然更青睐高卢高官集团的竞争对手，这让高卢的官僚集团感觉受到冷落，愤恨不平。法比乌斯·提蒂亚努斯（Fabius Titianus）从 341 年起就担任高卢的近卫军长官，因而是在这个职位上待得最久的人之一，以他为核心，西部行省的各级文官和军官联合起来发动了一场针对巴尔干文官和军官的阴谋。阴谋者包括西部的高级财政官员——私库卿马尔克里努斯（Marcellinus），以及一位高卢野战军中的高级将领弗拉维乌斯·马格嫩提乌斯（Flavius Magnentius），后者将指挥计划中的政变。提蒂亚努斯漫长的任期显示了他所受到的信任，他决定与阴谋者一起行动可能是出于对君士坦斯的政务总管欧根尼乌斯（Eugenius）的憎恨，后者和提蒂亚努斯一样长期任职，但与多瑙河的高官集团关系紧密。

349 年年末，君士坦斯回到高卢，陷阱在那时被触发了。350 年 1 月 18 日，当皇帝外出打猎时，马格嫩提乌斯在为马尔克里努斯的儿子举办的生日宴会上被拥立为皇帝，他前来参会时已经穿上了皇帝的紫袍。君士坦斯没有直面威胁，而是试图逃跑，但在 1 月底，他被一个名叫盖索（Gaiso）的卿官发现并处死——这位军官得到的犒赏是在 351 年同他的皇帝马格嫩提乌斯共同担任执政官。一些学者相信，忠君派找到了君士坦斯的遗体，将其安葬在肯特凯勒斯（Centcelles）的一座精美陵墓中，那里与他遇害的地点，高卢的海伦娜村隔着比利牛斯山相望。

别的地方也有忠君派，皇帝兄弟的一个远房表兄弟在罗马称帝。罗马的这场政变是由君士坦丁同父异母的妹妹欧特罗皮娅（Eutropia）发动的，她在对自己男性亲属的屠杀中幸免于难。她的儿子尤利乌斯·奈波提亚努斯（Julius Nepotianus）穿上了紫袍，并马上开始用自己的名字铸造钱币。但他的地位并不稳固。君士坦丁的改革让罗马没有了可堪一用的军队，也没有了能够支持新皇帝的近卫军。奈波提亚努斯不得不依靠一支角斗士组成的临时军队。由于没有野战军，当马格嫩提乌斯派兵翻越阿尔卑斯山前来镇压时，他完全无能为力。他和他的支持者们遭到屠杀，尽管欧特罗皮娅被饶了一命。这并非唯一的篡位事件。面对高卢政变，君士坦斯在默西亚的统兵长官维特拉尼奥（Vetranio）同样披上了紫袍。

此事疑窦重重，史料几乎肯定隐藏了事实。我们被告知，君士坦提乌斯和君士坦斯的姐姐君士坦丁娜在获悉弟弟的死讯和马格嫩提乌斯的篡位后，鼓励维特拉尼奥披上紫袍。维特拉尼奥是深受皇族信任的老僚属，也是尤利乌斯·君士坦提乌斯第一任妻子的兄弟，因而算是皇族的远房姻亲；他会保护王朝的利益，因此得到了忠于君士坦斯的伊利里亚长官伍尔卡基乌斯·鲁菲努斯（Vulcacius Rufinus）的认可。鲁菲努斯亲自把君士坦丁娜的一封信送到东部的埃德萨要塞，君士坦提乌斯正在那里与波斯人交战。作为地位更高的奥古斯都，君士坦提乌斯接受维特拉尼奥成为另一位皇帝，并送给他一项皇冠。或者说我们被告知是这样的。可能这一切都发生过，也可能这个故事掩盖了巴尔干高官集团发动的一场政变。我们永远无法知道真相，但从君士坦提乌斯的角度来看，最好让高卢和巴尔干的作战军为不同的主人效劳，而不是让马格嫩提乌斯同时控制伊利里亚以及高卢和意大利。

这位西部的篡位者任命自己的兄弟德肯提乌斯（Decentius）为恺撒，派其主持莱茵河边境，他本人则控制着意大利的政府。君士坦提乌斯什么都做不了，因为他面临着由沙普尔亲自率领的另一次波斯入侵。与之前一样，这次入侵在围攻尼西比斯时搁浅，该城坚守了 4 个月后，沙普尔退兵。直到那时，君士坦提乌斯才能开始考虑巴尔干扑朔迷离的局势，以及显然在西部精英中得到广泛支持的篡位。350 年，君士坦提乌斯率领自己的野战军回到欧洲，维特拉尼奥前往塞尔迪卡与他见面，做出了明显的和解姿态。无论这场篡位的动因是什么，无论他们之间现在达成了什么协议，两人都在 350 年 12 月 25 日一起现身奈苏斯，这个日期在当时还没有作为圣诞节的特别意义。巴尔干和东部的作战军为了那个场合全副武装地列队，当君士坦提乌斯开始对集结的士兵讲话时，他们开始高喊让维特拉尼奥退位。这是按照事先安排的计划进行的，那个老人顺理成章地同意了，谦恭地让君士坦提乌斯从他肩头脱下紫袍。这是一个非同寻常、史无前例和仍然无法解释的时刻，但它拯救了君士坦丁王朝。维特拉尼奥退归比提尼亚的普鲁萨（Prusa），这是一座破败的希腊化集镇，他在那里不受打搅地又活了 6 年。

现在，君士坦提乌斯统领着两支作战军，足以对抗马格嫩提乌斯手中的一支，但上一年的事件向他证明，缺乏足够的王朝的监督会有多么危险。作战军——它们的军官现在与长官辖区的文官集团关系密切——宁愿推举某个在场的军官当皇帝，而不愿接受远在帝国另一部分的唯一统治者。于是，君士坦提乌斯决定召回被软禁在尼科美底亚的弗拉维乌斯·伽卢斯。伽卢斯是尤利乌斯·君士坦提乌斯和加拉（Galla）的长子，后者是曾经促成了君士坦提乌斯和维特拉尼奥握手言和的近卫军长官伍尔卡基乌斯·鲁菲努斯已故的姐妹。伽卢斯在 337 年的屠杀中被饶了一命，因为君士坦提乌斯二世现在已故的第一任妻子是他的姐姐。351年 3 月 15 日，君士坦提乌斯把堂弟（两人的父亲是异母兄弟）提拔为恺撒，将其派往安条克，以维持王朝的可见性，并通过他驻扎在那里这个事实来阻止波斯人的进犯。

为了巩固这种关系，25 岁的伽卢斯娶了君士坦提乌斯的大姐君士坦丁娜，她比这位新恺撒年长得多，之前曾嫁给过 337 年的遇害者之一汉尼拔里亚努斯。这个计划在理论上很不错，但这对皇室夫妇驻扎在安条克的 3 年间招致了巨大的不满——尽管东部的行政系统仍然牢牢掌握在忠于君士坦提乌斯的官员们，特别是近卫军长官塔拉西乌斯（Thalassius）手中。

不过，短期来看，对新恺撒的任命意味着君士坦提乌斯可以对付马格嫩提乌斯了。他选择通常的入侵路线，从巴尔干出发，经由埃莫纳和阿奎莱亚翻越尤利乌斯阿尔卑斯山，但马格嫩提乌斯在那里挡住了入侵者，阻止他们在意大利北部平原肆意行动。当君士坦提乌斯的军队后撤重整时，马格嫩提乌斯追赶着他们进入潘诺尼亚。尽管马格嫩提乌斯的一些将领投向了君士坦提乌斯——包括西尔瓦努斯（Silvanus）将军，后来他担任了高卢统兵长官（magister militum per Gallias）并成了皇帝对阴谋的偏执恐惧的受害者——两军还是在距离西尔米乌姆大道旁的基巴莱不远处的穆尔萨开战了。这场战役被认为是 4 世纪最惨烈的，双方都遭受了极为惨重的伤亡。不过，东部军队最终胜出：尽管他们中有将近一半倒在了战场上，而马格嫩提乌斯的野战军被消灭了 2/3，篡位者本人被迫撤退到意大利。胜利一方的军队遭受的重创让多瑙河边境发生了骚动，君士坦提乌斯不得不对萨尔玛提亚人发动一场惩罚性的军事行动，提醒他们不要忘记帝国的力量。

随后，皇帝在 352 年翻越尤利乌斯阿尔卑斯山——这一次没有受到抵抗——并控制了意大利北部平原。半岛的其他部分在初秋也落入了他的手中。他在意大利过冬，然后翻越阿尔卑斯山，在 353 年作战季开始时进入高卢。在塞琉古山（Mons Seleucus，位于今天法国部分的阿尔卑斯）的一场战役中，马格嫩提乌斯再次被打败，并在不久之后于 8 月 10 日自杀。他的兄弟德肯提乌斯在森诺尼亚［Senonia，今桑斯（Sens）］上吊自尽。巧合的是，这恰好是君士坦提乌斯被提拔为恺撒的三十周年。就像当初他父亲那样，他懒得前往罗马庆祝。相反，典礼在阿莱拉特举行，那里是君士坦丁曾经的驻所。这座城市现在达到了其好运的顶峰，当时南部高卢的贵族们正享受着拉丁文学中空前的才华上的繁荣和艺术上的优越。后来以作家和政治家身份闻名的高卢诗人奥索尼乌斯（Ausonius），在此时刚刚开始了自己的生涯，而有朝一日他的成就将让阿莱拉特获得"高卢的小罗马"（Gallula Roma）的美称。

南部高卢在西部帝国的历史上将继续扮演至关重要的作用，而另一个在晚期帝国政治中反复出现的特征直到马格嫩提乌斯败亡后才变得清晰可见：尽管他只是另一个失败的篡位者，但他被重塑成一个蛮族入侵者。史料中有许多地方提到他是法兰克人父亲和不列颠人母亲的儿子，暗示他事实上并非罗马人，而是异邦的敌人。当然，在马格嫩提乌斯生前没有人会注意到这些，对于其政权的支持者，那些身份无可挑剔的高卢-罗马贵族来说，他的背景不是问题。即使在今天，还有作者把马格嫩提乌斯的血统作为罗马精英蛮族化的证据，但他们没有抓住要领：4 世纪的统治阶层非常多样化，人们会注意到他们的地域和民族出身，却不会把它们本身当成蛮族性或"罗马性"的标志。正如一直以来对皇帝的记忆可以被公开抹除——"除名毁忆"——篡位者也可以在政治上失败后被"蛮族化"，被重新想象成罗马国家永久的外来者。

我们有可能深入了解这一过程，部分原因是随着君士坦提乌斯战胜马格嫩提乌斯，我们对帝国政治历史的所知比 4 世纪早先的那段时期突然大幅增加了，这要归功于阿米亚努斯·马尔克里努斯《罗马史》（Res Gestae）的留存，那是最后一部伟大的古典式拉丁语历史著作之一，也是最后一部有相当篇幅流传下来的。阿米亚努斯是希腊人，来自一座重要的叙利亚城市，很可能是安条克。他出身于一个体面的家族，该家族被免除了在当地市议会服务的义务，而是与更高级的帝国行政体系关系密切。换句话说，他是自己时代的典型产物：人脉广泛，雄心勃勃，因为家族参与了帝国机器而拥有社会地位。年轻时的阿米亚努斯担任过亲兵扈卫，这个精英士兵团体承担着各种特别职能，常常在皇帝本人的身边活动。

这一机构可以被视作军官的培训学校，让来自各种背景、在语言或文化方面几乎没有共同点的年轻人接受了共同的军队集体观念：在亲兵扈卫中，像阿米亚努斯这样受过良好教育的城里人不仅学会了与其他像他一样的人共事，而且学会了与上一代还在务农的人，以及来自法兰西亚、阿拉曼尼亚或伊比利亚的特权贵族共事。他们都学会了用标准的军队拉丁语交流，还学习了一些基本和刻板的罗马和希腊历史，这样，即便是那些没受过正规教育的人也仍然可以作为军官活跃于精英社会。就这样，做好了在军营、宫廷和城市生活的准备后，扈卫们通常会在后半生统率一支现役军队。出于同样的理由，接近皇帝本人和高级军官意味着不止一位昔日的扈卫后来成了皇帝。

基于上述原因，阿米亚努斯亲身参与了一些高级任务，最终还参加了 363 年由君士坦提乌斯的继任者尤里安发动的对波斯的入侵。但当尤里安阵亡后，他光明的仕途戛然而止。他选择了为他的罗马帝国史进行研究——我们永远离不开他送给后世的这份礼物。我们知道他游历广泛，从自己家乡所在的东部希腊语地区搬到了罗马。他在那里写了自己史书的大部分内容，可能得到了某个元老大家族的庇护。作品很可能是在 390 年之后差不多一年的时间内写完的，阿米亚努斯可能在这不久后就去世了。他的

《罗马史》在帝国的政治史中夹杂了各种博学的题外话，这对古代史学家来说是罕见的，是阿米亚努斯本人的特色。作品原本从涅尔瓦皇帝（96—98年在位）写到瓦伦斯皇帝（364—378年在位），但很大一部分在古代就失传了，留存下来的部分从353年夏天的事件开始。整部《罗马史》深受378年瓦伦斯皇帝在哈德良堡惨败的影响，当时东部野战部队的很大一部分在一个下午就被摧毁了。整个叙事体现出对这场战役的意义的事后看法，弥漫着强烈的忧愁感，但得益于它的留存，我们在研究353年到378年这段时期的时候，可以拥有更多细节，这是自从塔西佗的《历史》在68年中断以来，其他任何阶段的罗马帝国史都不具备的。

阿米亚努斯现存的文本从353年开始，我们首先看到了马格嫩提乌斯失败自杀的后续。君士坦提乌斯任命一位被称为"铁链"保罗（Paulus Catena）的令人生畏的官员负责搜捕和消灭那个篡位者的追随者［我们所知的细节寥寥无几，只知道统兵长官格拉提亚努斯（Gratianus）在此时隐退，幸免于难，他是未来的皇帝瓦伦提尼安和瓦伦斯的父亲］。保罗是首席文书属下的一名文书：严格说来，当时他是个速记员，属于宫廷秘书部门。但是，就像在政务总管手下用作密探的办事员一样，文书常被派去完成五花八门和令人反感的任务。这是因为文书和办事员（后者的工作严格来说是负责皇帝的邮件）往往会因为他们的谨慎、忠诚和愿意干脏活——这意味着他们常常会被临时安排敏感或专门的责任——而引起与皇帝关系最亲密的官员们的注意。由于工作界定不明，实际权力范围很广，其他大部分政府部门自然不喜欢文书。

在阿米亚努斯的描述中，保罗因其无情和残暴而让所有被他调查的人感到恐惧。在阿米亚努斯看来，他是君士坦提乌斯青睐的那种人的典型，这位历史学家把皇帝描绘得令人生畏：阴郁而偏执，害怕暗中有阴谋在酝酿，深信所有得到他信任的人都会背叛他。阿米亚努斯认为，"铁链"保罗被鼓励大力铲除那些同情或者默许马格嫩提乌斯篡位的人，这显示了君士坦提乌斯统治帝国的方式的乖张。

阿米亚努斯始终没有明言，但他显然相信君士坦提乌斯在基督教上虚耗了巨大的精力：他轻蔑地谴责君士坦提乌斯资助召开的那些教会大公会是对时间和资源的浪费，因为用公款把主教们从一个会场送到另一个会场造成了帝国的驿站服务和公路的拥堵。事实上，这种想法有其道理。我们已经看到，皇帝为了把"相似派"信经强加给帝国受其直接控制的部分而做的努力，以及这对他与弟弟君士坦斯的关系产生了多大的破坏。351 年，穆尔萨战役刚一结束，君士坦提乌斯不仅重新集结了军队以继续战斗，而且马上在西尔米乌姆召开大公会，试图制定出让东西部主教都能接受的信经。虽然没能成功，但这次尝试本身就很能告诉我们君士坦提乌斯的优先事项是什么。同样是在 353 年，当"铁链"保罗在搜捕反叛者时，君士坦提乌斯在阿莱拉特召开教会大公会，迫使西部顽固的尼西亚派接受西尔米乌姆信经。皮克塔维乌姆（Pictavium，今普瓦捷）主教希拉里乌斯（Hilarius）等人拒绝接受，遭到流放；另一些人不情愿地顺从了。但君士坦提乌斯统治期间的信经争论远未结束。

与此同时，在东部，伽卢斯恺撒的行为让君士坦提乌斯的偏执愈演愈烈，皇帝很快就后悔了对他的任命。君士坦提乌斯一想到自己的恺撒行使着真正的权力就受不了——他和皇帝的姐姐君士坦丁娜本应代表王朝，而不是代其行事。但伽卢斯在 352 年承担了一点真正的责任，当时有个叫俄尔菲图斯（Orphitus）的马格嫩提乌斯的支持者发动了一场后来流产的叛乱，需要镇压。同一年，他还镇压了一场犹太人的叛乱。随后在 353 年，伽卢斯与君士坦提乌斯任命的东部行政官员发生了冲突，那些官员占据了上风。阿米亚努斯对伽卢斯的高压和易怒做了很多描绘，显然伽卢斯确实下令处死了一名亚历山大里亚的市议员（bouletes），执行这一命令的是东方卿（comes Orientis，相当于帝国其他地方的大区长官）克莱马提乌斯（Clematius）。克莱马提乌斯遭到了东部的近卫军长官塔拉西乌斯的指责，后者直接向君士坦提乌斯汇报。本已对塔拉西乌斯不满的伽卢斯现在和他彻底闹翻了。恺撒试图挑动安条克暴民反对文官行政当局，并暗示行省总督忒奥菲洛斯（Theophilus）在囤积粮食。粮食短缺是罗马城市生活的一个不幸但始终存在的特点，可以屡试不爽地让暴民走上街头。忒奥菲洛斯不出意外地被私刑处死，塔拉西乌斯要求皇帝让伽卢斯听话。

当这位长官出于自然原因突然去世时，伽卢斯以为自己赢了，但他低估了皇帝堂兄的怒火。君士坦提乌斯给伽卢斯派来了一位名叫多米提亚努斯（Domitianus）的新长官，后者带来一封申斥信，要求恺撒回到宫廷，为自己的行为接受处罚。与多米提亚努斯一同前来的还有负责护送恺撒的宫廷内务部队。伽卢斯无视诏令，354 年的大部分时间里双方都在对峙，而君士坦提乌斯正从军事基地拉乌拉库姆［Rauracum，今奥格斯特（Augst），位于巴塞尔附近］出发，到莱茵河对岸作战。当多米提亚努斯再次试图迫使伽卢斯接受皇帝诏令时，后者派自己的个人侍卫杀死了这名长官。随后，东部的高级军事长官乌尔西基努斯（Ursicinus）奉命抓捕伽卢斯，将其解往西部的宫廷。君士坦丁娜先行一步，试图平息弟弟的怒火，但她在途中死于自然原因。伽卢斯在漫长的西行中拖拖拉拉，他在君士坦丁堡逗留，观看马车比赛，并坐在皇室包厢中君士坦提乌斯的座位上。他的这一僭越之举签下了他本人的死刑判决。

354 年秋天，走完了经过奈苏斯、西斯基亚、西尔米乌姆，通往希斯特里亚（Histria）的巴尔干行军大道后，他被自己的卫队长巴尔巴提奥（Barbatio）抓住，剥掉了标志着恺撒身份的皇袍。他从那里被船运到波拉，以君士坦提乌斯的内侍总管优西比乌为首的审判庭对其做了审判，将其与 3 个被控腐化了他的朋友一同处死。伽卢斯事件中显示的共同治理的复杂性提醒我们，正是君士坦提乌斯，在其父和四帝时期的创新的基础上，完成了把帝国官僚体系转化为完善的国家机器的过程。同样值得注意的是内侍总管优西比乌在伽卢斯审判中的角色。内侍总管是皇帝的内侍人员的首领，但与皇帝接近意味着他们会被委派其他许多敏感的任务。正是优西比乌为了君士坦提乌斯的利益封存了君士坦丁的遗嘱，他在皇帝的有生之年都为其效劳。内侍总管常常是宦官，就像优西比乌那样，由于禁止阉割罗马公民，宦官几乎总是异邦人，主要来自波斯或高加索。这让内侍总管有了某种邪恶的味道，即便当这个职位不是由宦官担任时，这种氛围仍然会萦绕在其周围。另外，优西比乌遭到憎恨的部分原因是，他和"铁链"保罗一样，都被视作君士坦提乌斯的小圈子成员。

伽卢斯死后，与他相关的人需要被调查，这个任务再次交给了保罗。君士坦提乌斯本人在梅狄奥拉努姆度过了 355 年的冬天，直到第二年才有记录表明他离开了意大利北部。在梅狄奥拉努姆

期间——他无疑对波斯前线的动态感到紧张——他发现高卢有
另一件事让他担忧。355 年，据说高卢统兵长官，一个名叫西尔
瓦努斯的人披上了紫袍。事实上，这次所谓的篡位并无其事，而
是可悲的骗局，是宫廷行政部门内的敌对派系编造的。与阿米亚
努斯·马尔克里努斯等许多其他人一样，西尔瓦努斯年轻时就因
为家族为帝国效劳而仕途得意：他的父亲伯尼图斯（Bonitus）在
对李锡尼的战争中为君士坦丁效命。西尔瓦努斯早早就踏上了仕
途（这一点也与阿米亚努斯一样），我们可以推测他加入了亲兵扈
卫。随着他的步步高升，他在宫廷和军队的行政部门中建立了支
持者网络。我们从阿米亚努斯那里可以很好地大致了解这些 4 世
纪的政治网络是如何运作的，它们是一系列地域派系，在帝国各
地和边境附近拥有盟友，来自不同群体的人们偏爱自己的同乡，
并与其他的地域关系网结盟。即便我们专注于皇帝本人及其行
动，这些派系斗争构成的背景音也能解释晚期帝国历史的许多东
西。西尔瓦努斯事件——由于阿米亚努斯的亲身参与而变得如此
知名——可以作为宫廷派系斗争如何造成受害者的例子。

　　发生的事似乎是这样的：马格嫩提乌斯政变时，西尔瓦努斯
还是个相对低级的军官，这场政变为他提供了升职的机会。在这
件事中，他与感到被君士坦斯的巴尔干政权冷落的西部官僚集团
中其他大量高卢人和法兰克人一样。身为皇帝卫队的一名军政官，
西尔瓦努斯审时度势，恰在穆尔萨的血战之前投向敌方，作为回
报，他在君士坦丁王朝胜利后被提拔为高卢的步兵长官。这让他
成为高卢的最高军事指挥官，在阿格里帕殖民市的驻所统领着西
部的军官集团。君士坦提乌斯不是傻子，选择西尔瓦努斯是因为
他考虑到这样的事实：高卢的官僚集团更容易听命于一个他们的

自己人，而不是某个随君士坦提乌斯西征的人。但这意味着要把西尔瓦努斯提拔到君士坦提乌斯本人更信任的支持者之上，而军人对职衔和级别上受到的怠慢非常敏感。

君士坦提乌斯的骑兵长官阿尔比提奥（Arbitio）马上开始了针对西尔瓦努斯的阴谋，他知道君士坦提乌斯的偏执是多么容易被利用。他唆使一个名叫狄纳米乌斯（Dynamius）的下级军官向西尔瓦努斯请求一封推荐信；得到信后，狄纳米乌斯抹掉内容，只保留了签名，然后重写了这封信，暗示西尔瓦努斯在谋划叛乱。当时君士坦提乌斯的近卫军长官是盖乌斯·凯约尼乌斯·鲁菲乌斯·沃鲁西亚努斯（C. Ceionius Rufius Volusianus），绰号兰帕狄乌斯［Lampadius，选择让别人称呼自己的绰号（signum）是 4 世纪贵族典型的造作行为］，一个享有特权的意大利贵族兼阿尔比提奥的盟友。兰帕狄乌斯秘密收到了这封伪造的信，私下将其呈交皇帝，后者勃然大怒，召开了御前会议（consistorium）。会上，他当着自己的高级官员们的面申斥了西尔瓦努斯和这封狄纳米乌斯伪造的信中指名的谋反者，但皇帝卫队的两名军政官（都是法兰克人）马拉里库斯（Malarichus）和马洛保德斯（Mallobaudes）高声反对说有什么不对劲，使得皇帝暂时没有采取行动。在这段犹豫期间，狄纳米乌斯伪造了第二封信，试图把马拉里库斯牵扯进来，暗示宫廷中的法兰克派系对皇帝图谋不轨。马拉里库斯获悉了正在发生的事，他把伪造一事告诉了皇帝，后者为了彻查此事成立了一个委员会。它很快发现那些信是伪造的，狄纳米乌斯得到了应有的惩罚。然而，高卢发生的事更加糟糕。

由于阿米亚努斯牵扯进了高卢的事件，他有各种理由掩盖丑陋的真相，因此一字一句地兜售了官方版本，尽管它充满矛盾且不合情理。根据我们这位作者的说法，阿波德米乌斯（Apodemius）——就是把伽卢斯被处决的消息回禀君士坦提乌斯的那个办事员——被派往高卢召回西尔瓦努斯回应指控，但此人却扬言说这位步兵长官已经被判处死刑。西尔瓦努斯听到这个可怕的消息后——考虑到皇帝的性格，他相信了——就称帝了。公开叛变后，他等待着皇帝的代表，他的高级同僚乌尔西基努斯的到来，阿米亚努斯是后者的随员。乌尔西基努斯得到的命令是镇压西尔瓦努斯，他也是这样做的。两位将军无疑相互同情，都对像他们这样的好人在君士坦提乌斯这样的皇帝手下效劳的命运感到悲哀。但这并不妨碍乌尔西基努斯完成自己的工作：在复活节主日，当虔诚的西尔瓦努斯毫无疑心地离开教堂时，乌尔西基努斯的扈卫（阿米亚努斯是其中之一）向他发难，砍死了这个篡位者。

　　然而，西尔瓦努斯并非篡位者，这个故事是谎言。西尔瓦努斯可能从未在一怒之下举剑反对君士坦提乌斯，而且他肯定从未披上过紫袍。他没有铸造钱币。篡位者做的第一件事总是铸造带自己名字的钱币：3世纪在位时间最短的皇帝唯一为我们所知的东西就是他们的钱币，甚至像多米提乌斯·亚历山大（311年）和多米提亚努斯（350年）这样短命的4世纪篡位者也留下了相对丰富的钱币供现代钱币学家研究。西尔瓦努斯却什么都没留下，尽管可以反驳说，由于他身处阿格里帕殖民市，在短短几周的统治时间内无法找到铸币场，但在马格嫩提乌斯统治的末尾有过大量非常规的紧急铸币（德语中将其简称为 Notmünzen），特里尔的铸币场离得也不远，而且晚期罗马史上的其他每个篡位者都可以找到临时的铸币场。在这点上，西尔瓦努斯不可能是唯一遇到障碍的，这意味着他从未称帝。相反，他是被皇帝最成功的将军之一率领的皇帝精英卫队杀死的，而他的被杀是因为关于他的流言一旦达到了某个水平，流言是否属实就变得不再重要：为了杀鸡儆猴，像君士坦提乌斯这样的皇帝会惩罚受到此类指控的人，哪怕他知道指控不是真的。即便如此，他这类皇帝也不会觉得安全。距离、嫉妒和野心是篡位行为的孵化器，尽管伽卢斯和西尔瓦努斯都是虚惊一场，但某个时刻将出现真正的威胁。因此，尽管有过伽卢斯的先例，君士坦提乌斯还是再次把注意力转向了自己的亲属。

第 18 章

君士坦提乌斯、尤里安和未来的帝国

当"铁链"保罗调查与西尔瓦努斯关系密切的人时，一些阿拉曼尼人趁机向阿格里帕殖民市发难，而君士坦提乌斯留在了意大利。355 年 11 月 6 日，他在梅狄奥拉努姆把自己硕果仅存的男性亲属——他的堂弟，已故的伽卢斯同父异母的弟弟尤里安——提拔为恺撒。

我们上次提到尤里安是在 337 年那个血腥之夏后，当时他身处尼科美底亚。就像后来他记得的，他在宦官马尔多尼乌斯的照顾下在那里度过了平静美好的童年，直到不情愿地换由卡帕多奇亚的乔治主教监护，后者把他安置在马克鲁姆（Macellum）的一处广阔的皇帝庄园中，形同软禁。直到 348 年，尤里安才恢复自由，可以自行其是。于是他前往君士坦丁堡，师从异教徒尼科克勒斯（Nicocles）和忒米斯提俄斯（Themistius）——后者在 4 位皇帝的统治中都是个非常重要的人物——以及基督徒赫克波利俄斯（Hecebolius）；然后他又前往帕加马，追随传承了新毕达哥拉斯派的智者扬布里科斯（Iamblichus）衣钵的哲学家埃德西俄斯（Aedesius）学习；最后他来到雅典，巫师马克西姆斯（Maximus）成了他的精神导师。后来，尤里安渐渐抛弃了他憎恶的伯父君士坦丁信仰的基督教，接受了一种生动和非常古怪复杂的传统异教仪式主义。他在其中融入了3世纪的神秘主义和神智论的秘传大杂烩。355年，他把这种深刻的皈依体验和伴随而来的反基督教狂热深埋心底。不同于后来表现出的异教热情，尤里安看上去犹如一个有点固执的学者，像学者们惯常的那样不修边幅和喜爱辩论，他也是君士坦提乌斯也许可以依赖的王朝最后幸存的成员——尽管这位高级皇帝并不情愿依赖他，而且是在皇后优西比娅的敦促下才这样做的。

最后，君士坦提乌斯召回了在雅典求学的尤里安，在梅狄奥拉努姆任命他为恺撒。共处一个月后，君士坦提乌斯护送尤里安离开该城，将高卢托付给他照管。与伽卢斯一样，尤里安被期待扮演的角色也只是傀儡，他的官员并不是由他自己，而是完全由君士坦提乌斯挑选的。但与伽卢斯不同，他被给予了一些自主行事和学习指挥军队的机会，他对后者毫无经验，必须在更受皇帝信任的人的监督下进行。优西比娅给了他一部恺撒的《高卢战记》，让他了解将要统领的地区，而君士坦提乌斯甚至亲手写了一份备忘录，记录了他希望堂弟保持的从属地位。他只允许尤里安的一位密友和4名老仆人同行——其他都是君士坦提乌斯的人。后来，随着尤里安变得日益成功，这些限制将破坏两位皇帝的关系，但355年的罗马世界似乎平安无事。

于是，君士坦提乌斯再次着手推行他的教义观点。许多西部主教拒绝接受西尔米乌姆信经，数年来这一直让皇帝沮丧得发狂，但到了355年，他命令办事员威逼主教们就范。罗马主教利贝里乌斯（Liberius）——还没有像他的继承者那样成为"教皇"或西部教会的领袖——被召到梅狄奥拉努姆面见皇帝，在那里，他因为拒绝接受西尔米乌姆的决议而遭到恫吓。利贝里乌斯在罗马城中是个有权势的人物，而且是罗马主教中第一个明确表达自己作为使徒彼得的公认继承者这一身份，拥有特别的道德权威的。355年，君士坦提乌斯将他流放。

差不多与此同时，亚历山大里亚的阿塔那修斯说不清第几次被罢黜和流放，君士坦提乌斯正确地意识到，此人是整个帝国抵制西尔米乌姆的相似派信经的名义领袖。君士坦提乌斯愿意刁难教会领袖，但不想处决他们，他似乎真的不明白为何他想要与之合作的人中，只有那么少的人愿意合作。让君士坦提乌斯更为沮丧的是，他公开和明显地致力于成为一个好基督徒皇帝——在某些方面比他父亲做得更好，尽管他永远无法复制后者作为解救基督徒免遭迫害者的地位。但君士坦提乌斯还是做了尝试。356年年初，他颁布敕令，规定向异教神明的形象献祭是死罪，尽管他允许异教神庙继续存在，庙中祭司也可以保留他们的财产，但不得再为他们的神明举行任何崇拜活动。君士坦提乌斯还明确要求所有罗马人停止献祭。显而易见，他的意图是彻底终结传统的崇拜行为。

357年，他在罗马举办了一场凯旋式，庆祝他在波斯和尤里安在高卢的胜利，并于4月28日入城。尖刻的同时代人挖苦说，他唯一真正的胜利是在对罗马同胞的战争中取得的，但虽说东部的战争并未分出胜负，尤里安在高卢的胜利却足够真实。阿米亚努斯·马尔克里努斯对君士坦提乌斯进入罗马的描述是晚期古典文学中的出色模板之一，尽管极其讨厌这位皇帝，阿米亚努斯还是情不自禁地赞美了君士坦提乌斯表现出的自控和沉着，处处展现出冷漠超然和高高在上的世界之主形象。在罗马期间，皇帝下令将祭坛和胜利女神像从元老院移走，这个姿态是做给其他基督徒看的，表示他不会在仍然进行献祭的地方处理罗马国家事务。此举几乎没有遭到反对，显示了帝国政府和官员正以惊人的速度成为基督徒。

尽管君士坦提乌斯尚未意识到这点，但这一敕令对他的堂弟尤里安是个直接的打击，后者的异教哲学信仰在高卢继续发展。在尤里安为深入阿拉曼尼亚进行大规模军事行动做好准备的同时，他的运势也一路高走。356 年夏天，尤里安伴随着由君士坦提乌斯的将军马尔凯路斯和乌尔西基努斯率领的军队，经由第一日耳曼尼亚（Germania Prima）入侵阿拉曼尼亚，沿途加强了阿格里帕殖民市的防御。这支军队随后退回冬季营地，分散到北部高卢各地过冬，而不是驻扎在像特里尔这样的重要皇帝驻所——可能是因为对马格嫩提乌斯的内战造成的破坏如此严重，以至于单一地点无法为作战军提供充足的补给。尤里安和他的卫队在深入北部高卢腹地的森诺尼亚过冬，远离那里的军事或行政中枢。这可能是尤里安选择故意无视他堂兄的将军们，或者是他们试图让他远离那些可能让他赢得士兵和官员同情的地方。无论如何，这都是在招致灾难，因为整个北部高卢的形势都不稳定——内战导致那里的要塞空虚，西尔瓦努斯没有太多机会恢复边境秩序。因此，尤里安在森诺尼亚被一支庞大的法兰克战团包围，不得不在城墙后坚守了几个月。尤里安指责乌尔西基努斯和马尔凯路斯，并说服君士坦提乌斯用远没有那么强势的骑兵长官塞维鲁取代了他们。

不过，君士坦提乌斯没有允许尤里安去对付法兰克人，而是命令他按照成为恺撒时就定好的计划那样入侵阿拉曼尼亚。塞维鲁带领尤里安渡过莱茵河，进入阿拉曼尼亚境内，而君士坦提乌斯的更高级的步兵长官巴尔巴提奥则渡过第二莱提亚的上多瑙河。不过，两支军队没能像计划的那样会师，尤里安在莱茵兰停下脚步，赢得了一些小规模的战斗，而没有听从塞维鲁的意见，按照既定计划行事。结果，巴尔巴提奥从阿拉曼尼亚撤退，尽管阿米亚努斯认为他这样做是故意想要给尤里安造成危险，但此举显示出很好的战略意识，因为罗马人的钳形攻势已经失败了。看到这些，阿拉曼尼国王克诺多马里乌斯（Chnodomarius）把矛头转向尤里安，在阿尔根托拉图姆（Argentoratum，今斯特拉斯堡）与后者相遇，尤里安的兵力远远少于对方——据说是 1.3 万人对 3.5 万人，尽管后一个数字无疑被夸大了。罗马人取得了完胜，这再次证明蛮族军队在正面战场上打败训练有素的罗马军队是多么少见：尤里安把他的人马部署到狭窄的战线上，用骑兵骚扰阿拉曼尼人的步兵，然后用步兵发起冲锋，冲破了阿拉曼尼人的阵线，彻底击溃了他们。

我们说尤里安做了此事，因为史料告诉我们是这样，特别是他本人的记述。更可能的情况也许是，很大一部分事实上的谋划是由老塞维鲁做出的。不过，这场胜利后，君士坦提乌斯开始允许尤里安拥有更大的选择自由，在围绕着是否应该征收额外税赋来弥补 357 年的亏空而展开的争论中，他甚至支持这位恺撒反对他自己的近卫军长官。似乎让君士坦提乌斯本人都感到意外的是，他发现尤里安是个有用的搭档。尽管作为奥古斯都，他在罗马的凯旋式中顺理成章地享用了高卢的胜利果实，但他不再觉得有必要像过去那样严密地监视尤里安。后者在卢特提亚（Lutetia，今巴黎）过冬，这再次表明他偏爱卢格杜努姆高卢的腹地，而非莱茵兰的传统行政中心。现在，他几乎肯定已经开始阴谋反对自己的堂兄了，阿尔根托拉图姆的胜利让他赢得了军队对他个人的新忠诚。358 年，在法兰西亚的一场轻而易举的胜利——更多是展示武力和训练演习，而非战事——进一步巩固了这种纽带。

不过，君士坦提乌斯对堂弟正在酝酿的计划——或者后者秘密的异教信仰和对巫术的持续兴趣——一无所知，他还有别的问题需要操心。随着沙普尔准备再次对罗马领土发动攻击，波斯边境又变得不安宁了，而君士坦提乌斯与桀骜不驯的西部主教们的关系也在进一步恶化。拉丁教士们坚决反对希腊人对"本体"一词（ousia，拉丁语中作 substantia）持续的吹毛求疵，坚称尼西亚信经没有什么可以改善了。但君士坦提乌斯仍然坚持要求所有教士接受同样的信经，不过他最终也意识到，让东部和西部的主教们参加同一场大公会不仅没有意义，而且结果会适得其反。于是，他决定召开两场大公会，分别在意大利北部的阿里米努姆（Ariminum，今里米尼）和卡吕卡达诺斯河畔的塞琉西亚［Seleucia-on-the-Calycadnus，今土耳其南部的锡利夫凯（Silifke）］，后者当时是伊索里亚（Isauria）最重要的城市。在阿里米努姆，君士坦提乌斯的信经由穆尔萨的瓦伦斯（Valens of Mursa），一名来自巴尔干的深受信任的主教颁布，其中去掉了"本体"这样有争议的字眼。尽管如此，来自意大利和高卢的主教们还是对他们的巴尔干同行深表怀疑：后者和皇帝走得太近，唯皇帝马首是瞻，而不是展现出主教应有的独立。西部主教们不出意料地拒绝接受阿里米努姆信经，重申只需尼西亚信经就足够了，还把瓦伦斯和他的两名支持者革出教门。君士坦提乌斯本人远在多瑙河对岸与萨尔玛提亚人作战，赶到西尔米乌姆向他通报大公会决定的西部主教们被迫在那里等了几个月。

在此期间，其他的西部主教被皇帝的军队扣留在阿里米努姆，禁止他们回到自己的教区，这让君士坦提乌斯达成妥协的努力成了笑柄。但短期来说，这种强硬手段似乎奏效了。在西尔米乌姆等待君士坦提乌斯归来的主教们没有通知在阿里米努姆的同行就撤销了革出教门的命令，并接受了阿里米努姆信经，即便只是为了能让自己回家。因此，君士坦提乌斯从未与来自西部大会的主教们会面，而是战事一结束就马上沿着大道返回了君士坦丁堡。在那里，他见到了来自伊索里亚的塞琉西亚大公会的代表团——不止一个，而是两个。塞琉西亚的大公会和阿里米努姆的一样彻底失败了。以安纳托利亚中部的安库拉［Ancyla，今安卡拉（Ankara）］的强大主教巴西勒（Basil）为首的一个派系所坚持的信经不仅讨论了"本体"这个充满争议的术语，而且讨论的方式很容易被描述为新阿里乌斯主义的。而恺撒利亚的阿卡基乌斯（Acacius）则在塞琉西亚宣扬皇帝的信经（其拉丁语版由穆尔萨的瓦伦斯提出）。双方都毫不妥协，要求君士坦提乌斯亲自做出裁决。359 年 12 月末，君士坦提乌斯亲自接见了这两个对立的代表团，迫使巴西勒一派接受阿里米努姆信经。360 年年初，他又在君士坦丁堡召开了一场大公会，宣布阿里米努姆信经是帝国统一的信经。这是第一次几乎没有出现异议，也没有通常那么多的人被流放的情况，但这种虚假的共识在皇帝死后就瓦解了，在本书的续篇中，我们将一再遇到这场神学争议的余波。

当君士坦提乌斯在萨尔玛提亚的时候，尤里安继续在高卢边境作战。358—359 年，他再次在卢特提亚度过了冬天，下一年的作战季开始时，他在莫古恩提亚库姆渡过莱茵河，重创了几个阿拉曼尼国王，并四处宣扬他们的投降。对于一如既往充满疑心的君士坦提乌斯来说，这种自我宣传是无法忍受的。他召回了尤里安最信任的官员们，特别是他的皇宫财务官（quaestor sacri palatii）萨鲁提乌斯·塞孔杜斯（Salutius Secundus），转而派去了一批新的宫廷谋士——令人憎恶的"铁链"保罗，以及彭塔狄乌斯（Pentadius）和高登提乌斯（Gaudentius）两兄弟，前者在354年伽卢斯的覆亡中表现活跃。这种挑衅让尤里安从谨慎地怀抱野心转向公开反叛。君士坦提乌斯的年轻恺撒为政变选择了绝佳的时机。如果他早些行动，君士坦提乌斯就能放手东方行省，打败这个反叛的亲属了。然而，到了359年，波斯再次成为麻烦。

尽管双方在4世纪50年代更早时都有过周期性的威吓行动，但对罗马和波斯统治者构成威胁的决定性战争从未变成现实，主要原因是沙普尔二世的帝国在遥远的中亚边缘遭受的纷扰。这些是更东面的帝国的形势发生剧变的结果——其地点是中国西北部的河西走廊，我们在本书的续篇中将会对此进行详细分析。宽泛地来说，这些事件代表了各个草原游牧民族发起的大范围的军事行动，这些民族都自称是匈奴（Xiongnu 或 Huns）后裔。4世纪50年代，波斯人和罗马人对于欧亚大陆东部发生的事都一无所知，但那个十年的很大一部分时间，沙普尔都在东部边境忙碌。然而，到了358年，最迫在眉睫的挑战平定了，至少有一个匈奴部族与沙普尔结盟，成为其藩属。这位众王之王马上开始集结一支作战军队，实施了之前攻打罗马边境和夺回长期争议领土的计划。双方在359年的很长时间里都在谈判，但沙普尔拒绝放弃让君士坦提乌斯把罗马的东部行省割让给他的要求。现在，我们第一次有确实的证据表明，萨珊统治者真的自诩为阿契美尼德王朝的大流士和薛西斯的继承者，并利用大流士帝国的疆域来为自己的主张提供正当性。

君士坦提乌斯重新任命乌尔西基努斯担任骑兵长官这一高级职务，派他负责做好准备迎战入侵者。我们非常了解这场战事，因为阿米亚努斯参与其中，并详细描绘了在波斯人包围阿米达期间的艰难处境。显然，当入侵开始时，罗马的野战军尚未完全部署好，因为乌尔西基努斯在巡视某处前线的防御工事时，差点遭到波斯骑兵的伏击。不过，就像一再看到的那样，事实证明美索不达米亚的那些大城市能够阻挡住波斯军队的步伐，阿米达的驻军击毙了沙普尔的藩属国王格鲁姆巴特斯（Grumbates）之子——阿米亚努斯将这位国王称为"希奥尼泰人"（Chionitae）的国王，尽管我们无法确定他指挥的是哪个匈奴人部族——沙普尔不久前还与他交过战。在格鲁姆巴特斯的要求下，沙普尔同意在359—360年冬天全力围攻该城，但阿米达的驻军成功地将围城者阻挡了几个月，迫使沙普尔退兵，准备来年再次发动进攻。

波斯边境的战火几乎刚一燃起，尤里安可能就知道了——他的一位密友，曾和他一起在帕加马求学的哲学家欧斯塔提乌斯（Eustathius）是没能避免波斯人入侵的使团成员。360年2月或3月，还在卢特提亚冬季营地的尤里安收到来自君士坦丁堡的命令，要求征调西部军队援助波斯战事，而且数量不小：4支完整的步兵部队，并从高卢军队的其他每支部队中抽调300人。鉴于君士坦提乌斯面临的威胁，这是个合理的要求，但尤里安把它变成了自己称帝的借口。他显然早就有了这样做的计划：来到高卢后，他第一次让野战军的各支部队，而不仅仅是他本人的卫队驻扎在卢特提亚的冬季营地。一如传统，尤里安总是声称，他是在士兵的自发要求下才勉强接受皇位的。但整个高卢军队都支持他的举动暗示，这一切在各部队进入他们的冬季营地之前很久就准备好了，被选中的军官整个冬天都在筹划政变。凯尔特部队（Celtae）和佩图兰特部队（Petulantes）[①]这两支精英部队最先在卢特提亚拥立尤里安为奥古斯都，其他高卢军队也马上站到了他一边。

尤里安一定意识到了君士坦提乌斯会有敌对反应，但他没有急于马上动手，而是让他的军队在对法兰西亚的惩罚性劫掠中浴血奋战。君士坦提乌斯同样谨慎。他接见了来自堂弟的使团，后者提出尤里安在西部将成为奥古斯都，但在东部仍然只是恺撒——皇帝拒绝了这个提议，要求尤里安放弃奥古斯都头衔，满足于身为恺撒。按照君士坦提乌斯的标准，这个反应算得上温和，由于波斯的形势，他几乎做不了更多。

因为没有西部的援军，君士坦提乌斯无法对沙普尔发动反攻，后者的军队在 360 年夏天占领了罗马领土最东边的辛加拉和贝扎布德（Bezabde），并将前者夷为平地。360—361 年冬天，罗马军队夺回了贝扎布德，但与众王之王展开一场全面战争已经无法避免。问题是它会在何时打响，因为内战现在同样迫在眉睫。360 年 11 月，尤里安在重要的维埃纳高卢（Viennensis）行省的治所维埃纳［Vienna，今法国维埃纳（Vienne）］庆祝自己成为恺撒五周年。他穿着全副奥古斯都的行头，还以这个头衔铸造了钱币。他非常清楚君士坦提乌斯会觉得那无法忍受。后者在埃德萨过冬，在与波斯人交战还是内战之间举棋不定。

361 年年初，尤里安调动自己的军队，表面上是为了再

---

① 关于 Petulantes 名字的由来说法不一，有人认为是因为这支部队的桀骜勇猛（petulans），也有人认为这是个地名或族名。

次入侵阿拉曼尼亚。在那里，他俘获了一个叫瓦多马里乌斯
（Vadomarius）的国王，此人据信是君士坦提乌斯本人的臣属。尤
里安现在宣称，君士坦提乌斯命令此人攻击自己。这个开战理由
无疑是捏造的，但尤里安需要的只是这些。那年盛夏，他沿着多
瑙河行军进入巴尔干，并已经先行将他的一部分兵力用船转运到
了下游，到夏末时，他已经占领了一直到西尔米乌姆的所有重要
城市。他的骑兵长官和最信任的将军内维塔（Nevitta）经由通
过莱提亚和诺里库姆的主要陆上通道，沿萨瓦河而下进入巴尔干
中部。

　　他的计划是占领伊利里亚西部，在那里迎击君士坦提乌斯的
任何攻势，同时派出几支部队翻越尤利乌斯阿尔卑斯山进入意大
利，夺取意大利北部平原。从战略上说，这是个出色的计划，但
其中两支部队在前往意大利途中被君士坦提乌斯的间谍收买而叛
变，据守阿奎莱亚要塞。现在，尤里安可能面临一场双线战争，
否则连接他和忠诚的高卢行省的补给线就可能被切断。因此，他
在西尔米乌姆按兵不动，观望形势的发展，而他留在高卢的一些
部队进军意大利北部，占领了那里的要塞城市。尤里安本人则忙
着给东部城市的公众写信，为自己的行动辩护，指控君士坦提乌
斯犯下了各种罪行。这让君士坦提乌斯别无选择，只能让东部边
境听天由命，自己去对付反叛的堂弟。361年10月，他率军西进，
但只走到奇里乞亚就病倒了。他于11月3日去世，临死前做出了
大政治家的姿态，任命尤里安为自己的合法继承人。不会有皇位
的竞争者，尤里安可以开始其作为君士坦丁王朝最后一位皇帝的
单独统治了。

* * *

君士坦提乌斯之死标志着本书叙事的结束，晚期帝国的历史在这里发生了转折。君士坦提乌斯最大的成就是巩固他父亲革命性统治所带来的结构强度和政治机制。当四帝共治的实验让 3 世纪的临时实验变为永久，完成了我们花了许多时间讨论的骑士化的渐进过程后，君士坦丁又把一个比过往罗马世界的政府规模更大、介入更深和更复杂的新政府制度化了。君士坦提乌斯漫长和稳定得让人意外的统治确保了不会出现反转，4 世纪早期的官僚国家将在随后的几十年间愈来愈强大。在宗教方面，君士坦提乌斯同样将父亲的遗产变得永久。尽管尤里安——以"叛教者"尤里安之名为后世所知——试图摧毁作为帝国国教、被他的亲属们接受和以越来越大的力度推行的基督教，但他只能想象出一个反基督教的帝国，而不是切实地回归君士坦丁时代之前的宗教面貌。他在单独统治后不久便去世了，这只会意味着基督教的政治和教会集团作为帝国合法性中心的地位得到了进一步的巩固。

尽管心中充满了怨恨，但尤里安也是个天马行空的理想主义者。他接替堂兄成为皇帝后马上产生的念头是对波斯发动大规模入侵，这导致了一场惨败。后续发展——帝国的作战军队不得不付出巨大的代价让自己从敌人的土地上脱身——显示了军队高级指挥官、宫廷官僚和近卫军长官集团已经变得多么引人注目地强大：4 世纪后期是集体统治的伟大时代，地方和官僚寡头相互角力，同时又确保了成为皇帝的人——约维安、瓦伦提尼安和瓦伦斯、狄奥多西——只是下级军官，无法让自己的意志影响事件，即便他们本人拥有能力和权威。另一些在君士坦丁和君士坦提乌斯统治期间埋下的种子也在 4 世纪后期结出了果实。到了该世纪末，基督教会显著地加强了自己的意识形态、政治和经济力量，大大巩固了教士等级体系，还越来越多地塑造了罗马国家的地理格局，而规模不断增长、旨在指导和约束基督教信徒的教会法也同样有了巨大的发展。

　　和许多方面一样，东部和西部在这点上也产生了分歧，希腊和拉丁基督教在思想和习惯上显示出越来越更根本的差异，再也没有得到弥合。从 4 世纪 60 年代开始，东部和西部帝国在政治和经济上也变得更加泾渭分明。君士坦丁堡在希腊世界的生活中日益加强的主导地位只是故事的一部分，东部帝国还控制了在高加索新发现的金矿，这是西部帝国所没有的。这产生了意义巨大的结果：相比西部精英，东部的统治精英与帝国国家体系的关系要密切得多，后者垄断了货币供应。而在西部，如果为形势所迫，社会最上层在没有政府体系太多帮助的情况下也能正常运作。这比其他因素都更好地解释了 5 世纪中叶西部帝国政府在整整一代人时间里的崩溃，东部政府却基本上未受破坏。它还有助于解释为何西部帝国没能像东部帝国那么好地应对更大范围内的欧亚大陆的形势变化——在短暂但影响深远的几十年间，各个匈奴（Xiongnu 或 Huns）帝国重塑了从中国到印度再到中欧的政治边界。

　　250 年前，爱德华·吉本从与本书或多或少相同的地方开始讲述罗马帝国衰亡的故事，他认为那是安敦尼皇帝的黄金时代。他对自己关于“野蛮与宗教”导致了帝国灭亡的故事如此着迷，一路继续讲到了一千多年后君士坦丁堡被穆罕默德二世征服。我们中所有记述晚期罗马帝国，或者更宽泛地说记述我们现在称为

"古代晚期"的文化世界的人都在追随吉本的脚步，身处他的才智、文采和雄心的阴影之下。但今天，没有人会试图追求像他那么大的规模。本书和下一卷涵盖的是从早期罗马帝国到与帝国之后的西部并立的那个东部的希腊语罗马帝国的这一旅程中非常具体的一系列阶段。我们从一个被罗马人统治的帝国来到了一个满是罗马人的帝国，从一个疆域只比古典时代的地中海世界稍大些的罗马来到了一个在古代全球化时代中成为欧亚大陆四大文明之一的罗马。

我们在下一卷中将要考察的古代晚期更后期的罗马帝国与哈德良的罗马帝国的区别已经大得让人认不出了，但它显然是君士坦丁重塑的那个帝国的继承者，其基础先由塞维鲁，后由戴克里先奠定了——尽管会显得奇怪，但后者能够意识到，至少可以想象自己是在恢复一个哈德良能够认出的昔日罗马。我们在这里无须确定那种想象在多大程度上对应了事实，在下一卷中也无须确定君士坦提乌斯和尤里安的继承者在多大程度上会意识到他们正在缓慢重塑的帝国是君士坦丁及其革命性统治的产物。他们的思想和行动已经足够作为故事了。

从奥古斯都到尤里安的罗马皇帝

（省略篡位者）

奥古斯都　公元前 27 年—公元 14 年在位

提比略　14—37 年在位

盖乌斯（卡里古拉）　37—41 年在位

克劳狄乌斯　41—54 年在位

尼禄　54--68 年在位

伽尔巴　68—69 年在位

奥托　69 年在位

维特利乌斯　69 年在位

韦斯巴芗　69—79 年在位

提图斯　79—81 年在位

图密善　81—96 年在位

涅尔瓦　96—98 年在位

图拉真　98—117 年在位

哈德良　117—138 年在位

安敦尼·庇护　138—161 年在位

马可·奥勒留　161—180 年在位

卢基乌斯·维鲁斯　161—169 年在位

康茂德　177—192 年在位

佩蒂纳克斯　193 年在位

迪迪乌斯·尤利亚努斯　193 年在位

塞普提米乌斯·塞维鲁　193—211 年在位

卡拉卡拉　198—217 年在位

盖塔　210—211 年在位

马克里努斯　217—218 年在位（恺撒狄亚杜梅尼亚努斯，217—218 年在位）

埃拉伽巴鲁斯　218—222 年在位

塞维鲁·亚历山大　222—235 年在位

马克西米努斯一世　235—238 年在位（恺撒马克西姆斯，236—238 年在位）

戈尔狄安一世　238 年在位

戈尔狄安二世　238 年在位

普皮埃努斯和巴尔比努斯　238 年在位

戈尔狄安三世　238—244 年在位

菲利普一世　244—248 年在位（共治奥古斯都菲利普二世，247—249 年在位）

图拉真·德基乌斯　248—251 年在位（共治奥古斯都赫雷尼乌斯·德基乌斯，251 年在位；恺撒霍斯提利亚努斯，251 年在位）

特雷波尼亚努斯·伽卢斯　251—253 年在位（共治奥古斯都沃鲁西亚努斯，251—253 年在位）

埃米利亚努斯　253 年在位

瓦勒良　253—260 年在位

伽利埃努斯　253—268 年在位（共治奥古斯都萨洛尼努斯，260 年在位）

克劳狄乌斯二世　268—270 年在位

昆提鲁斯　270 年在位

奥勒良　270—275 年在位

塔西佗　275—276 年在位

弗洛里亚努斯　276 年在位

普罗布斯　276—282 年在位

卡卢斯　282—283 年在位

卡里努斯　282—285 年在位

努梅里阿努斯　283—284 年在位

戴克里先　284—305 年在位

马克西米安　285—305 年在位；作为篡位者 306—308 年，310 年在位

君士坦提乌斯一世　293—306 年在位

加莱利乌斯　293—311 年在位

塞维鲁二世　305—307 年在位

君士坦丁一世　306—337 年在位

马克西米努斯二世　305—313 年在位

李锡尼　308—324 年在位（共治奥古斯都瓦伦斯，316—317 年在位）

君士坦提努斯（君士坦丁二世）　337—340 年在位

君士坦提乌斯二世　337—361 年在位

君士坦斯　337—350 年在位

尤里安　361—363 年在位

从阿达希尔到沙普尔二世的波斯诸王

阿达希尔一世　222—242 年在位

沙普尔一世　240—272 年在位

奥尔马兹德一世　272—273 年在位

巴赫拉姆一世　273—276 年在位

巴赫拉姆二世　276—293 年在位

巴赫拉姆三世　293 年在位

纳塞赫　293—302 年在位

奥尔马兹德二世　302—309/310 年在位

沙普尔二世　309/310—379 年在位

扩展阅读

原始文献史料

几乎所有的希腊-罗马作家的正典作品都能在洛布古典文库中找到，对开页上有英译。读者应该寻找相关文本的新版，除了少数之外，它们相比20世纪初的原版本都有了更新（往往大有改进）。从3世纪晚期开始，洛布系列的收录范围减小，只涵盖了很少的基督教作家。利物浦大学出版社的"史学家译本"（Translated Texts for Historians）系列用带注解的出色译文填补了这方面的许多空白。还可以参考其他两个系列："教父"（Fathers of the Church）和"古代基督教作家"（Ancient Christian Writers），后者的译文质量普遍很好，前者的则良莠不齐。钱币是罗马帝国史不可或缺的原始史料，这方面的基本参考书仍然是十卷本的《罗马帝国钱币》（*Roman Imperial Coinage*, London, 1923— ）。此外，古典钱币集团（Classical Numismatic Group）的网站（http://www.cngcoins.com）的研究网页上有从古代开始几乎所有钱币的彩图，除了那些特别稀有的。

参考书

对罗马史真正感兴趣的人都应该有两部基本参考书：第三版《牛津古典学辞典》（*Oxford Classical Dictionary*, Oxford, 1996），这也是最好的一版，以及《巴灵顿希腊和罗马世界地图集》（*The Barrington Atlas of the Greek and Roman World*, Princeton, 2000），Richard Talbert 主编，该地图集的涵盖范围、细节和地图之美都令人惊叹。

通　史

许多教材涵盖了本书的时期，尽管由于面向课堂，它们往往相当枯燥。其中最出类拔萃的是面向美国本科生，由 Mary T. Boatwright，Daniel Gargola，Noel Lenski 和 Richard Talbert 所编的 *The Romans from Village to Empire* (2nd ed., New York, 2011)。更有意思的是 Mary Beard, *SPQR: A History of Ancient Rome* (London, 2015) 和 Greg Woolf, *Rome: An Empire's Story* (Oxford, 2012)，前者比本书更全面地涵盖了社会史，但只写到卡拉卡拉。本系列取代的丰塔纳（Fontana）古代世界史包含了若干经典的盘点，而 Colin Wells, *The Roman Empire* (2nd ed., London, 1995) 仍然值得一读。过去的几十年间，随着学术出版社追求图书馆市场，部头巨大的手册、规模过大的指南和冗长的词典大量问世。据我的统计，与本书所涵盖时期的这个或那个方面相关的此类作品有 40 多种（我肯定有遗漏），虽然它们几乎都包含了有真正价值的论文，但在质量上都良莠不齐，在涵盖范围上也是支离破碎——读者应该谨慎选择。

David Potter, *The Roman Empire at Bay, AD 180–395* (London, 2004) 提供了出色的注解，很好地涵盖了思想和文化史。许多关于 3 世纪帝国的真正优秀的作品继续以法语和德语出版：比如，英语世界尚没有哪部作品比得上 Michel Christol 精彩的 *L'empire romain du IIIe siècle* (Paris, 1997)。对于戴克里先之后的时代，奠基性的作品仍然是（而且永远将是）A. H. M. Jones, *The Later Roman Empire, 284–602* (4 vols., Oxford, 1964; 2 vols., Oxford, 1973)。Peter Brown, *The World of Late Antiquity* (London, 1971) 让几代学者惊叹，给他们带来启发，在将近半个世纪后仍然神奇地引人入胜。

各时期的一手和二手作品

从哈德良到康茂德之死

该时期的一手文献数量很少。《罗马君王传》（洛布文库中见 *Scriptores Historiae Augustae*）是从哈德良到卡卢斯和卡里努斯的皇帝传记集，由 4 世纪后期的某个作者汇编而成，但据称是 4 世纪早期 6 位作者的作品集。对于从哈德良到卡拉卡拉之间的合法奥古斯都，它非常忠实地复制了一位 3 世纪传记作家现已失传的作品。但恺撒和篡位者们的传记都没有价值，卡拉卡拉之后的一切同样如此。卡西乌斯·狄奥的史书（同样收录于洛布文库）对该时期必不可少，即便是那些只有残篇留存的部分。4 世纪的简史〔欧特罗皮乌斯的《罗马简史》（*Breviarium*）和奥勒留·维克托尔的《恺撒传》（*De Caesaribus*）都收录于利物浦大学的史学家译文系列］同样提供了一些基本信息。

不过，该时期有丰富的非历史作品（拉丁语有奥路斯·革利乌斯，希腊语有阿里安、阿忒纳俄斯和盖伦等人的作品，许多收录在洛布文库中）。关于对这个安敦尼王朝文化世界的介绍，见 C. P. Jones, *The Roman World of Dio Chrysostom* (Cambridge, 1978)；Leofranc Holford-Strevens, *Aulus Gellius: An Antonine Scholar and His Achievement* (revised edn., Oxford, 2005)；D. A. Russell, ed., *Antonine Literature* (Oxford, 1990)；David Braund and John Wilkins, eds., *Athenaeus and His World* (Exeter, 2000)。对于被称为第二次智术师运动的希腊修辞和哲学运动，关于发明了这一术语的思想家，见 Glen W. Bowersock, *Greek Sophists in the Roman Empire* (Oxford, 1969)；Graham Anderson, *Philostratus* (London, 1986) 和 E. Bowie and Jas Elsner, eds., *Philostratus* (Cambridge, 2009)；关于整个这一现象，见 Graham Anderson, *The Second Sophistic* (London, 1993)。对于帝国时期的罗马艺术很难做出有趣的描绘，Jaś Elsner, *Imperial Rome and Christian Triumph* (Oxford, 1998) 在阐述和分析上都堪称典范，而且非常通俗易懂。

关于帝国的治理和官僚体制，Andrew Lintott, *Imperium Romanum: Politics and Administration* (London, 1993) 是最可读的介绍。对皇帝的角色处理得最好的仍然是 Fergus Millar, *The Emperor in the Roman World* (Ithaca, 1977)，尽管相比这部经典研究所宣称的，今天的学者们认为，皇帝的统治风格不是那么被动反应式的，而是会更多地主动介入。J. E. Lendon, *Empire of Honour* (Oxford, 1998) 对该时期统治精英的意识形态做了敏锐的考察，而通过 Richard J. A. Talbert, *The Senate of Imperial Rome* (Princeton,

1984) 可以对元老院的细节有全面的了解。

关于罗马的钱币，见 David L. Vagi, *Coinage and History of the Roman Empire*, 2 vols. (Sidney, OH, 1999) ——尽管面向的是钱币收藏者，而非历史学家或钱币学家，但该书可能是对这类重要证据的最简单和最易懂的介绍了。更加学术，但仍然易懂的是 Andrew Burnett, *Coinage in the Roman World* (London, 1987) 和该书的书目中罗列的众多专业研究。

对于政治史，皇帝传记仍然是一个吸引人的途径，尽管不一定流行。关于该时期有几部出色的传记，特别是 Anthony R. Birley, *Hadrian: The Restless Emperor* (London, 1997) 和同一作者的 *Marcus Aurelius* (2nd ed., New Haven, 1987)。Olivier Hekster, *Commodus: An Emperor at the Crossroads* (Amsterdam, 2002) 激动人心，但并不总是可信。Thorsten Opper, *Hadrian: Empire and Conflict* (Cambridge, MA, 2008) 是一部全面的介绍，并配有精心选择的插图。

对于社会和经济史，Peter Garnsey and Richard Saller, *The Roman Empire: Economy, Society, and Culture* (Berkeley, 1987) 已经有点过时，但仍然非常可读，是最好的总体介绍。Walter Scheidel, Ian Morris and Richard Saller, eds., *The Cambridge Economic History of the Greco-Roman World* (Cambridge, 2007) 质量良莠不齐，但内容够新。关于安敦尼瘟疫及其影响，见 Elio Lo Cascio, ed., *L'impatto della 'peste antonina'* (Bari, 2012) 中的论文，其中有几篇是英语的。关于伽利埃努斯之前的军队，见 Roy Davies, *Service in the Roman Army* (New York, 1989)；Hugh Elton, *Frontiers of the Roman Empire* (London, 1996)；Ian Haynes, *Blood* of the Provinces: The Roman Auxilia and the Making of Provincial Society from Augustus to the Severans (Oxford, 2013) 是本好书，尽管书名很蠢；以及 Graham Webster, The Roman Imperial Army (3rd ed., New York, 1985)。J. E. Lendon, Soldiers and Ghosts: A History of Battle in Classical Antiquity (New Haven, 2005) 对古代的心理和战争做了旁征博引和激动人心的研究；它值得细读，尽管并非所有的结论都有说服力。

能够吸引非专业读者的行省和地方研究包括：东部行省方面，见 Warwick Ball, Rome in the East: The Transformation of an Empire (London, 2000)；Simon Goldhill, ed., Being Greek under Rome: Cultural Identity, the Second Sophistic and the Development of Empire (Cambridge, 2001)；William Horbury, Jewish War under Trajan and Hadrian (Cambridge, 2014)；Benjamin Isaac, The Limits of Empire: The Roman Army in the East (revised ed., Oxford, 1992)；Fergus Millar, The Roman Near East, 31 BC–AD 337 (Cambridge, MA, 1993)。西部行省方面，见可读性不太高但很重要的 David Cherry, Frontier and Society in Roman North Africa (Oxford, 1998)，Greg Woolf, Becoming Roman: The Origins of Provincial Civilization in Gaul (Cambridge, 1998) 绝对是英语世界有史以来关于"罗马化"现象的最佳著作。

从康茂德之死到马克西米努斯一世之死

该时期的主要一手文献是赫罗狄安和卡西乌斯·狄奥的作品，都可以在洛布文库中找到译文。关于狄奥，见 Fergus Millar, A Study of Cassius Dio (Oxford, 1964). Olivier Hekster,

Rome and Its Empire, AD 193–284 (Edinburgh, 2008) 中收录了一批重要的一手文献。该时期的皇帝传记较少，但我们可以看到 Anthony R. Birley, *Septimius Severus: The African Emperor* (2nd ed., New Haven, 1988)。上一节提到的经济、军事和行省历史作品在这里同样重要。关于该时期的文学作品，见 Simon Swain, Stephen Harrison and Jas Elsner, eds., *Severan Culture* (Cambridge, 2007)。关于法律，见 Tony Honoré, *Emperors and Lawyers* (2nd ed., Oxford, 1994) 和 *Ulpian: Pioneer of Human Rights* (2nd ed., Oxford, 2002)，不过这两本书的初版在内容上有很大不同，值得专门一看。

关于欧亚大陆局势发展的作品如此数量庞大和种类繁多，下面只是沧海一粟。Edward A. Alpers, *The Indian Ocean in World History* (Oxford, 2014) 是很好的介绍性概述。Rachel Mairs, *The Hellenistic Far East: Archaeology, Language, and Identity in Greek Central Asia* (Berkeley, 2014) 和 Grant Parker, *The Making of Roman India* (Cambridge, 2008) 更加专业，但很精彩。Steven E. Sidebotham, *Berenike and the Ancient Maritime Spice Route* (Berkeley, 2011) 比书名所暗示的更加通俗。在 John M. Rosenfeld, *The Dynastic Arts of the Kushans* (Berkeley, 1967) 之后，英语世界很少有关于贵霜帝国的可靠作品，但 David Jongeward and Joe Cribb, *Kushan, Kushano-Sasanian and Kidarite Coins: A Catalogue of the Coins from the American Numismatic Society* (New York, 2015) 的导言介绍了该领域的进展程度，主要根据新的钱币学信息。Vidula Jayaswal, ed., *Glory of the Kushans: Recent Discoveries and Interpretations* (New Delhi, 2012) 的内容够新，但不好读。

David Sinor, ed., *The Cambridge History of Early Inner Asia* (Cambridge, 1990) 现在相当过时，不过是目前最全面的介绍。Christoph Baumer 配有精美插图的两卷本 *History of Central Asia* (London, 2012) 可以作为指南，但它思路太怪，不足以作为依据。Barry Cunliffe, *By Steppe, Desert, and Ocean: The Birth of Eurasia* (New York, 2015) 篇幅较短，装帧也没有那么华丽，但更加可靠。Nicola Di Cosmo, *Ancient China and Its Enemies: The Rise of Nomadic Power in East Asian History* (Cambridge, 2002) 关于中国的观点同本书主题的关系远比乍看之下更加密切。

　　关于萨珊波斯，D. T. Potts, ed., *The Oxford Handbook of Ancient Iran* (Oxford, 2013) 是近年来最好的综述——《剑桥伊朗史》中开拓性的相关各卷需要更新。关于琐罗亚斯德教，Mary Boyce, *Textual Sources for the Study of Zoroastrianism* (Chicago, 1984) 中提供了一批附有出色注解的文本。关于帝国之间的关系，见 Michael H. Dodgeon and Samuel N. C. Lieu, *The Roman Eastern Frontier and the Persian Wars* (London, 1991) 中的译文选，以及 Beate Dignas and Engelbert Winter, *Rome and Persia in Late Antiquity: Neighbours and Rivals* (Cambridge, 2007) 中更加多样的史料和评注。重要的专著包括 Matthew P. Canepa, *The Two Eyes of the Earth: Art and Ritual of Kingship Between Rome and Sasanian Iran* (Berkeley, 2009), M. Rahm Shayegan, *Arsacids and Sasanians: Political Ideology in Post Hellenistic and Late Antique Persia* (Cambridge, 2011) 和 Richard E. Payne, *A State of Mixture: Christians, Zoroastrians, and Iranian Political Culture in Late Antiquity* (Berkeley, 2015)。David Stronach and Ali Mousavi, *Ancient Iran from the Air:*

Photographs by Georg Gerster (Mainz, 2012) 精美动人。

关于两大帝国之间的土地，见 Peter M. Edwell, *Between Rome and Persia: The Middle Euphrates, Mesopotamia and Palmyra under Roman Control* (London, 2008)；David Kennedy and Derrick Riley, *Rome's Desert Frontier from the Air* (London, 1990) 配有精美插图；Andrew M. Smith, *Roman Palmyra: Identity, Community and State Formation* (Oxford, 2013)。关于阿拉伯，见 D. T. Potts, *The Arabian Gulf in Antiquity, Volume II: From Alexander the Great to the Coming of Islam* (Oxford, 1990)；Greg Fisher, ed., *Arabs and Empires Before Islam* (Oxford, 2015) 以全面性为宗旨。

关于黑海和欧洲草原的世界，见 David Braund, *Georgia in Antiquity: A History of Colchis and Transcaucasian Iberia, 550 BC–AD 562* (Oxford, 1994)；*Roger Batty, Rome and the Nomads: The Pontic-Danubian Realm in Antiquity* (Oxford, 2007). Ellis H. Minns, *Scythians and Greeks: A Survey of Ancient History and Archaeology on the North Coast of the Euxine from the Danube to the Caucasus* (Cambridge, 1913) 现在已经有超过一个世纪的历史，但尚未有人尝试过类似的盘点。

关于欧洲的蛮族，本书的书目中所列的 E. A. Thompson 的作品在它们的时代具有开创性，现在可见 John Drinkwater, *The Alamanni and Rome, 213–496* (Oxford, 2007)，这是现有关于罗马和蛮族关系史的最佳作品。我本人的 *Rome's Gothic Wars from the Third Century to Alaric* (Cambridge, 2007) 研究多瑙河和黑海的蛮族，为非专业读者介绍了围绕着罗马人和蛮族接触的方法论问题。Malcolm Todd, *The Early Germans* (Oxford, 1992) 在方法上非常陈

旧，但插图精美，在考古学方面很不错，而 I. M. Ferris, *Enemies of Rome: Barbarians Through Roman Eyes* (Stroud, 2000) 在蛮族形象方面既吸引人，又富有启发。

从马克西米努斯一世到加莱利乌斯之死

一手文献方面，见第 2 节提到的 Hekster 的作品。我们的史料非常少，政治叙事方面，我们非常依赖 4 世纪的简史（见第 1 节）。四帝共治时期重要的论战文献是拉克坦提乌斯的《论迫害者之死》，可以在牛津早期基督教文库中找到，J. L. Creed 译（Oxford, 1984）。德克西波斯的新残篇是近几十年来较为重要的历史发现之一，本书的书目中所列的 Martin 和 Grusková、Mallan 和 Davenport 的作品中有译文和讨论。

不幸的是，对 235 年到 238 年这段动荡岁月最好的单独研究仍然是一篇德语论文：Karlheinz Dietz, *Senatus contra Principum: Untersuchungen zur senatorischen Opposition gegen Kaiser Maximinus Thrax* (Munich, 1980)。大部分关于 3 世纪皇帝的传记或研究过于且令人不可接受地依赖《罗马君王传》。英语作品中的一个例外是 Lukas de Blois, *The Policy of the Emperor Gallienus* (Leiden, 1976)，本书的书目中还罗列了近年来关于个体罗马皇帝的优秀德语研究。罗纳德·塞姆可能是 20 世纪英语世界最伟大的罗马史学家，他规模浩大的作品中有多到不成比例的部分是关于这一令人抓狂的文本的，在他的 *Emperors and Biography: Studies in the Historia Augusta* (Oxford, 1971) 中，他在对 3 世纪的研究里列出了该文本中所有哪怕是稍有些可靠之处的地方。

Ramsay MacMullen, *Roman Government's Response to Crisis*

(New Haven, 1976) 曾经而且仍然存在争议，但对该时期而言是必读作品。Hendrik W. Dey, *The Aurelian Wall and the Refashioning of Imperial Rome, AD 271–855* (Cambridge, 2011) 在涵盖内容上全面有用，在做出重要论断时也很谨慎。关于四帝共治，琼斯的 *Later Roman Empire*（见上文通史部分）在基本内容方面完全正确。Stephen Williams, *Diocletian and the Roman Recovery* (New York, 1985) 是一部非常传统但可读的传记。关于卡劳修斯和阿莱克图斯的故事，P. J. Casey 的 *Carausius and Allectus* (New Haven, 1993) 仍然是对有限证据所做的很好的研究。William Leadbetter, *Galerius and the Will of Diocletian* (London, 2009) 尽可能地为皇帝做了辩护。关于四帝共治，见 J. J. Wilkes, *Diocletian's Palace, Split: Residence of a Retired Roman Emperor* (2nd ed., Exeter, 1996)。

无论在经济还是意识形态方面，钱币都是 3 世纪的重要史料。最重要的研究是法语和德语的，本书的书目中列出了它们，另见 Erika Manders, *Coining Images of Power: Patterns in the Representation of Roman Emperors on Imperial Coinage, A.D. 193–284* (Leiden, 2012)。我们对四帝共治和君士坦丁动机的了解来自颂词演说，它们的译文和注疏见 C. E. V. Nixon and Barbara Saylor Rodgers, *In Praise of Later Roman Emperors: The Panegyrici Latini* (Berkeley, 1994)。关于帝国的修辞及其随时间推移的变化，有三部难懂但必不可少的作品：Averil Cameron, *Christianity and the Rhetoric of Empire* (Berkeley, 1991); Simon Corcoran, *The Empire of the Tetrarchs: Imperial Pronouncements and Government, AD 284–324* (2nd ed., Oxford, 2000); 以及 John Dillon, *The Justice of Constantine: Law, Communication, and Control* (Ann Arbor, 2012)。

关于古代晚期的边境关系，A. D. Lee, *Information and Frontiers: Roman Foreign Relations in Late Antiquity* (Cambridge, 1993) 仍然是开创性的。

关于基督教在这几个世纪里的传播并无清楚的共识，见 William V. Harris, ed., *The Spread of Christianity in the First Four Centuries: Essays in Explanation* (Leiden, 2005)。Robin Lane Fox, *Pagans and Christians in the Mediterranean World from the Second Century AD to the Conversion of Constantine* (Harmondsworth, 1986), Keith Hopkins, *A World Full of Gods: The Strange Triumph of Christianity* (Harmondsworth, 1999) 和 T. D. Barnes, *Early Christian Hagiography and Roman History* (Tübingen, 2010) 表达了截然不同，但都有真正价值的观点。对教会历史全面但老套的盘点，见 Henry Chadwick, *The Church in Ancient Society from Galilee to Gregory the Great* (Oxford, 2002)。关于哲学家在反基督教争论中的角色，见 Elizabeth DePalma Digeser, *A Threat to Public Piety: Christians, Platonists, and the Great Persecution* (Ithaca, 2012)。关于更一般的哲学文化，见 G. R. Boys-Stones, *Post-Hellenistic Philosophy: A Study of Its Development from the Stoics to Origen* (Oxford, 2001)。关于非基督徒中的一神教，见 Polymnia Athanassiadi and Michael Frede, eds., *Pagan Monotheism in Late Antiquity* (Oxford, 1999)。关于摩尼教，见 Samuel N. C. Lieu, *Manichaeism in the Later Roman Empire and Medieval China: A Historical Survey* (Manchester, 1985)。

从第二次四帝共治到尤里安

在本书所涵盖时期的最后，即从 353 年开始，一手文献证据大大增加，因为那时有了阿米亚努斯留存的文本。洛布译本既无可读性，也不特别可靠，而企鹅译本虽然不错，却做了无益的删节。我的同事 Gavin Kelly 和我正在致力于推出一个带翔实注解的新的全译本［将由牛津大学出版社出版，名为《地标阿米亚努斯》(*The Landmark Ammianus Marcellinus*)］。4 世纪的简史（见第 1 节）和拉克坦提乌斯的作品（见第 3 节）对君士坦丁统治时期的事件仍然很重要。恺撒利亚的优西比乌写的《教会史》（有洛布和企鹅译本）提供了一些（往往有偏向性的）信息。Mark Edwards 的 *Constantine and Christendom* (Liverpool, 2003) 翻译了 3 份与君士坦丁的基督教信仰有关，而且通常被归于他名下的文献。在这个利物浦译本系列中还有几卷是关于多纳图斯争论的 (*Donatist Martyr Stories* 和 Optatus of Milevis, *Against the Donatists*)。

　　关于君士坦丁的各语种书目规模庞大，而且还在不断增加，但一般应该回避传记式作品；Paul Stephenson, *Constantine: Roman Emperor, Christian Victor* (London, 2009) 是值得一提的例外。T. D. Barnes, *Constantine and Eusebius* (Cambridge, MA, 1980) 是必读书，但有难度，而他的 *Constantine: Dynasty, Religion and Power in the Later Roman Empire* (Maldon, 2011) 带有过多的论战内容。Noel Lenski, ed., *The Cambridge Companion to the Age of Constantine* (Cambridge, 2005) 收录了一些重要的论文。Dillon 的 *Justice of Constantine*（上文，第 3 节）同样重要。恺撒利亚的优西比乌写的这位皇帝的传记有很强的倾向性，Averil Cameron and Stuart G. Hall, eds., *Eusebius: Life of Constantine* (Oxford, 1999) 提供了精良的译文和专业的注解，而 Samuel N. C. Lieu and Dominic Montserrat, eds., *From Constantine to Julian: Pagan and Byzantine*

Views (London, 1998) 盘点了古人对君士坦丁的观点的变化。写给君士坦丁的颂词见 Nixon and Rodgers（上文，第 3 节）。

关于君士坦提乌斯（一个很不讨喜的人物）和他的对头阿塔那修斯（甚至更让人讨厌），见 T. D. Barnes, *Athanasius and Constantius* (Cambridge, MA, 1993)。Polymnia Athanassiadi-Fowden, *Julian and Hellenism: An Intellectual Biography* (Oxford, 1981) 对尤里安的思想世界做了很好的刻画，G. W. Bowersock, *Julian the Apostate* (Cambridge, MA, 1978) 则出色地描绘了他的人生。Lendon 的 *Soldiers and Ghosts*（上文，第 1 节）中关于尤里安的部分非常出色。John Matthews 的经典研究 *The Roman Empire of Ammianus* (London, 1989) 从本书所涵盖时期的最后写起。

关于基督教融入罗马人的生活，最好的介绍是 Gillian Clark, *Christianity and Roman Society* (Cambridge, 2004)。另见 Michele Renee Salzman, *The Making of a Christian Aristocracy* (Cambridge, MA, 2002)。Brent D. Shaw, *Sacred Violence: African Christians and Sectarian Hatred in the Age of Augustine* (Cambridge, 2011) 颠覆了我们对宗教暴行的理解。Jairus Banaji, *Agrarian Change in Late Antiquity* (revised ed., Oxford, 2007) 对经济变化做了令人激动的讨论；同样重要的是 Chris Wickham, *Framing the Early Middle Ages* (Oxford, 2005)，该书也对本书涵盖的时期做了说明。Claude Brenot and Xavier Loriot, eds., *L'Ormonnayé* (Paris, 1992) 中的论文是必读的。关于晚期罗马的军队，M. J. Nicasie, *Twilight of Empire* (Amsterdam, 1998) 中有乏味但有价值的介绍，而琼斯 *Later Roman Empire*（上文，通史）中关于军队的第 17 章基本上仍然无法超越。

参考书目

下面的作品是我在写作本书时用到最多的二手文献。扩展阅读部分列出了相关的一手文献，附有译本建议；学者应该已经知道哪些校勘本是最好的，《牛津古典学辞典》会介绍那些更加鲜为人知的文本。在写作本书时，我多年来的阅读可能不知不觉地产生了影响：我要向所有我吸收了他们的观点并下意识使用，但不经意间忘记列出的人道歉。

Absil, Michel. *Les préfets du prétoire d'Auguste à Commode, 2 avant Jésus-Christ-192 après Jésus-Christ*. Paris, 1997.

Alcock, Susan E. *Graecia Capta: The Landscapes of Roman Greece*. Cambridge, 1993.

Alföldi, Andreas. *Studien zur Geschichte der Weltkrise des 3. Jahrh. nach Christus*. Darmstadt, 1967.

Alföldy, Géza. *Konsulat und Senatorenstand unter den Antoninen*. Bonn, 1977.

Alpers, Edward A. *The Indian Ocean in World History*. Oxford, 2014.

Alram, Michael and D. E. Klimburg-Salter, eds. *Coins, Art and Chronology: Essays on the Pre-Islamic History of the Indo-Iranian Borderlands*. Vienna, 1999.

Alram, Michael, D. E. Klimburg-Salter, et al., eds. *Coins, Art and Chronology II: The First Millennium C.E. in the Indo-Iranian Borderlands*. Vienna, 2010.

Anderson, Graham. *The Second Sophistic*. London, 1993.

Ando, Clifford. *Imperial Ideology and Provincial Loyalty in the Roman Empire*. Berkeley, 2000.

Athanassiadi-Fowden, Polymnia. *Julian and Hellenism: An Intellectual Biography*. Oxford, 1981.

Athanassiadi, Polymnia and Michael Frede, eds. *Pagan Monotheism in Late Antiquity*. Oxford, 1999.

Ausbüttel, Frank M. *Die Verwaltung des römischen Kaiserreiches von der Herrschafts des Augustus bis zum Niedergang des weströmischen Reiches*. Darmstadt, 1998.

Austin, N. J. E. and N. B. Rankov. *Exploratio: Military and Political Intelligence in the Roman World from the Second Punic War to the Battle of Adrianople*. London, 1995.

Back, Michael. *Die sassanidischen Staatsinschriften* (Acta Iranica VIII). Leiden, 1978.

Bagnall, Roger S. *Egypt in Late Antiquity*. Princeton, 1993.

Bagnall, Roger S., ed. *Egypt in the Byzantine World, 200–700*. Cambridge, 2007.

Bagnall, Roger S., Alan Cameron, Serh R. Schwartz and K. A. Worp. *Consuls of the Later Roman Empire*. Atlanta, 1987.

Baldini, Antonio. *Storie perdute (III secolo d.C.)*. Bologna, 2000.

Ball, Warwick. *Rome in the East: The Transformation of an Empire*. London, 2000.

Banaji, Jairus. *Agrarian Change in Late Antiquity*. Revised ed., Oxford, 2007.

Bang, Martin. *Die Germanen im römischen Dienst bis zum Regierungsantritt Constantins I*. Berlin, 1906.

Barbieri, G. *L'albo senatoriale da Settimio Severo a Carino (193–285)*. Rome, 1952.

Barceló, Pedro A. *Roms auswärtige Beziehungen unter den Constantinischen Dynastie (306–363)*. Regensburg, 1981.

Barnes, T. D. *Constantine and Eusebius*. Cambridge, MA, 1981.

Barnes, T. D. *The New Empire of Diocletian and Constantine*. Cambridge, MA, 1982.

Barnes, T. D. *Athanasius and Constantius*. Cambridge, MA, 1993.

Barnes, T. D. *Early Christian Hagiography and Roman History*. Tübingen, 2010.

Barnes, T. D. *Constantine: Dynasty, Religion and Power in the Later Roman Empire*. Maldon, 2011.

Batty, Roger. *Rome and the Nomads: The Pontic-Danubian Realm in Antiquity*. Oxford, 2007.

Baumer, Christoph. *The History of Central Asia, Volume One: The Age of the Steppe Warriors*. London, 2012.

Baumer, Christoph. *The History of Central Asia, Volume Two: The Age of the Silk Road*. London, 2012.

Dehuwald, Ralf and Christian Witschel, eds. *Rom in der Spätantike: Historische Erinnerung im städtischen Raum*. Stuttgart, 2012.

Bell, H. I., et al., eds.. *The Abinnaeus Archive: Papers of a Roman Officer in the Reign of Constantius II*. Oxford, 1962.

Bemmann, Jan and Michael Schmauder, eds. *Complexity of Interaction Along the Eurasian Steppe Zone in the First Millennium CE*. Bonn, 2015.

Birley, Anthony R. *Marcus Aurelius*. 2nd ed., New Haven, 1987.

Birley, Anthony R. *Septimius Severus: The African Emperor*. 2nd ed., New Haven, 1988.

Birley, Anthony R. *Hadrian: The Restless Emperor*. London, 1997.

Bleckmann, Bruno. *Die Reichskrise des III. Jahrhunderts in der spätantiken und byzantinischen Geschichtsschreibung: Untersuchungen zu den nachdionischen Quellen der Chronik des Johannes Zonaras*. Munich, 1992.

Bowersock, G. W. *Julian the Apostate*. Cambridge, MA, 1978.

Bowersock, G. W. *Hellenism in Late Antiquity*. Ann Arbor, 1990.

Boyce, Mary. *Textual Sources for the Study of Zoroastrianism*. Chicago, 1984.

Boys-Stones, G. R. *Post-Hellenistic Philosophy: A Study of Its Development from the Stoics to Origen*. Oxford, 2001.

Braund, David C. *Rome and the Friendly King: The Character of Client Kingship*. London, 1984.

Braund, David, ed. *The Administration of the Roman Empire, 241 BC–AD 193*. Exeter, 1988.

Braund, David. *Georgia in Antiquity: A History of Colchis and Transcaucasian Iberia, 550 BC–AD 562*. Oxford, 1994.

Brenot, Claude and Xavier Loriot. *L'Or monnayé* (Cahiers Ernest-Babelon). Paris, 1992.

Breyer, Francis. *Das Königreich Aksum: Geschichte und Archäologie Abessiniens in der Spätantike*. Mainz, 2012.

Brown, Peter. *Power and Persuasion in Late Antiquity: Towards a Christian Empire*. Madison, WI, 1992.

Brunt, P. A. *Roman Imperial Themes*. Oxford, 1990.

Bruun, Patrick. *Studies in Constantinian Numismatics: Papers from 1954–1988* (Acta Instituti Romani Finlandiae 12). Rome, 1991.

Burgess, R. W. 'The date of the persecution of Christians in the army', *Journal of Theological Studies* n.s. 47 (1996): 157–8.

Burgess, R. W. *Studies in Eusebian and Post-Eusebian Chronography* (Historia Einzelschriften 135). Stuttgart, 1999.

Burgess, R. W. 'The summer of blood: The "Great Massacre" of 337 and the promotion of the sons of Constantine', *Dumbarton Oaks Papers* 62 (2008): 5–51.

Burnett, Andrew. *Coinage in the Roman World*. London, 1987.

Bursche, Aleksander. 'The battle of Abritus, the imperial treasury and aurei in Barbaricum', *Numismatic Chronicle* 173 (2013): 150–70, with Plates 32–37.

Caldelli, Maria Letizia and Gian Luca Gregori. *Epigrafia e Ordine Senatorio, 30 Anni Dopo* 2 vols. (TITVLI 10). Rome, 2014.

Callu, J.-P. *La politique monétaire des empereurs romains de 238 à 311*. Paris, 1969.
Callu, J.-P. *La monnaie dans l'antiquité tardive: Trente-quatre études de 1972 à 2002*. Bari, 2010.
Cameron, Alan. *The Last Pagans of Rome*. Oxford, 2010.
Cameron, Averil. *Christianity and the Rhetoric of Empire*. Berkeley, 1991.
Cameron, Averil and Stuart G. Hall, eds. *Eusebius: Life of Constantine*. Oxford, 1999.
Canepa, Matthew P. *The Two Eyes of the Earth: Art and Ritual of Kingship Between Rome and Sasanian Iran*. Berkeley, 2009.
Carlà, Filippo. *L'oro nella tarda antichità: aspetti economici e sociali*. Turin, 2009.
Casey. P. J. *Carausius and Allectus: The British Usurpers*. New Haven, 1994.
Chadwick, Henry. *The Church in Ancient Society from Galilee to Gregory the Great*. Oxford, 2002.
Chastagnol, André. *La préfecture urbaine à Rome sous le Bas-Empire*. Paris, 1960.
Chastagnol, André. *Les fastes de la préfecture de Rome au Bas-Empire*. Paris, 1962.
Chaumont, Marie-Louise. *Recherches sur l'histoire d'Arménie de l'avènement des Sassanides à la conversion du royaume*. Paris, 1969.
Cherry, David. *Frontier and Society in Roman North Africa*. Oxford, 1998.
Christensen, Arthur. *L'Iran sous les Sassanides*. 2nd ed., Copenhagen, 1944.
Christol, Michel. *Essai sur l'évolution des carrières sénatoriales dans la 2e moitié du IIIe s. ap. J.-C*. Paris, 1986.
Christol, Michel. *L'empire romain du IIIe siècle*. Paris, 1997.
Clark, Gillian. *Christianity and Roman Society*. Cambridge, 2004.
Clauss, Manfred. *Der magister officiorum in der Spätantike (4–6. Jahrhundert)*. Munich, 1981.
Corbier, Mireille. *L'aerarium saturni et l'aerarium militare*. Paris, 1974.
Corcoran, Simon. *The Empire of the Tetrarchs: Imperial Pronouncements and Government, AD 284–324*. 2nd ed., Oxford, 2000.
Corcoran, Simon and Benet Salway. 'Fragmenta Londiniensia Anteiustiniana: preliminary observations', *Roman Legal Tradition* 8 (2012): 63–83 http://romanlegaltradition.org/contents/2012/
Creighton, J. D. and R. J. A. Wilson, eds. *Roman Germany: Studies in Cultural Interaction*. Portsmouth, RI, 1999.
Crook, J. A. *Consilium Principis: Imperial Councils and Counsellors from Augustus to Diocletian*. Cambridge, 1955.
Cunliffe, Barry. *By Steppe, Desert, and Ocean: The Birth of Eurasia*. New York, 2015.
Dabrowa, Edward, ed. *Ancient Iran and the Mediterranean World: Studies in Ancient History*. Krakow, 1998.
Dagron, Gilbert. *Naissance d'une capitale: Constantinople et ses institutions de 330 à 451*. Paris, 1974.
Dauge, Yves Albert. *Le Barbare: Recherches sur la conception romaine de la barbarie et de la civilisation*. Brussels, 1981.
Davies, Roy. *Service in the Roman Army*. David Breeze and Valerie Maxfield, eds. New York, 1989.
De Blois, Lukas. *The Policy of the Emperor Gallienus*. Leiden, 1976.
Degrassi, A. *I fasti consolari dell'impero romano*. Rome: Storia e Letteratura, 1952.
De Laet, Siegfried. *Portorium: Étude sur l'organisation douanière chez le romains, surtout à l'époque du Haut-Empire*. Bruges, 1949.
Delbrueck, Richard. *Spätantike Kaiserporträts von Constantinus Magnus bis zum Ende des Westreichs*. 2 vols. Berlin, 1933.
Delmaire, Roland. *Largesses sacrées et Res Privata: L'aerarium impérial et son administration du IVe au VIe siècle*. Rome, 1989.
Delmaire, Roland. *Les responsables des finances impériales au Bas-Empire romain (IVe-VIe s.)*. Brussels, 1989.
Demandt, Alexander. *Die Spätantike: Römische Geschichte von Diocletian bis Justinian 284–565 n. Chr*. (Handbuch der Altertumswissenschaft III.6). Munich, 1989.
Demandt, Alexander, Andreas Goltz and Heinrich Schlange-Schöningen, eds. *Diokletian und die Tetrarchie: Aspekte einer Zeitenwende*. Berlin, 2004.
d'Escurac, Henriette Pavis. *La préfecture de l'annone, service administratif impérial, d'Auguste à Constantin*. Paris, 1976.
Devijner, Hubert. *The Equestrian Officers of the Roman Imperial Army*. Amsterdam, 1989.

Dey, Hendrik W. *The Aurelian Wall and the Refashioning of Imperial Rome, AD 271–855.* Cambridge, 2011.

Dietz, Karlheinz. *Senatus contra Principum: Untersuchungen zur senatorischen Opposition gegen Kaiser Maximinus Thrax.* Munich, 1980.

Digeser, Elizabeth DePalma. *A Threat to Public Piety: Christians, Platonists and the Great Persecution.* Ithaca, 2012.

Dignas, Beate and Engelbert Winter. *Rome and Persia in Late Antiquity: Neighbours and Rivals.* Cambridge, 2007.

Dillon, John. *The Justice of Constantine: Law, Communication, and Control.* Ann Arbor, 2012.

Dittrich, Ursula-Barbara. *Die Beziehungen Roms zu den Sarmaten und Quaden im vierten Jahrhundert n. Chr.* Bonn, 1984.

Dobson, Brian. *Die Primipilares: Entwicklung und Bedeutung, Laufbahnen und Persönlichkeiten eines römischen Offizierranges.* Bonn, 1978.

Dodgeon, Michael H. and Samuel N. C. Lieu. *The Roman Eastern Frontier and the Persian Wars.* London, 1991.

Donciu, Ramiro. *L'empereur Maxence.* Bari, 2012.

Dörries, Hermann. *Das Selbstzeugnis Kaiser Konstantins.* Göttingen, 1954.

Drijvers, Jan Willem. 'Ammianus Marcellinus 30.1.2–3: Observations on the career of Gratianus Maior', *Historia* 64 (2015): 479–86.

Drinkwater, John. *The Gallic Empire: Separatism and Continuity in the North-western Provinces of the Roman Empire, AD 260–274.* Wiesbaden, 1987.

Drinkwater, John. *The Alamanni and Rome, 213–496.* Oxford, 2007.

Duncan-Jones, Richard. *Structure and Scale in the Roman Economy.* Cambridge, 1990.

Edwell, Peter M. *Between Rome and Persia: The Middle Euphrates, Mesopotamia and Palmyra under Roman Control.* London, 2008.

Eich, Peter. *Zur Metamorphose des politischen Systems in der römischen Kaiserzeit. Die Entstehung einer "personalen Bürokratie" im langen dritten Jahrhundert.* Berlin, 2005.

Elsner, Jaś. *Imperial Rome and Christian Triumph.* Oxford, 1998.

Elton, Hugh. *Frontiers of the Roman Empire.* London, 1996.

Ensslin, Wilhelm. *Zur Ostpolitik des Kaisers Diokletian.* Munich, 1942.

Felix, Wolfgang. *Antike literarische Quellen zur Aussenpolitik des Sasanidenstaates, erster Band (224–309).* Vienna, 1985.

Ferris, I. M. *Enemies of Rome: Barbarians Through Roman Eyes.* Stroud, 2000.

Fischer, Svante. *Roman Imperialism and Runic Literacy: The Westernization of Northern Europe (150–800 AD).* Uppsala, 2006.

Fisher, Greg. *Between Empires: Arabs, Romans and Sasanians in Late Antiquity.* Oxford, 2011.

Fornasier, Jochen and Burkhard Böttger, eds. *Das Bosporanische Reich.* Mainz, 2002.

Frank, R. I. *Schola Palatinae: The Palace Guards of the Later Roman Empire.* Rome, 1969.

Frézouls, Edmond and Hélène Jouffroy, eds. *Les empereurs illyriens: Actes du colloque de Strasbourg (11–13 Octobre 1990).* Strasbourg, 1998.

Gagé, J. *Recherches sur les jeux seculaires.* Paris, 1934.

Garnsey, Peter and Richard Saller. *The Roman Empire: Economy, Society, and Culture.* Berkeley, 1987.

Ghirshman, Roman. *Les Chionites-Hephtalites.* Cairo, 1948.

Gibbon, Edward. *The Decline and Fall of the Roman Empire.* D. Womersley, ed. 3 vols. London, 1994.

Göbl, Robert. *Dokumente zur Geschichte der iranischen Hunnen in Baktrien und Indien.* 4 vols. Wiesbaden, 1967.

Goffart, Walter. *Rome's Fall and After.* London, 1989.

Goffart, Walter. *Barbarian Tides.* Philadelphia, 2006.

Goldhill, Simon, ed. *Being Greek under Rome: Cultural Identity, the Second Sophistic and the Development of Empire.* Cambridge, 2001.

Goldsworthy, Adrian and Ian Haynes, eds. *The Roman Army as a Community.* Portsmouth, RI, 1999.

Grey, Cam. *Constructing Communities in the Late Roman Countryside.* Cambridge, 2011.

Grig, Lucy and Gavin Kelly, eds. *Two Romes: Rome and Constantinople in Late Antiquity.* New York, 2012.

Grosse, Robert. *Römische Militärgeschichte von Gallienus bis zum Beginn der byzantinischen Themenverfassung*. Berlin, 1920.

Gurukkal, Rajan and Dick Whittaker. 'In search of Muziris', *Journal of Roman Archaeology* 14 (2001): 335–50.

Haklai-Rotenberg, Merav. 'Aurelian's monetary reform: between debasement and public trust', *Chiron* 43 (2013): 1–39.

Halfmann, Helmut. *Itinera principum: Geschichte und Typologie der Kaiserreisen im römischen Reich*. Stuttgart, 1986.

Hall, Jonathan M. *Hellenicity: Between Ethnicity and Culture*. Chicago, 2002.

Hansen, Ulla Lund. *Römischer Import im Norden: Warenaustausch zwischen dem römischen Reiche und dem freien Germanien*. Copenhagen, 1987.

Harl, Kenneth W. *Coinage in the Roman Economy, 300 BC to AD700*. Baltimore, 1996.

Harper, Kyle. 'Pandemics and passages to late antiquity: Rethinking the plague of *c.* 249–70 described by Cyprian', *Journal of Roman Archaeology* 28 (2015): 223–60.

Harris, William V. *Rome's Imperial Economy: Twelve Essays*. New York, 2011.

Hasebroek, Johannes. *Untersuchungen zur Geschichte des Kaisers Septimius Severus*. Heidelberg, 1921.

Haynes, Ian. *Blood of the Provinces: The Roman Auxilia and the Making of Provincial Society from Augustus to the Severans*. Oxford, 2013.

Heather, Peter. *Goths and Romans, 332–489*. Oxford, 1991.

Hedeager, Lotte. *Iron-Age Societies: From Tribe to State in Northern Europe, 500 BC–700 AD*. John Hines, trans. Oxford, 1992.

Hekster, Olivier. *Commodus: An Emperor at the Crossroads*. Amsterdam, 2002.

Hekster, Olivier. *Rome and Its Empire, AD 193–284*. Edinburgh, 2008.

Hirschfeld, Otto. *Die kaiserlichen Verwaltungsbeamten bis auf Diocletian*. Berlin, 1905.

Hodgson, N. 'The abandonment of Antonine Scotland: Its date and causes', in W. S. Hanson, ed., *The Army and Frontiers of Rome: Papers Offered to David J. Breeze*. Portsmouth, RI, 2009, 186–93.

Honoré, Tony. *Emperors and Lawyers*. 2nd ed. Oxford, 1994.

Honoré, Tony. *Ulpian: Pioneer of Human Rights*. 2nd ed. Oxford, 2002.

Hopkins, Keith. *Conquerors and Slaves* (Sociological Studies in Roman History 1). Cambridge, 1978.

Hopkins, Keith. *Death and Renewal* (Sociological Studies in Roman History 2). Cambridge, 1983.

Hopkins, Keith. *A World Full of Gods: The Strange Triumph of Christianity*. Harmondsworth, 1999.

Horbury, William. *Jewish War under Trajan and Hadrian*. Cambridge, 2014.

Howe, L. L. *The Pretorian Prefect from Commodus to Diocletian*. Chicago, 1942.

Isaac, Benjamin. *The Limits of Empire: The Roman Army in the East*. Revised ed. Oxford, 1992.

Jacques, François. *Le privilège de liberté: Politique imperiale et autonomie municipale dans les cités de l'Occident romain (161–244)*. Paris, 1984.

Janiszewski, Pawel. *The Missing Link: Greek Pagan Historiography in the Second Half of the Third Century and in the Fourth Century AD*. Warsaw, 2006.

Jayaswal, Vidula, ed. *Glory of the Kushans: Recent Discoveries and Interpretations*. New Delhi, 2012.

Johne, Klaus-Peter, ed. *Die Zeit der Soldatenkaiser*. 2 vols. Berlin, 2008.

Johnson, Aaron P. *Religion and Identity in Porphyry of Tyre: The Limits of Hellenism in Late Antiquity*. Cambridge, 2013.

Johnson, Scott Fitzgerald, ed. *The Oxford Handbook of Late Antiquity*. New York, 2012.

Jones, A. H. M. *The Later Roman Empire, 284–602*. 4 vols. Oxford, 1964.

Jones, C. P. *The Roman World of Dio Chrysostom*. Cambridge, 1978.

Jongeward, David and Joe Cribb. *Kushan, Kushano-Sasanian and Kidarite Coins: A Catalogue of the Coins from the American Numismatic Society*. New York, 2015.

Katsari, Constantina. *The Roman Monetary System: The Eastern Provinces from the First to the Third Century ad*. Cambridge, 2011.

Kennedy, David, ed. *The Roman Army in the East*. Ann Arbor, 1996.

Kennedy, David and Derrick Riley. *Rome's Desert Frontier from the Air*. London, 1990.

Keyes, Clinton Walker. *The Rise of the Equites in the Third Century of the Roman Empire*.

Princeton, 1915.

Khazanov, A. M. *Nomads and the Outside World.* Cambridge, 1984.

Kienast, Dietmar. *Römische Kaisertabelle: Grundzüge einer römischen Kaiserchronologie.* 2nd ed. Darmstadt, 1996.

Kim, Hyun Jin. *The Huns, Rome and the Birth of Europe.* Cambridge, 2013.

King, Anthony and Martin Henig, eds. *The Roman West in the Third Century.* 2 vols. Oxford, 1981.

Kolb, Frank. *Diocletian und die erste Tetrarchie: Improvisation oder Experiment in der Organisation monarchischer Herrschaft?* Berlin, 1987.

Kolendo, Jerzy. 'Plat avec répresentation du cirque lors des jeux séculaires de Philippe l'Arabe', *Bayerische Vorgeschichtsblätter* 50 (1985): 463–74.

König, Ingemar. *Die gallischen Usurpatoren von Postumus bis Tetricus.* Munich, 1981.

Körner, Christian. *Philippus Arabs: Ein Soldatenkaiser in der Tradition des antoninischseverischen Prinzipats.* Berlin, 2002.

Kuhlmann, Peter Alois. *Die Giessener literarischen Papyri und die Caracalla-Erlasse: Edition, Übersetzung und Kommentar.* Giessen, 1994.

Lambrechts, Pierre. *La composition du sénat romain de l'accession au trône d'Hadrien à la mort de Commode (117–192).* Antwerp, 1936.

Lambrechts, Pierre. *La composition du sénat romain de Septime Sévère a Dioclétien (193–284).* Budapest, 1937.

Lane Fox, Robin. *Pagans and Christians in the Mediterranean World from the Second Century AD to the Conversion of Constantine.* Harmondsworth, 1986.

Leadbetter, William. *Galerius and the Will of Diocletian.* London, 2009.

Lee, A. D. *Information and Frontiers: Roman Foreign Relations in Late Antiquity.* Cambridge, 1993.

Lendon, J. E. *Empire of Honour.* Oxford, 1998.

Lendon, J. E. *Soldiers and Ghosts: A History of Battle in Classical Antiquity.* New Haven, 2005.

Lenski, Noel, ed. *The Cambridge Companion to the Age of Constantine.* Cambridge, 2005.

Lepper, Frank and Sheppard Frere. *Trajan's Column: A New Edition of the Cichorius Plates, Introduction, Commentary and Notes.* Gloucester, 1988.

Leppin, Hartmut. *Von Constantin dem Grossen zu Theodosius II: Das christliche Kaisertum bei den Kirchenhistorikern Socrates, Sozomenus und Theoderet.* Göttingen, 1995

Leunissen, Paul M. M. *Konsuln und Konsulare in der Zeit von Commodus bis Severus Alexander (180–235 n. Chr.).* Amsterdam, 1989.

Lieu, Samuel N. C. *Manichaeism in the Later Roman Empire and Medieval China. A Historical Survey.* Manchester, 1985.

Lieu, Samuel N. C. and Dominic Montserrat, eds. *From Constantine to Julian: Pagan and Byzantine Views.* London, 1998.

Lieu, Samuel N. C. and Dominic Montserrat, eds. *Constantine: History, Historiography and Legend.* London, 1998.

Lintott, Andrew. *Imperium Romanum: Politics and Administration.* London, 1993.

Lo Cascio, Elio, ed. *L'impatto della 'peste antonina'.* Bari, 2012.

Löhken, Henrik. *Ordines dignitatum: Untersuchungen zur formalen Konstituierung der spätantiken Führungsschicht.* Cologne, 1982.

L'Orange, H. P. *Studien zur Geschichte des spätantiken Porträts.* Oslo, 1933.

MacDonald, David. *An Introduction to the History and Coinage of the Kingdom of the Bosporus.* Lancaster, PA, 2005.

MacMullen, Ramsay. *Soldier and Civilian in the Later Roman Empire.* Cambridge, 1963.

MacMullen, Ramsay. *Roman Government's Response to Crisis.* New Haven, 1976.

MacMullen, Ramsay. *Paganism in the Roman Empire.* New Haven, 1981.

MacMullen, Ramsay. *Christianizing the Roman Empire, AD 100–400.* New Haven, 1984.

Madsen, Jesper Majbom. *Eager to be Roman: Greek Response to Roman Rule in Pontus and Bithynia.* London, 2009.

Maenchen-Helfen, Otto J. *The World of the Huns: Studies in Their History and Culture.* Berkeley, 1970.

Magie, David. *Roman Rule in Asia Minor.* 2 vols. Princeton, 1950.

Mairs, Rachel. *The Hellenistic Far East: Archaeology, Language, and Identity in Greek Central Asia.* Berkeley, 2014.

Mallan, Christopher and Caillan Davenport, 'Dexippus and the Gothic invasions: interpreting the new Vienna Fragment (*Codex Vindobonensis Hist. gr.* 73, ff. 192v–193r)', *Journal of Roman Studies* 105 (2015): 203–26.

Manders, Erika. *Coining Images of Power: Patterns in the Representation of Roman Emperors on Imperial Coinage, AD193–284*. Leiden, 2012.

Markwart, Josef. *Wehrot und Arang: Untersuchungen zur mythischen und geschichtlichen Landeskunde von Ostiran*. Leiden, 1938.

Martin, Gunther and Jana Grusková. '"Dexippus Vindobonensis". Ein neues Handschriftenfragment zum sog. Herulereinfall der Jahre 267/268', *Wiener Studien* 127 (2014): 101–20.

Martin, Gunther and Jana Grusková. '"Scythica Vindobonensia" by Dexippus(?): New fragments on Decius' Gothic wars', *Greek, Roman, and Byzantine Studies* 54 (2014): 728–54.

Matthews, John. *The Roman Empire of Ammianus*. Baltimore, 1989.

Mattingly, David J. *Tripolitania*. Ann Arbor, 1994.

Maurice, Jules. *Numismatique Constantinienne*. 3 vols. Paris, 1908.

Mazza, Mario. *Lotte sociali e restaurazione autoritaria nel terza secolo d. C*. Catania, 1970.

Mazzarino, Santo. *Il basso impero: Antico, tardoantico ed èra costantiniana*. 2 vols. Bari, 1974.

McCormick, Michael. *Origins of the European Economy: Communications and Commerce, AD 300–900*. Cambridge, 2001.

McGill, Scott, Cristiana Sogno and Edward Watts, eds. *From the Tetrarchs to the Theodosians: Later Roman History and Culture, 284–450 CE* (Yale Classical Studies 34). Cambridge, 2010.

McGovern, William Montgomery. *The Early Empires of Central Asia: A Study of the Scythians and the Huns and the Part They Played in World History with Special Reference to the Chinese Sources*. Chapel Hill, 1939.

Mecela, Laura. *Dexippo di Atene: Testimonianze e frammenti*. Rome, 2013.

Mennen, Inge. *Power and Status in the Roman Empire, AD 193–284* (Impact of Empire Volume 12). Leiden, 2011.

Meslin, Michel. *Les Ariens d'Occident, 335–430*. Paris, 1967.

Mickwitz, Gunnar. *Geld und Wirtschaft im römischen Reich des vierten Jahrhunderts n. Chr.* Helsingfors, 1932.

Migl, Joachim. *Die Ordnung der Ämter: Prätorianerpräfektur und Vikariat in der Regionalverwaltung des römischen Reiches von Konstantin bis zur Valentinianischen Dynastie*. Frankfurt, 1994.

Miles, Richard, ed. *Constructing Identities in Late Antiquity*. London, 1999.

Millar, Fergus. *A Study of Cassius Dio*. Oxford, 1964.

Millar, Fergus. *The Emperor in the Roman World*. Ithaca, 1977.

Millar, Fergus. *The Roman Empire and Its Neighbours*. 2nd ed., London, 1981.

Millar, Fergus. *The Roman Near East, 31 BC–AD 337*. Cambridge, MA, 1993.

Minns, Ellis H. *Scythians and Greeks: A Survey of Ancient History and Archaeology on the North Coast of the Euxine from the Danube to the Caucasus*. Cambridge, 1913.

Mitchell, Stephen. *Anatolia: Land, Men, and Gods in Asia Minor. Volume I: The Celts and the Impact of Roman Rule*. Oxford, 1993.

Mitchell, Stephen. *Anatolia: Land, Men, and Gods in Asia Minor. Volume II: The Rise of the Church*. Oxford, 1993.

Modéran, Yves. *Les Maures et l'Afrique romaine (iv-e–vii-e siècle)*. Paris, 2003.

Nelson, Bradley R. *Numismatic Art of Persia. The Sunrise Collection Part I: Ancient – 650 BC– AD 650*. Lancaster, PA, 2011.

Neri, Valerio. *Medius princeps: Storia e immagine di Costantino nella storiografia latina pagana*. Bologna, 1992.

Nicasie, M. J. *Twilight of Empire*. Amsterdam, 1998.

Nixon, C. E. V. and Barbara Saylor Rodgers. *In Praise of Later Roman Emperors: The Panegyrici Latini*. Berkeley, 1994.

Okon, Danuta. *Septimius Severus et Senatores: Septimius Severus' Personal Policy Towards Senators in the Light of Prosopographic Research*. Szczecin, 2012.

Opper, Thorsten. *Hadrian: Empire and Conflict*. Cambridge, MA, 2008.

Palanque, J. R. *Essai sur la préfecture du prétoire du Bas-Empire*. Paris, 1933.

Parker, Grant. *The Making of Roman India*. Cambridge, 2008.

Parker, H. M. D. *The Roman Legions*. 2nd ed., London, 1957.

Paschoud, François and Joachim Szidat, eds. *Usurpationen in der Spätantike* (Historia Einzelschriften 111). Stuttgart, 1997.

Passerini, Alfredo. *Le coorti pretorie*. Rome, 1939.

Payne, Richard E. *A State of Mixture: Christians, Zoroastrians, and Iranian Political Culture in Late Antiquity*. Berkeley, 2015.

Peachin, Michael. *Iudex vice Caesaris: Deputy Emperors and the Administration of Justice During the Principate*. Stuttgart, 1996.

Perea Yébenes, Sabino. *La Legión XII y el prodigio de la lluvia en época del emperador Marco Aurelio/Epigrafía de la Legión XII Fulminata*. Madrid, 2002.

Peter, Hermann. *Wahrheit und Kunst*. Leipzig, 1911.

Pfisterer, Matthias. *Hunnen in Indien: Die Münzen der Kidariten und Alchan aus dem Bernischen Historischen Museum und der Sammlung Jean-Pierre Righetti*. Vienna, 2012.

Pflaum, H.-G. *Les procurateurs équestres sous le Haut-Empire romain*. Paris, 1950.

Pflaum, H.-G. *Les carrières procuratoriennes équestres sous le Haut-Empire romain*. 4 vols. Paris, 1960–61.

Pietri, Charles. *Roma Christiana*. 2 vols. Paris, 1976.

Plass, Paul. *Wit and the Writing of History: The Rhetoric of Historiography in Imperial Rome*. Madison, 1988.

Pohl, Walter, ed. *Kingdoms of the Empire: The Integration of Barbarians in Late Antiquity*. Leiden, 1998.

Pohl, Walter and Gerda Heydemann, eds. *Strategies of Identification: Ethnicity and Religion in Early Medieval Europe*. Turnhout, 2013.

Pohl, Walter and Helmut Reimitz, eds. *Strategies of Distinction: The Construction of Ethnic Communities, 300–800*. Leiden, 1998.

Potter, Davis S. *Prophecy and History in the Crisis of the Roman Empire: A Historical Commentary on the Thirteenth Sibylline Oracle*. Oxford, 1990.

Potter, David S. *The Roman Empire at Bay AD 180–395*. London, 2004.

Potter, David S., ed. *A Companion to the Roman Empire*. Oxford, 2006.

Potts, D. T. *The Arabian Gulf in Antiquity, Volume II: From Alexander the Great to the Coming of Islam*. Oxford, 1990.

Potts, D. T. *Nomadism in Iran from Antiquity to the Modern Era*. Oxford, 2014.

Potts, D. T., ed. *The Oxford Handbook of Ancient Iran*. Oxford, 2013.

Reddé, Michel. *Mare Nostrum: Les infrastructures, le dispositif et l'histoire de la marine militaire sous l'empire romain*. Paris, 1986.

Richardson, John. *The Language of Empire: Rome and the Idea of Empire from the Third Century BC to the Second Century AD*. Cambridge, 2008.

Riggs, Christina, ed. *The Oxford Handbook of Roman Egypt*. Oxford, 2012.

Rives, J. B. 'Christian expansion and Christian ideology' in W. V. Harris, ed., *The Spread of Christianity in the First Four Centuries: Essays in Explanation*. Leiden, 2005, 15–41.

Rosenfeld, John M. *The Dynastic Arts of the Kushans*. Berkeley, 1967.

Rowan, Clare. *Under Divine Auspices: Divine Ideology and the Visualisation of Imperial Power in the Severan Period*. Cambridge, 2012.

Russell, D. A., ed. *Antonine Literature*. Oxford, 1990.

Salzman, Michele Renee. *The Making of a Christian Aristocracy*. Cambridge, 2002.

Samuel, Alan. *Greek and Roman Chronology*. Munich, 1972.

Šašel, Jaroslav. *Opera Selecta*. Ljubljana, 1992.

Schallmayer, Egon, ed. *Niederbieber, Postumus und der Limesfall: Stationen eines politischen Prozesses: Bericht des ersten Saalburgkolloquiums*. Saalburg, 1996.

Scheidel, Walter, Ian Morris and Richard Saller, eds. *The Cambridge Economic History of the Greco-Roman World*. Cambridge, 2007.

Schmidt, Erich F. *Persepolis III. The Royal Tombs and Other Monuments*. Chicago, 1970.

Schmidt, Ludwig. *Geschichte der deutschen Stämme: Die Ostgermanen*. 2nd ed., Munich, 1938.

Schulte, Bernhard. *Die Goldprägung der gallischen Kaiser von Postumus bis Tetricus*. Aarau, 1983.

Schwartz, Eduard. *Kaiser Constantin und die christliche Kirche: Funf Vorträge*. Darmstadt, 1969.

Seeck, Otto. *Regesten der Kaiser und Päpste für die Jahre 311 bis 476 n. Chr.* Stuttgart, 1919.

Sellinger, Reinhard. *The Mid-Third Century Persecutions of Decius and Valentinian*. Frankfurt,

2002.

Seston, William. *Dioclétien et la Tétrachie I: Guerres et réformes (284–300)*. Paris, 1946.

Shaw, Brent D. *Sacred Violence: African Christians and Sectarian Hatred in the Age of Augustine*. Cambridge, 2011.

Shayegan, M. Rahm. *Arsacids and Sasanians: Political Ideology in Post-Hellenistic and Late Antique Persia*. Cambridge, 2011.

Sherwin-White, A. N. *Roman Society and Roman Law in the New Testament*. Oxford, 1963.

Sherwin-White, A. N. *The Roman Citizenship*. 2nd ed., Oxford, 1973.

Sherwin-White, Susan and Amélie Kuhrt. *From Samarkand to Sardis: A New Approach to the Seleucid Empire*. Berkeley, 1993.

Sidebotham, Steven E. *Berenike and the Ancient Maritime Spice Route*. Berkeley, 2011.

Sinnigen, William Gurnee. *The Officium of the Urban Prefecture During the Later Roman Empire*. Rome, 1957.

Sinor, David, ed. *The Cambridge History of Early Inner Asia*. Cambridge, 1990.

Skjaervo, Prods O. *The Sassanian Inscriptions of Paikuli, Part 3.1: Restored Text and Translation. Part 3.2: Commentary*. 2 vols. Wiesbaden, 1983.

Smith, Andrew M., II. *Roman Palymyra: Identity, Community and State Formation*. Oxford, 2013.

Smith, Andrew, ed. *The Philosopher and Society in Late Antique Society*. Swansea, 2005.

Sondermann, Sebastian. *Neue Aurei, Quinare und Abschläge der gallischen Kaiser von Postumus bis Tetricus*. Bonn, 2010.

Speidel, Michael Alexander. *Heer und Herrschaft im römischen Reich der hohen Kaiserzeit*. (MAVORS 16.) Stuttgart, 2009.

Speidel, Michael P. *Roman Army Studies I*. (MAVORS 1.) Amsterdam, 1984.

Speidel, Michael P. *Roman Army Studies II*. (MAVORS 8.) Stuttgart, 1992.

Stallknecht, Bernt. *Untersuchungen zur römischen Aussenpolitik in der Spätantike (306–395 n. Chr.)*. Bonn, 1967.

Staviskij, B. Ja. *La Bactriane sous les Kushans: Problèmes d'histoire et de culture*. Paris, 1987.

Ste Croix, G. E. M. de. *The Class Struggle in the Ancient Greek World from the Archaic Age to the Arab Conquests*. Ithaca, 1983.

Stein, Arthur. *Der römische Ritterstand*. Munich, 1927.

Stein, Ernst. *Histoire du Bas-Empire I: De l'état romain à l'état byzantin*. Paris, 1959.

Stephenson, Paul. *Constantine: Roman Emperor, Christian Victor*. London, 2009.

Straub, Johannes. *Vom Herrscherideal in der Spätantike*. Stuttgart, 1939.

Straub, Johannes. *Regeneratio Imperii: Aufsätze über Roms Kaisertum und Reich im Spiegel der heidnischen und christlichen Publiztik*. Darmstadt, 1972.

Straub, Johannes. *Regeneratio Imperii. Aufsätze über Roms Kaisertum und Reich im Spiegel der heidnischen und christlichen Publiztik II*. Darmstadt, 1986.

Strobel, Karl. *Das Imperium Romanum im 3. Jahrhundert: Modell einer Krise?* (Historia Einzelschriften 75). Stuttgart, 1993.

Stronach, David and Ali Mousavi. *Ancient Iran from the Air: Photographs by Georg Gerster*. Mainz, 2012.

Swain, Simon. *Hellenism and Empire: Language, Classicism, and Power in the Greek World, AD 50–250*. Oxford, 1996.

Swain, Simon and Mark Edwards, eds. *Approaching Late Antiquity: The Transformation from Early to Late Empire*. Oxford, 2004.

Swain, Simon, Stephen Harrison and Jas Elsner, eds. *Severan Culture*. Cambridge, 2007.

Syme, Ronald. *Tacitus*. 2 vols. Oxford, 1958.

Syme, Ronald. *Danubian Papers*. Bucharest, 1971.

Syme, Ronald. *Emperors and Biography: Studies in the Historia Augusta*. Oxford, 1971.

Syme, Ronald. *Roman Papers*. A. R. Birley, ed. 7 vols. Oxford, 1979–91.

Szidat, Joachim. *Usurpator tanti nominis. Kaiser und Usurpator in der Spätantike (337–476 n.Chr.)*. (Historia Einzelschriften 210.) Stuttgart, 2010.

Talbert, Richard J. A. *The Senate of Imperial Rome*. Princeton, 1984.

Talbert, Richard J. A., ed. *The Barrington Atlas of the Greek and Roman World*. Princeton, 2000.

Tarpin, Michel. *Vici et pagi dans l'Occident romain*. Rome, 2002.

Thompson, E. A. *The Early Germans*. Oxford, 1965.

Thompson, E. A. *The Visigoths in the Time of Ulfila*. 2nd ed. with a foreword by Michael

Kulikowski, London, 2008.

Todd, Malcolm. *The Early Germans.* Oxford, 1992.

Toynbee, J. M. C. *Roman Medallions.* New York, 1944.

Vallet, Françoise and Michel Kazanski, eds. *L'Armée romaine et les barbares du IIIe au VIIe siècle.* Paris, 1993.

Vallet, Françoise and Michel Kazanski, eds. *La noblesse romaine et les barbares du IIIe au VIIe siècle.* Paris, 1995.

Van Berchem, Denis. *L'armée de Dioclétien et la réforme constantinienne.* Paris, 1952.

Vannesse, Michaël. *La défense de l'Occident romain pendant l'Antiquité tardive.* Brussels, 2010.

Vogler, Chantal. *Constance II et l'administration impériale.* Strasbourg, 1979.

Vondrovec, Klaus. *Coinage of the Iranian Huns and Their Successors from Bactria to Gandhara (4th to 8th century CE).* 2 vols. Vienna, 2014.

von Haehling, Raban. *Die Religionszugehörigkeit der hohen Amsträger des römischen Reiches seit Constantins I: Alleinherrschaft bis zum Ende der theodosianischen Dynastie.* Bonn, 1978.

von Reden, Sitta. *Money in Classical Antiquity.* Cambridge, 2011.

von Rummel, Philipp. *Habitus barbarus: Kleidung und Repräsentation spätantiker Eliten im 4. und 5. Jahrhundert.* Berlin, 2007.

Waas, Manfred. *Germanen im römischen Dienst im 4. Jahrhundert nach Christus.* Bonn, 1965.

Watts, Edward J. *City and School in Late Antique Athens and Alexandria.* Berkeley, 2006.

Weaver, P. R. C. *Familia Caesaris.* Cambridge, 1970.

Weber, Wilhelm. *Untersuchungen zur Geschichte des Kaisers Hadrianus.* Leipzig: Teubner, 1907.

Webster, Graham. *The Roman Imperial Army.* 3rd ed., New York, 1985.

Wells, Peter, ed. *Rome Beyond Its Frontiers: Imports, Attitudes and Practices.* Portsmouth, RI, 2013.

Wenskus, Reinhard. *Stammesbildung und Verfassung: Das Werden der frühmittelalterlichen gentes.* Köln-Vienna, 1961.

Whitby, Mary, ed. *The Propaganda of Power: The Role of Panegyric in Late Antiquity.* Leiden, 1998.

Whittaker, C. R. *Frontiers of the Roman Empire: A Social and Economic Study.* Baltimore, 1994.

Whittaker, C. R. *Rome and Its Frontiers: The Dynamics of Empire.* London, 2004.

Wickham, Chris. *Framing the Early Middle Ages.* Oxford, 2005.

Wilkes, J. J. *Diocletian's Palace, Split: Residence of a Retired Roman Emperor.* 2nd ed., Exeter, 1996.

Willger, Hermann-Joseph. *Studien zur Chronologie des Gallienus und Postumus.* Saarbrücken, 1966.

Williams, Hugh. *Carausius.* Oxford, 2004.

Williams, Stephen. *Diocletian and the Roman Recovery.* New York, 1985.

Winkelmann, Friedhelm. *Ausgewählte Aufsätze: Studien zu Konstantin dem Grossen und zur byzantinischen Kirchengeschichte.* Wolfram Brandes and John Haldon, eds. Birmingham, 1993.

Witschel, Christian. *Krise-Rezession-Stagnation? Der Westen des römischen Reiches im 3. Jahrhundert n. Chr.* Frankfurt, 1999.

Wolff, Hartmut. *Die Constitutio Antoniniana und Papyrus Gissensis 40 I.* 2 vols. Cologne, 1976.

Wolski, Jozef. *Seleucid and Arsacid Studies: A Progress Report on Developments in Source Research.* Krakow, 2003.

Wood, Philip, ed. *History and Identity in the Late Antique Near East.* Oxford, 2013.

Woolf, Greg. *Becoming Roman: The Origins of Provincial Civilization in Gaul.* Cambridge, 1998.

Yavetz, Zvi. *Plebs and Princeps.* Oxford, 1969.

Zöllner, Erich. *Geschichte der Franken bis zur Mitte des 6. Jahrhunderts.* Munich, 1970.

出版后记

　　在本书中，宾夕法尼亚州立大学历史与古典学教授迈克尔·库利科夫斯基以清晰、有条理的语言为读者叙述了从哈德良到君士坦丁的罗马世界。对于罗马帝国而言，这是一段动荡和剧变的时期。3世纪欧亚大陆的风云变幻带来了萨珊波斯帝国的崛起与哥特势力的整合。在外部的压力下，罗马帝国经历了皇位的迅速更迭、基督教的扩张、经济的通货膨胀，以及战争、瘟疫的考验。罗马城的地位降低了，曾经属于元老的职务转移到了骑士阶层的职业官僚手中。因此，传统的观念把这段时期看作帝国衰落的开端。然而，同样是在这个时期，罗马的公民权被授予了帝国境内的每一个自由人；身为罗马人的精神认同，以及对罗马法的应用，也扩大到了之前所没有的领域；罗马政府体系的规模也大幅扩大。从这个意义上来说，书名中"帝国的胜利"也是有道理的。

　　本书的续篇《帝国的悲剧》讲述了从君士坦丁到意大利罗马统治的终结。国内专门探讨这段历史的书籍相对较少，我们希望它们可以多少填补相关领域的空白。

图书在版编目（CIP）数据

帝国的胜利：从哈德良到君士坦丁的罗马世界 /
(美)迈克尔·库利科夫斯基著；王晨译. -- 北京：九
州出版社，2024.1
ISBN 978-7-5225-2473-3

Ⅰ.①帝… Ⅱ.①迈… ②王… Ⅲ.①罗马帝国—历
史 Ⅳ.①K126

中国国家版本馆CIP数据核字(2023)第208241号

版权登记号：01-2023-5673
地图审图号：GS（2023）4446号

帝国的胜利：从哈德良到君士坦丁的罗马世界

作　　者　［美］迈克尔·库利科夫斯基 著　王　晨 译
责任编辑　牛　叶
出版发行　九州出版社
地　　址　北京市西城区阜外大街甲35号（100037）
发行电话　（010）68992190/3/5/6
网　　址　www.jiuzhoupress.com
印　　刷　北京盛通印刷股份有限公司
开　　本　880毫米×1194毫米　　32开
印　　张　14.25
字　　数　319千字
版　　次　2024年1月第1版
印　　次　2024年7月第1次印刷
书　　号　ISBN 978-7-5225-2473-3
定　　价　92.00元